翻译学刊

Journal
of
Translation
Studies

王欣　熊辉　主编

2023年第2辑
总第2辑

四川大学外国语学院
中华文化外译与研究中心　主办

巴蜀书社

目录

论"五四"时期文学翻译的方法

张中良①

翻译是否可能，怎样翻译才能差强人意？这些问题由来已久，"五四"时期也一直与翻译进程相伴。正是在不断的质疑和探索，包括各种翻译方法的竞争与交汇之中，文学翻译的方法论意识逐渐走向整体性的自觉，翻译水平得以逐渐提高。

一、翻译的可能性与"重译"问题

"五四"时期，文学翻译的必要性已经成为人们的共识，而其可能性仍然不时有人质疑，怀疑原作的思想与艺术风格能否如实地再现于另一种文字里面。针对这种怀疑，郑振铎在发表于《小说月报》第 12 卷第 3 号的长文《译文学书的三个问题》里，首先就强调"文学书是绝对的能够翻译的，不唯其所含有的思想能够完全的由原文移到译文里面，就是原文的艺术的美也可以充分的移植于译文中——固然因翻译者艺术的高下而其程度大有不同——不独理想告诉我们是如此，就是许多翻译家的经验的成

---

① 作者简介：张中良，上海交通大学人文学院特聘教授，博士生导师，研究方向：翻译文学、中国抗战文学及中国现代文学与文化。

绩，也足以表现出这句话是很对的"。他以胡适译史特林堡《爱情与面包》、Candlin 译《红楼梦》、英译《圣经》、蒲伯译《荷马史诗》等为例，证明不仅全部情节可以丝毫不变地照样移译过来，而且一节一段的结构也能同样翻译出来，甚至一句之中字的排置，原文中新颖而可喜的用字法，也能大略地在译文里表现出来。如郑振铎《杂译泰戈尔诗》里的《对岸》（《小说月报》第 12 卷第 1 号）有："竹鸡们，带着他们的跳舞的尾巴，印他们细小的足印在整齐的软泥上；／黄昏的时候，长草顶着白花邀月光浮游在他们的波浪上。"原文 Dancing、crested、invite、float 等字，用得多么新颖！而译文中也能照样地用"跳舞的""顶着""邀""浮游"等与原字相切合的字，准确而生动地译出来。又如周作人译《沙漠间的三个梦》（《新青年》第 6 卷第 6 号）中，有："因为热得利害，沿着地平线的空气都突突的跳动"，"我看时，见几世纪以来的忍耐，都藏在伊的眼里"。"突突的跳动"及"忍耐，都藏在伊的眼里"等，"也能把原文的用字法完全的表现出来，而不失其巧妙与轻盈"。

近代以来，小说翻译尽管存在着种种问题，但毕竟取得了不容否认的成绩，到了"五四"时期，翻译的可能性问题就体裁而言，大半不是指向小说，而是指向诗歌。有人认为可译；也有人认为不可译；有人认为其中有可以翻译的，也有绝对不能翻译的，而可以翻译的，也不过是将就的办法，聊胜于无而已。沈雁冰承认"诗经过翻译，即使译的极谨慎，和原文极吻合，亦只能算是某诗的 retold（绎述），不能视为即是原诗。原诗所备的种种好处，翻译时只能保留一二种，决不能完全保留"①。但他认为，诗还是可以翻译的。他本人就翻译过《阿富汗的恋爱歌》、德国戴默尔《海里的一口钟》、比利时梅特林克《我寻过……了》、裴多菲《匈牙利国歌》、捷克贝兹鲁奇《坑中的做工人》、芬兰鲁内贝格《莫扰乱了女郎的灵魂》、瑞典巴士《"假如我是一个诗人"》《乌克兰民歌》《塞尔维亚底情歌》、亚美尼亚西曼忙散文诗《祈祷者》及散文体的俄国叙事诗《伏尔加

---

① 玄珠：《译诗的一些意见》，《时事新报·文学旬刊》第 52 期，1922 年 10 月 10 日。

与村人的儿子米苦拉》等。沈雁冰等"五四"一代以其翻译实践证明了诗歌翻译的可行性。

正因为诗歌的翻译难度较大，所以翻译界对诗歌翻译格外谨慎，也特别关注。《文学研究会丛书编例》（1921 年 5 月 26 日《民国日报·觉悟》）解释为什么本丛书的翻译部分，偏重小说与戏剧，而诗歌较少的原因，就是因为诗歌最不容易翻译，与其滥译，不如慎译。《小说月报》第 15 卷第 3 号刊出六首英文短诗，其中 W. E. Henley 1 首、华兹华斯 3 首、雪莱 2 首，征求中文翻译，全译与否由译者决定，拟选登《小说月报》或《理想月刊》。此次征译，与其说是激励译者相互竞争，不如说是呼吁译界共同探讨翻译的艺术，所以，刊物表示同时也欢迎译诗的讨论。郑振铎在编后附言中说："译小诗是一件很有趣味的工作，但也是不很容易的工作，我和几位朋友，常常想提笔去译几首轻妙的小诗，但总因为事务所忙碌的心，不适宜于做这种工作之故而中止。最近志摩提议征译小诗，我便立刻很高兴的赞成他的提议。"尽管征译响应寥寥，但征译本身即是重视翻译方法的表征。尤其是策划者徐志摩的《征译诗启》，更是表现出对翻译与建设新文学的重要关系的体认："最高尚最愉快的心灵的最愉快最高尚的俄顷的遗迹，是何等的可贵与可爱！我们相信凭着想象的同情与黾勉的心力，可以领悟事物的真际，融通人生的经验，体会创造的几微；我们想要征求爱文艺的诸君，曾经相识与否，破费一点工夫做一番更认真的译诗的尝试，用一种不同的文字翻来最纯粹的灵感的印迹。我们说'更认真的'，因为肤浅的或疏忽的甚至亵渎的译品我们不能认是满意的工作；我们也不盼望移植巨制的勇敢；我们所期望的是要从认真的翻译研究中国文字解放后表现致密的思想与有法度的声调与音节之可能；研究这新发现的达意的工具究竟有什么程度的弹力性与柔韧性与一般的应变性；究竟比我们旧有的方式是如何的各别；如其较为优胜，优胜在那里？为什么，譬如苏曼殊的拜伦译不如郭沫若的部分的莪麦译（这里的标准当然不是就译论译，而是比较译文与所从译），为什么旧诗格所不能表现的意致的声调，现在还在草创时期的新体即使不能满意的，至少可以约略的传达。如其这一点是有凭据的，是可以共认的，我们岂不应该依着新开辟的途径，凭着新放露的光明，各自的同时也是共同的致力，上帝知道前面没有更可喜更可惊更不可信的发现!"胡适、郭沫若、田汉、周作人、郑振铎、徐志摩、闻一多、饶孟侃、戴望舒等人在新诗表现空间的拓展与体式、色彩、音韵等方面的建树，都同他们对外国诗歌的精心揣摩与翻译实践密切相关。

胡适曾经批评徐志摩译诗不合音韵，而且是用方言押韵。徐志摩接受了批评，开始深入探讨细节的翻译。他在《现代评论》第 2 卷第 38 期（1925 年 8 月 29 日）发表《一个译诗的问题》，就卡莱尔英译歌德一诗的汉译发起讨论，"盼望可以引起能手的兴趣，商量出一个不负原诗""伟大，怆凉的情绪"的译本。一个多月之后，徐志摩再次在《晨报副刊》上讨论此诗的翻译，列举出胡适、朱骝、周开庆、郭沫若以及他自己的两种译文，并附德、英文原诗，以及朱骝、周开庆、郭沫若和自己对译文的评价。其讨论涉及音韵、忠实的标准、神似、直接翻译和间接翻译、诗歌与诗人的关系、译诗的功能等①。

英国诗人霍斯曼的《要是》，原文两节各四行，闻一多与饶孟侃的合译最初却分为两节各两行，刊于 1927 年 9 月 5 日《时事新报·学灯》。两天以后，同一副刊又将此诗刊登一次，格式变成了与原作一样的两节各四行：

> 要是人能够永远沉醉，
> 在酒色和争斗当中，
> 我情愿一早就爬起来，
> 一黑就躺下来做梦。
>
> 但是人有时候太清醒，
> 遇事总要胡思乱想；

---

① 廖七一：《胡适译诗与经典构建》，《中国比较文学》2004 年第 2 期。

这一想不打紧，他们把

自己的手绑在心上。

格式的变化，寓含着编者与译者对译诗美感与贴近原作风格的追求。霍斯曼的《少泊市的孩子》第五首，梁实秋与饶孟侃均有翻译①，二者都保留了原作总共四节、每节八行的格局，但在句式与语调上稍有差异，如第一节，梁译为：

啊，看那些密丛丛的金盏花，

竟铺遍了田间陌上，

还有那些报时刻的蒲公英，

宣告着一逝不返的时光。

啊，我可以伴你绕走草地一匝，

采扎一簇鲜花献给你吗？

你扶着我的臂，又有何妨。

"可以，青年，你可以……"

饶译为：

你看这金盏花在小路上

和田野里铺着开得多厚，

还有那蒲公英报着辰光

这一去了再也不会回头。

我可以陪你在草地上走

---

① 梁译题为《霍斯曼（Allred Edward Housman）的情诗》，《现代评论》第 6 卷第 141 期，1927 年 8 月 20 日；饶译题为《译霍斯曼的一首诗》，《时事新报·学灯》，1927 年 8 月 23 日。

一圈再摘把鲜花献给你？

你扶着我的胳臂也不碍，

"可以，青年，可以。"

从第一节来看，梁译句式自然，感情显得活泼奔放一些；饶译句式整饬，感情亦稍显矜持。从整体来看，二者各有千秋，有的地方，梁译不如饶译准确、生动。如第三节第三四行，梁译为"一旦偷去了那朵鲜花，／他们剩下的是无几"；饶译则为"只要那天鲜花偷摘了去，／他们便什么都不给你留"。而像第二节第一、二行，无论是梁译"啊，春天原为青年男女而来，／不过是现实，血管里还在沸腾"，还是饶译"为了红男绿女春天才来，／也是这时候血里涌黄金"，都译得不算很好。总的来说，两种译法基本上能够传达出原作所表现的春天来临之际激情勃发的青春气息、男女情感方式差异生成的幽默谐趣等，这再次说明诗歌是能够翻译的；同时，译法的差别与存在的问题，也说明诗歌翻译的可能性空间非常广阔，很难定于一尊。

翻译的可能性涉及"重译"，即"转译"问题。"重译"容易在辗转翻译的过程中造成原意缺损或变形及韵味遗失，譬如《小说月报》第18卷第4号上的张水淇《希腊人之哀歌》，引述的一些希腊诗歌就有这样的问题。据周作人在《关于〈希腊人之哀歌〉》①中说，这篇文章是英国部丘教授论文集《希腊天才之诸相》中《希腊人之忧郁》的节译与同书中《希腊诗上之浪漫主义的曙光》里三首墓铭的组合。周作人主要的意思并非批评张水淇没有说明文章的来源，而是要指出"重译"的偏差。周作人认为，张文"根据的似乎又是日本译本"，因其保留了日译本的误解。张文的汉译有："更有少妇从新婚之室至其亡夫之墓，其事之可悲不言可知，咏此事之诗中有云，'结婚之床于当然之机迎接君，坟墓先机而迎接。'"英文本只引这一行诗，不加英译，日译本却加上了解释。此诗原文有六

---

① 周作人：《关于〈希腊人之哀歌〉》，《语丝》第145期，1927年8月20日。

行，周作人从原文（希腊文）直译其大意为："新房及时地迎了你来，坟墓不时地带了你去，/你安那斯泰西亚，快活的慈惠神女之花；/为了你，父亲丈夫都洒悲苦的泪，/为了你，或者那渡亡魂的舟子也要流泪：/因为你和丈夫同住不到一整年，/却在十六岁时，噫，坟墓接受了你。"日译本的"当然之机"似乎不得要领，而张文的汉译"亡夫之墓"，更是明显的误译。

仅此一例即可说明"重译"的风险，所以有论者一再呼吁尽量减少"重译"而直接从原文翻译。郑振铎就曾为中国"重译"之风盛行而感到伤心，为防止原作的精神与"流利"的损失，他希望重译者翻译时要"慎重与精审"，最好能择译本中最可信的一本来做底本，尽量搜罗其他译本做对照，译完后请懂得原文的人来校对，并应注明底本及其与参校本的不同①。

事实上，在"五四"时期，一些包括弱小民族文学在内的小语种文学，由于语言的障碍，没法直接从原文翻译，只能借助其他文本转译，连易卜生、安徒生、泰戈尔②这样重要的作家的作品也是通过英语等文本转译过来的。俄语虽然算不上小语种，但最初懂俄语的较少，所以也有借英语等文本翻译俄罗斯文学的现象，后来虽然直接从俄语翻译的人渐渐多了起来，但俄罗斯文学的巨大魅力，促使一些不懂或者没有完全掌握俄语的译者也乐于从其他文本转译。韦丛芜译陀思妥耶夫斯基《穷人》（未名社1926年6月），就是以一种英译本为主，参照另一种英译本译出，歧异之处，由鲁迅参照原白光的日译本以定从违，又经韦素园用俄文版加以校定。有的中文译本甚至是转译的转译，即三重翻译，譬如原文——英语——世界语——汉语。想要了解世界的急迫需求，使得中国人对1887年问世的世界语，予以热切的关注。1921年前后，北京、上海等地出现了学习世界语的热潮。胡愈之、鲁彦等人就是那时学会世界语的，并借此翻译

---

① 郑振铎：《译文学书的三个问题》，《小说月报》第12卷第3号，1921年3月。
② 泰戈尔作品用孟加拉语创作，《吉檀迦利》英文本由作家本人翻译。

了不少外国文学作品。"重译"是文化传播中无法回避的选择，尽管或多或少会付出一些失真的代价，但它加快传播速度与扩大传播广度的正面效应远远大于负面效应，所以，"重译"不仅在"五四"时期相当活跃，而且以后也绵延不绝。

二、直译

关于翻译方法问题的自觉意识，在近代翻译史上只是局限于周氏兄弟等少数人，而进入"五四"时期则渐渐普遍化了。《文学研究会丛书缘起》把翻译方法与翻译态度联系起来，批评十余年来一些介绍世界文学作品到中国来的人与读他的人，仍然待之以消遣主义的旧眼光。"因此，他们所介绍的东西，多不甚精粹，所用以为介绍的方法，也不甚精粹。只要把原书的事实介绍过来就足了，原文的艺术，是毫不注意的。所以也有许多很好的文学作品，遭了删节与误会与失原意之祸患。""我们于这个丛书，一面力求与原文切合；一面力求翻译艺术的精进。我们很相信：我们的工作，不惟是介绍文学作品，并且也是求这种作品的译文，也能稍有文学上的价值。虽不敢望他们有什么永久的历史的价值，如路德译的《圣经》、克鲁洛夫（Krylov）译的《伊索》与勒封登（La Fontaine）的寓言一样；然而'文学还他文学'的话，我们是要极力奉行的。"①

因为近代翻译史上有过任意增删、曲解原义的教训，所以，"五四"时期直译的呼声很高。"五四"时期的"直译"有两种含义：一种是直接从原文翻译，与通过其他文本转译（即前面所说的"重译"）相对；另外一种含义是与意译相对的翻译方法。直译与意译之争由来已久。早在三国时，支谦在《法句经序》里认为翻译应该"因循本旨，不加文饰"。东晋时，前秦的道安也主张直译："案本而传，不令有损言游字；时改倒句，余尽实录。"而后秦的鸠摩罗什则主张意译，认为只要能存本旨，不妨

---

① 《文学研究会丛书缘起》，《东方杂志》第18卷第11号，1921年6月10日。

"依实出华"，他对原文有增有减，求达求雅。唐朝玄奘在译经时根据梵语和汉语的异同，灵活地兼用了直译和意译两种方法。

"五四"时期的直译呼声来之不易，有些译者是在名为"意译"、实则"曲译"的旧路上吃了一番苦头之后，才做出直译选择的。譬如刘半农，1914年即开始发表译作，最初的翻译受时风影响，在翻译中对原作有删减、改作之处。1914年译安徒生的"滑稽小说"《洋迷小影》（《中华小说界》1914年第7期），即兼取《皇帝的新衣》与日本人据此改编的喜剧《新衣》之意，并"参以我国习俗，为洋迷痛下针砭"，虽然译述者在译文前的小序中表白"但求不失其真，非敢以推陈出新自诩"，然而实际上，从故事到风格再到主旨，都对安徒生原著给予"陌生化"的"出新"，如开头写道：

> 某公子自海外游学归来，学问高低可不必论，却是满身都沾了羊骚臭，什么穿的、吃的、用的，以及一切与他接触的东西，没一样不是洋货，连便壶、马桶也是西洋舶来品，恨不能连自己的身体也要用莲花化身法化成西洋的种子。人家都说他是洋迷，实在爽爽快快说起来，简直是洋货的奴隶。单说有一天，这位公子正在家中把玩外洋的玩物，忽然仆人递进两张西式名片，说有两个外国人请见，公子听得是外国人，不敢怠慢，急忙说了一个请字。见面之后，两人说道："我们都是西洋有名的纺织大家，现在新发明一种神异的织物，真是世界绝无仅有。知道公子酷爱洋货，又是极崇拜新发明品的人，所以不远千里而来，愿竭平生之技，供献于左右。"公子道："承二位不弃，感激之至，但不知道这种织物的效用如何？还望指教！"一人道："这种织物的花纹与颜色，能随时变化。比方眼前有牡丹花，织物上就现出牡丹花，有玫瑰花，就现出玫瑰花，做了衣服美丽异常，可以压倒一世。现在欧洲各国的帝王，还正在物色我们咧！"又一人道："这种织物还有一宗特异之处，就是有鉴别人类善恶的能力。譬如你把那衣服穿在身上，善人见了你，衣服就愈加美丽，恶人见了

你，衣服就隐而不现。你就可以因他们的能见不能见，辨别他们的为人。"

这样的"翻译"，与其说是翻译，莫如说是改编。正因为走过这样一段弯路，新文学运动兴起后，刘半农痛定思痛，自觉地采用直译方法。1918 年 2 月 15 日发行的《新青年》第 4 卷第 2 号刊出他所翻译的英国 P. L. Wilde 剧本《天明》，便是直译。这部剧作里，穆理的丈夫迪克是凶神恶煞般的人物，十岁的女儿麦琪前不久被折磨致死，穆理也备受虐待，只因开门迟了一点，就被丈夫用烧红的火筷烫伤，腹部也给踢了一脚。医生同情穆理，前来说服她随他去他姊姊家，穆理不敢。正当此时，迪克回家，医生揭露他几次炸矿山，殃及无辜，炸死几个矿工的罪行。迪克以液体炸药相威胁，要医生毁灭证据。搏斗中，迪克引爆炸药，医生被炸死。结尾借助表现主义手法，让死去的医生与夭折的麦琪见面并对话，以表现正义力量与人道主义精神不死。

钱玄同在编后"附志"中称赞这种无删减、不妄评的如实翻译，"无论译什么书，都是要把他国的思想学术输到己国来；决不是拿己国的思想学术做个标准，别国与此相合的，就称赞一番，不相合的，就痛骂一番；这是很容易明白的道理。中国的思想学术，事事都落人后；翻译外国书籍，碰着与国人思想见解不相合的，更该虚心去研究，决不可妄自尊大，动不动说别人国里道德不好。可叹近来一班做'某生''某翁'文体的小说家，和与别人对译哈葛德迭更司等人的小说的大文豪，当其撰译外国小说之时，每每说：西人无五伦，不如中国社会之文明；自由结婚男女恋爱之说流毒无穷；中国女人重贞节，其道德为万国之冠；这种笑得死人的谬论，真所谓'坐井观天''目光如豆'了，即如此篇，如使大文豪辈见之，其对于穆理之评判，必曰：'夫也不良，遇人不淑，而能逆来顺受，始终不渝，非娴于古圣人三从四德之教，子与氏以顺为正之训者，乌克臻此？'其对于医生之评判，必曰：'观此医欲拯人之妻而谋毙其夫，可知西人不明纲常名教之精理。'其对于迪克之评判，必曰：'自自由平等之说兴，于是乱臣贼子乃明目张胆而为犯上作乱之事。近年以来，欧洲工人，罢工抗税，时有所闻；迪克之轰矿，亦由是也。纪纲凌夷，下凌其上，致社会呈扰攘不宁之现象。君子观于此，不禁怒焉伤之矣'。这并非我的过于形容。阅者不信，请至书坊店里，翻一翻什么'小说丛书''小说杂志'和'封面上画美人的新小说'，便可知道。"钱玄同不仅肯定对原作精神的直译，而且赞同连标点符号也移译过来。"文字里的符号，是最不可少的。在小说和戏剧里，符号之用尤大；有些地方，用了符号，很能传神；改为文字，便索然寡味：像本篇中'什么东西？'如改为'汝试观之此何物耶'；'迪克？'如改为'汝殆迪克乎'；'我说不相干！'如改为'以予思之实与汝无涉'；又像'好——好——好一个丈夫！'如不用'！'符号，则必于句下加注曰：'医生言时甚愤，用力跌宕而去之'；'先生！他是我的丈夫！'如不用'！'符号，则必于句下加注曰：'言时声音凄惨，令人不忍卒听'——或再加一恶滥套语曰：'如三更鹃泣，巫峡猿啼。'——如其这样作法，岂非全失说话的神气吗？然而如大文豪辈，方且日倡以古文笔法译书，严禁西文式样输入中国；恨不得叫外国人都变了蒲松龄，外国的小说都变了《飞燕外传》《杂事秘辛》，他才快心。——若更能进而上之，变成'某生''某翁'文体的小说，那就更快活得了不得。"钱玄同快人快语，犀利俏皮，以《天明》译本为例在同林译的对峙中阐明了直译的必要性与合理性，不仅称赞文字的直译，而且肯定标点符号的移植。表意丰富的新式标点符号正是通过"五四"时期的翻译，才在中国扎下根来，彻底取代了单一刻板的传统句读。

直译的倡导者每每喜欢通过批评"曲译"的弊病来为直译开道。1919年1月1日出刊的《新潮》第1卷第1号上，新潮社志希（即罗家伦）的《今日中国之小说界》谈到翻译时，先是批评了那种不加说明、随意删节、以节译冒充全译的译法："凡译小说的人，若是自己不通西文，就请一位西文程度好一点的来同译，千万不要请到一位'三脚猫'！若是自己略通西文，也要仔细，万不可懒查字典，而且把译不出的地方，模糊过去。须知难译的地方就是书中最好的地方。林先生与人对译小说，往往上人家的当。所以错的地方非常之多。有一位自命能口译 Dickens 著作的魏易先生，自己动笔来译《二城故事》*A Tale of Two Cities* 竟把第三章 *The Night Shadows* 完全删去。不知此章是该书最有精彩的一篇；是心理学的结晶；是全篇的线索。魏先生没有本事译，就应当把全书不译才是；今译全书而弃此篇，是何异'弃周鼎而宝康瓠'吗？"托尔斯泰的《复活》本为皇皇巨著，而马君武从英文本转译为《心狱》，变成只有 216 页的小小的一本，对照英文本一看，原本第一卷第一节有一段很好的文字，因马君武译不出来，就将此段与下一段合拢为一节，马虎过去。全书精彩的段落不知删去多少。后半部全未译出，就以《心狱》冒充全文。志希的文章接着批评了无中生有、强加于人的翻译："译外国小说还有一个重要条件，就是不可更改原来的意思或者加入中国的意思，须知中国人固有中国的风俗习惯思想，外国人也有外国的风俗习惯思想。中国人既不是无所不知的上帝；外国人也不是愚下不移的庸夫。译小说的人，按照原意各求其真便了！现在林先生译外国小说，常常替外国人改思想，而且加入'某也不孝'，'某也无良'，'某事契合中国先王之道'的评语；不但逻辑上说不过去，我还不解林先生何其如此之不惮烦呢？"

1919 年 3 月，新潮社的另一位成员傅斯年在刊于《新潮》第 1 卷第 3 号的《译书感言》中，把几种译法做了比较："论到翻译的文词，最好的是直译的笔法，其次便是虽不直译，也还不大离宗的笔法，又其次便是严译的子家八股合调，最下流的是林琴南和他的同调。"他从理论上阐释道："思想受语言的支配，犹之乎语言变思想。作者的思想，必不能脱离作者的语言而独立。我们想存留作者的思想，必须存留作者的语法：若果另换一副腔调，定不是作者的思想。所以直译一种办法，是'存真'的必由之路。""老实说话，直译没有分毫藏掖，意译却容易随便伸缩，把难的地方混过！所以既用直译的法子，虽要不对于作者负责任而不能；既用意译的法子，虽要对于作者负责任而不能。直译便真，意译便伪。"郑振铎在《译文学书的三个问题》①里也认为，"如果有个艺术极好的翻译家，用一句一句的'直译'方法，来从事于文学书的翻译"，则能把原文的整体结构、节段排列、句法组织乃至用字的精妙处都移转过来。

若追溯近代文学翻译史上直译的先驱，当首推鲁迅与周作人。他们在 20 世纪第一个十年翻译《域外小说集》时，有感于流行的林纾译本误译很多，遂有意采用直译方法，"特收录至审慎，移译亦期弗失文情"②。到了"五四"时期，周氏兄弟改用白话翻译，但直译方法一以贯之。周作人在《新青年》第 4 卷第 2 号（1918 年 2 月 15 日）上发表《古诗今译 Apologia》（古希腊诗 Theokritos 牧歌）的小序中说，翻译有两个要素："一，不及原本；因为已经译成中国语。如果还同原文一样好，除非请谛阿克列多思（Theokritos）学了中国文自己来作。二，不像汉文——有声调好读的文章——，因为原是外国著作。如果用汉文一般样式，那就是我随意乱改的胡涂文，算不了真翻译。"他在 1918 年 11 月 8 日答某君的信里又说："我以为此后译本，……应当竭力保存原作的'风气习惯语言条理'；最好是逐字译，不得已也应逐句译，宁可'中不像中，西不像西'，不必改头换面。……但我毫无才力，所以成绩不良，至于方法，却是最为适当。"在《陀螺序》③里，周作人说得更加明确："我的翻译向来用直译法，所以译文实在很不漂亮，——虽然我自由抒写的散文本来也就不漂亮。我现在还是相信直译法，因为我觉得没有更好的方法。但是直译也有条件，便是必须达意，尽汉语的能力所及的范围内，保存原文的风格，表现原语的意义，换一句话就是信与达。近来似乎不免有人误会了直译的意思，以为只要一字一字地将原文换成汉语，就是直译，譬如英文的 Lying on his back 一句，不译作'仰卧着'而译为'卧着在他的背上'，那便是欲求信而反

---

① 郑振铎：《译文学书的三个问题》，《小说月报》第 12 卷第 3 号，1921 年 3 月。
② 周树人、周作人纂译：《序言》，《域外小说集》（第一册），东京，1909 年 3 月初版。
③ 《陀螺序》中说"集内所收译文共二百八十篇，计希腊三十四，日本百七十六，其他各国七十。这些几乎全是诗，但我都译成散文了。……集中日本的全部，希腊的二十九篇，均从原文译出，其余七十五篇则依据英文及世界语本"。《陀螺》，周作人译，上海：北新书局，1925 年。

不词了。据我的意见，'仰卧着'是直译，也可以说即意译；将它略去不译，或译作'坦腹高卧'以至'卧北窗下自以为羲皇上人'是胡译；'卧着在他的背上'这一派乃是死译了。"关于直译的界定及举例是准确的，至于说"很不漂亮"则显然是自谦之词。实际上，同代人对周作人的文学翻译评价甚高。

钱玄同在《关于新文学的三件要事·答潘公展》中评价说："周启明君翻译外国小说，照原文直译，不敢稍以己意变更。他既不愿用那'达诣'的办法，强外国的学中国人说话的调子；尤不屑像那'清宫举人'的办法，叫外国文人都变成蒲松龄的不通徒弟，我以为他在中国近来的翻译中，是开新纪元的。"[①] 胡适在《中国文学五十年》里也说周作人"用的是直译的方法，严格的尽量保全原文的文法与口气，这种译法，近年来很有人效仿，是国语欧化的一个起点"。周作人的翻译在意义、风格及标点符号诸方面均能忠实原作，因而广有影响，尤其是被收入小学教材的安徒生童话《卖火柴的女儿》，堪称"五四"时期翻译文学的范本。

有些译者把直译理解得过于刻板，或者翻译水平所限，不注意全文的语境和人物的性格，只是采取字对字的翻译，推出了一些生涩的苦果，读起来难懂，更不适于搬上舞台。于是，颇有人诟病直译。沈雁冰注意到这种现象，把"直译"与"死译"区别开来："我们以为直译的东西看起来较为吃力，或者有之，却决不会看不懂。看不懂的译文是'死'文字，不是直译的。直译的意义若就浅处说，只是'不妄改原文的字句'；就深处说，还求'能保留原文的情调与风格'。所谓'不妄改原文的字句'一语，除消极的'不妄改'而外，尚含有一个积极的条件——必须顾到全句的文理。"[②] 只是限于辞典的词义，而不顾及生活中的鲜活的语义，也是死译。"近来颇多死译的东西，读者不察，以为是直译的毛病，未免太冤枉了直译。我相信直译在理论上是根本不错的，惟因译者能力关系，原来要直

---

① 钱玄同：《关于新文学的三件要事·答潘公展》，《新青年》第 6 卷第 6 号。

② 沈雁冰：《"直译"与"死译"》，《小说月报》第 13 卷第 8 号，1922 年 8 月 10 日。

译，不意竟变做了死译，也是常有的事。或者因为视直译是极容易的，轻心将事，结果也会使人看不懂。积极的补救，现在尚没有办法；消极的制裁，唯有请译书的人不要把'直译'看做一件极容易的事。"傅斯年也注意到"译书的第一难事，是顾全原文中含蓄的意思"，"若是仅仅译了原书的字面便登时全无灵气"[1]。郑振铎在《译文学书的三个问题》中也说："死的，绝对的直译，确是不可能而且是不必需。"他主张翻译应忠实原意，与原作的风格和态度同化，含有原文中所有的流利，即忠实而不失其流利，流利而不流于放纵；而不必拘于一格，以死译为尚，或以意译为高。

三、意译与神译

近代以来，一些"曲译"往往打着"意译"的旗号，所以，"五四"时期翻译者在表白自己的翻译主张时一度对"意译"敬而远之。实际上，直译和意译是相对而言的，二者并非水火不相容，而是相依相生、交织并存的。沈雁冰在肯定直译的同时，也表示"赞成意译——对于死译而言的意译，不是任意删改原文，以意译之的意译；换句话说，就是主要在保留原作神韵的译法"[2]。

在诸体裁的翻译中，诗歌翻译的意译色彩最为浓郁，这是世界翻译史上的通例。翻译过诗歌的沈雁冰对此有着切身体会，他说，译诗"要有原诗的神韵；神韵是超乎修辞技术之上的一些'奥妙的精神'，是某首诗的个性，最重要最难传达，可不是一定不能传达的"，"要合乎原诗的风格；原诗是悲壮的，焉能把他译为清丽。此外，韵律等等，是次要的事，不顾也可以"。至于格律诗，"在理论上，自然是照样也译为有格律的诗，来得好些。但在实际，拘（泥）于格律，便要妨碍了译诗其他的必要条件。而

---

① 傅斯年：《译书感言》，《新潮》1919 年第 1 卷第 3 期。
② 玄珠：《译诗的一些意见），《时事新报·文学旬刊》第 52 期，1922 年 10 月 10 日。

且格律总不能尽依原诗，反正是部分的模仿，不如不管，而用散文体去翻译。翻译成散文的，不是一定没有韵，要用韵仍旧可以用的"①。在他看来，诗歌翻译贵在神韵，而不在格律与韵脚。

新诗创作与诗歌翻译都很活跃的朱湘也赞同诗歌的意译。他在《说译诗》中，援引英国诗人班章生译希腊诗《情歌》与费兹基洛译波斯诗人莪默迦亚谟的《茹贝雅忒》被收入多种英诗选本为例，说明"译诗这种工作是含有多份的创作意味在内的"，因此，他主张"对于译诗者的要求，便是他将原诗的意境整体的传达出来，而不过问枝节上的更动，'只要这种更动是为了增加效力'，我们应当给予他以充分的自由，使他的想象有回旋的余地。我们应当承认：在译诗者的手中，原诗只能算作原料，译者如其觉到有另一种原料更好似原诗的材料能将原诗的意境达出，或是译者觉得原诗的材料好虽是好，然而不合国情，本国却有一种土产，能代替着用入译文将原诗的意境更深刻的嵌入国人的想象中；在这两种情况之下，译诗者是可以应用创作者的自由的"②。

意译不止诗歌翻译需要，戏剧翻译也需要。戏剧是一门综合性的舞台艺术，剧本要演出，所以"译剧本不但求词之达而且要求词之畅，不但求畅，而且要美。最紧要的一句话：就是'要能念，要好听'，直译的剧本，念起来不顺，听起来更不顺"，很难产生好的舞台效果。最初翻译的一些剧本，迟迟不能搬上舞台，其原因之一就是剧本翻译的生涩、直硬。涉足于剧本创作、翻译、舞台演出、导演四个方面的欧阳予倩对此感触尤深。他说："像林琴南那一类的意译，我们当然不要求，因为他把原作的精神全篇的空气完全破坏了。反之，若是字字求与原作的修辞一样，也决作不到。""剧本的翻译，最要紧的就是顾住全剧的空气。要顾住全剧的空气，当然要对作者有深切的研究，不宜随便抓过一本来就胡乱动手。""凡一剧必有一剧的精神，其精神完全涵容在剧中人物的行为与性格之中，翻译剧

① 玄珠：《译诗的一些意见），《时事新报·文学旬刊》第52期，1922年10月10日。
② 朱湘：《说译诗》，《文学周报》第290期，1927年11月13日。

本应当将整个的剧本烂熟于胸中，使人家的作品变了自己的，然后谋所以运词，所以选字，这才不至于有错误。更进一层，无形中要有个舞台在目前，或者简直弄块板当小舞台，布置下人物的配置，然后这个作品虽然搬了个家，还是活的。"① 追求"全剧的空气"与"一剧的精神"而不求字字与原作的修辞一样，这正是"五四"时期的意译。

林纾式的"意译"是形貌与神韵俱损，周作人等人的直译是形貌与神韵俱存，而沈雁冰等人所倡导并实践的意译则是在神韵与形貌未能两全时，与其失神韵而留形貌，宁可形貌上有些差异而保留住神韵。因为在沈雁冰看来，文学的主要功用在感人，"而感人的力量恐怕还是寓于'神韵'的多而寄在'形貌'的少；译本如不能保留原本的'神韵'难免要失了许多的感人的力量。再就实际上观察，也是'形貌'容易相仿，而'神韵'难得不失。即使译时十分注意不失'神韵'，尚且每每不能如意办到。可知多注意于'形貌'的相似的，当然更不能希望不失'神韵'了。但他又说："如果'单字'的翻译完全不走原作的样子，再加之'句调'能和原作相近，得其精神，那么，译者译时虽未尝注意于'神韵'的一致，或者'神韵'已自在其中了。"② 如此这般，直译和意译已经熔为一炉了。

"五四"时期，许多译者在翻译中都交织使用着直译与意译等多种方法。如徐炳昶、乔曾劬在比利时梅德林（今译梅德林克）《马兰公主》的《译后记》③ 中，就翻译方法说明道："这本翻译以直译为原则但是直译并不是逐字翻译。因为无论那一国文，他那极普通的话，字面上的意思和实在的意思不相合的很不少。如果专译字面的意思，它的神气要全失了。我们这本翻译，对于这些地方非常的注意。一求不失真意；二求不失神理。"翻译中，译者注意到"你"与"您"、"您"和"你们"的细微区别——法国人对于亲爱的人说话时用 Tu，译作"你"，但当他发怒时，也许用

---

① 欧阳予倩：《翻译剧本的困难》，《戏剧》第 1 卷第 1 期，1929 年 5 月 25 日。
② 沈雁冰：《译文学书方法的讨论》，《小说月报》第 12 卷第 4 号，1921 年 4 月。
③ 徐炳昶、乔曾劬：《译后记》，《小说月报》第 13 卷第 5 号。

Vous，译为"您"，复数时译为"你们"。原作中的神歌全用拉丁文，中文翻译在保留拉丁文的同时，也将其用古雅的中文译出，以保持原作的风貌。

除了直译、意译之外，"五四"时期还有关于翻译方法的其他表述。1920 年 3 月 15 日出刊的《少年中国》第 1 卷第 9 期，载有田汉译 Shokama《歌德诗的研究》之一章"歌德诗中所表现的思想"，篇中的引诗为郭沫若所译。篇末的《沫若附白》就提出了"风韵译"："诗的生命，全在他那种不可把捉之风韵，所以我想译诗的手腕于直译意译之外，当得有种'风韵译'。"西林在评论赵元任译《阿丽思漫游奇境记》时，提出了又一种翻译方法——"神译"。他说："一般译书的先生们都告诉我们说译书有两种方法，一种是直译，一种是意译；这种分别法到底有多少意思，暂且不管，现在我所要说的是你就是同时用了这两种方法来翻译这部《阿丽思漫游奇境记》，也一定是不够用的。《阿丽思漫游奇境记》是一部具有特性的书，所以赵元任先生用的方法，也兼用了一种特别的方法。这种方法我们可以替他取个名字叫'神译'法。如果你问我怎么叫神译法，我想与其要我勉强诌出几句不得要领的解释，倒不如让我选出几个例子来给你看看。"[1] 原文：

"You are not attending!"said the mouse to Alice,

severely.

"What are you thinking?"

"I beg your pardon,"said Alice,very humbly;

"You have got to the fifth bend,I think?"

"I have NOT! Mcried the mouse;sharply and

very angrily.

"A knot!"said Alice;always ready to make herself useful,

---

① 西林：《国粹里面整理不出的东西》，《现代评论》第 1 卷第 16 期，1925 年 3 月 28 日。

and looking auxiously about her.

"Oh，do let me help you to undo it!"

赵元任译文：

那老鼠说到这里，对阿丽思很严厉地道，"你不用心听着，你想到哪儿去啦!"

阿丽思很谦虚地道，"对不住，对不住，你说到第五个湾湾儿勒，不是吗?"那老鼠很凶很怒道，"我没有到!"

阿丽思道，"你没有刀吗？让我给你找一把!"（阿丽思说着四面瞧瞧，因为她总喜欢帮人家的忙）

西林说："这里译文最末一段照字义应译为，阿丽思道，'一个结！让我来替你解开!'"赵元任为要保存原文的神味，把 not 和 knot 这两个同音词，译为"到"和"刀"。所以他把这种译法称为神译法。人民文学出版社 2002 年 1 月版张晓路译本译作：

"你没注意听吧!"老鼠严肃地问爱丽斯，"你在想什么呢?"

"请你原谅，"爱丽斯毕恭毕敬地说，"我想，你到了第五个弯儿了。"

"我没有!"老鼠厉声说，大为生气。

"是一个结!"爱丽斯说，时刻准备着自己能派上用场，焦急地四下望了望又说，"噢！请让我来帮忙解开它吧!"

张译显然没有错，而且相当圆熟，但就传达原著富于双关语的语言智慧这一点而言，则显得不如赵译传神。

西林说："神译比直译或意译都难，我们读了《阿丽思漫游奇境记》，对于赵元任先生翻译所费的苦心，和他所得到的成绩，都十分钦佩，我们并且都可相信除了赵元任先生，恐怕就难找出第二个人（姑假定他有了赵先生的口味）能有这种精神，能得到这样的结果。然而读了《阿丽思漫游奇境记》，同时再读一读他的原著，我们仍旧免不了发生了一种感觉；就是觉得这部书用神译法来译他，还是不能痛快；要得痛快，恐怕还得用一种比神译法再高明一等的方法——比神译还要高明的方法，我想总得要叫他'魂译法'了罢？——这魂译法就是把一本书的味儿都吞下去，把全书从头至尾完全忘了，然后把这味儿吐在你的墨盒子里面，用里面的墨汁写出一本书来。以赵元任先生的天才、天性和他的精神，我们很能相信，他如果用了写他那篇序的墨汁写出另一本《阿丽思漫游奇境记》来，一定还要比现在的这一本更加痛快，更加有意思。"赵元任的"神译"得益于他敏锐的文学感悟和精深的语言造诣，精通多门外语使得他能够准确把握原作语言的机微，以欧化色彩与口语语调水乳交融的白话语体传达出原作的独特神韵。

从"曲译"走向直译的刘半农，在基本坚持直译——"不但要译出它的意思，还要尽力的把原文中语言的方式保留着"——的前提下，也认为"直译（Literal translation）并不就是字译（Transliteration）"，"还要顾着译文中能否文从字顺，能否合于语言的自然"，能否传达意义与感情，"在甲种语中，用什么方式或用些什么字所表示的某种情感，换到乙种语言中，如能照它直译固然很好，如其不能，便把它的方式改换，或增损，或变改些字，也未尝不可；因为在这等'二者不可得兼'之处，我们斟酌轻重，苟其能达得出它的真实的感情，便在别方面牺牲些，许还补偿得过"①。他翻译《〈茶花女〉第一幕第八场的饮酒歌》时，为了能够唱得顺口，听得入耳，在字句上，就并不十分拘泥，只是做到大致不错。他虽自谦说不敢仰攀"神韵译"，但实际上《饮酒歌》颇有一点"神韵译"的风味。如：

————————

① 刘半农：《关于译诗的一点意见》，《语丝》第 139 期，1926 年 7 月 9 日。

（一）

这是个东方色彩的老晴天，

大家及时行乐罢！

嚇！若要有了这明媚风光才行乐，

那又是糊涂绝顶太可怜！

我们是什么都不提，

只要大家舒舒服服笑嘻嘻。

也不管天光好不好，

只要是笑眼瞧着酒杯中，

杯中笑眼相回瞧。

（二）

天公造酒又造爱，

为的是天公地女常相爱。

人家说我们处世太糊涂，

算了罢！要不糊涂又怎么？

你们爱怎么说就怎么说，

我们爱怎么做就怎么做。

你便是个最利害的检查官，

请你来瞧一瞧我们的酒杯罢，

嚇！保你马上的心回意转，意满心欢。[①]

比起《茶花女》的卓呆译本来，刘半农译本自然、流利、洒脱、谐谑的长处显得十分突出。

---

① 刘半农：《〈茶花女〉第一幕第八场的饮酒歌》，《语丝》第 83 期，1926 年 6 月 14 日。

四、语体及其他

以何种语体翻译外国文学，关系翻译文学的生命力问题。近代林纾等人的文言翻译，固然不无传神之处，但外国文学的原文绝大多数是言文一致的，用文言来翻译，势必与原文的神韵风貌产生很多隔膜，至于严重限制了中国读者面则自不必说。所以，即使在文言统领翻译文学天下之时，就已经开始了《圣经》、寓言与小说的白话翻译尝试。然而，语言的习惯力量非常强大，1917 年以前，翻译文学是文言称霸的天下，就连旨在启蒙的《新青年》，最初几年刊出的翻译作品也仍旧是文言，古奥的有陈独秀所译泰戈尔的《赞歌》，浅近的有陈嘏所译屠格涅夫的《春潮》等。

1917 年 1 月，新文化阵营以白话取代文言为突破口发起文学革命，开辟了中国文学新纪元。1918 年 1 月起，《新青年》全部采用白话，其他重要报刊也陆续跟进，几年工夫，白话便不仅在创作与批评中一统天下，而且在翻译文学中也升帐挂帅。此前曾有文言翻译建树的鲁迅、周作人、刘半农等人，转而成为白话翻译的领军人物。大批新人翻译伊始，就有幸赶上了白话翻译的时代列车。

翻译语言的转换不是一蹴而就的，而是经历了艰辛的磨炼。中国地域辽阔，汉语分为大大小小的方言区。当译者刚刚尝试白话翻译时，容易留下方言痕迹，给风格的准确传达与读者的阅读带来一定的障碍（用方言表达原作中的地方色彩另当别论）。如李劼人译法国考贝《甘死》（《小说月报》第 13 卷第 8 号），有"怎样，老朋友，不甚安适吗?""安适"一词，就带有巴蜀方言色彩。文言与白话虽然同为汉语，但分别为书面表达与口语表达两套不同的话语，深受文言熏陶者乍用白话翻译，在语汇的选择和语感的把握上往往存在一些粗糙之处。同样以上述李劼人译本为例："他拿起一种可怕的笑容来回答我道:'恶劣透了! 好朋友。我已病入了胸膈，好像在第五幕上……'"这里的"拿起……笑容"的动宾搭配不太合适;"恶劣"应该翻译成"糟糕";"病入了胸膈"不如用成语"病入膏肓";

"好像在第五幕上"，如果说话者不是与戏剧有着特别关联的人（譬如戏剧工作者或戏迷等），也许换一种通俗的比喻更好一些。

不止译界新人需要磨炼，而且译坛宿将也同样需要重新学习。鲁迅1919 年翻译的《一个青年的梦》，语言尚嫌生涩，甚至有明显的语病或误译。譬如序幕里的"昏人！你拿了仿佛感到这件事，在那里自慢着么？""自慢"以及后面的多处"平和"都是日语词，直接拿过来用并不成功，应该译为"骄傲"或"自得"与"和平"。又如"乏人，一个不协我的心的东西。你是。"这种倒装句式在剧本对话里是否合适姑且不论，"不协我的心"的说法，也明显不是地道的普通话，不如译为"不合我的心"。到了 1922 年出版的《爱罗先珂童话集》，翻译语言明显进步，力求准确的同时，也平添了生动与和谐。再到 1926 年，他与齐宗颐合译的《小约翰》，则可以说是炉火纯青了。这里且看从第四节信手拈来的两段：

> 这快活的太阳也就不能久驻，将他的脸藏在一片云后面了。大雨淋着这战斗的两党。仿佛是因为雨，地面上突然生出大的黑的地菌的森林来似的。这是张开的雨伞。几个女人将衣裳盖在头上，于是分明看见白的小衫，白袜的腿和不带高跟的鞋子。不，旋儿觉得多么好玩呵！他笑得必须紧抓着花梗了。
>
> 雨停止了，在灰色的云底下，闪出一片欢喜的微笑的太阳光，经过树林，照着湿而发光的树叶，还照着在所有枝梗上闪烁，并且装饰着张在榭树枝间的蛛网的水珠。从丛草中的湿地上，腾起一道淡淡的雾气来，夹带着千数甘美的梦幻的香味。白头鸟这时飞上了最高的枝梢，用着简短的，亲密的音节，为落日歌唱，——仿佛它要试一试，怎样的歌，才适宜于这严肃的晚静，和为下堕的水珠作温柔的同伴。

无论是写景，还是写角色的动作、心理、对话，其词汇的选择、节奏的控制、语感的把握、语调的色彩等，都恰到好处，栩栩如生。译者犹如作品里的主人公小约翰一样，品味着在语言的童话世界里寻幽探胜的新奇与自由潇洒的快乐。

鲁迅翻译语言的成熟进程恰与其创作语言的成熟进程相叠合，在现代文学语言的发展史上具有典型意义。"五四"一代在用白话翻译的同时，也汲取了文言的养分，创造出一种既比传统白话小说语言鲜活、又比日常话语精练的新的白话文学语言，可以说，胡适所提出的"文学的国语，国语的文学"理想的实现，翻译文学功不可没。

白话翻译是在同文言翻译的对垒、比较、竞争中逐渐发展起来的。许地山1917—1922年在燕京大学读书期间，曾用古文翻译泰戈尔的《吉檀迦利》。郑振铎觉得译得虽好，但似乎太古奥了。许地山坚持认为，这一类的诗，应该用这种古奥的文体译。至于《新月集》，则又须用新妍流利的文字译。但实际上，许地山用古体翻译的《吉檀迦利》终未译成，已经译出的几首也未见发表；陈独秀用文言翻译的《赞歌》，虽然早就刊登出来，但其影响微乎其微；而包括《吉檀迦利》在内的泰戈尔诗歌的白话翻译，则大批问世，流传很广。

林纾继续用文言翻译，因其既有的声誉和文言读者群尚在，所以文言译本仍能出版，但是，受到新文学阵营越来越多的批评。志希在《今日中国之小说界》里说，"欧洲近来做好小说都是白话，他们的妙处尽在白话；因为人类相知，白话的用处最大。设如有位俄国人把 Tolstoy 的小说译成'周诰殷盘'的俄文，请问俄国还有人看吗？俄国人还肯拿'第一大文豪'的头衔送他吗？诸君要晓 Tolstoy 也是个绝顶有学问的人，不是不会'咬文嚼字'呢！近来林先生也译几种 Tolstoy 的小说，并且也把'大文豪'的头衔送他；但是他也不问——大文豪的头衔是从何种文字里得来！他译了一本《社会声影录》，竟把俄国乡间穷得没有饭吃的农人夫妇也架上'幸托上帝之灵，尚留余食'的古文腔调来。诸君！假如乡间穷得没有饭吃的农民，说话都会带古文的腔调，那也不做《社会声影录》了！日本人译西洋小说用东京白话，芮恩施博士还称赞他。林先生！请你想一想看，这是小说，不是中学校的林选古文读本呢!"①

　　除了林纾及其合译者之外，其他带有文化保守主义色彩的译者也坚持使用文言做文学翻译的媒介，以示文言具有无须用白话替代的生命力。《学衡》杂志上的翻译，就多为文言。但第 22 期陈钧译法国福禄特尔哲理小说《坦白少年》，虽然小序仍为文言，然而正文则基本上是略带一点文言色彩的白话。这透露出保守主义阵营已经发生了罅隙，白话翻译与整个白话文学一样已经成为不可阻挡的历史趋势。

　　白话翻译文学迅速崛起，文言翻译的市场走向萎缩，并不意味着绝对摒弃文言。如同新文学创作一样，白话翻译也自觉不自觉地汲取文言营养，使翻译语体于质朴自然之中呈现出精练、明丽。有时，为了准确传达出原文的神韵，还特意借重于文言。如周作人翻译的德国蔼惠耳思的《请愿》，描写 27 岁的牧师陀伦布留德家里请了一位年近 70 岁的女管家，自己执行职务之认真让其上司都时常摇头惊叹。他把职务当作自己的生命，赎罪说教之外，读书，访贫问病，自己非常节俭，而将自己的财产的利息全部和小教区收入款项的半数以上都用在赈恤上。他为报刊写稿不贪报酬，常常废寝忘食。上司接受管家为他的身体考虑提出的建议，将他调到甘贝斯吉耳显学校任监督。到任不久，他发出三封请愿书，一封给大教正，一封给上议院，一封给众议院，内容是请废止巴雅伦王国管辖的公私立诸学校植物学科目，制定法律并颁布实行案。小说叙事部分都用白话翻译，而请愿书则用浅近文言，以与其僵化的内涵相适应。如："本请愿书之宗旨在于维持国民之风教。……凡属良医，贵在能探讨病源，加以割疗。请愿人自信已能追寻社会祸根，得其所在。此无他，盖存于诸学校之科目中，即植物学是也。……儿童纯洁之耳，所听者皆植物性交之可厌之记述，例如雌蕊者植物之女阴也，以图示之不足，且更使目睹花卉之实体。曰卵房，曰卵子，曰卵膜，曰卵底，曰蕊柱，曰粉道，曰柱头，仔细指点，详尽无遗。说明自花受精他花受精之分，或云花以色香诱引媒介之昆虫，或

---

① 　志希：《今日中国之小说界》，《新潮》第 1 卷第 1 号，1919 年 1 月 1 日。

云花以蜜露酬报媒合之恩德，或又叙述蜂蝶之足如何先沾雄蕊之污粉，再出而向雌蕊之秽房。虽以娼家之谈，亦当无如此亵语。纵是历史国语诸科勉除卑陋之文字，而任植物学以性交为教科之中心，欲使子弟保持思想之纯洁，其道末由。""……是实国民之病源也，良医宜挥刀割而去之。处之之道奈何？鄙人以为尽刈除世界之植物，使此丑类无复余孽，是为上策。然此策恐今难遽行，故姑以中策代之，即为苟奉正教者应不承认植物之存在是也。实行之法，则从削去诸学校科目中之植物学始。"牧师荒谬的逻辑与邪僻的心胸，借助半文半白的语体表现得淋漓尽致。白话与文言的语体反差，强化了"克勤克俭"与假道学之间的反讽效果。

关于词汇的翻译乃至语调的把握，翻译界都有许多具体的探讨。如沈雁冰在《译文学书方法的讨论》①中提出："似乎单字的翻译有七个方法可以试行：（一）每一个单字不可直抄普通字典上所译的意义，应得审量该字在文中的身份与轻重，另译一个；（二）应就原文著作时的时代决定所用的字的意义；（三）应就原著者用字的癖性决定各单字的意义；（四）尽能译的范围内去翻译原作中的形容发音不正确的俗体字；（五）尽能译的范围内去翻译粗人口里的粗字；（六）因时因地而异义异音的字；（七）照原作的样，避去滥调的熟见的字面去用生冷新鲜的字。""句调的翻译只可于可能的范围内求其相似，而一定不能勉强求其处处相似，不过句调的精神却一毫不得放过。"委婉曲折的决不宜把它化为爽直，阴郁晦暗的不应译成光明俊伟的。

译名问题成为人们关心的一个热点。譬如一个作家，往往有多种译法，如泰戈尔，另译为太戈尔、搭果尔、台莪尔、台莪儿、泰卧儿、泰果尔、泰鹤尔、太谷儿、达噶尔、泰谷尔、戴歌尔、泰莪尔等；契诃夫，另译为柴霍甫、契考夫、乞呵甫；拉封丹，另译为拉夫丹、拉风丹；格林，另译为格吕谟；梅特林克，另译为梅脱灵；华兹华绥，另译为华次华士；波德莱尔，另译为波特莱尔、鲍特莱尔；龚古尔，另译为弓果尔；柯勒律

---

① 沈雁冰：《译文学书方法的讨论》，《小说月报》第12卷第4号，1921年4月10日。

治，另译为辜律勒己、戈尔列奇；但丁，另译为檀德；席勒，另译为石勒；海涅，另译为海力；莫里哀，另译为毛利哀；莫泊桑，另译为莫泊三、毛柏霜；雨果，另译为许古、嚣俄；斯特林堡，另译为司脱林保；施托姆，又译为斯托蒙、斯托尔姆、施笃谟、许笃谟、释滔穆；克雷洛夫，另译为克鲁洛夫、克蠡洛夫；果戈理，另译为歌歌里；奥斯特洛夫斯基，另译为阿史德洛夫斯基；安特列夫，另译为安特莱夫、安特立夫等。作品的译名也有歧异，如易卜生的《爱的喜剧》，另译《恋爱喜剧》；《青年同盟》，另译《少年党》；《社会之柱》，另译《社会支柱》；《玩偶之家》，另译《玩偶家庭》《娜拉》《玩具人儿的家庭》《玩物的家庭》；《国民公敌》，另译《社会之敌》；《海的夫人》，另译《海洋夫人》等。

早在 1916 年 12 月 1 日出刊的《新青年》第 2 卷第 4 号上，主编陈独秀就发表《西文译音私议》，探讨译音的技术问题。读者对译名问题也纷纷发表意见，希望找出一个解决的办法。1919 年 6 月 15 日，孙几伊在《新中国》第 1 卷第 2 号上发表《论译书方法及译名》，对翻译界表示种种遗憾，其中就有译名的歧义。他主张至少专有名词应该统一，已有的，不必立异。1920 年 6 月 18 日《民国日报·觉悟》上，光典的《译书感言》提出翻译要有系统，选择应看其本身的价值与翻译的现实性及大众接受的可能性；语体应为白话，笔法最好用直译，有的书，不必全译，可用提要的方法来介绍；名词应统一，避免重复。许地山主张用注音字母翻译外国的名字[1]。耿匡的《译名问题》则主张存留原文，原文为主，中文附译在后[2]。朱佩弦援引中国翻译史的例证，把名词翻译区分为音译（如逻辑）、义译。音义分译（一部分取音，一部分取义，如帝释）、音义兼译（如图腾）、造译（造新字，如逻辑；造新义，如锑）等，主张通过多种方式来加以确定，如政府审定、学会审定、学者鼓吹（倡导与推动）、多数意志

---

① 许地山：《我对于译名为什么要用注音字母》，《新社会》第 12 号，1920 年 2 月 21 日。
② 耿匡：《译名问题》，《新社会》第 14 号，1920 年 3 月 11 日。

的选择（约定俗成）等①。《小说月报》对译名问题更为关注，曾发表多篇文章探讨译名统一的问题。第 12 卷第 6 号，郑振铎发表《审定文学上名辞的提议》。第 13 卷第 6 号，芜湖陈德徵致信雁冰，指出译名不统一的弊端，希望《小说月报》自己统一起来，"站在国内文坛底尖峰而提起统一的旗帜来"。"审查译名的办法如人名审查、地名审查、书名审查、专有辞审查以及其他审查的办法，我愿《小说月报》'登高一呼'，征求国内文学创造者、介绍者、研究者、读者底意见后，再行酌定。"雁冰表示赞同陈的意见，并且想竭力做去，"郑振铎君去年亦曾提议及此，我那时赞成人名地名应有人审查统一，文学上用语则不赞成用'人工'方法'烘'出来。说来自己也好笑，我翻译时遇到地名人名，往往前后译做两个样子，当时亦不觉得；至于译音不对，更多至不可胜数。所以有法统一，我是极赞成的"。第 14 卷第 2 号辟有"文学上名辞译法的讨论"专栏，郑振铎、沈雁冰、胡愈之、吴致觉等撰文参与讨论，希望翻译更加准确并且易于理解。刘半农从前主张人名地名，竟用原文，不加文字，后来认为还是用汉字来译音好些。沈雁冰则主张区别对待，普通用语（如风格、序幕、传奇故事、小说、性格等）与专用名词（如史诗［指叙事诗］、抒情诗、自然主义、现实主义、浪漫主义等），应有统一的标准译名，而含有典故性的专名［如 Pan（潘），本为希腊神话里的牧羊神］，则不如老老实实把原文写上，不用再译。第 15 卷第 2 号《最后一页》说，"本报所用的译名，很想在可能的范围内，力求统一。这一期因为排印与校对的疏忽，致将莫泊桑研究一文内的'莫泊桑'三字，俱作为'莫泊三'。因已印好，未能改正，特在此声明一下，并向读者致歉意"。其雅量与决心可见一斑。

对于多种多样的外国文学作品，"五四"时期除了在作家、题材、文体、风格等方面有所选择之外，翻译的方式也不尽相同。根据作家、作品本身的重要性与需求的迫切性及译者的时间、精力、眼光、报刊的容量等情况，有全文（或全书）翻译、节译、摘译，也有编译、译述等。郑振铎

---

① 朱佩弦：《译名》，《新中国》第 1 卷第 7 号，1919 年 11 月 15 日。

认为，即使是名作家的创作，也未必都值得翻译；就译者而言，也并非能够担当起全译的重任。所以，他放弃了想要翻译泰戈尔全部诗歌的宏愿，先是从已有英文译本的 6 种诗集中选择了 326 首，1922 年 10 月由上海商务印书馆以《飞鸟集——太戈尔诗选》为名初版。1923 年又出版了太戈尔诗选之二《新月集》。翻译作品集《天鹅》中，高君箴与郑振铎对日本、北欧、英国及其他各地的传说、神话及寓言，用的是"重述"的方式，而对安徒生、王尔德、梭罗古勃等人的作品，因其具有不朽的文学趣味，则采用全译的方式。郑振铎翻译契诃夫的《海鸥》用的是全译的方式，而《列那狐的历史》则采用了译述方式。戴望舒对贝洛尔的《鹅妈妈的故事》，虽然是从法文原本极忠实地翻译，但看到原作者在每一个故事终了的地方，总是加上几句韵文教训式的格言，古老而沉闷，他不愿意让那些道德观念束缚了儿童活泼的灵魂，于是大胆地将格言删去。话剧是地地道道的舶来品，为了适应国人的审美习惯，最初被翻译成中文与搬上舞台的外国话剧，总是要加以不同程度的改编。有的是"中国化"方法，即把原作中的人物、时间、地点、情节、风俗等全部或基本上改成发生在中国的故事；有的是"西洋化"方法，即在保持"洋人洋装"（人物、时间、地点、情节、风俗等基本不变）的前提下有所改编①。"五四"时期，随着直译呼声的高涨，原汁原味的话剧翻译渐次登场；即使如此，仍有"中国化"的翻译，如 1924 年洪深根据王尔德《温德米尔夫人的扇子》改译的《少奶奶的扇子》（《东方杂志》第 21 卷第 2—5 号连载），演出颇受欢迎，为中国话剧排练演出体制的建立与演出市场的开拓做出了贡献。

为了便于读者理解，译者往往采取多种方式加以注释或阐释。形式有译者按语、附录、脚注、尾注、文中夹注等；内容有作家简介、作品背景、要旨提示、风格点评、翻译动机等。

如《新青年》第 4 卷第 5 号所刊刘半农译《我行雪中》（印度歌者 Ratan Devi 所唱歌），诗中有这样一节：

---

① 田本相编：《中国现代比较戏剧史》，北京：文化艺术出版社，1993 年，第 640 页。

大树之下。我所隐匿，透此树枝，可捉星斗。星斗一一萌发，出
自夜胸；夜是天鹅绒制，如一巨猫，循自在路，尾逐日鹿。又见此
树，见菩提树；佛当大解脱时，坐此树下。

今天看来，翻译尚有文言痕迹，算不上翻译的上品。但看其导言及14
条注释，则可体味译者之用心良苦。"译者导言"说："两年前余得此稿于
美国 'VANITY FAIR' 月刊；尝以诗赋歌词各体试译，均苦为格调所限，
不能竟事，今略师前人译经笔法写成之，取其曲折微妙处，易于直达。然
亦能尽惬于怀；意中颇欲自造一完全直译之文体，以其事甚难，容缓缓
'尝试'之。""此诗篇名，原文不详。今以首句为题，意非拟古，亦不得
已也。""余苦不解梵文；故于篇中专名有疑似及不可考者，据实附书于
后，以俟将来订定。"除了"译者导言"之外，还有杂志记者的"导言"，
称"精密之散文诗一章"。译者与记者的"导言"，提供了丰富的信息，既
有原文出处、翻译经历、翻译方法、遗留问题，又引进了散文诗这种新颖
的文体概念。再如《新青年》第6卷第6号所载朱希祖译厨川白村《文艺
的进化》，正文后有"译者案"："厨川白村尚有《自然派与晚近新文艺比
较上美丑的问题》一篇，与此篇相发明，附译于后。""附译"的文章之
后，还有长达近千字的"又案"，对比厨川白村的论述，反观中国现代的
文艺，批评貌似自然派的"黑幕小说"。《小说月报》第16卷第5号载仲
云译日本厨川白村《病的性欲与文学》（上），译文涉及日本作品表现男性
的性欲倒错时，插入译者按——"此种作品在我国小说中亦甚多，如《品
花宝鉴》便是其中描写的最淋漓尽致的，此外如《聊斋志异》《野叟曝
言》中，亦颇不少。"按语和说明，不仅引导读者走进翻译作品，而且把
外国文论与中国文学历史、现状联系起来，把翻译与批评联结起来，有利
于发挥翻译的现实效应。

有的生僻词语加以注释自属必要，但有的注释却也未必非加不可。如
《新青年》第4卷第3号周作人译俄国Sologub《童子Lin之奇迹》中，"这
一日是溽热天气。时值下午，又是一日中最热时光。空中绝无一点云翳，

非常明亮。天上火龙（谓太阳）像是发怒颤抖，向空中和地上，喷出凶猛的热气来。干枯的草，贴着焦渴的地面，同他在一处愁苦；又卧在热尘埃底下，透不出气，几乎闷死。""火龙"后面注释"谓太阳"，似可不必，因为这属于修辞，而非生僻的方言或特殊的名称等。然而，译者为读者着想的苦心让人感佩。

关于翻译方法的探索，是翻译文学从近代的自为走向现代的自觉的表征，为"五四"时期翻译文学的丰收输送了丰富的养分，也为后来翻译文学的发展提供了持续的动力。翻译方法的理论总结与翻译成果一并成为20世纪中国文学的宝贵财富。

翻译理论研究

〈翻译学刊〉2023年第2辑

中国翻译话语研究的理论、问题与材料

耿　强①

摘要：中国翻译话语研究在理论、问题与材料三个方面存在一些亟须解决的问题。理论方面，纯粹主义论、聚光效应论和单一传统论束缚了研究视野的扩大；问题方面，翻译学科本位立场聚焦中国翻译话语特色问题，将传统等同于特色；材料方面，局限于固有史料的范围，且使用方法上缺乏创新。本文指出，中国翻译话语必须打破"三论"设定的范围，坚持再语境化的立场，区分显性和隐性翻译话语的类型，划分高层、中层和底层翻译话语，突出翻译话语社群的功能和翻译话语机制的探讨，关注话语世界中广泛存在的沉默的大多数，通过发掘新材料，翻新老材料，回答新问题，从而补充、修改，甚至重构中国翻译话语体系。

关键词：中国翻译话语；隐性翻译话语；翻译话语社群；预设；材料

Title：Assumptions，Problematics and Textual Materials in the Studies of Chinese Translation Discourses

Abstract：There have been a couple of obstacles to be solved in the studies

①　作者简介：耿强，上海外国语大学语料库研究院教授，博士生导师，研究方向：中国翻译话语、话语分析、中国文学外译、数字人文研究。

of Chinese translation discourses. First is about the theoretical assumptions by such studies, which are the purism, the spot-light-effects and perception of a single tradition referred to. With these three assumptions, it is hard to broaden the vision in relevant studies. The second is about what questions can be raised. Since the discipline of translation is what the study of Chinese translation discourses aims to serve, a focus has been given to the problematic of the characteristics of Chinese translation discourses, thus leading to equate features with traditions. As far as textual materials are concerned, they are utilized in no creative and flexible ways. Accordingly, this article argues that the three assumptions aforementioned should be questioned first. Then, effort is suggested at dividing translation discourses into different types and levels, so as to highlight the functions of translation discourse communities, to turn close attention to the voiceless majority of discourses circulating through divergent forms of textual materials. Only by doing so, is it highly likely to see a re-building of a rich tradition of Chinese translation discourses.

Key words：Chinese translation discourses; invisibility of translation discourses; translation discourse communities; assumptions; textual materials

前　言

中国翻译话语研究是指对有关中国翻译的种种理论、陈述和知识的研究，是一种元话语，是学术发展到自觉阶段的产物，本身具有自反性。虽然对中国翻译话语进行的整理最迟在 20 世纪 30 年代便已经开始，比如吴曙天主编的《翻译论》① 和黄嘉德主编的《翻译论集》②，但只有到了 20

---

① 吴曙天：《翻译论》，上海：光华书局，1933 年。
② 黄嘉德：《翻译论集》，上海：西风社，1940 年。

世纪 80 年代，相关研究才算真正起步。因为正是在这一时期，中国翻译话语研究才形成了明确的话语身份意识，最终产生了诸如罗新璋①和陈福康②等人影响广泛的作品。虽说他们偏重史料的整理，其历史叙述"十分接近史事编年，很大程度上是资料上的'Who？When？What？'的交代"③ 于理论或话语体系的建构方面着力不多，但考虑到当时中国翻译话语研究尚处于起步阶段，史料整理是任何一个学科体系、学术体系和话语体系建设必须投入的基础性工作，因此它的重要性不容抹杀。而且从某种程度上来说，史料是无法穷尽的，新的史料总会被不停地发现，对史料的整理也因此不会停止。近期出版的六卷本长达四千多页的《中国传统译论文献汇编》④ 就是最好的例证。除了史料方面的整理，学理性的研究也在不断问世，有偏重学科史的脉络梳理⑤，有侧重新问题的理论探索和脉络化疏通⑥，有断代的翻译思想史和翻译理论史研究⑦，也不乏新视角下的翻译话语的再阐发⑧。然而整体来看，目前的研究存在一些尚未被人们注意的问题，在理论、问题与材料等诸多方面，均有不同程度的表现，一定程度上阻碍了中国翻译话语研究纵向开掘的深度和横向拓展的广度。本文将从理论、问题与材料三个方面对其进行阐述。

---

① 罗新璋编：《翻译论集》，北京：商务印书馆，1984 年。

② 陈福康：《中国译学理论史稿》，上海：上海外语教育出版社，1992 年。

③ 王宏志：《浅谈"重写翻译史"：为忆念天振兄而作》，《东方翻译》2020 年专刊。

④ 朱志瑜、张旭、黄立波编：《中国传统译论文献汇编（六卷本）》，北京：商务印书馆，2020 年。

⑤ 李林波：《中国新时期翻译研究考察：1981—2003》，陕西：西北工业大学出版社，2007 年；许钧主编：《改革开放以来中国翻译研究概论》，武汉：湖北教育出版社，2018 年；许钧、穆雷：《中国翻译研究（1949—2009）》，上海：上海外语教育出版社，2009 年；张莹：《当代中国译学发展史（1979—2019）》，天津：南开大学出版社，2020 年。

⑥ 廖七一：《20 世纪中国翻译批评话语研究》，北京：北京大学出版社，2020 年；邵有学：《中国翻译思想史新论》，北京：中国社会科学出版社，2018 年。

⑦ 王秉钦：《近现代翻译思想史》，上海：华东师范大学出版社，2018 年。

⑧ 王宏印：《中国传统译论经典诠释——从道安到傅雷》，大连：大连海事大学出版社，2017 年；Cheung, Martha, P. Y. "From 'Theory' to 'Discourse'：The Making of a Translation Anthology". *Bulletin of the School of Oriental and African Studies*, no. 3, 2003, pp. 390—401. Cheung, Martha, P. Y. *An Anthology of Chinese Discourse on Translation Volume One：From Earliest Times to the Buddhist Project*. London & New York：Routledge, 2014.

翻译理论研究

一、理论

这里的理论是指研究翻译话语时所持有的基本预设。任何研究都有基本预设，即一套用于观察和理解主观或客观世界的基本原则、概念框架或认知模型。离开了这些预设，研究是根本无法进行的。这些预设会被当作不言自明的原则，经过长期的使用，逐渐沉淀为学术共同体的集体无意识，从而在体制内扎根，一方面给接受它的研究者带来相当的舒适感和安全感，一方面则扮演权威的角色，发挥体制性的裁制功能。正因为如此，它们很少会得到反思，更不用说被质疑和挑战了。中国翻译话语研究的历史虽然不长，却有不少这种不言自明的基本预设。最主要的有以下三个：

预设一： 翻译话语是和翻译直接相关的话语

根据这个预设，如果某个陈述、知识或文本讨论或涉及翻译的方法和策略、译者的素养、翻译的选材、标准和评价等内容，则它们算作翻译话语。如果它们谈论的是如何对待外国文化遗产，如何看待文艺与政治的关系，甚至如何理解意识形态对翻译的影响，那么它们则不是翻译话语。

本文暂且把以上预设称为纯粹主义论。它给翻译话语和非翻译话语之间划了一个清楚的界限，将那些符合条件的纳入考虑的范围，而将不符合的排除出去。几乎所有的翻译话语研究均持纯粹主义论，程度上有深有浅，而且并未觉得它有何不妥。本文也认为，这一预设涵括了大部分的不同形态的翻译话语，但问题也恰恰出现在这里。那些并未直接谈到或提到翻译字眼的话语难道不是翻译话语的一部分吗？假如它们和直接的翻译话语融为一体，我们是否要在翻译话语史的著述中将其切割和剥除呢？实际上，这种做法就发生在罗新璋主编《翻译论集》的过程中。他在选择翻译话语的时候，对不符合预设一的文章做了处理，尤其对发表于中华人民共和国成立十七年时期（1949—1966）的文章进行了删减。比如，《翻译论集》收入的郭沫若的《谈文学翻译工作》①，冯志、陈祚敏、罗业森的《"五四"时期俄罗斯文学和其他欧洲国家文学的翻译和介绍》②，卞之琳、叶水夫、袁可嘉、陈燊的《艺术性翻译问题和诗歌翻译问题》③，这三篇文章，均对源文进行了较多的删改。郭沫若的文章被删去了开头的一大段；冯至等人的这篇文章有 37 处删节，14 处删除内容超过 5 行，其中 5 处直接将两三个段落删掉；卞之琳等人的文章仅仅节录了源文的第二部分，删去了第一部分"十年来外国文学翻译和研究工作的发展"以及第三部分"从几个文艺理论问题看外国文学研究工作"。编者这样大幅度删改，主要原因是觉得被删除的部分是"与翻译问题无关部分"④，这明显体现出纯粹主义论的影响。

从这个例子做进一步思考可以发现，翻译话语具有根植性（embeddedness），这个特性会随着话语周围环境的变化而发生变化。我们必须考虑翻译话语产生的特定历史环境，然后对它的内涵和外延进行判断。和翻译学科建立时代的翻译话语不同，前学科时代产生的翻译话语往往具有混杂性的特点，和其他话语产生紧密的缠绕，横向根植性一般会表现得更加突出，不像学科时代的翻译话语，根植性主要表现在纵向方面，也就是局限于翻译学科内部，因此它可以相对脱离语境而不影响对其意义的理解。但相比之下可以看到，学科时代的翻译话语横向根植性比较弱，换句话来说，就是很难对其他话语领域产生较大的影响，只能局限于自己的狭小专业圈子也就是学术共同体内部流通。考虑到这个情况，在讨论比如中华人民共和国成立后的翻译话语时，必须将毛泽东的《在延安文艺座谈会上的讲话》也视为这个时期翻译话语的有机组成部分。它提出的"政治标准第一，文艺标准第二"及"文艺是武器"等观念和陈述对翻译的影响是十分深远的。

---

① 郭沫若：《谈文学翻译工作》，《人民日报》1954 年 8 月 29 日。
② 冯志、陈祚敏、罗业森：《"五四"时期俄罗斯文学和其他欧洲国家文学的翻译和介绍》，《北京大学学报》1959 年第 2 期。
③ 原文名称为《十年来的外国文学翻译和研究工作》，卞之琳、叶水夫、袁可嘉、陈燊：《十年来的外国文学翻译和研究工作》，《文学评论》1959 年第 5 期。
④ 罗新璋编：《翻译论集》，北京：商务印书馆，1984 年，第 ii 页。

　　纯粹主义论者是从先验的观念出发讨论什么是或不是翻译话语，而更为妥当的做法是真正考虑到翻译话语的生成语境，并给翻译话语进行必要的分类。陈福康区分了译论的内篇（内部研究）和外篇（外部研究）两个类型①，但他所说的外篇（包括内篇）仍然属于张佩瑶所界定的直接的翻译话语②，也就是本文所说的显性翻译话语。但张佩瑶区分的间接翻译话语则将那些和翻译有关但又没有直接触及翻译问题的陈述纳入进来，是一个进步。她把这个分类用于自己编译的中国早期佛经翻译话语的文集中，将其付诸实践，从而很好地解决了翻译话语的再语境化问题。不过，在直接和间接的区分之外，情况可能更加复杂些，直接翻译话语在历史上的效果问题就没有引起注意。本文将翻译话语分为显性翻译话语和隐性翻译话语两类。所谓的隐性，不仅指张佩瑶所说的那些并未直接论述翻译但却和翻译有关的话语，同时也是指历史上被压抑的有关翻译的声音，也就是沉默的大多数。而这引出了本文接下来要讨论的预设二。

预设二： 翻译话语即名人对翻译所表述的观点

　　受到预设一的影响，预设二认为翻译话语即著名人物对翻译表达的观点和言论。本文将此预设称为翻译话语的聚光效应论。持此预设的学者往往眼光只放在历史上著名人物说了什么上面，并理所当然地认为，发声最高者就是最重要的，从而也就代表了一个时期社会上所广为接受的声音。聚光效应论在翻译话语研究中的影响是显而易见的，随便翻开一些有关翻译话语的研究著作，对一些观点的陈述，这一本和那一本看起来十分相似，重复性较大。这多数是因为，人们的目光仅仅聚焦于那些少数的名人身上，把研究变成了有的学者所批评的"英雄排行榜"③，类似于葛兆光在

① 陈福康：《中国译学理论史稿》，上海：上海外语教育出版社，1992 年；陈福康：《中国译学史》，上海：上海人民出版社，2010 年，第 3 页。

② Martha , P. Y. "From 'Theory' to 'Discourse' :The Making of a Translation Anthology". *Bulletin of the School of Oriental and African Studies* , no. 3 ,2003.

③ 夏登山、邵有学：《论翻译思想史的研究对象与撰写方法》，《外国语》2011 年第 2 期。

中国思想史研究领域所批评的一般思想史研究的固定招式和表演套路，侧重"精英与经典"①。著名人物早就被人们用显微镜反复查找任何一个不容忽略的微小之处，因此也很难在材料方面有所更新。然而这里我们要问的是，聚光效应真的合理吗？

本文提出话语社群（discourse community）的概念对这个问题进行简要说明。名人只能代表一个特定的话语社群进行言说，就拿晚清尤其是民国这个时期的翻译话语来说，翻译方面掀起的争论和笔战几乎都是围绕同人圈子展开的，发声的渠道也往往是同人圈子所掌握的刊物和媒体。但很显然，在同人圈子之外，在社会聚光灯所照到的那一小块光亮之外，还有一大片我们暂时看不到的地方和区域，那些由沉默的大多数所构成的话语社群。名人或者说具有聚光效应的翻译话语很有可能并非是光圈之外的话语社群关注的对象。两个话语社群在翻译理念和价值观方面可能并不一致，或者至少在逻辑上不能将它们视为一样的。一句话，具有聚光效应的翻译话语不一定能够代表社会上流行的一般的翻译观念。而后者不应该在我们的翻译话语史中被永远埋没，尽管多数情况下这种结果并非是主观造成的。显然易见，翻译话语这个概念内部并非是一体化的或同质性的，而是异质性的和分层的。除了那些具有聚光效应的翻译话语之外，还存在着很多散光效应的翻译话语，它们就像沉默的大多数，无法发声或者很难发声，或者即便发声了也难以获得聚光效应，但这并不是说，这些翻译话语就不重要。它们实际上构成了一个社会中最为一般的翻译话语，也最能代表社会中最广泛的话语社群中所流行的翻译话语。翻译话语研究不能再对它们不闻不问了。

预设三： 中国翻译话语研究要继承传统译论， 而传统译论是指能体现中国传统文化特征的译论

这一预设的重点在后半句。中国翻译话语研究所继承的传统译论有十

---

① 葛兆光：《2005 年版自序》，葛兆光：《思想史研究课堂讲录（增订版）初编：视野·角度与方法》，北京：生活·读书·新知三联书店，2019 年，第 7 页。

分明确的所指，是指那些具有中国传统文化特征的译论。这里的传统文化就是中国进入现代之前的文化，或者叫前现代时期的文化。什么样的译论可以称得上是传统译论呢？佛经翻译话语是的，严复的信达雅是的，傅雷的"神似说"与钱锺书的"化境论"也是的。本文将这个预设称为单一传统论。它直接规定了中国翻译话语研究借鉴的资源只能是非现代的。但问题在于，除了传统译论这个资源之外，难道中国翻译话语研究就没有其他什么话语资源可以利用了吗？这里需要事先声明，外来译论也是一个重要的话语资源，但是为了强调所要说明的对传统的认识问题，此处暂不予以讨论。在单一传统论的影响下，一些研究抓住老祖宗留下的遗产不放，易经八卦齐上阵，更常见的则是利用汉字多义的特点，做文字语义上的拆解、重组和再建构的文章，仿佛这样的研究才具有中国传统文化的特征，是继承了传统译论的研究。

本文想要强调，对传统译论中"传统"一词的内涵应该有更为多样化的理解。它并非一个僵化固定的概念，而是一个包容众多不同资源的富有弹性的概念。这一点对我们现在从事中国的学科体系、学术体系和话语体系建设来说，具有十分重要的现实意义。它可以包括哪些多样化的资源呢？就这个问题，习近平总书记在 2016 年 5 月 17 日的《在哲学社会科学工作座谈会上的讲话》中可以说给出了十分明确的答案。他指出，在建设中国特色哲学社会科学的过程中，要善于融通古今中外各种资源，特别是要把握好三方面的资源。一是马克思主义的资源，二是中华优秀传统文化的资源，三是国外哲学社会科学的资源①。再来看中国翻译话语研究，"传统"应该也包括马克思主义的资源，更具体地说，马克思主义与中国具体实践的紧密结合最终形成了一个不同于中国传统文化的新的文化传统，即中国化马克思主义文化传统，我们今天仍然生活在这个传统之中。在这个传统中，我们难道能够否定翻译话语不是它的一个有机组成部分？它是在这个新文化传统中的翻译实践的基础上生发出来的。我们研究中国翻译话

---

① 习近平：《在哲学社会科学工作座谈会上的讲话》，《人民日报》2016 年 5 月 19 日。

语，不能不对这一中国马克思主义文化所孕育的翻译话语资源给予严肃而充分的重视。限于篇幅，这里无法就这个问题充分展开，但简单来说，中国马克思主义文化中的翻译话语十分强调翻译的政治和意识形态的功能，强调翻译活动的统一化、组织化和计划化，强调翻译服务人民群众，教育和引导人民群众的功能，强调翻译工作者的社会责任感，等等。这些不同于中国的传统译论，构成了中国译论传统的一个重要组成部分，理应得到学界的关注和讨论。

二、问题

什么样的问题是中国翻译话语研究最为关心的？如果回答是"如何建设有中国特色的翻译话语体系"，想必不会有多少人表示反对。但这个问题本身就问题丛生。当然，这里并不是否定"中国特色"的提法，而是想指出，在中国翻译话语研究某个关键的历史节点上，中国特色与中国传统（单一传统论所说的传统）画上了等号。我们需要重返历史的现场，对这个画等号的过程进行一番知识考古学的分析，暴露其背后的不合理之处。

中国特色的提法和中国翻译话语研究身份意识的觉醒有因果联系。本文前言部分提到，中国翻译话语研究的身份意识是从 20 世纪 80 年代开始觉醒的，它以两部文集的编纂为标志：一部是刘靖之主编的《翻译论集》①，由香港生活·读书·新知三联书店出版；一部是罗新璋主编的同名作品《翻译论集》②，由北京的商务印书馆出版。了解中国翻译话语史的读者可能在这里会提出疑问，类似刘、罗的文集，30 年代有吴曙天的《论翻译》，40 年代有黄嘉德的《翻译论集》，70 年代有台湾晨钟出版社推出的

---

① 刘靖之编：《翻译论集》，香港：生活·读书·新知三联书店，1980 年。
② 罗新璋编：《翻译论集》，北京：商务印书馆，1984 年。

《翻译的艺术》（1970年）① 以及台北翻译天地杂志社出版的《翻译因缘》（1979年）②，为什么还说话语身份意识的觉醒要从80年代算起呢？这是因为，虽然80年代之前已经有了一定数量的翻译话语文集问世，但由于这些文集大都是当代人编当代话语，缺乏明确的历史意识，而且其编选动机纯粹为了给翻译实践留下一些可以借鉴的经验和理论。比如黄嘉德在"翻译论集编者序"里指出，文集中的大半文章是他在上海圣约翰大学担任翻译课程时陆续搜集起来，"以为教室中讨论的一部分材料"③。文集选编的目的是为了指导翻译实践。编者强调，翻译的动手实践固然重要，但"不能缺少理论的指导。没有理论的指导，正如盲人骑瞎马，横冲直撞，结果必不能十分顺利圆满。别人在这方面的经验，理解，推论，研究，是极有参考的价值的"④。

到了80年代刘、罗编辑同类文集的时候，虽然形式上与之前的并无二致，但编写的动机和意识已经发生了根本性的变化，这突出表现在他们单独撰写的两篇长篇序言当中。刘靖之在《重神似不重形似：严复以来的翻译理论》这篇代序里，概括了严复以来中国翻译理论的特点，认为"在过去八十余年里，绝大多数翻译工作者或多或少地都本着'信达雅'这套理论来从事翻译，并在这套理论基础上发展他们自己的见解"⑤。编者在结尾最后一段勾画了中国翻译理论发展的历史脉络，展示了明确的历史意识和身份意识，值得在这里全引如下：

---

① 台湾晨钟出版社1970年推出的《翻译的艺术》，辑录了梁实秋、林语堂、余光中、林以亮等21位学者论述翻译的22篇文章。由于并无独立的编者负责编辑任务，因此本书并无任何编者序言或前言之类的文字说明，是一个纯粹的资料汇编，找不出来任何选编动机的说明，历史意识、话语建构意识和话语身份意识均不明朗。

② 本书乔志高等口述或撰稿，胡子丹等记录，台北翻译天地杂志社1979年出版。这是一本集访问、漫谈、茶会、座谈和演讲为一体的讨论翻译的集子。一部分文章是翻译家的访谈，一部分是翻译家自己撰写。这些文章全部来自1978年1月至1979年6月《翻译天地》杂志刊载的文章。编者的话只有寥寥数语，也看不出任何话语建构的明确意识。

③ 黄嘉德：《编者序》，黄嘉德编：《翻译论集》，上海：西风社，1940年，第vii页。

④ 黄嘉德：《编者序》，黄嘉德编：《翻译论集》，上海：西风社，1940年，第vi-vii页。

⑤ 刘靖之编：《翻译论集》，香港：生活·读书·新知三联书店，1980年，第2页。

自严复以来，我国的翻译理论经过了几个成长期，从"信、达、雅"开始，经过"字译"和"句译"，直译、硬译、死译和意译，然后抵达"神似"和"化境"，这其中有不少争论和误会，但大方向却是正确的。严复、林语堂、赵元任、胡适、傅雷、林以亮、钱锺书等人的翻译观点固然是一脉相承的，瞿秋白的又何尝不是如此！鲁迅的翻译的确与众不同，但瞿秋白在许多地方指出了鲁迅翻译的"硬"和"讹"。由此可见，在过去八十年里，我国的翻译理论始终是朝着同一个方向，那就是"重神似不重形似"，以便达到翻译上的"化境"。①

　　这篇代序多处使用了"我国"的字眼，表现出自我话语身份意识的觉醒。编者的历史意识显露无遗，体现在他将中国八十年来的翻译话语史视为一个有联系的整体来处理，并提炼出中国翻译理论的历史发展路线和特征。这一路线或者特征起到了框架化读者阅读的作用，是最早对中国翻译理论史进行脉络化总结的尝试，因此具有十分特殊的价值和意义。刘靖之的观点给罗新璋带来了很大启示，这在后者所撰写的序言中有明确的体现。

　　罗新璋主编的《翻译论集》在身份意识方面有更为复杂的表现。它辑录了180余篇谈论翻译的文章，但不是纯粹的史料汇编，编者有着朴素的线性历史发展观，将翻译话语史看作自成一体，并从特定历史分期的角度选择历代有代表性的关涉翻译的观点、论争和言说，分析、提炼并整合出中国翻译话语的发展史。整个中国自成体系的翻译理论线索被浓缩进了"案本—求信—神似—化境"这八个字当中。这些都在罗新璋所写的"我国自成体系的翻译理论"这个置于论集篇首的序言中表达了出来。仔细阅读序言的第一段，读者可以明显感受到罗与刘的不同：

　　近年来，我国的翻译刊物介绍进来不少国外翻译理论和翻译学派，真可谓"新理踵出，名目纷繁"；相形之下，我们的翻译理论遗

---

① 刘靖之编：《翻译论集》，香港：生活·读书·新知三联书店，1980年，第13—14页。

产和翻译理论研究，是否就那么贫乏，那么落后？编者于浏览历代翻译文论之余，深感我国的翻译理论自有特色，在世界译坛独树一帜，似可不必妄自菲薄！①

此段的"国外——新——繁——我们——贫乏——落后——我国——自有特色——独树一帜"所使用的语词可以转写成一句话，即"在和国外他者的比较中，看中国独具特色的翻译理论"。也就是说，罗是透过西方他者的眼睛看自己，这正是和刘不一样的地方。中国翻译话语的身份意识是在西方理论所构成的他者镜像中被激活或者说建构起来的。一些词汇的使用说明了这一点，如"我国""我们""遗产""世界"以及"不必妄自菲薄"。如果我们再深入一步追问可以发现，这里蕴含的一个基本话语框架是"中国翻译理论特色论或差异论"，而这个话语框架必然提出它所能看到的问题，即"中国独具特色的翻译理论是什么？"再由于这个问题的提出是在中西比较的框架下进行的，这样一来，我们和西方不同的部分会被置于聚光灯之下。由于拿来对比的西方译论主要是西方的当代译论，其特点在于科学性和体系性，因此为了突出我们自身的特色，只能从那些具有传统美学和文论特色的话语表述中去寻找和建构中国特色的翻译话语。由此回答上述问题的答案也呼之欲出，那就是：中国独具特色的翻译理论体系是"案本—求信—神似—化境"。

这种比较有问题吗？当然有。它体现在方式和效果两个方面。首先，从对比的方式上看，拿中国传统译论和西方当代译论相比，本身就犯了时代误置的错误。如果换个参照对象，中国传统译论的特色就不那么显著和突出了。中国传统译论和西方传统译论在很多方面都有相似之处，虽然也存在不同②。有人可能会问，难道当时中国实际使用的翻译话语不都具有

---

① 罗新璋编：《翻译论集》，北京：商务印书馆，1984年，第1页。

② 邵有学：《中国翻译思想史新论》，北京：中国社会科学出版社，2018年；谢天振：《中西翻译史整体观》，《东方翻译》2010年第2期。

中国传统译论的特征吗？从某种程度上来说，的确是这样，但正如前文理论预设部分所揭示的那样，导致将传统译论等同于中国现实的原因是我们所持有的纯粹主义论、聚光效应论和单一传统论所造成的。中国的翻译话语从来不是只有传统译论的那些内容，它还有更加丰富的资源等待被挖掘和被阐发。其次，从对比效果来说，它将中国特色等同于中国传统，这是一个最大的误置。我们可以说传统具有中国特色，这没问题。但显然中国特色所能包含的内容要比传统一词更多，更丰富。这一点上面已经分析过了。

基于上述分析，本文认为，中国翻译话语研究应该认真考虑自己到底为了什么而研究，到底要研究什么问题。如果研究目的以学科为本位，那么注意力只会放在显性翻译话语上面，其研究成果的影响力和实用性，也就是研究成果的根植性将始终局限于相对狭小的翻译话语研究的圈子，无法走进更为广阔的话语世界（universe of discourse①），势必很难引起更多人的关注、反馈和互动。在这一方面，一直以来存在两类"翻译话语研究"。一种就是刚刚说过的学科本位的翻译话语研究，只讨论显性翻译话语，落脚点在于增加对翻译本身的认识。这种对"翻译话语"的研究目前是翻译学界研究的主流，但在翻译学科外的影响力有限。另外一种是研究通过翻译而促成的话语，比如国民性话语如何通过翻译而在晚清之后的中国传播，或者人道主义、现代主义等话语怎样通过翻译而在新时期大陆流行开来。这方面的研究以刘禾②、赵稀方③等人的成果为标志，其特点在于翻译这里只是被用作一个手段，研究最后落到翻译学科之外的历史、政治、思想、文化、文学等领域，它的优势在于可以和更大的话语世界产生

---

① 这个概念借自 Lefevere，是指由事物、风俗、观念等构成的世界，它对生活于其中的个人而言既是先在的，往往也是不言自明的，参见 Lefevere，André. *Translating Literature：Practice and Theory in a Comparative Literature Context*. Beijing：Foreign Language Teaching and Research Press，2006. p. 18，p. 88.

② 刘禾：《跨语际实践：文学、民族文化和被译介的现代性（中国，1900—1937）》（修订译本），北京：生活·读书·新知三联书店，2014 年。

③ 赵稀方：《翻译与新时期话语实践》，北京：中国社会科学出版社，2003 年。

积极和深度的对话。这种通过翻译而进行的"话语研究"本文将其称为学科外位的翻译话语研究。

本文与上述两种研究立场均有不同。从研究目的上说，中国翻译话语研究除了为翻译学科提供话语资源之外，还可以为理解整个社会提供一个独特的视角。这和学科外位的翻译话语研究不同的地方在于，本研究始终认为，翻译话语自身蕴藏着我们如何理解这个世界的最基本的概念框架和认知结构，是可以用来理解其他话语现象的，因而与话语世界发生关系。而学科外位的翻译话语研究只是考察被翻译的外来话语，重点在外来话语。因此，本文提出的翻译话语研究可以看作是对学科本位和外位研究的某种综合。基于这个理解，本文认为，翻译话语研究不能只停留在对显性翻译话语的注疏上面，还应该注意到翻译话语机制的问题，即翻译话语是如何生成的，从而聚焦于以下新的问题系：谁说了什么，通过什么渠道和方式说的，对谁说的，有什么目的，产生了什么效果，什么没有说，等等。这种研究不是从某个先验的两元结构出发去建构和重构中国翻译话语的体系，而是从实际发生的历史当中去检讨中国翻译话语的生成与演变，认为翻译话语除了有显性与隐性的类的区别，还存在中心与边缘，高层、中层和底层的区别。以再语境化为特点的中国翻译话语研究，在摆脱了种种束缚研究的预设之后，必将打开一片广阔的研究空间。它所带来的最大变化在于，对材料的使用提出了更高的要求。

三、材料

材料是指史料，是中国翻译话语研究的基础性要素。一般来说，什么样的材料可以进入研究的范围，这和研究所持有的预设有直接的关系，因为后者形成了观察史料的框架，它只能看到它能够看到的东西。受到以上三个预设的影响，中国翻译话语研究最常使用的材料，按照受欢迎程度排列，有这么几种：（1）报刊上的文章；（2）独立发行的译本的译者序或跋、前言或后记等，也就是人们常说的副文本；（3）日记、书信与回忆录等更为周边的文本；（4）大会报告；（5）翻译教科书；（6）二手研究；等等。受到纯粹主义论、聚光效应论和单一传统论的影响，目前在学界流传较广且影响较大的一些中国翻译话语史著基本上在上述材料范围内搜集显性翻译话语，而且主要集中在前面两三种。然而，如果我们打破目前的三个预设，会极大拓宽材料的使用范围、关注的重点和使用的方式。这里聊举几例说明。

在现有的主流翻译话语研究中，教科书几乎是一个可有可无的材料，因为聚光效应论使得多数研究把重点放在了精英与经典上面，并不认为存在其他形式的翻译话语。但实际情况是，翻译话语是分层的，如果把名人语录看作是高层话语，它们占据了一个时期注意力的中心，但还有大量的中层甚至底层的话语，广泛存在于诸如教科书这样的材料里。因此，教科书的重要性就变得突出了起来。细究来看，这里的教科书至少可以分成 3 个不同的类型：（1）英语教材；（2）翻译教材；（3）教辅读物。英语教材中存在着翻译话语，它主要体现在教材当中的翻译习题这个栏目。通过分析翻译习题的内容、形式、参考答案等部分，我们可以总结出一个时期特定话语社群所持有的翻译话语。当然，在考察教材的时候，需要考虑时代环境的影响。1949 年之前和之后出版的教材存在很大差异，主要体现在教材生产的方式上面。后者受到一体化政治意识形态的制约，内容方面大量增加来自苏联的介绍，对英美等帝国主义国家展开批判，对剥削与反抗主题十分青睐等等。比如"国立"交通大学英文教授（李泽珍等）合编的由上海苏新书社 1949 年 10 月发行的供大学一二年级教学或自修之用的《大学适用新时代英文选》（*New Era English Readings for College Students*），以及孙大雨主编、朱复等编注的由上海龙门联合书局 1951 年 1 月出版的《人民时代大学英文选》（*The People's Era College English Readings with Annotations*），均选入大量的有关"揭露压迫剥削，戳穿战争阴谋，反映群众生活，指示社会前途及武装斗争力量的内容"①。马列文献是入选的热门，由于这类文献的特殊性，不会允许自由式的翻译，因此这个现象很有可能是其中一个因素，影响了中国翻译话语对忠实观的根深蒂固的依恋。

翻译教材最能直接体现一个时期教育体制内所普遍接受的显性翻译话语是什么样子。比如陆殿扬所著的《英汉翻译理论与技巧》② 是一个典型的例子。本书 1958 年由北京的时代出版社推出，但之前曾经先后在上海圣约翰大学和北京军委会外国语文学校使用，并于 1956 年冬被高等教育部批准作为大学英语系翻译教材，影响十分广泛。本书对英语语言规则的强调反映了那个时代对翻译的基本认识。相比于公开发行的教材，教辅读物不太引人注意，它们很多以双语对照形式出现，有的是单行本图书，有的是英语学习杂志。这些材料在 1949 年前后有大量印行，是中国现代翻译话语的一个十分特殊的承载形式。教辅读物基本目标是为了英语学习，但往往会刊载一些有关翻译的技巧、策略和方法的内容，偶尔也会刊登一些翻译竞赛和获奖译文的信息。这些刊出的竞赛获奖译文以及评选的标准说明，都给研究翻译话语提供了难得的材料。比如上海艺文书局的《名著选译》月刊。此月刊为双语对照的英语学习类刊物，1946 年 3—4 月号的第 21—22 期，刊出了一则"第三次悬赏征译揭晓"，竞赛原文为一篇题为 *How to Stay Young* 的大概只有 300 字不到的英文短文。本刊的悬赏征译只针对大中学生，共收到征文 40 余篇，获奖者一共 5 名，分别来自杭州"国立"浙江大学法学院、上海圣约翰大学（2 名）、南京"国立"临时大学补习班和上海之江大学文学专修科。本次征译的评阅者是黄邦桢博士，时任天津达仁经济学院院长，而评价译文的标准有三条，即"翻译无误；词句优美；文体流畅，能表达原著之精神"③。这是典型的显性翻译话语，和当时的高层翻译话语如严复的信达雅有不少共鸣之处。如果将获不同奖项的译

① 王建开：《中国当代文学作品英译的出版与传播》，上海：复旦大学出版社，2020 年，第 9 页。
② 陆殿扬：《英汉翻译理论与技巧》，北京：时代出版社，1958 年。
③ 上海艺文书局：《第三次悬赏征译揭晓》，《名著选译》1946 年第 21—22 期。

文和原文比对，可以更加直观地体会到翻译话语的真实面貌。

20 世纪 40 年代，类似《名著选译》的出版物还有不少，比较知名的有温致义主编的《现代英语杂志》，由现代外国语文出版社印行。该杂志除了有梅鼎樑主持的"英文中译漫谈"和陈晓崐主持的"中文英译初步"栏目之外，几乎每期都有"悬赏竞赛"一栏（1945 年 9 月第 4 卷第 2 期），其中使用的例句颇能反映当时在特定话语社群中流行的翻译话语。该杂志后来更名为《现代英语周刊》，从 1947 年 3 月 6 卷 2 期的封面所印刊物声明可以看出，"作文方法及翻译研究"是它其中的一个办刊宗旨。而翻译竞赛截至本期也已经举办了 23 届了。另外还有《长风英文半月刊》《英文月刊》《竞文英文杂志》等，均刊登类似可以反映出时代翻译话语的栏目。

与翻译教材类似，1949 年之前出版过相当可观的翻译辅导书或翻译教程，这些在当时高层翻译话语的讨论中是很少被关注和提及的，在我们今天的研究中也很少被使用。比如，方光源编著的《翻译实习指导书》，由上海世界书局 1930 年出版。这里的实习是指实践或练习的意思。书中用 10 个章节讨论了翻译的意义、翻译的困难、翻译的方法、译者的素养、论译名、诗歌翻译、翻译实习的方法等内容，并附有散文翻译和诗歌翻译的练习。值得注意的是，方光源在第一章"翻译的意义及本书的意义"里对翻译一词进行了词源学的分析，其中提到"近年来又有人创翻译学之新名词"[1]，其定义为"用乙国的文字或语言去叙述甲国的文字或语言；更将甲国的精微思想迁移到乙国的思想界，不增不减本来的面目；更将两国或两国以上的学术，作个比较的研究，求两系或两系以上文明的化合，这个学术，叫做翻译学"[2]。方光源并未指明是谁说了上面的话。这段话来自蒋翼振编著的《翻译学通论》[3]。方光源认为这个定义并不高明，指出无论是《说文解字》还是《辞源》对"译"的解释都不适当。他认为，"翻译这

---

① 方光源：《翻译实习指导书》，上海：世界书局，1930 年，第 2 页。
② 方光源：《翻译实习指导书》，上海：世界书局，1930 年，第 2 页。
③ 蒋翼振：《翻译学通论》，上海：上海美利印刷公司，1927 年，第 5 页。

051

件工作，实不仅传他国言语文字而达其意，谓之翻译，即以本国现代语言文字传本国古代语言文字而达其意，也是翻译。像用白话文来译《尚书》《诗经》，即其一例"①。这个认识和雅克布森提出的语内和语际翻译是一致的②，时间上却早了近30年，其新颖独到之处令人惊叹。虽然本书主要目的是给翻译实践者提供几条"翻译的正当的原理与实用的方法"③，但他同时将文言与白话的转换也就是语内翻译也作为一部分附在书后，供翻译参考，这个看法无疑超越了他那个时代的普遍认识，亦可以帮助我们重新评估中国翻译话语的丰富性和多元性。

说到方光源所批评的蒋翼振编著的《翻译学通论》，这本书当初也是蒋氏在安庆掌教圣保罗高级中学的时候教授翻译课程时准备的讲义。这本书的自序提到，本来还计划等这本书出版之后，再从事编辑《中国译学史》的工作。如果所言能够实现，这对于中国翻译话语研究来说当是一个重要贡献，不过据笔者所掌握的材料，此书似并未问世④。蒋氏也是从辞典入手，对中文的翻译二字和英文的Translation进行解释，于是便得出了上面所引用的关于翻译学的定义。然而这本书虽说有12章，但除了最后一章为他自己所写，其余基本上是对当时各家观点进行的综述和梳理，有点像翻译论集。如果我们不必纠缠于书名是否契合全书主题，这本书或可看作中国现代翻译理论的最早的论集。与前面两个著述不同，上海世界书局出版的《高级英文翻译法》（*Advanced English Translation*，1947）一部分讨论翻译的原则，一部分讨论翻译的方法，最后列出学生翻译的实习5篇。本书由林汉达编校，林氏时任上海之江大学教育系主任兼英文教授，实习部分来自上海之江大学英文翻译班。林汉达担任世界书局英文编辑多年，本书是他的教学和实践经验的总结，对探讨当时的翻译话语自然有很大的

---

① 方光源：《翻译实习指导书》，上海：世界书局，1930年，第3页。

② Jakobson, Roman. 1959. "On Linguistic Aspects of Translation". In Lawrence Venuti（Ed.）. *The Translation Studies Reader*（*Third Edition*）. London and New York：Routledge, 2012, p. 127.

③ 方光源：《翻译实习指导书》，上海：世界书局，1930年，第6页。

④ 没想到83年之后，同名著作《中国译学史》由上海人民出版社出版，作者是陈福康。此书原是作者1992年出版的《中国译学理论史稿》，新版内容上有所增益。

帮助。此类图书还有大东书局 1946 年印行程豫生编的《实用标准英文翻译法》(*The Practical and Standard Method of English Translation*)，桂林民光书局 1944 年印行赵任元编著的《实用英文翻译法（英汉对照）》，商务印书馆 1927 年印行李文彬编纂的《增订华英翻译金针上编》，等等。限于篇幅，这里不再赘述。

打破固有预设之后，首先更多的新材料会涌现出来，比如课堂翻译讲义，偶尔抬头旁观一下中文学界，发现对中国现代文学课堂讲义在史料考古方面已经深挖勤作了①，翻译学界似乎对此不太敏感；其次更多的旧材料会提供新看法，比如杂志和报纸上刊登的很少被人使用的翻译招聘广告，1949 年之前大学校报的翻译活动报道，1949 年之前国民政府教育部颁布的翻译考试条款，以及工商法规公布的保障翻译权规定立法院同意保留的说明等等。由此可见，我们可以使用的材料以及使用的方式实在是太多了，而反思当前翻译话语研究的实况，我们完全有理由怀疑，当下所建构的中国翻译话语的面目是不完整的，需要对其进行补充、修正甚至是重写。

结　语

自 20 世纪 80 年代以来，中国翻译话语研究在西方翻译话语所构成的他者镜像中获得了自我的身份意识，逐渐从单纯的史料整理走向多样化的专题和断代研究，取得了丰硕的成果。然而不得不指出，中国翻译话语研究在理论、问题和材料等方面均存在不少亟须克服的障碍。最突出的方面在于，现有的研究在理论预设方面受到纯粹主义论、聚光效应论和单一传统论的束缚，结果造成了在问题的提出和材料的使用上还存在相当的不

---

① 宫立：《"如见肺腑、如共痛痒"——从〈中国现代文学讲义〉看钱谷融的曹禺研究》，《南方文坛》2017 年第 6 期；李犁耘：《老舍早期对文学特性的思考——从老舍的〈文学概论讲义〉谈起》，《中国现代文学研究丛刊》1986 年第 1 期；刘恋：《中国现代文学理论建构三十年——以十三部讲义为对象的研究》，扬州大学博士学位论文，2014 年；梅光迪、杨寿增、欧梁：《文学概论讲义》，《现代中文学刊》2010 年第 4 期；王波：《课程与讲义：中国文学批评史学科之建立》，《汉语言文学研究》2016 年第 2 期。

足，表现在一方面错误地将中国特色翻译话语体系中的特色等同于或简化为传统，研究的问题无法与更大的话语社群和话语世界产生积极而深度的互动，另一方面在材料使用的深度和广度上都有所欠缺。

本文提出，中国翻译话语研究应该打破"三论"的束缚，坚持再语境化的基本立场，区分显性和隐性翻译话语的类型，划分高层、中层和底层翻译话语的层次，明确翻译话语社群的多样性和翻译话语机制研究的必要性，关注话语世界中广泛存在的沉默的大多数，通过扩展翻译话语研究材料的内容、形式与范围，发掘新材料，翻新老材料，回答谁说了什么、对谁说的、在哪里以什么方式说的、说的效果如何以及什么没有说等一系列问题。只有这样，我们才能接近历史的真面目，展现出一个血肉丰满而引人入胜的中国翻译话语形象，从而补充、修正甚至重构中国翻译话语体系。

译学乃"化学"

——汉诗英译的"化学"说

张智中　王海丽①

摘要：从某种意义上说，译学即"化学"。好的译文，都是"化"得好的译文；差的译文，大多是拘泥不"化"的译文。就理论层面而言，"化"可以视为中国传统译论的精髓，翻译"化学"的知识背景，在中西翻译史上，有着漫长的历史渊源和坚实的理论基础。从操作过程来看，翻译的"化学"，包括五个实际层面的含义：原诗理解之"化"，翻译技巧之"化"，译诗表述之"化"，原诗形美与音美之"化"，以及译诗解读之"化"。汉诗英译的目的和意义，正是将中国之文字"转化"为英美国家之文字，将一国之美"化"为全球之美。好的翻译家，都是"化学家"。当下中国，我们需要具备实力的翻译"化学"家，以推进中国文化的"全球化"，真正让中国文化"走出去"，实现中西文明互通互鉴。

---

① 作者简介：张智中，南开大学外国语学院教授，博士生导师，研究方向：汉诗英译；王海丽，南开大学外国语学院博士研究生，山西大学外国语学院副教授，研究方向：典籍翻译、汉诗英译。
基金项目：本文为 2022 年度天津市哲学社会科学规划项目"中国古典诗歌英译简史"（项目编号：TJYY22—001）；中国外语战略研究中心 2022 年度"世界语言与文化研究"重点课题"二十世纪中国古典诗歌在英语世界的传播"（项目编号：WYZL2022SX0005）的阶段性成果。

翻译学刊

·2023年第2辑·

056

关键词：汉诗英译；"化学"；文化全球化

Title：Translation is "Variations"——"Variations" in the Translation of Chinese Poetry into English

Abstract：In a certain sense, translation is a process of "variations". A good translation is produced through "variations" and poor translations are done without proper "variations". On the theoretical level, "variations" can be regarded as the essence of traditional Chinese translation theory, and the intellectual background of "variations" has a long historical origin and a solid theoretical foundation in both Chinese and Western translation history. During the translating process, "variations" contain five meanings："variations" of the understanding of the original poem；"variations" of translating techniques, "variations" of the expressions in the translated poem, "variations" of beauty in the form and sound of the original poem, and "variations" of the understanding of the translated poem. The goal and significance of the English translation of Chinese poetry is to "vary"：to change Chinese into English which is used by the British and American peoples, and to "transform" the beauty of Chinese culture into global beauty. Excellent translators are experts in variations of translation. At present, we need such experts who can effectively promote the globalization of Chinese culture, and realize the exchanges and mutual learning with other civilizations.

Key words：translation of Chinese poetry into English；"variations"；cultural globalization

引　言

"化学"一说，在中国翻译理论史上早有影射，"化"往往是译者追求的最高境界。对"化"字的解析，源于《周易》的《贲卦·象传》，书云"观乎天文以察时变，关乎人文以化成天下"，有自我与他者化为同一之意。钱锺书在《林纾的翻译》一文中，引用《说文解字》关于翻译的训诂，"囮，译也。从'口'，'化'声"①，认为此解点明了翻译的最高境界，由此进一步确立"化境说"："把作品从一国文字转变成另一国文字，既能不因语文习惯的差异而露出生硬牵强的痕迹，又能完全保存原有的风味，那就算得入于'化境'。"②"化境说"含义有二：其一，化境的要点是不因语言差异而导致表述突兀，以达到化境之状态；其二，站在艺术审美的角度对译文进行解读以后，译文给读者带来美的感受和体验。不留任何翻译的痕迹，指翻译的语言地道，一如译入语作家的写作。译者要寻求译文与原文审美效果的不隔，译文才有可能臻于化境。自此，中国传统译论与"化学"紧密相融。"我国的翻译理论始终是朝着同一个方向，那就是'重神似不重形似'，以便达到翻译上的'化境'。"③

"化"的根本境界是人译合一，译者与作者合一，尤其是诗歌翻译，只有这样，才能达到中国翻译家们孜孜以求的"神韵、化境"。郭沫若在译《雪莱诗选》时，曾感悟诗人与译者合一的境界，译雪莱之诗如同自己的创作，可谓实现译者"化为"作者，仿佛是作者用目的语对作品进行重写。时隔半个世纪，丰华瞻也表达了同样的观点："我认为译诗和写诗一样，要民族化、大众化，要做到上口；译诗时要作出努力，将翻译的诗纳入我国的民族形式"④。劳陇更进一步指出，"必须根据原诗的风格，采取适当的形式：或者五言，七言，或者歌行，或者词令，散曲，或者山歌，民谣，甚或弹词开篇，不拘一格。只要和原诗的气体相称，就可以运用。这样才能传达原诗的神韵，以期臻于'化'境"⑤。

① 许慎：《说文解字（附检字）》，徐铉校订，北京：中华书局，1963 年，第 129 页。
② 罗新璋、陈应年：《翻译论集（修订本）》，北京：商务印书馆，2009 年，第 774 页。
③ 刘靖之：《重神似不重形似：严复以来的翻译理论（代序）》，《翻译论集》，香港：生活·读书·新知三联书店，1981 年，第 14 页。
④ 丰华瞻：《诗歌翻译的几个问题》，《诗词翻译的艺术》，北京：中国对外翻译出版公司，1987 年，第 112 页。
⑤ 劳陇：《诗的翻译》，《诗词翻译的艺术》，北京：中国对外翻译出版公司，1987 年，第 220 页。

　　吕叔湘在《中诗英译比录》序中提出了译者在译文增删更易的选择中有可变通的自由,针对吕先生关于自由之限度与利弊的论述,许渊冲就变通问题提出了"浅化·等化·深化:三化论","谈到专门名词……可以变通,浅化为普通名词……,普通名词可以等化为专门名词……,也可以深化为更具体的普通名词"①。"三化论"是文学翻译的方法论。所谓"深化",包括特殊化、具体化、加词、一分为二等译法;所谓"浅化",包括一般化、抽象化、减词、合二为一等译法;所谓"等化"包括灵活对等、词性转换、正说、反说、主动、被动等译法。"深化"指经过翻译后,译文比原文更加深刻,表达更为精准,翻译成功将原文之精髓充分表露;"浅化"则相反,指将难以理解的原文转化为通俗易懂的译文,是译文与原文在意义上的相似;所谓"等化",即指译文与原文在形式上相似。采用"浅化"是为了避免原文语句过于晦涩难懂;相比之下,"深化"则强调原作风格及思想内涵的表达,"等化"则是二者的结合体。归纳而言,译者应该采取更为深入的翻译方式,发挥译语优点,以实现文学翻译的最高目标,有助于更加准确地传达原文的意义和文化内涵,提高文学翻译的质量和价值,让读者享受阅读过程并受益其中。许渊冲的"三化论"对文学翻译,特别是古典诗歌英译产生了深远的影响。

　　西方译论亦不乏"化学"之元素,例如,翻译文化学派涉及可译性问题时常提及的"历史化(historicize)"和"现代化(modernize)"的关系,翻译中的"归化(naturalize)"与"异化(foreignize)"等,认为"理论家往往指望毕其功于一役,要么全部异化、古化,重在原汁原味,要么全部归化和今化,重在再创"②。美籍荷兰学者对于"纯粹"文化翻译的论述中也曾多次提及翻译之"化":"在实践中,包括塞缪尔·约翰逊和埃兹拉·庞德在内的译者,进行了一系列的语用选择,这里保留多一点,那里创新

①　许渊冲:《翻译的艺术》,北京:五洲传播出版社,2006年,第82页。
②　Holmes, James. "Rebuilding the Bridge at Bommel: Notes on the limits of Translatability". In *Translated! Papers on Literary Translation and Translation Studies*. Amsterdam: Rodop. 1988, p. 48.

多一些，这一点上是古化或异化，那一点上是今化或归化，而着重点也时而在此时而在彼。"①

　　王宏印在《朱墨诗集·翻译卷》前言中，提出诗歌翻译的原则——"中诗西化、古诗今化、含蓄美化"，是诗歌翻译之"化学"，通过"化"，打通古今、中西的时空局限。翻译之"化"历久弥新，随着时代的发展和学科疆域的拓展，"化"的应用领域也在不断演进与变化，异化与归化的意义也随之改变。王宏认为，翻译策略中的异化与归化取决于译著的学术化或大众化，他将典籍翻译策略分为学术性翻译和普及性翻译，其中，"普及性翻译面对普通读者大众，注重文笔的生动传神，注重可读性、大众化"②。"化"所包含的"归化"和"异化"也不再处于传统的对立面，归化翻译自然得以欣赏，但这并不排斥所谓异化翻译。翻译，尤其在内容上，应该适当异化，甚至以异化为主。同时，语言上也可适当异化，但在语言异化之时，译者应当是对译入语的创新，并不违背译入语的语言规范，只是通过异化带来语言的新鲜感，如此而已。

　　总之，译学之"化学"说，悠久无疆，从某种意义上来说，译学就是一种"化学"。"化"，乃是文学翻译的最高标准，构成翻译活动的实践指南。翻译行为的全过程——阅读与理解、语言文字的转换、译入语表达，以及读者阅读过程等各个阶段，都可视为化学变化的过程，拘泥不"化"的译文，往往晦涩难懂；"化"得好的译文，才是译文追求的至高境界，翻译的"化学变化"，体现在以下五个层面的辩证统一：原诗理解之"化"，翻译技巧之"化"，译诗表述之"化"，原诗形美与音美之"化"，以及译诗解读之"化"。

---

① Holmes, James. Rebuilding the Bridge at Bommel: Notes on the limits of Translatability. In *Translated! Papers on Literary Translation and Translation Studies*. Amsterdam: Rodop. 1988, p.49.

② 王宏:《基于"大中华文库"的中国典籍英译翻译策略研究》，杭州：浙江大学出版社，2019年，第645页。

一、原诗理解之"化"

阅读原文是翻译的第一步，做到正确理解原文、消化原文，才能将原文所述内容化入译语中。"译者阅读原文是解读的过程。不同的读者读同一本书，可能各有侧重点，各有自己的看法和观点。但在许多细节上的理解是有出入的，甚至在整体风格上都会出现差异。译者有权根据自己的理解去翻译。"① 解读各有千秋，但皆以正确理解为前提，将原文内容了然于心，在译语中用正确、有效、流畅、自然的方式呈现原文。

例如这首中国古代名诗及其今译：

登幽州台歌 陈子昂 前不见古人， 后不见来者。 念天地之悠悠， 独怆然而涕下。	前面，望不见那些历史上的奇才， 后面，那些新的英雄还没有登台。 宇宙无穷啊，暑往寒来， 寂寞啊悲哀，流泪啊满腮！ （荒芜 译）②

《登幽州台歌》的主调，该是悲天，悯人。今译的主调，与原诗基本吻合。当然，显然不如原诗之余味醇厚。"寂寞啊悲哀，流泪啊满腮！"措辞外显，情感反倒浅化了。诗不可译，不仅不可英译，即便今译，也失去颇多。两种英译：

---

① 方梦之：《译学辞典》，上海：上海外语教育出版社，2004年，第78页。

② 人民文学出版社编辑部：《唐诗名译》，北京：人民文学出版社，2000年，第8页。

英译一： **Regrets** My eyes saw not the men of old; And now their age away had rolled. I weep to think I shall not see The heroes of posterity! （Herbert A. Giles 译）①	英译二： **A Song on Ascending YouzhouTerrace** I do not see the ancients before me, Behind, I do not see those yet to come. I think of the mournful breadth of heaven and earth, Alone, grieving-tears fall. （Zong-qi Cai 译）②

英译一的后两句：I weep to think I shall not see the heroes of posterity! （看不到后来的英雄，我哭泣！）比之今译，更显浅薄。英译二，the mournful breadth of heaven and earth（天地之间，那令人悲哀的宽度），近乎陈子昂悲天悯人之情怀。随后，grieving-tears，措辞新颖，不失可爱。

比读几个译文，可知译者对于原诗的理解，不仅涉及理解是否正确的问题，还涉及理解是否具有深度的问题。对于信息类文本，译者只要理解正确，表达正确即可，而对于诗歌类文本，译者不仅需要正确的理解，还需要深度的理解。对于原文的理解，即便"化"了，"化"的程度也不一样，从而导致译文的深浅不一。

二、翻译技巧之"化"

翻译技巧之"化"在于翻译实践中对译文单词、句式、结构、标点等的灵活处理，合理转化、贴近译语、走进读者，以实现译文表达突破"拘泥不化"。来看陈子昂《登幽州台歌》之英译三：

---

① 华满元、华先发：《汉诗英译名篇选读》，武汉：武汉大学出版社，2014 年，第 297 页。
② 华满元、华先发：《汉诗英译名篇选读》，武汉：武汉大学出版社，2014 年，第 298 页。

On the Tower at Youzhou

Chen Zi'ang

Where are the great men of the past
And where are those of future years?
The sky and earth forever last;
Here and now I alone shed tears.

（许渊冲　译）①

译文多处有"化"："古人"，英译为 the great men of the past；"来者"，英译为 those of future years；"念天地之悠悠"，对应英文：the sky and earth forever last，都是转化而来的译文。从中文到英文，译者转而化之，似非而是，貌合神离。

《登幽州台歌》之英译四和英译五：

| 英译四：
On Climbing the Gate Tower at Youzhou
Chen Zi'ang

Where have they gone to, the ancients,
Alive before I was born?
Where will they come from, the newborn,
Generations yet to come?
Heaven is endless,
Earth is endless,
Life lasts but a moment.
I am alone, all alone,
And I weep, and I sigh.
（丁祖馨　译）② | 英译五：
I See Them Not
Chen Zi-ang

Men there have been—I see them not. Men there will be—I see them not. The world goes on, world without end. But here and now, alone I stand—in tears.
（翁显良　译）③ |

---

① 许渊冲：《唐诗三百首：汉英对照》，北京：海豚出版社，2013年，第22页。
② 丁祖馨：《中国诗歌集：英汉对照》，沈阳：辽宁大学出版社，2000年，第141页。
③ 翁显良：《古诗英译》，北京：北京出版社，1985年，第12页。

最显眼的变化，是英译四"化"成了九行，成为当代英文之自由体诗歌，英译五"化"成了散文体。至于措辞用语之"化"，无不体现出译者的用心，读者自可体会。

总之，把汉语诗歌"化"成英文诗歌，首先就该采用地道之英文，贴近文学之诗性语言。有时，把汉语格律体诗歌，"化"译成英文之自由体或散体，也是一种译学之"化学"法。翻译技巧之"化"，在于运用地道、流畅的语言吸引读者眼球，走进译文、认识原文。洪堡曾言："因为语言在统一性中包容着个体性，这种包容如此美妙，以至于下面两种表述同样正确：全人类只有一种语言；每个人有他自己的一种语言。"① 译者通过改译，选词恰当、表述向美，通过词汇搭配和句型变换呈现循序渐进、挥洒自如之效果。译文能够做到对原文的正确解读，同时，巧妙地选择英文句式结构，以凸显原诗之效果，展现出与原诗类似之意境，将原诗之美，"化"于译文之中，虽不可及，却庶几近之。"化"解原诗，"化"入译诗，"化"用译语地道、贴切的表达，以实现达意，完成中英文之有效转换，在译文中呈现同样具有可读性、文学性，同时兼具影响力的优秀作品。

三、译诗表述之"化"

"化"，即"化用"，亦称为"借用"或"套用"，是指将他人作品中的句子、段落或整个作品进行拆解，并根据表达需要重新组合，从而形成一个有机的整体。这种技巧是作者对素材浓缩和升华的体现，更是表达情感的积累和发展，译学之"化"，可使译文更具灵活性和流畅度。化用，是取我所需的一种重新整合形式，它不受时间和空间的限制，不受现代与

---

① Humboldt, Wilhelm von. *On Language*: *The Diversity of Human Language-Structure and Its Influence on the Mental Development of Mankind*. Peter Heath (Trans.). Cambridge and New York: Cambridge University Press, 1988, p. 60.

古代的界定，写作者似信手拈来，却深思熟虑。这既是语言的创新，又是思想的提升。"一个翻译家，不管他的翻译思想和艺术才能如何，最终都要在驾驭目的语的表达力上受到严格的考验。"① 英译汉之时，可以化用中国古典诗词、文言、四字结构等独特的表达和运语；同理，汉诗英译，也可以借用英文地道的言语方式，发挥译语优势，用译入语的语言进行译写，以重现原作，甚至超越原作。

陈子昂《登幽州台歌》之英译六：

Ascending Youzhou Plateau

Chen Zi'ang

Before me, I see no

　　ancients; after me,

　　　I see no comers.

I am caught between

　　heaven and earth,

　　　experiencing a strange

feeling of microscopic

　　smallness. Oh my,

　　　boundlessness of the

universe—solitarily,

　　I shed sorrowful,

　　　lingering tears.

（张智中　译）

译诗以三抵一：由原诗的四行，"化"成了译诗的十二行。另外，译文中，I am caught between heaven and earth（我被攫取于天地之间），有了

---

① 黎昌抱：《王佐良翻译风格研究》，北京：光明日报出版社，2009年，第10页。

人类渺小之叹。随后的译文，experiencing a strange feeling of microscopic smallness，借鉴自英文句子：All about him he knew were these trees；he sensed the loom of them everywhere；and he experienced a strange feeling of microscopic smallness in the midst of great bulks leaning toward him to crush him. （他知道自己身边全是这种树，也感觉到它们在各个角落若隐若现，而且他有一种奇怪的感觉，自己似乎很渺小，周围巨大的树木都在向他倾斜，像是要压扁他）

这里的 microscopic smallness，令人想起杜甫《旅夜书怀》中的诗句："飘飘何所似，天地一沙鸥。"与陈子昂之诗思，相通相近矣。接下来的译文：Oh my，boundlessness of the universe—solitarily，I shed sorrowful，lingering tears；其中的 my，乃是叹词："天呢"之意。随后措辞用词，自然贴切。有了英文之借鉴与化用，译诗便有了回味的余地。

面对精妙的汉语古诗，翻译的选择，不是译出原诗文字的字面，而是要充分利用译语特点、发挥译语优势，用译语写出与原文同样富有想象力、表达力的句子。通过借鉴创新、巧结妙合，来实现语言的新颖和突破，将读者的阅读体验提升至原语读者阅读原诗时的惊叹和美感，这就是"化"，将原文润物细无声般化入译文。

在古诗英译过程中，译者感受到"借用"与"化用"的强大魅力。以大量双语阅读为基础，熟悉中英文独特之处，日积月累，巧妙利用两种语言的差异，优势互补，整理译语中的地道表达，化入译诗当中，将中国古典诗词进行重新书写，充分继承、发扬中国古代文化，赋予其时代感，让中国古典诗歌呈现出时代之特色，以便更好地继承之、发扬之、光大之。

四、原诗形美与音美之"化"

许渊冲提出古诗英译之三美说：意美、音美、形美。就形美而言，上引陈子昂《登幽州台歌》之英译二、四、五、六，都体现了诗歌翻译的形美之"化"：诗行或者增多，或者缩进，或者散文而不分行。为何如此？译者之目的，只是为了更好地再现原诗之意美。

就音美而言，英译一和英译三采取格律体译诗，韵式分别为 aabb 和 abab，而汉语原诗的韵式为：abcb（第二行行尾之"者"，古代读音为"渣"，与"下"谐音）。那么，从严格的意义上来讲，韵式既改，其中之变"化"，自在矣。更不用说，英文之 a，并非等同于中文之 a：语言不同，音调不同，其音韵，自然会有所流变。至于英译二、英译四、英译五、英译六，采取自由体译诗，把原诗之尾韵，给"化"没了。中国译者一般不太接受自由体或散体译诗，但在西方却接受度较高，因为西方的诗学主流，是自由体诗，而非格律体。

其实，自由体或散体译诗，也并非完全无韵或没有节奏。有时，常有头韵、元音韵等之运用，自然而然，不饰造作。古诗英译的音美之"化"，体现在四个方面：尾韵汉字或英文单词语音之"化"，押韵格式之"化"，从尾韵到头韵之"化"，以及从格律体到自由体或散体之"化"。因为古诗英译的复杂性，译者应当解放思想，"化"其音美。一国有一国之语言，语言不同，必然发音不同。发音不同，译诗之音，必然流变，不能做到真正意义上的语音忠实。因此，所谓音美，都是变化之后的音美。

自由体或散体译诗的优点：从固定的古典诗歌格律，到不受形式束缚的自由体，译随心动、行云流水，将原诗语言与意境纯任自然、毫无拘执地化入译语当中；在忠实对等的基础上，突破了双语存在巨大表述差异的瓶颈，绕开了晦涩、难懂的生硬语言，用与译语同样精确、优美的表述为译语读者提供绝佳的审美体验。孙艺风说："许多译出的作品拘谨、生硬，过分强调原汁原味，结果事与愿违。翻译似乎总是在尝试不可为而为之的事，不可译的结果往往使译作令人不知所云或不忍卒读，译作的可读性便成了紧要的问题。而实际阅读效果和对译作的接受程度又是不可分割的。从这个意义上讲，我们甚至可以说可读性的重要性并不亚于准确性。"① 读懂原诗内容，注重译语风格，将译语之新鲜血液注入译作，注重译文之活力。加拿大翻译研究学者芭芭拉·格达德认为："面对新的读者群，译者不仅要把一种语言用另一种语言传达出来，而且要对一个完全崭新的文化及美学体系进行诠释。因此，翻译绝不是一维性的创作，而是两种体系的相互渗透。译者是传情达意的积极参与者，是作者的合作者"②。

因此，就中国古诗英译而言，因其翻译的高难度，译者当解放思想，可"化"其形美，亦可"化"其音美，以达到更好地转存古诗意美的终极目的，让中国古典诗歌更好地走向英语世界。

五、译诗解读之"化"

翻译行为以读者解读为终端环节；在译语读者的阅读与理解中，最终把一国之美"转化"为全球之美。众所周知，就英语学习者而言，每天坚持英文阅读可以增强语感，提高语言能力，积学以储宝。除了具备译语阅读能力，读者还需要增强原语语感和文化修养，以便提升对译文的鉴赏力，这样才能消化译文。只有读者的双语水平提高了，尤其是原语水平提高了，才能具备良好的译本识辨能力，识别出译文的真假好坏来。知己语亦熟彼语，方可做到百译不殆、百读不殆。译文的读者感受和译文的可接受性，是相辅相成的统一体。走进原文，才能够走进译者，读懂译者的良苦用心；就诗歌翻译而言，这一点尤为突出。例如：

① 孙艺风：《文化翻译》，北京：北京大学出版社，2016 年，第 59 页。
② Godard, Barbara. "Language and Sexual Difference: The Case of Translation". *Atkinson Review of Canadian* Studies, no. 2, 1984, p. 13.

山 非马 小时候 爬上又滑下的 父亲的背 仍在那里 仰之弥高	**Mountain** William Marr It's still there For me to Climb Looming from my childhood My father's Back

（张智中）①

原诗歌颂父爱，诗句简短精练，语言简洁朴素，不讲究押韵，更注重表达诗意。《山》通过最简单的描述，直抒胸臆，诗意盎然。译诗虽然诗行、结构，甚至句子顺序都发生了变化，但是其中的诗意不仅未减，甚至有所增加。诗人自己翻译，有更大的自由，可以大胆改造原诗，译文反而更加贴近原诗风格。加之译者出色的双语能力，对译入语解读之"化"，流露于字里行间。

汉诗英译，贵在神韵，而非文字。《山》之英译，字面表述截然不同，然而细读双语诗句，从翻译的角度观之，译者的主体性和创造性，匠心别具、嘎嘎独造。译文的处理，从词汇到诗句，从内容到意境，语言醇厚，表述地道，不仅如实传递了原诗思想主旨，译文同样堪称一首意味深远的好诗，译诗内涵和审美效果更胜一筹。再看一首：

无题（18） 艾青 为什么谎话也有市场 因为轻信的人太多	**Aphorisms** Ai Qing Lies thrive On credulity （庞秉钧、闵福德、高尔登　译）②

---

① 张智中：《非马双语短诗鉴赏》，天津：天津大学出版社，2018年，第60页。

② 庞秉钧、闵福德、高尔登：《中国现代诗一百首》，北京：北京对外翻译出版公司，1993年，第106—107页。

艾青的《无题》，堪称 20 世纪 70 年代新诗中的经典作品。这里，译文产生了"化学"变化，而变化过程不露任何痕迹，将诗歌情感完美留存。文学翻译，特别是诗歌翻译，要把原诗之美转化为译诗之美；换言之，文学翻译就是美的再创造。拉夫尔（Burton Raffel）在《诗歌翻译艺术》（*The Art of Translating Poetry*）中谈道："文学翻译，尤其是诗歌翻译，要在各种要求之间取得平衡，其中美学要求是对译者最重要和最具挑战性的要求。"① 王宏印说："既然英诗汉译可以容许有如此多的变通以迎合今日中国读者的审美趣味，那么，中国的古诗英译的逻辑也应如此"②，认为原诗与译诗不一定要严丝合韵，受到语言形式束缚而有损于中国文化的传播，原诗字面的变化并非不忠于原文，而是走进原文，化解原文，以再现原文，从语气和韵味上近之，更加容易为英语本土读者所接受，也不失为一种新的探索性译法。

总之，非马自译之《山》与庞秉钧等英译之艾青《无题（18）》，都是绝佳之译文。两者最大的特点，是进入了译诗的"化境"：从措辞到造句，从诗行到语篇，都是"化学反应"之后的译作。读者若以拘泥不化之眼光，则难以读懂或欣赏此类译诗。

结　语

译诗之道，不外乎为"尽心、知性、践行"：所谓"尽心"，即需译者激发其潜在的"自我"，体察作者性情；所谓"知性"，即需译者与原作者产生强烈的共鸣，达到金石相和之境；所谓"践行"，即需译者不断"躬行"，尝试探索，文以载道，文以传情，才是根本。同时，诗歌的翻译还应追求大众化、现代化，译作只有通过现代化的诠释和现代化的情感表

---

① 文珊：《"五四"时期西诗汉译流派之诗学批评研究：以英诗汉译为个案》，广州：暨南大学出版社，2019 年，第 6 页。

② 王宏印：《意象的萌发：新诗话语释读》，天津：南开大学出版社，2014 年，第 255 页。

翻译理论研究

达，才能成为真正属于这个时代的翻译，才能实现人皆叹赏。翻译之美，在于通过文字语言间奇妙的"化学反应"，用一种美转译另一种美。作为普通读者，也许看不懂原著的文字，但仍然可以作为一名鉴赏者，通过翻译搭建的桥梁，让其看得更远，去感受蕴藏在作品里的大美。

我国的翻译研究，长期以来注重文字对等，却不甚关注译作的文学性，以及译作在译入语中的传播与接受，而这才是译本是否成功的关键所在。就诗歌翻译而言，特别是汉语古典诗歌的英译，因其富有文学性，非常鼓励翻译的"化学"作用：将原文之意义，化入译语文本之中。原诗理解之"化"，翻译技巧之"化"，译诗表述之"化"，原诗形美与音美之"化"，译诗解读之"化"——汉诗英译的"五化"，非常关键，缺一不可。译学乃"化学"；汉诗英译，更是一门"化学"之学问。只有当我们学好并掌握了这门"化学"，成为一名合格的或优秀的"化学家"，才能进一步推动中国古典诗歌"走出去"，在真正意义上讲好中国诗歌的故事，实现中国文化"走出去"，促进全球文化的交互繁荣，造福人类。

精神分析中的翻译伦理[①]

[美] 布鲁斯·芬克/著　郝俊龙/译[②]

摘要： 精神分析的翻译研究在国际学界早成一派显学，与浩浩荡荡历经百年之久的精神分析运动史相伴而行，这也是二者在理论上具有共鸣和呼应的历史亲缘性所在。有鉴于此，本文节选并翻译布鲁斯·芬克的作品，《反理解卷一：就拉康理论精要的论与判》第七章，试图展现作为英语世界很受欢迎的拉康译者和一位彻底的拉康派精神分析家，作者如何看待、分析和评价关于精神分析文本文献的翻译和认识。精神分析的翻译伦理延续并扩展了分析伦理，而在芬克看来，也就是尊重、发现并维持

① 原文信息：Fink, Bruce. "A Psychoanalytic Ethics of Translation", In *Against Understanding, Volume 1：Commentary and Critique in a Lacanian Key*, London and New York：Routledge, 2014. 中英文摘要与关键词为译者所加，文章标题暂时不称其为"精神分析翻译伦理学"，尽管事实上它与贝尔曼倡导的"翻译分析学"（the analytic of translation）有着直接的关联。参考《异域的考验》一书及文章《翻译与异域的考验》（*Translation and the Trials of the Foreign*）的意见，以及贝尔曼本人对精神分析的兴趣和与精神分析开展研究合作的建议，翻译"分析"显然就是在精神分析的意义上朝向翻译之症状的分析。其中，"Other/otherness"的翻译伦理，假如以芬克朝向"无意识"的翻译理念为基础，便可将整体上视其为一种无意识翻译研究的学术取向，此说法严格遵循了拉康派精神分析的工作理念，即无意识仅仅指精神分析的意义上，并且带有相当浓厚的临床色彩，这种分析意义上的"临床"就对应着"翻译"这一社会实践。——译者注

② 作者简介：布鲁斯·芬克（Bruce Fink），宾夕法尼亚州匹兹堡的拉康派精神分析家和分析督导。译者简介：郝俊龙，兰州大学外国语学院 MTI 翻译硕士，研究方向：精神分析翻译理论。

翻译理论研究

"Other/otherness"的伦理。这一讲求他者、差异与陌生的伦理显然极具拉康派的色彩,也从根本上不同于主流翻译研究所遵循并坚持的科学话语和理性立场,反而频频挑战行为主义、心理主义、认知研究、控制与操纵等各方理念与方式。可以肯定的是,精神分析翻译研究是一种悬置于现代科学知识体系的另一类研究,带有反知识、反理解的先锋姿态。在文中,芬克介绍了自己翻译精神分析文本时的教训和经验,对于文本,他提醒我们理解的匮乏、文本的非传统逻辑、木头语等学术黑话的泛滥和意义的有限,而关于译者,又讨论了翻译的初衷和对象,并分析译者在享受翻译的过程中经受复仇、欲望和拷问的情结。无疑,作者暗示了分析伦理与翻译伦理的共鸣,强调译者应当如分析家一样,以无意识为工作的核心,并且始终警醒自己的"无知"之位,而无知便是译者的翻译症状。这也反映出译者在知识产出过程中的活跃力量和积极价值、矛盾姿态和周身局限。结合芬克的论述,以及拉康派意义上的知识论、翻译伦理和理解与解释理念,可以发现作为症状的知识总是不绝对的、不彻底的,它带有自身的迷思和虚构成分。因而实践中的翻译伦理取向便不能再从根本上维护一个绝对而彻底的完美翻译,至少就翻译的复仇和症状而言,译者也无须捆绑为一个忠诚无比的眷属形象。于是,翻译中的"知识"失去了从前那种变动不居的定域性,而就知识的追求、质疑和反思乃是译者宣扬其"假定知之"这一拉康式主体的动力所在。

关键词:精神分析;翻译伦理;反理解;布鲁斯·芬克;雅克·拉康

Title: A Psychoanalytic Ethics of Translation

Abstract: Psychoanalytic translation studies has long been an established field in international academia, parallel to the century-long psychoanalysis, which shows the historical closeness between the two in theoretical resonance. In light of this, the paper selects and translates Chapter 7 of Bruce Fink's Against Understanding, Volume 1: Commentary and Critique in a Lacanian Key to demonstrate how the author, as a popular Lacanian translator and a thorough Lacanian psychoanalyst in the English-speaking world, views, analyzes, and evaluates the translation and understanding of psychoanalytic literature. The ethics of psychoanalytic translation extends and expands psychoanalytic ethics, which Fink sees as the ethics of respecting, discovering and maintaining the "Other/otherness." The ethics of the other, difference and strangeness is obviously very Lacanian and fundamentally different from the scientific discourse and rational stance followed and adhered to in mainstream translation studies. Instead, it frequently challenges behaviorism, psychologism, cognitive research, control and manipulation. With an avant-garde attitude of anti-knowledge and against-understanding, it is certain that psychoanalytic translation studies is another kind of research suspended in the modern scientific knowledge system. In the paper, Fink introduces his own lessons and experiences in translating psychoanalytic texts. For texts, he reminds us of the lack of understanding, unconventional logic of texts, the rampancy of academic jargon like "langue de bois" and the limited meaning of texts. As for translators, he also discusses the original intention and object of translation, and analyzes the complex of revenge, desire, and interrogation that translators experience in enjoying the translation process. Undoubtedly, the author implies the resonance between psychoanalytic ethics and translation ethics, emphasizing that translators should work with the unconscious as the core like analysts, and always be wary of their own position of non-knowledge and ignorance, the translator's symptom in translation. It also reflects the translators' active role and positive value, contradictory attitude, and limitations in the process of knowledge production. Combining Fink's arguments and the Lacanian concepts of knowledge theory, translation ethics, and understanding and interpretation, it can be found that knowledge as a symptom is always not absolute or thorough, containing its own illusions and fictions. Therefore, the ethical orientation of practice in translation can no longer fundamentally maintain an absolute and thorough perfect translation, at least in terms of the revenge and symptoms of translation. Translators do not need to tie

翻译理论研究

themselves to an extremely loyal servant. Thus, the "knowledge" in translation loses its previously invariable locality, while the pursuit, questioning, and reflection of knowledge are precisely the driving force for them to proclaim the Lacanian subject supposed to know.

Key words：Psychoanalysis；translation ethics；against understanding；Bruce Fink；Jacques Lacan

"评析文本就像做分析。接受督导的临床工作人员曾说：'我感觉他指的似乎是这个意思、那个意思'，我多次回复，我们必须警惕、必须预防的事情之一就是理解太多，理解超过了来访主体话语中自有的内容。对一个人理解的内容来说，解释（interpreting）与想象又完全不同。的确，两者可以说截然相反。我甚至认为，正是在某种拒绝理解的基础上，我们才打开了朝向分析意义上的［解释］① 门户。"② ——拉康（1988，第87-88页）

一、根本不可能的理解

精神分析式的伦理，是指无意识总处在重要的核心位置，这要求我们永远不该忽视无意识的伦理学。我们密切留意分析者（analysand）在言说中的话语和享乐（jouissance），就能始终关注那些无意识的成分，无论是以微笑或大笑方式直接表现出来的愉悦感，倒也不算多么刻意的幸灾乐祸，还是在尴尬、焦虑或任何其余强烈的消极情绪面目下藏而不露的窃喜与满足。

保持无意识的居中地位并不意味着企图去理解它、解释它或掌控它。相反，人们必须一开始就坚持不控制并推迟理解的立场，这实际上是一种

---

① 原注：此处把英译本的翻译 "understanding" 修改为 "interpretation"，在重新阅读与理解时应将原文的法语 "compréhension" 理解为 "interprétation"。

② Lacan, J. *The seminar of Jacques Lacan*, Book I：*Freud's papers on technique* (1953-1954), J. -A. Miller（Ed.）, J. Forrester（Trans.）. New York and London：W. W. Norton & Co. 1988.

理解根本不可能的预设，理解只不过是一个需要缓缓显露开来的细密过程（project）①。

好比说，我当然认为，在一个分析者的话语中，我大概并不真正理解那些对别人来说理解起来似乎轻而易举的内容，那么同理，我也自以为，即使对拉康文本中一些好像尤为通俗易懂的东西，我估计也不真正理解。一个女性患者在描述一个梦时可能会说："在梦里，我有个女儿，她就在我门外的走廊里。而我们之间有一种性的张力和焦虑（tension）。"我要是假定，且照对方的语法来看似乎是，她在谈论自己和梦中女儿之间关于性的紧张、焦灼或张力，那我可就大错特错了。当我用一种疑惑不解的口气重复那句"我们?"时，她又辩解说，性关系指在与她自己之前五六句话就提过的一个男人②。这就像拉康说过的那样，很多分析者其实在指"他"或"她"两性人称的时候，通常脑海中会有一个特定的所指对象，但对象可能早在相当长一段会谈前就说起过，然而对分析家这个听者来说，这个不起眼的代称却平平无奇，它被略过了。

拉康（2006③）曾在《拉康全集》（*Écrits*）里讨论过他的一个男性患者，他有一个情妇，但却对她性无能。拉康在对患者的评价中使用了"commère"这个词，它一般指嘴碎、絮叨、啰唆，或街头巷译、闲言碎语，譬如饶舌多嘴等，尤指长舌妇。我在法国有过十多年的生活经验，我以为并坚信这个词的意思是"爱说闲话的碎嘴女人"（gossipy woman），不

---

① 原注：见本卷第一章，题为《反理解：为什么理解不作为精神分析治疗的基本目标》（*Against Understanding：Why Understanding Should Not Be Viewed as an Essential Aim of Psychoanalytic Treatment*）。

② 原注：当然，在这种情况下，对于以语法为基础的阅读方式，我不需要完全排除它可能具备的有效价值，哪怕不是分析者主动想要这样。同见本卷第一章。

③ Lacan，J. *Écrits：The First Complete Edition in English*，B. Fink，H. Fink and R. Grigg（Trans.）. New York and London；W. W. Norton & Co. 2006.

过在上下文中又没什么实际意义①。幸运的是，我从经验中了解到法语词通常各有不同的含义，拉康往往比一般受过教育的普通法国人更了解这些隐晦。当我查阅时，我发现该词在前几个世纪有一个特殊的含义，而在拉康使用的语境里要比现在很常见的意思更有一重内涵："Commère" 以前还指 "godmother"，表示教母或意想不到的恩人、危难时提供帮助的救星，但也可以表示一个狡猾的女人，一个胆大冒险又活力四射的女人。它甚至一度用来指称乐厅或戏院剧场等地方的主持人、司仪等角色。再回到语境，女人对性伴侣讲起自己做的梦，而那个梦能缓解对方的勃起困难，据此我才理解成了 "shrewd paramour"（聪明又机灵的小情人）。这个词出现的那句话能解释为：

　　一听到 [他情妇的梦是，在梦里她长了阴茎，但也有阴道，想让自己的阴茎插入她的阴道]，我病人的性力量马上就恢复好了，他还向自己精明的小情人充分地证明了这一点。

事实上，我感觉现在较为通用的普通含义放在相应的上下文中几乎说不通，只是把这段话变成了令人不解的废话文章。英语名词 "gossip" 闲言碎语，在几个世纪前也仅仅指一个人的伙伴 "companion"，但我觉得这估计会让现在的大多数读者感到困惑。拉康早已不在，没法让我问他到底表达什么意思，即使他还活着，我肯定他会告诉我一些特别费解的内容，让我一知半解地不清不楚不通透。反而在我的分析者身上，事情倒简单了点儿：我可以问他们到底想要说什么，不过当然了，谈到自己的种种意图，他们跟我们所有人一样，很容易受到自己的愚弄。

————————

① 原注：在《拉默莫尔的新娘》（*The Bride of Lammermore*）中，沃尔特·斯科特爵士（Walter Scott）在他对 18 世纪早期苏格兰方言的某些翻译中使用了 "cummer"（有时也拼写为 "kimmer"），意思是一个女友、教母、亲密的女性朋友、助产士或女巫。它也更广泛地用作一个熟悉的或带有蔑称的说法，用来称呼或指代妇女。同见本卷题为《反理解》的第一章。

许多读者，包括某些法国人，像弗朗索瓦·鲁斯唐（François Roustang）、让·布里蒙特（Jean Bricmont）和米克尔·博尔奇-雅各布森（Mikkel Borch-Jacobsen），就断定拉康是个胡说八道的混子。大多数法国人也出于类似的一些原因，发现拉康不可阅读。就譬如我们这些不以法语为母语的人，觉着拉康的法语哪怕并非真正地完全不解，也让人感到很困惑甚至读起来望而却步。他们不知道拉康用过许多术语和表达的旧说法，人们也从来没有读过几个世纪以来的法国文学，而他从这些书堆里挪用了现在看起来太过晦涩的一些语法转变，譬如惯用语和弃用的老词。

人们只好设想一些另类的答案来解释这个棘手的问题，为什么拉康的口述研讨班系列比他的书写作品更容易理解，而且往往相当出色！为什么他的研讨班精彩纷呈，而他浮泛的作品只叫人雾里看花？当然，我们可以猜测他拒绝为大众伏案创作，希望只对那些在他研讨班上直接共事、一同与会的人讲出自己的精妙要论。不过，他为什么还要空耗这么多时间写作，如他所言重写、修订多达十稿后再发表自己的文章，而且往往还是为了照顾更多受众而特别构思的出版物呢？

二、你能获得为之操持的东西[①]

我打算另起一个说法：先假设他的作品不是一堆废话。不管我是否赞同那些说辞，我认为拉康是用他自己那种不讨好、时而折磨人又令人刺恼的隐晦方式，说着一些意味深长的内容。像让-克劳德·米尔纳（Jean-Claude Milner）这样杰出的法国知识分子甚至声称，拉康的作品实际上非常简明，也许对他来说很轻松，不过我可没这份能力和觉悟找到米尔纳宣

① 原注：拉康用一种更复杂的方式来描述这一点："知识的价值相当于获得它付出的代价，而这代价高昂不菲，因为这需要投入大量精力和时间，这也很困难。难在何处？不在于获得知识，而更在于享受。"（第96页）参考：*The Seminar of Jacques Lacan，Book XX：Encore：On feminine sexuality，the limits of love and knowledge*（1972-1973），J.-A. Miller，（Ed.），B. Fink，（Trans.）. New York and London：W. W. Norton & Co. 1998.

称的那些直白含义。

在我看来，拉康的作品其实是这样写就的，他试图表达某种意思，想对他的读者产生什么影响，这就好比患者语言与身体的话语和行动也通常试图表达什么内容，并对自己周围的人施加某种影响。在这两种情况下，我们都在处理含糊不清且迂回曲折的表达形式，而采用这类措辞是因为更加透明而坦率的说法禁止渡给诉说它们的主体，无论是出于要表达的内容被主体的自我给压抑或审查了，还是语言风格或多或少是故意用作一种方式，好让读者思考并明白，即他们不了解自以为知道的事情，或者至少应该说，这是精神分析训练的一个关键部分。

我先假定，分析者在述出的话中费解地表达出了一些内容，他通常至少跟我一样对此感到困惑。他料想我清楚他在话语里的意思：他把我当作一个主体，理应知道他身上那些惑乱不解的感受、生活里的各种抉择和个人症状等方面的意义。我同意为他保留我这个主体应该知道些什么的心理位置。然而，我也完全清楚，某件事还停留在他的无意识中，不是在我身上。为了搞懂"隐含"（contained）或"刻印"（inscribed）在患者无意识里的信息，当然也蕴含在他自身、他的梦和幻想的模糊说辞里，对此他便要去猜想我什么都清楚，我不仅知道，而且理解那是什么。但就我自己而言，不过身处无知（nonknowledge）的位置，我必须清楚，试图以为自己对分析者所说的意义确信无疑，这只是我碍于无知（ignorance）的症状。拉康（2006年，第358页①）也说过：正是在这样的时刻，我完全就是在一手操纵、愚弄自己。

同理，作为一个译者，我判断在拉康作品的论述里，也有某些隐晦透露的观点或想法。对我来说，文本也像是一个体现来访身上讳言涩语的地方，这样我就找到了分析家的处境，要倾尽全力破译文本的逻辑，坚守我不知道它是什么的假设性原则。

---

① Lacan, J. *Écrits*: *The First Complete Edition in English*, B. Fink, H. Fink and R. Grigg（Trans.）. New York and London：W. W. Norton & Co. 2006.

三、文本的非常规逻辑

假如我从一开始就推定自己面对的患者话语中毫无逻辑（no logic），那么我绝对不会找到一丁点儿的逻辑或道理。这就是认知行为治疗师的立场：病人已经陷入错误的想法和荒谬的逻辑。患者那种似是而非的思考必须被治疗师的正确理解彻底取代，然后一切才会正常起来！如此，世上只有一种逻辑是正确的、真实的，譬如人们所知的那种相当强迫而偏执的资本主义式逻辑，而如果想治愈的话，人人都只能用认知行为理论的视角观察、理解世情。

不过另一方面，不同的是拉康派分析家认为病人的痛苦和折磨也独有一套逻辑，但这种逻辑绝不是一般哲学课上教授的标准逻辑、正常逻辑。相反，这是一类相当个人化的、私人性的另类逻辑，对病人或分析家来说都不是通透自然的逻辑。其实无意识并不遵循传统、常规或逻辑的法则，它是高度特殊的个别逻辑，而且主要是在分析家遇到的每一个新案例中才能真正重现。

假设病人身上完全没有逻辑，就是临床工作者直接打算用自己的逻辑取代对方的无意识逻辑，这是妄图强迫分析者效仿自己。而认为拉康的文本毫无道理或不伦不类，就会让人步入同样的处境，意图用自己的个人逻辑或纯粹扯淡的理解来取代拉康的逻辑与思考。

就像所有的分析工作，破译这些文本的翻译也是漫长而艰难。而拉康好比是一位折纸大师，他玩弄语言文字，千方百计反复折叠、转换他的各种从句、分句，让人们不得不经常用法语重写他的句子，得把动词和它们的宾语整理配对，再把习语表达的开头结尾对接完好，然后才能开始领会其中蕴藏的某些含义。

这里有一个来自《拉康全集》的简单例子。我不久前才出版了这本900页大作的第一个完整英文版，因此我在这里讨论的大多数例子都取自其中。在章节"弗洛伊德的无意识：主体的颠覆和欲望的辩证法"（The

Subversion of the Subject and the Dialectic of Desire in the Freudian Unconscious）中，我们找到了这句："Sur le fantasme ainsi posé, le graph inscrit que le désir se règle…"① （拉康，2006，第816页）。标准的法语 "se régler sur quelque chose"（本意为安顿、解决等，英文指 to model oneself on something or adapt to something，以某物为榜样或去适应什么），在原文段落里碎得让人看不出这种断开了的固定表达，而之前的英译者阿兰·谢里丹（Alan Sheridan）显然根本没有觉察到。英译本表明，他把法语常用的介词 "sur" 理解成了英文的 "regarding"，于是译文便成了："On to the phantasy presented in this way，the graph inscribes that desire governs itself…"② （拉康，1977，第314页）。拉康几时说过 "欲望支配它自己（desire governs itself)"？谢里丹没能发觉 "se régler sur quelque chose" 这样的普通用法，而这需要我们或多或少应该将这句法语译为："The graph shows that desire adjusts to fantasy as posited in this way…"

我自己也不是什么折语大师：我不确定我是否知道该怎样把那样简单的短语句子叠成一些难于理解的语段组合。不过有一件事很肯定：我不会这么做。这不仅仅为了节省时间，因为这个翻译项目已经耗费了很多年，而是更因为我自己对拉康独有一套大体可用的翻译方法。那我接下来就试着讨论一些译论译法。

四、文本的享乐与欢爽

总体说来，我坚持无意识要维持在工作的重心，自己也努力将文本的乐趣、享乐或欢爽（jouissance）从法语传达到英语里。这是我翻译第二十次拉康研讨会上就女性性欲（feminine sexuality）作品时便特别关心的问

---

① Lacan, J. *Écrits: The First Complete Edition in English*, B. Fink, H. Fink and R. Grigg (Trans.). New York and London: W. W. Norton & Co. 2006.

② Lacan, J. *Écrits: A Selection*. A. Sheridan (Trans.). New York: W. W. Norton & Co. 1977.

题，从那时就很明显，拉康（1998①）自己乐在其中，尽情调用他那越来越充满双关和多义的辩术给 700 名听众做报告。我很高兴从巴黎的一位同事那里听到，她通过阅读英文译著就能体会到，拉康在研讨会上表现得很享受，是全身心地投入和沉浸，他玩疯了。

不过要留心，"文本的享受"这句话有歧义。譬如，那是谁的享受呢？作者的还是读者的？一个人的享乐就是他者的享乐吗？我想也不一定。当分析者在一次谈话中明显对某件事感到兴奋甚至激动时，分析家没必要跟着照做。事实上，某些来访酷爱把分析家捉弄得紧张又焦虑。毫无疑问，拉康就时常热衷于调侃他的听众，让人尴尬难受不自在！

在他的作品中，尤其是在约莫 1965 年之前，拉康根本没有这样乐此不疲下去。他在文集中提出，谈话或文本的风格要取决于观众："the style is the man one addresses"②（2006 年，第 9 页）。于此，他无疑是在重复宋代儒学家程颐（Cheng Yi）的格言"圣人之言，随人而化"③（2000，第 277 页），该句引用自法国哲学家弗朗索瓦·朱利安（François Jullien）的作品。这就可能解释了为什么人们在许多不同的篇章中会发现一些风格上的多样与差异，其中一些是在国际精神分析会议上发表的，有些是给哲学专业的学生，还有部分供给文学的，诸如此类一而论。听众不同，拉康的讲话风格也随之改变。在他举办研讨会的三十年里，他的讲授风格变化尤其明显，他的听众在这些年里也同样有很大的变化。

关于拉康的风格已经有过很多讨论，也提到拉康似乎希望他的意思只能被少数入会的听众理解。拉康大概认为弗洛伊德的作品被人发掘过度了，而实际上带有虚假、诱惑的成分，让人太过轻易理解：因为他的风格

---

① Lacan, J. *The Seminar of Jacques Lacan*, *Book XX*; *Encore*; *On Feminine Sexuality*, *The Limits of Love and Knowledge* (1972−1973), J. -A. Miller, (Ed.), B. Fink, (Trans.). New York and London: W. W. Norton & Co. 1998.

② Lacan, J. *Écrits*; *The First Complete Edition in English*, B. Fink, H. Fink and R. Grigg (Trans.). New York and London: W. W. Norton & Co. 2006.

③ Jullien, F. *Detour and Access*; *Strategies of Meaning in China and Greece*. S. Hawkes (Trans.). New York: Zone Books. 2000.（译注：或可译为"智者之言，因受者变"）

相对简洁平和，作品的复杂深度就被忽视了。随着教学逐步推进，拉康表面上采用了一种越来越不随和、越来越难理解的风格，旨在阻止、挫败人们那种简平快的糟糕阅读。

所有这些相关的看法倒也存在，好比人们会说拉康希望训练分析家在研读自己书写作品的时候能用精妙的技巧去破解里面的无意识，这种看法宣称拉康的作品不是用来阅读的，而是一点点通过笔头的工作、用字典和手头的各种弗洛伊德文献来反复钻研、推敲。无疑，这些要求专门用来刺恼那些大多数受过自我心理学和客体关系理论的英美传统受训分析家，让人不快和懊恼。拉康就鄙视这些传统，它们完全反智，不顾及历史境遇，而且缺乏哲学上的见地。有人会说，拉康在法国的伟大贡献就是培养了一批全新的精神分析家，他们是优秀的知识分子，热衷于阅读哲学、文学、政治理论、人类学、数学、逻辑和拓扑学。虽然美国的精神分析家迫使美国精神分析协会（APA）只接受医生群体作为专业的分析家，但拉康向各种背景不一的知识分子敞开了大门，彻底振兴了法国和世界上其他大部分罗曼语系地区对弗洛伊德的研究。

拉康成功戳穿了这样一个观点，即精神分析家已经成功地超越了弗洛伊德，然而那时尤其在法国，分析家们甚至都还没开始阅读弗洛伊德，因为他的大部分著作根本还没有法译本，也只能接触到很少一部分内容，翻译也相当差劲。

以前我向美国国家人文基金会申请资助翻译拉康的文集时，评审会的一名委员投票反对我的申请时说，"我觉得拉康已经老套了、过时了（passé）"。在说这话时，他无意中认同了拉康那会儿一众法国分析家的看法，也就是他们甚至在阅读弗洛伊德之前就已经完成了超越。在2000年这一批评出现之前，拉康的作品几乎还没怎么翻译过，而且大部分都译得极其糟糕。事实上，每一个斥责结构主义和后结构主义浩大浪潮的人都读过对拉康的非议，主要是一些写手搬弄出来的作品，这些人既不读拉康，也没看那些20世纪七八十年代随手可得的丁点儿劣质译文。再到了2000年，以及很多文学系公开的理论转向，许多教授已经离开了结构主义和后结构主义的名利场，寻找"下一个大热点"，康奈尔大学的一位文学教授就公然对我这样兜售过。

五、译者交瘁，为谁而作？

在 20 世纪 90 年代之前，拉康在英语世界的听众里几乎没有几个精神分析家。在此之前，阿兰·谢里丹、杰奎琳·罗斯（Jacqueline Rose）、杰弗里·梅尔曼（Jeffrey Mehlman）所做的翻译往往是逐字逐句（word for word），非常不准确，也很少承认文本含义的不确定，而且经常扯些与拉康正好相反的话。然而，人们可能会说，这些翻译对一些读者来说足够好了，但肯定不足以让拉康像在法国那样，在英语世界也塑造那么一批智力出众、思想活跃的分析家来充作研讨班的新生代力量。尤其是美国的临床医生，已经不太怎么能够处理那些他们自己都很少或根本没有受过相关训练的语言学、文学和哲学等知识类的文献，而他们显然不愿意解读那些天书般的晦涩读本，所以他们才享用译者准备好的东西，而后者实际上经常都没读过拉康讲过、论过的那些基本的弗洛伊德文献。关于这方面的详细示例，请阅读我曾对"治疗方向"一段内容的讨论（2004①）。

大度点说，我们可以这样评价早期的每个拉康译者，借用多塞特勋爵（Lord Dorset）点评斯宾塞先生（Spence）译本的话就是，"他是一个狡猾的译者，让人必须苦查原文才能理解译本"②。为了对译者别那么过分慷慨，严格意义上，我只能赞同纳博科夫（1992）对普希金作品的俄罗斯译者给出的评价：

> 自称为译者的一些人身上，主要缺陷之一就是他们的无知。只有

① Fink, B. "Lacan in ' Translation ' ". *Journal for Lacanian Studies*, vol2 , no2 , 2004 , pp. 264-281.
② 原注：引用于约翰·德莱顿。参考 Dryden, J. "On translation". In R. Schulte and J. Biguenet（Eds. ）. *Theories of Translation : An Anthology of Essays from Dryden to Derrida*. Chicago and London : University of Chicago Press, 1992 , pp. 17-31.

完全不了解上世纪20年代俄国人生活的这类情况才能解释一些错译问题，例如，他们固执地将"derevnya"翻译成"village"而不是"countryseat"，将"skakat"译成"to gallop"而不是"to drive"。任何希望尝试翻译奥涅金（Onegin）的人都应该获取一些相关主题内的准确信息，例如克雷洛夫（Krïlov）的寓言故事、拜伦（Byron）的作品、十八世纪的法国众诗人、卢梭的《新海洛伊丝》（*La Nouvelle Héloïse*）、普希金（Pushkin）的传记、纸牌赌博里的银行游戏（banking games），与占卜有关的俄罗斯歌曲，相比于西欧和美国的俄罗斯军衔等级，以及蔓越橘和越橘的区别，在俄罗斯使用英式枪斗的规则，还有正经的俄语。① （第137页）

然而，拉康作品的早期译本，似乎对像剑桥大学已故的马尔科姆·鲍伊（1991）这类文学批评家来说就足够优秀了，他们在自己的书里还提到"谢里丹那极为出色的翻译表现"② （第214页）。

而我从一开始就决定为另一类读者准备一个译本，譬如临床医生群体，哪怕比起现在许多精神分析的文献，都需要这些临床医生更努力去解读。然而，请注意，克莱恩学派的分析家们习惯于阅读梅兰妮·克莱因（Melanie Klein）的晦涩内容，尽管她大部分用英语写作，但似乎主要还是以德语思考。他们也喜欢阅读比昂（Wilfred Ruprecht Bion）的深奥作品。因此，他们并不反对一切困难。然而，很显然，他们其中至少有一些人反对在意义明显荒谬的情况下故意刁难人。事实上，这也许是个好兆头！

实际上我的合理推测是：临床医生可以从拉康的作品中学到很多，前提是那些内容能仔细且准确翻译出来，精准参考弗洛伊德和其余拉康经常引用的精神分析文献，而且句段要以更容易阅读的句式展开。因为尤其是

---

① Nabokov, V. "Problems of Translation: Onegin in English". In R. Schulte and J. Biguenet (Eds.). *Theories of Translation: An Anthology of Essays from Dryden to Derrida*. Chicago and London: University of Chicago Press, 1992, pp. 127-143.

② Bowie, M. *Lacan*. Cambridge, MA: Harvard University Press. 1991.

在英语里，从句套分句的复杂层叠组合很少能看成是一个什么优点，更不用说有什么阅读趣味可言了，法语里也照样如此。

也许有些人会说这只不过是一种奢望，不过我的看法还是，并非所有讲英文的临床工作人员都完全是反智的、完全抵制去钻研一些很有挑战难度的文本。用于解释和说明的注释也可以提供些参考资料，拉康就曾设想或希望自己的听众知道一些别的内容。哪怕碍于法国版权所有方的意见和限制，它们只能在书后给出并整理归类，要非常困难地键入关键索引才能与原文关联起来。提供很多注释就用来表明，我无法把具有多义性的成分翻译成对应的英语，而由于深奥晦涩、语意双关以及我自身正常的无知不解或是思想愚钝的缘故，注释也表明我理解文本含义的不确定姿态。

要是拉康能够并且乐意用英语写作，他可能会跟使用法语一样书写一种难以理解的风格。想想他对安东尼·威尔登（Anthony Wilden）试图翻译的那篇论文所做的事儿，即拉康于 1966 年在巴尔的摩发表的这篇论文，"Of Structure as an Inmixing of an Otherness Prerequisite to Any Subject Whatever"①。有时也有人以为，拉康无法接近他最想说服的一群受众。我当然不认为这是一种理想的书写方式，因为我只能猜想拉康原本想过用英语写作。正如弗里德里希·施莱尔马赫（Friedrich Schleiermacher, 1992）所说，"设想作者原本能用译入语来写作，巧借这种思路再去翻译原文的目标不仅无法实现，而且这种译法本身也是徒劳无功"②。

记得一位很有影响力的法国人推荐我寻找一个优秀的英语作家，建议我可以在翻译拉康时模仿对方的风格，对此我相当不解甚至诧异无比。我能考虑谁呢？为什么我要选用一个美国作家的风格作为范例？而且我怎么

---

① Lacan, J. "Of Structure As an Inmixing of An Otherness Prerequisite to Any Subject Whatever". In R. Macksey (Ed.). *The Structuralist controversy : The Languages of Criticism and The Sciences of Man*. Baltimore, MD : Johns Hopkins University Press, 1967, pp. 186-200.

② Schleiermacher, F. "On the different methods of translating". In R. Schulte and J. Biguenet (Eds.). *Theories of Translation : An Anthology of Essays from Dryden to Derrida*. Chicago and London : University of Chicago Press, 1992, pp. 36-54.

能希望去模仿一位英国作家的文风？一位法国女性建议我保留原文中的所有标点符号，对方显然没有意识到标点符号在不同语言中的不同用法，它必须随文本一起翻译。没有怎么深入从事翻译工作的人，他们压根不知道自己在闲扯些什么。

六、译者的复仇

我拒绝采用浮华的巴洛克式或贡戈拉那样的概念夸饰，或如折纸般堆叠的复杂写作风格，这一立场正好照应了翻译拉康著作花费的爱的劳作（labor of love）。对我来说，这种排斥不是出自一种翻译劳苦而带来的负面仇恨，它是表示拉康那种晦涩难懂、缠绕卷曲的单调文风要把我逼疯了。像现在许多拉康的法国读者一样，我自小从未学过拉丁语、希腊语或德语，直到最近几十年，我才读拉伯雷（Francois Rabelais）、玛德莱娜·德·斯居代里（Madeleine de Scudéry）、莫里哀（Molière）和拉·罗什福科（La Rochefoucauld），更不用说20世纪30—50年代那些更为重要的精神分析文献了，其中大多数读起来都极其枯燥。

既然谈到仇恨的话题，那我就给你们开个小清单，列出一些拉康干过或遗漏的事，它们让人精力涣散，更搅乱了我的翻译工作：他甚至都经常不引用精神分析文献中的参考出处，不能恰当或无法完整引用条目；对于马勒梅（Stéphane Mallarmé）翻译的埃德加·爱伦·坡《失窃的信》里一些片段，他并不总是在段落前后加上引号，也不怎么关心自己是什么时候给出了爱伦·坡作品的个人译文；他喜欢旁敲侧击地批评同行，却不指名道姓，搞得译者甚至不知道该看哪些文本来琢磨怎么去翻译那些被拉康断章取义的说辞或引证；他喜欢给自己的文章和《全集》这整本书写一些令人费解的介绍和引言。如果你从未读过这本文集的头两页，不妨看看，它们看上去就像俗套的书面文件一般令人扫兴。除此之外，他还为了自己某种任性的理由而篡改一些介词，用的是法语里面中几乎没有前例的方式，让人实在难以明白他这样做到底是为什么，譬如 Logical Time 中的"sous"，

Instance of the Letter 中的 "par" 和 Subversion of the Subject 中的 "de"。这些麻烦都突出了动词结构 "to translate" 对照在拉丁语词源里的重要联系："to carry across"。以我自己的方式来理解，我会说每个译者都要背负一个赎罪的十字架来受苦受难（carry a cross），译者要承受某种苦难，而且是用自己的方式来处理它。

我怀疑拉康会讨厌我写成直截了当的行文风格，我也很确信他会反感我附上数百个用来解释的尾注，所以我认为某种意义上我们算是扯平了。不过终究，我还是慢慢开始怨恨起每一页劳心劳力耗费八个多小时的苦差事，以前还经常觉得我自己没有从中得到足够的回馈或回报，不够去支持、去证明这么繁杂细密的忙碌是合理的、是应该的。而现在，我只能寄希望于这些努力有它的意义和价值，能够帮助别人进一步理解文本。的确，我夺走了拉康死去后还试图染指的一些恶趣味，他那股讨人厌的爽劲儿会把人们逼疯的。我敢打赌，他肯定先我一步做好了预判，譬如他会恨恨说，他一直都清楚早晚会有某个美国的翻译跳出来，把他的本子删繁就简乱改一通！

即便这样，我认为对拉康的理解可以变得轻松些，也就是"不要把婴儿和洗澡水一块儿倒掉"，而现在我很乐于看到自己的这份赌注有了回报：尽管我感觉我的英译文与法语原本相比更加直观明了，不过读者几乎总有微词，认为《全集》还是难懂。某位评论家说，"众所周知，拉康的风格素来同他的思想一样深邃复杂，不过芬克的翻译倒有助于让'镜像阶段'和'心灵的因果关系'（Psychical Causality）容易理解了几分，哪怕不是那么轻而易举"[1]（雷诺兹，2006 年，第 18 页）。另一位则写道：

> 我们很高兴现在能有一整套非常便用的新编辑方法和注释形式（apparatus），来呈现出一份不错的重译本。有人可能以为，这次的译

---

[1] Reynolds, M. *Écrits*: *The First Complete Edition in English*; Classics. The Times（London），no18. April. 2006.

本能解决以前那些干扰阅读拉康的困难，就能让他得见天日。别这么异想天开!①

他接着说，"我可以向你保证［阅读它］还是会给带给你很大的痛苦"②（2007）。

因此，某种程度上我只能说还没有怎么背叛拉康的愿望："我宁愿读者入门的时候困难重重，除此之外更要人无路可退。"③（拉康，2006年，第493页）

我同样很高兴知道自己又赌赢了，英文世界的临床工作者可以从文集里真正学到一些内容：拉康非但没有落伍，反而能证明有足够的弹性与活力来应付并适应比较文学界内的理论转向问题，而且短短头两年里，他那本极具挑战又富于争议的《拉康全集》英译本就在市场上售出了12000册，相比而言，临床医生和各类从业者购入的份额远超过往。我后来还发现，现在有许多从业人员正在寻找各种方法来重振他们的事业及其对精神分析理论的思考，因为此前他们认为自己在那些分析训练中习得的理论和技术，让人在真正遭遇分析实践的"真实界"（real world）时，陷入了寸步难过的困境。这就意味着，新的翻译，新的受众。

除了在准备译文时请教别人一些自身不擅长的语言、专用词汇和参考资料外，即使在出版后，我也一直依赖译文的读者来帮助继续完善。到目前为止，我已经从不同的人那里收集到了很多纠错示例，并设法接触W.W诺顿出版社印刷在第四版上。可是，比起在这里或那里更改一两个单词而言，他们一直阻挠我动一些更有实际价值的内容，所以我在自己的网站（www. brucefink. com）上附加了一份尾注，以及那些不被出版社允许更正的冗长部分。因此，翻译的工作还一直在进行。

---

① 译注（补充）：Jones,Campbell. Read. Ephemera,volume 7（4）,2007.

② 译注（补充）：Jones,Campbell. Read. Ephemera,volume 7（4）,2007.

③ Lacan,J. *Écrits：The First Complete Edition in English*,B. Fink,H. Fink and R. Grigg（Trans.）. New York and London：W. W. Norton & Cov. 2006.

七、朽化呆拙的木头语

拉康作品的早期译本甚至还有现在一些拉康学生的翻译，其结果之一就是创造了一种诡异离奇又黑话盈盈的语言，诸位确信没人能真正理解这种用法。法国人对此有一个很赞又讨巧的说法，叫"langue de bois"，字面意思是呆板笨拙的"木头语"（wooden language），他们从革命前的俄语那里借来"橡木语"（language of oak/oaken language）这类措辞，原本用来讥讽沙皇治下官僚分子的谈吐风采。它指一种呆板而僵硬的语言，与现实生活隔绝，很做作地传达一种故意捏造或误导人的内容。

在拉康学人的世界，"langue de bois"这种语言就被称为"Lacanese"（拉言拉语）这类黑话，包括诸如"身体的真实"（the real of the body）和"大他者的欲望"（the desire of the Other）之类的说法，以及关于"行为/行动"（the act）或"分析行为"（the analytic act）的各种表达。这些表达盲目崇拜拉康那些极不寻常的法语语法，却完全忽略了英语的用法。法国作家几代人以来一直使用"réel"这个词来准确表示与"réalité"完全相同的意思，含义为"reality"。诚然，在拉康思考的某个阶段，他开始赋予"réel"一词别的含义，例如指"impossible"，甚至到了工作的后期，他也经常随大家一样照常使用它。"Le réel du corps"通常最好被翻译为"the reality of the body"或"the body as real"（相对于想象的或符号的身体），而不是译成"real of the body"，至少对我来说这听起来相当故弄玄虚。

又譬如"Le désir de l'homme, c'est le désir de l'Autre"，一个很玄乎的名句或论调，它利用了法语的一个歧义，而英语中不存在这种模糊：你不能说 the desire of the Other 就是指 desire for the Other。然而，很多评论家和译者都显得好像大家可以这么用、可以这样理解。问题是，如果拉康想说一些更明确、更直白的内容，他完全可以表述为，"人的欲望与他者的欲望是相同/通一致的"（ce que l'home désire, c'est la même chose que ce que l'Autre désire），英语为"a man wants the very same thing that the

Other wants", 通俗指人想要跟大他者所求一模一样的东西，或者是"人所欲望的东西也是大他者在欲望的"（ce que désire l'homme, c'est d'être désiré par l'Autre，英语为"what man wants is to be desired by the Other"，通俗指人想要的东西又被大他者欲望着），或"人欲望着大他者"（ce que désire l'homme, c'est l'Autre，英语为"man essentially desires the Other"，通俗指人本来就在欲望着大他者）。并不是说法语就显得没有办法来单独表述这些不同的说法。如果拉康选择了意义更多面的一种表达，就可能是因为他"appreciate"各种不同的解读方式。许多英语译者和批评家似乎没有注意到他们自己的译本并非同样那么宽泛、那么多元、那么开放，或者说，翻译还不够出彩。

然后我们再来看"acte"这个法语单词，它通常最好该翻译成英语的"deed"或"action"，可实情显然不是这样。使用恰当的翻译后，我们就能把"l'acte analytique"称作"psychoanalytic action/deed"（精神分析的行动、行为、实践、活动），这样就能规避掉可能带有的贬损含义——譬如会说分析家所做的只不过是一场表演一场秀（"act/put on"），在我看来，人们就会操着这么一口呆板生硬又故弄玄虚的腔调开口说话，分析行为实际上变成了假模假式的分析派头。我认为，这类翻译孕育了一代喜好拿捏辞藻、乐于摆谱的混子痞子（poseurs and fakers），他们在令人困惑的字眼（verbiage）和不知所谓的胡言乱语（mumbo-jumbo）背后，隐藏着知识的荒芜与匮乏。

有些人大概认为，我对拉言拉语（Lacanese）这类学术黑话的回避意味着我在精神分析临床方面的解释和表达中就留不下拉康的位置了。在多伦多讲了五个小时关于拉康临床实践的方法后，听众里的一位分析家抱怨道，"这听起来全是一个经验丰富的临床医生给出的路子，但拉康在哪里？"对他而言，要是内容不塞满那些晦涩难解的措辞和深奥无比的表句词（holophrase）——我倒希望你们能在两个或更多意义上听出点什么来，那它就不可能真的那么"拉康"味儿十足。

做翻译就跟精神分析一样，我尝试采用一种尊重并维护（大）他者与差异的伦理学（Other/otherness），而不试图将相异的"Other"还原、同化成"same"（相似、同质）。不过我感觉，拉康的思想已经足够另类（other），所以他的一些语言就不必再那么怪诞（other）了，拉康的语言也犯不着随意违背常理，或者听起来怪分生僻（foreign）、刁难人什么的。在大多数情况下，我尽量把困难留给了他的思想，而不是堆砌到法语上。

八、意义有限

拉康作品的困难提醒我们，无论是书面文本还是分析者的话语，不是什么内容都有意义，寻求完全彻底的理解只是徒劳，而且反受误导。拉康（1973）自己在第十一期研讨会告诉我们：

> L'interprétation ne vise pas tellement le sens que de réduire les signifiants dans leur non-sens pour que nous puissions retrouver les déterminants de toute la conduite du sujet. [①]（第 192 页）

这段可以翻译为："Interpretation aims not so much at meaning as at reducing signifiers to their nonsensicality ［or：nonmeaning］ so that we can locate the determinants of all of the subject's behavior."

中文："解释（interpretation）与其说在表意（meaning），倒不如说把能指化为无意义［nonsensicality/nonmeaning］，这样我们就能找到影响主体行为的所有决定因素。"

早先的译者阿兰·谢里丹完全错解了这句。他译成了解释（interpretation）旨在"减少能指的无意义"，这个曲解至少部分是因为拉康（1978，第 212 页）在此用了一个介词"dans"，而没人在"réduire"之后这样用

---

① Lacan, J. *Les Quatre Concepts Fondamentaux de la Psychanalyse* (1964) ［*The four fundamental concepts of psychoanalysis*］, J. -A. Miller (Ed.). Paris：Seuil. 1973.

过。这就意味着"réduire"和"dans"根本不该连用，或者那只是拉康通常用那种不拘传统的另类风格来玩弄介词罢了。

在任何情况下，精神分析的关键都要用这样的方式处理分析者的众多能指，即人需抵达它们背后荒谬无序的意义匮乏，譬如在弗洛伊德的鼠人案例中，有个特殊的症状就可能出于"Ratte"和"Spielratte"（即 rat 与 gambler）两个单词间毫无意义的关联。

回想一下，在孩提时代，鼠人认为老鼠（ratten）是咬人的动物，经常受到人类的残酷虐待，他自己也因为咬了他的护士而被自己的父亲毒打。某些想法后来成为"老鼠情结"（rat complex）的一部分，因为含义是：老鼠可以传播梅毒之类的疾病，就像男人的根（penis）一样。因此，老鼠等同于阴茎。但是，由于"ratten"这个词本身而非它原有的各种含义，很多别的念想就被嫁接到了鼠人情结上来："raten"的意思是分期付款（installments），还让老鼠和弗洛林币（florins）这种当时的地方货币画上了等号，而"spielratte"的意思是赌徒（gambler），鼠人那个因赌博而负债的父亲，就以另一种方式注入到鼠人情结中去。弗洛伊德将这些联系称为"言语之桥"[1]（verbal bridges）（1955，第 213 页），它们本身没什么意义，完全是源于词与词之间字面上的纽带，尤指字母方面。至于说它们触发了还债的症状表现，譬如为了夹鼻眼镜或父亲的债务，其实是能指本身压服或控制了鼠人，而不是它的意义。

小　结

为了在翻译工作中为无意识保留一个位置，我们必须采取一种不掌握也不控制（nonmastery）的立场：这就好比精神分析家并不知道自己的分

---

[1] Freud, S. Notes upon a case of obsessional neurosis. In J. Strachey (Ed. and Trans.). *The Standard Edition of The Complete Psychological Works of Sigmund Freud.* London：Hogarth, vol. 10, 1955, pp. 155–318.

析者"到底意欲何为",因为:(1)人们的言说能有多种解读;(2)人们的种种意图可能并不相同;(3)人们可能无意中比原本想说的内容更多,而出于类似的原因,我们也没法知道要翻译的文本"真正表达"什么。我们可以提出几种可行的解读,譬如在关键注释里留下的脚注也是一个便于解释的好地方,而且比起正文斜杠间或括号内的文本,脚注也容得下更多的备选和评注,我们还可以试图判断哪些理解是有意的、哪些是无意的,不过我们无法肯定自己的判断是否刚好契合。在理想的情况下,解读会有一个效果不错的判断,不过即便理据严谨,也称不上什么最终定论。

准备好不同的解读让我们能够更加突出原文在形式与概念上的能指(signifierness/signifiance),而不是针对它的意图(meaning)和意味(meaningfulness),文本的能指已经超出了我们给定的任何特别含义(signification)。而只有其余读者和与之相关的整个历史才能决定并进而敲定文本流变的各种具体意义(meaning)。在这个意义上,例如原文本担负能指"signifier",文本自身的性质或者意指特征便胜过了我们厘定的任何意义之上。

把知识定位在原文里而不是我们自己身上,意味着我们给选择去翻译的原作者留了一个善意的、中肯的理解:即使我们不能理解作者所说的话,也要同分析家对待他们的分析者那样去假设,通常是我们身上的无知、阻抗或轻率阻止了我们理解文本的逻辑,而无关作者的愚蠢。否则,我们为什么还要费心费力地翻译那位作者的作品呢?再考虑到译者去翻译理论著作的报酬非常微薄,那做翻译就绝不可能仅仅是经济上的诱惑!在大多数出版公司、大学出版社和大学院系,翻译往往等同于低级的审改编辑任务。正如约翰·德莱顿(John Dryden,1992)所说,"对如此相当重要的一部分学识内容来说,就翻译的称赞和鼓励却是单薄不堪、太过吝啬"①(第22页)。

---

① Dryden,J. "On translation". In R. Schulte and J. Biguenet(Eds.).*Theories of translation:An Anthology of Essays from Dryden to Derrida*.Chicago and London:University of Chicago Press,1992,pp.17–31.

我们喜爱的很多作者都可能偶尔会犯个错误或讲一些我们不赞同的内容，但我们的工作前提必须始终坚持，他们不完全在胡说八道。我们怀疑有内容不对劲，我们就查看所有可用的版本来处理手稿的修订、勘误和更正，但一旦我们穷尽了各种足以改善的余地，就只好回到艰难的翻译工作，去面对一些超出我们理解范围的事物。

分析情境本身将分析者置于被爱者（the beloved）的位置中，而分析家处于不能转而要求为人所爱的爱人者地位（the lover）。他要以一种别人从未有过的方式关注分析者所说的话，并寻求把握那个用来阐释对方言说的个人逻辑。同理，翻译行为（translating）也让译者身在爱人者的位置，虽爱文本却不反求其爱。对一个已故的作者来说，这很常见，不过即使在一个向来不能欣赏精妙翻译（rendition）也尚且健在的作者身上，爱其文本也同样很真实。爱的反面，仇恨，看来就源于付出的太多努力和辛劳，分析和翻译工作就凭此继续推进。在精神分析中，仇恨尚可用报酬来调剂。那么翻译呢？

如施莱尔马赫（1992）所称，假如翻译是一项"愚蠢的事业"和"不讨好的差事"①（第40、52页），至少它不像精神分析那样是一个难以忍受甚至绝无可能的行当。弗洛伊德提过三个艰难的职业，教育、管理和精神分析，都在各自的情境中涉及不止一个人的因素，其中每个主体的意志和欢爽都在不同层次上相互交织、碰撞和磨损。译者倒还简单了：我们没有必要给除自己之外的任何其余主体身上带去改变，何况在大多数情况下都没有这种机会。哪怕某些人对我们的工作无所称道，或许自己还能稍稍乐在其中，慰藉一二罢。

---

① Schleiermacher, F. "On the different methods of translating". In R. Schulte and J. Biguenet (Eds.). *Theories of translation: An anthology of essays from Dryden to Derrida*. Chicago and London: University of Chicago Press, 1992, pp. 36–54.

文学自译研究

《翻译学刊》2023年第2辑

作为语际书写的卞之琳诗歌自译研究

段　峰①

摘要：作为 20 世纪中国现代新诗的代表人物，卞之琳的汉英自译诗歌数量不大，受关注程度不高。本文从文学自译作为语际书写的角度研究卞之琳的自译诗歌，强调卞之琳在文学自译中对中国现代新文学和新文化在西方世界的形塑所做出的努力和贡献。他的亦译亦创的文学自译成为英语世界了解中国现代诗歌和诗人的最直接的方式。

关键词：文学自译；语际书写；中国现代文学与文化；形塑

Title：A Study of Bian Zhilin's Self-translation of Poems As An Inter-lingual Writing

Abstract：As the representative of the modern Chinese poetry in the early 20th century, Bian Zhilin self-translated some of his own poems from Chinese into English. His literary self-translation, small in quantity, has by far received less academic attention. This thesis investigates Bian Zhilin's self-translated poems from the perspective of the literary self-translation as an inter-lingual writing and em-

① 作者简介：段峰，博士，四川大学外国语学院教授，博士生导师，研究方向：翻译研究。
基金项目：本文为 2022 年四川省哲学社会科学规划项目外语专项重点项目"文学自译者他语书写研究"（项目编号：SC22WY001）的阶段性成果。

phasizes the contributions Bian Zhilin has made in shaping the new image of the modern Chinese literature and culture. Bian Zhilin's literary self-translation characterized by both translation and creation acts as the most direct method for English speaking world to understand the modern Chinese poetry and poets.

Key words：literary self-translation；inter-lingual writing； modern Chinese literature and culture；image shaping

卞之琳（1910—2000）作为诗人、文学评论家、翻译家所创造的丰硕文学财富奠定了他在现当代中国文学史上的地位。在中国新体诗文学发展史上，卞之琳被公认为是最重要的诗人之一，尤其是在 20 世纪 30 年代。"我自己写在三十年代的一些诗，也总不由自己，打上了三十年代的社会印记。"① 他的新体诗创作实践和关于新体诗的理论阐述，为中国现代新体诗的建设和发展起到了重要的促进作用。1930—1937 年是卞之琳早期诗歌创作时期，被认为是卞之琳诗歌创作最重要的一个阶段，是他诗歌创作的高发期。卞之琳讲道："我的诗都是短诗，不仅分量轻，数量也非常有限，多少年了几番写诗，就象是来了几次小浪潮。第一阵小浪潮是在 1930 年秋冬的一些日子。"② "以后几年，我都是在'山雨欲来风满楼'的几阵间歇里写了一些，直到 1937 年春末为止。"③ 在这段时期，卞之琳经历了诗歌风格从"新月派"到"现代主义"的转变，他大部分给人留下深刻印象且具有影响力的诗歌都是在这段时期创作的。卞之琳将这一时期的诗歌创作分为三个阶段，第一阶段是 1930—1932 年，第二阶段是 1933—1935 年，第三个阶段是 1937 年。而 1935—1936 年期间，"我差不多一年半完全没有写过诗"④。第一个阶段是卞之琳大学毕业前，他主要用口语和格律体创作诗歌，同时也在李广田、何其芳等诗人的影响下，开始较多地尝试用自由

---

① 卞之琳：《雕虫纪历（1930—1958）》，北京：人民文学出版社，1979 年，第 3 页。
② 卞之琳：《雕虫纪历（1930—1958）》，北京：人民文学出版社，1979 年，第 1 页。
③ 卞之琳：《雕虫纪历（1930—1958）》，北京：人民文学出版社，1979 年，第 1 页。
④ 卞之琳：《雕虫纪历（1930—1958）》，北京：人民文学出版社，1979 年，第 6 页。

体创作诗歌。第二阶段是卞之琳诗歌风格产生很大变化的时期。他目睹了日本帝国主义对中国的威胁，国民党警察、特务的可憎可笑和老百姓的可怜可亲，为表现这些现实的题材，他的诗思、诗风趋于复杂化，追求建筑式的倾向较多让位于行云流水似的倾向，主要用自由体表达。第三阶段形式上偏于试用格律体，风格上较多融会了江南风味，意境和情调上，哀愁中含了一点喜气①。20世纪30年代也是卞之琳诗歌自译的繁荣时期，他全部总数为20首的英文自译诗歌大部分就是在这个时期完成的。具体而言，《春城》（Peking）、《断章》（Fragment）、《音尘》（Resounding Dust）、《第一盏灯》（The First Lamp）、《候鸟问题》（The Migration of Birds）、《半岛》（Peninsula）、《雨同我》（The Rain and I）、《无题》（之三）（The Doormand and the Blotting Paper）、《无题》（之四）（The History of Communications and a Running Account）共9首被白英（Robert Payne）编选的《当代中国诗选》（Contemporary Chinese Poetry，1947）收入，后又被收入《雕虫纪历》（1979）及《卞之琳文集》（2002）中。

《距离的组织》（The Composition of Distance）、《水成岩》（The Aqueous Rock）、《寂寞》（Solitude）、《鱼化石》（Fish Fossil）、《旧元夜遐思》（Late on a Festival Night）、《泪》（Tears）、《妆台》（The Girl at the Dressing Table）共7首也被收入在白英编选的《当代中国诗选》中。这样，《当代中国诗选》共收入卞之琳的自译诗16首。

《无题五》（The Lover's Logic）、《车站》（The Railway Station）两首自译诗歌1949年1月发表在英国《生活与文学》（Life and Letters）杂志上，前者亦被收入《雕虫纪历》（1979）及《卞之琳文集》（2002）中，后者未被收入。《灯虫》（Tiny Green Moths）被收入《雕虫纪历》（1979）及《卞之琳文集》（2002）中。《飞临台湾上空》（Flying over Taiwan）发表在《中国日报》（China Daily）1982年4月23日第五版，1984年载《英语世界》杂志，被收入《卞之琳文集》（2002）中。

① 卞之琳：《雕虫纪历（1930—1958）》，北京：人民文学出版社，1979年，第4—6页。

卞之琳的大部分自译诗都被收录在白英的《当代中国诗选》中，这就得谈到白英其人其事。白英来自英国，是一位诗人、报告文学作家和记者。他于1941—1946年旅居中国，游历过包括重庆、贵阳、昆明、延安、北京、南京等多个城市。1943年白英来到昆明，之后被西南联大聘为教授，教授英国文学。1947年他回到英国后，在英国出版《当代中国诗选》。这本诗集在编选过程中，闻一多、卞之琳、袁可嘉等亲自参与了这个诗集的编选与翻译工作，选录了从五四运动到1947年间徐志摩、闻一多、何其芳、冯至、卞之琳、俞铭传、臧克家、艾青和田间共9位诗人的113首诗作。同年，白英又在美国出版了一本古今中国诗选，题为《小白马：中国古今诗选》（ *The White Pony： An Anthology of Chinese Poetry from the Earliest Times to the Present Day* ），由伦敦艾伦与安文（G. Allen & Unwin）出版公司发行。除了古代诗人的诗歌，该诗选还选录了7位现代诗人的22首诗歌，与前一本有所重合，如闻一多、冯至、卞之琳、俞铭传、艾青、田间等，此外还包括毛泽东的诗词，卞之琳的自译诗作《春城》和《第一盏灯》亦被收入在内。"这两首诗，前者直白平实，后者较晦涩，颇能代表卞之琳诗歌的不同风格"①，"前者明白如话，后者比较晦涩"②。此外，白英还与时为西南联大教授的袁家骅合作，选编翻译了《中国当代短篇小说选》（ *Contemporary Chinese Short Stories* ），于1946年出版；与时为西南联大学生的金堤合作翻译沈从文小说集，题为《中国土地》 （ *The Chinese Earth* ），1947年出版。除选编现代中国诗歌外，白英还出版了《永远的中国》（ *Forever China* ，1945）、《觉醒的中国》（ *China Awake* ，1947）、《红色中国之旅》 （ *Journey to Red China* ，1947） 和《毛泽东》 （ *Mao Tse-tung, Ruler of Red China* ，1950） 等专著。在这些专著中，他对自己在中国的经历，当时中国的社会、政治、文化等方面的情况做了详细介绍，在西方世

---

① 李敏杰：《"信、似、译"——卞之琳的文学翻译思想与实践》，北京：中国社会科学出版社，2018年，第90页。

② 北塔：《卞之琳诗歌的英文自译》，《西南大学学报（人文社会科学版）》2006年第3期。

界具有一定影响，是西方人了解中国文化和当时中国状况的入门书和必读书。由此可见，白英对中国文化充满了尊重，对中国革命充满了同情，他有关中国的作品编选、翻译和写作在20世纪上半叶中西文化交流史上留下了重要的一页。具体到《当代中国诗选》，白英编选的此书对中国白话文新体诗为西方文学界所知晓和了解提供了一个重要的平台和渠道，1948年2月出版的《诗创造》"诗人与书"栏目上有一段文字，概述了国外一篇评论《当代中国诗选》（时称《现代中国诗选》）的文章，此文在高度称赞白英的诗选之余，也对它忽略郭沫若的诗歌表示遗憾：

> 上月二十七日出版的《密勒式评论报》刊有介绍伦敦版《现代中国诗选》评文一篇，对编者罗勃·配恩（罗伯特·白英——笔者注）颇为赞扬，他说：再没有像编者那样更适宜于介绍中国的新诗了，他不但自己是一个诗人，还是被选在这集子里的作者的朋友，这些诗篇都反映了近二十年来中国的生活，中国社会的变革。从那伤感主义的徐志摩，"民众的诗人"何其芳，在过去简洁的形式里表达出现代的感情，得到了成功的臧克家，一直到反法西斯的艾青和时代的歌手田间，遍及各种派别的中国新诗。这选集里所惋惜的是少了个郭沫若，虽说郭氏的声名已经转移到政治和学术上，但他给予新诗的影响比上述的任何一位都要大。①

卞之琳有16首自译诗被白英收入《当代中国诗选》中，在选集中的所有诗人中，他的诗歌被收入得最多，可见卞之琳诗歌的影响以及白英对它们的喜爱。在《当代中国诗选》长篇序言中，白英对卞之琳的诗歌创作大加赞赏，他写道，卞之琳有着老学者所具有的稳健敏锐的探索目光，他游刃有余地在东西方之间保持着细致的平衡。他博闻强记，翻译了至少40

---

① 李章斌：《罗伯特·白英〈当代中国诗选〉的编撰与翻译》，《中国现代文学研究丛刊》2012年第3期。

本书，而且都是他喜爱的。卞之琳深受西方文学的浸润和影响，但他的诗歌却表现出明显的中国文学特点，他将中西方文学杂糅一起，形成自己的诗歌风格。即使他在半引用艾略特（T. S. Eliot）的《一条未曾走过的道路》时，他也把这条路表现为更悠长曲折的中国之"道"（Tao）。他的诗歌都是短诗，但却让我们看见浩瀚的广宇和沙漠。卞之琳写在 1934 年乍暖还寒的初春时的《春城》（*Peking*，1934）一诗，描写了日本侵略者铁蹄即将踏入时的北京城的萧瑟和肮脏，以及对腐败政府不积极备战反抗侵略者，不关心老百姓福祉等行为的讥讽和愤怒。写到此，白英不禁感叹，我不知道哪一位当代中国诗人的哪一首诗能够比得上这一首如此成功。白英认为，卞之琳等一批当代中国诗人在诗歌的形式和表现手法上进行了大量的改革，但他们诗歌的内涵则延续了中国传统诗歌的意象传达和人文关怀，中国诗坛不可避免有两种诗歌，一种是奔向未来的闪光的诗歌，而另一种是带着传统荣耀的更加明亮的诗歌①。

白英在《当代中国诗选》序言的第一句话就说，自从哈罗德·阿克顿（Harold Acton）的《现代中国诗选》（*Modern Chinese Poetry*）1936 年出版以来，再没有出现一个全面的现代中国诗歌选集②。这本由英国作家阿其顿和陈世骧合作选编、翻译的现代中国诗选选译了卞之琳的 14 首诗歌，它们是《古镇的梦》《还乡》《墙头草》《归》《寄流水》《一块破船片》《秋窗》《古城的心》《海愁》《几个人》《道旁》《朋友与烟卷》《魔鬼的夜歌》《白石上》。这是卞之琳的诗歌首次以较集中的方式在英语世界发表，他的诗歌和其他现代诗人的诗歌一起首次集体向西方世界展示了一种完全不同于中国古典诗歌的新诗体以及他们在诗歌中所表达的关注当下社会和人生的现实情怀。有意思的是，十年以后，卞之琳为白英的诗集挑选和自译自己的诗歌时，之前入选阿其顿诗集中的诗歌一首也没有入选。"也许，这是因为卞之琳不看重自己青年时期的作品，甚至悔其少作。卞之琳对自

---

① Robert Payne. *Contemporary Chinese Poetry*. London：George Routledge & Sons LTD，1947，p. II.

② Robert Payne. *Contemporary Chinese Poetry*. London：George Routledge & Sons LTD，1947，p. 9.

己的作品质量一向把关甚严……更重要的原因可能是自己的作品在英语世界发表的机会不多，不重复才能让自己更多的作品走向英语读者。"① 也许还有一个更重要的原因，阿其顿选集中的 14 首诗歌是他译，即阿其顿和陈世骧合作翻译了卞之琳入选的诗歌，而在白英的诗歌选中，卞之琳则自译了自己的 16 首诗歌放在选集中。或许卞之琳认为自译更能恰当自如地调整中文诗到英文诗之间的语际转换，更能体现原诗在跨文化语境中的意义表达。卞之琳是一位诗人翻译家，他的英译汉、法译汉诗歌翻译实践硕果累累，同时他也有着明确的诗歌翻译观。"卞之琳认为，文学翻译是一种'艺术性翻译'，应以'信''似''译'为要求，包括'全面的信''以形求神、形神兼备''翻译而非创作'三方面。这一思想，体现了文学翻译的总体目标（'信'）、实践操作方式（'似'）和本质属性（'译'），成为一个完整的理论体系。"② 忠实于原诗的形式和意义，以直译为主，以诗译诗，格律译诗，以顿代步等。而在自译自己的诗歌时，卞之琳则表现了另一种翻译面貌，对于自己诗歌的翻译，他充分表现了自译者所享有的自由的权利，对原文采取了补救性和适应性的改动。补救性改动为自译者在翻译过程中，将新的意义赋予原诗；适应性改动则为在新的语言和文化语境中做出的改动。这样的改动具有与原诗一样的权威性，这是与他译所根本不同的一点。卞之琳在诗歌他译和诗歌自译之间转换自如，深谙其中之道。"在英译汉中，他更多地显现的是学者的身份特点，严谨、克制、忠实甚至如他自己所说的'亦步亦趋'，以直译为主；而在汉译英中，他更多地显现了诗人本色，随意、洒脱、变化甚至放纵，以意译为主。作为一个思维活跃、心灵跳跃的诗人，在翻译自己的作品时，他是享有'二度创作'特权的，在好多地方，他是在趁翻译的机会对作品进行改写、解释、延伸甚至回答，有删，有添，有挪移，有割裂。当然，所有这一

---

① 北塔：《卞之琳诗歌的英文自译》，《西南大学学报（人文社会科学版）》2006 年第 3 期。

② 李敏杰：《"信、似、译"——卞之琳的文学翻译思想与实践》，北京：中国社会科学出版社，2018 年，第 1 页。

切有意无意的违规甚至出轨翻译行为都没有逾越他的基本艺术风格的范围。"①

卞之琳诗歌自译中的"二度创作"主要体现在两个方面:一是诗歌标题意义的明确化;二是对诗歌内容的改写。卞之琳自译的 20 首诗中,有许多首诗歌无题或意义指向不确定,如《无题三》《无题四》《无题五》《春城》《旧元夜遐想》《妆台》等。《无题三》被改为 The Doormat and the Blotting-paper(《门垫和吸墨纸》),《无题四》被改为 The History of Communications and a Running Account(《交通史与流水账》),《无题五》被译为 The Lover's Logic(《恋人的逻辑》),《春城》被译为 Peking, 1934(北京,1934),《旧元夜遐想》被译为 Late on a Festival Night(《一个节日的夜晚》),《妆台》被译为 The Girl at the Dressing Table(《梳妆台前的姑娘》)等。卞之琳在自译中将模糊、意义指向不明的题目全部通过改写、解释明确化,这是在充分考虑国外读者阅读理解的基础上所采取的改写行为,国外读者从题目上就能知道诗歌所讲述的内容,对于他们理解诗歌内容无疑是必要的,卞之琳在帮助国外读者克服文化障碍。然而,诗歌中题目意义的不确定性本身就是诗歌多重意义和意象的表达,形成一个表达的开放空间,读者也可以感受其中,形成自己的体验经历。以无题诗为例,卞之琳在《雕虫记历(1930—1958)》中写道,与过去的恋人重逢,"我开始做起了好梦,开始私下深切感受这方面的悲欢。隐隐中我又在希望中预感到无望,预感到这还是不会开花结果。仿佛作为雪泥鸿爪,留个纪念,就写了《无题》等这种诗"②。可见,这是一种相当私人化、朦胧的情感表达,而一旦题目有了具体的指向,则原诗的内涵和读者的体验空间就会受到影响。这也许是卞之琳为了自己的诗歌能走入国外读者中不能不采取的调和方法。

这种调和方式还可能导致诗歌题目中的意象丢失。所谓意象,就是客

---

① 北塔:《卞之琳诗歌的英文自译》,《西南大学学报(人文社会科学版)》2006 年第 3 期。
② 卞之琳:《雕虫纪历(1930—1958)》,北京:人民文学出版社,1979 年,第 6—7 页。

观物象经过创作主体独特的情感活动而创造出来的一种艺术形象，即寓"意"之"象"，用来寄托主观情思的客观物象。卞之琳不少原诗的标题就较好地传达了意象，中国读者通过中文标题能理解诗歌的意象与主题。如《春城》一诗，通过标题，我们会想象到一种春意盎然、生机勃勃的城市形象，但诗歌中所表现的 1934 年的北京城则是肮脏杂乱、满目萧瑟的景象，这与中文标题所传达的意象大相径庭，形成巨大的反差，表现了作者对理性的渴望和对现实的抨击，体现诗人强烈的爱国情怀。然而在译文中，卞之琳直接采用"*Peking, 1934*"作为标题，说清楚了地点和时间，虽然可以直击主题，但是原诗的意象也就没有了。

《春城》中有这样一段：
原文：

> 悲哉，听满城的古木
> 徒然的打呼，
> 呼啊，呼啊，呼啊，
> 归去也，归去也，
> 古都古都奈若何……

译文：

> Sad, to hear a city of hoary trees
> Crying, crying, crying.
> Homeward! Where? Homeward! Where?
> Ancient capital, ancient capital, what can I do for you?

译文较原文增加了强烈的反诘语气，原文"归去也，归去也"被改写为"回家，可家在哪儿？回家，可家在哪儿？"英文的直白更加强烈表现了作者对故土的爱恨交加。

《灯虫》最后一小节为：

原文：

晓梦后看窗明净几，

待我来把你们吹空，

像风扫满阶的落红。

译文：

Awoke at dawn and back from all vagaries,

I'll blow off the empty desk your trace of night—

A breeze which sweeps from the steps the"fallen red"！

原作中"看窗明净几"在译作中被替换为"back from all vagaries"（从奇思异想中返回）。这种改写符合译者对译文韵式的考虑。可见卞之琳自译中的改写是有限度的，都是基于对译诗节奏、韵律、语气和原作精神等方面的考虑，而非随意的信手拈来，同时，在译诗的结尾对"落红"标注，并在脚注中解释。

《无题三》的第二段是这样：

原文：

门荐上有悲哀的印痕，渗墨纸也有，

我明白海水洗得尽人间烟火。

白手绢至少可以包一些珊瑚吧，

你却更爱它月台上绿旗后的挥舞。

译文：

Imprints of sorrow left on the mat；on the blotting-paper also.

I know that sea-water can cleanse the worldly glitter.

A white kerchief may at least enclose a little coral，

Yet you prefer to see it wave on the platform with green flags.

　　原文中的"包一些珊瑚吧"被替换为"包一块小珊瑚"，使得下一句的"it"到底指什么，手绢还是珊瑚，不甚明了。"绿旗后的挥舞"被译为with green flags（和绿旗一起挥舞），这些细节的改动，并看不出有何特殊的含义。

　　在英诗汉译时，卞之琳采取了白话格律体的形式，他认为这种文体符合汉语语境，迎合中文读者的欣赏习惯。此外，他认为汉语白话格律体与英文格律体相符合，采取这种方式翻译能再现原诗的风格。卞之琳在英诗汉译时特别注重原诗的形式，移植原诗的形式可以再现原诗的风貌，用中文诗歌中的"顿"来代英文诗歌中的"步"，以顿代步，以诗译诗，保留原文韵式以传达原诗的音韵美和节奏美。但是，通过对卞之琳20首自译诗的对比发现，卞之琳在汉诗英译时并没有遵从他英诗汉译的原则，而是采取了相对轻松、自由的处理方法而导致原诗格律与韵式的流失。卞之琳自译的20首诗歌中，16首为格律严谨的诗作，其余4首形式比较自由，如《春城》《水成岩》《距离的组织》《候鸟问题》，卞之琳在自译其中16首格律严谨的诗歌时，除《飞临台湾上空》之外，其余译诗都没有再现原文的格律特征。

　　典型的例子是《灯虫》，这首诗是十四行体，韵式为ABBA，CDDC，EFE，FGG。但是卞之琳的英译并没有保留原文的韵式，而是采用了BBAA，CDEC，FGH，FGH的韵式。而且为了满足新的韵式，译文增添了原文没有的内容。比如，"晓梦后看明窗净几"对应的英文为Awoke at dawn and back from all vagaries，其中back from all vagaries就是译者根据译文韵式的需要自己增添的内容。另外，卞之琳在英诗汉译时基本上做到了译诗尾韵与原诗一致。但是在他自译的 20 首诗中，除了《灯虫》的译文使用了尾韵，其他译诗均未使用尾韵。不过，尽管卞之琳在其他的自译诗中其译文没有使用尾韵，但也能看出他还是努力使译诗靠近押韵。在《灯虫》中，卞之琳为了译文合辙押韵，对原文进行了较大程度的改写。如第三段第二行将"光明下得了梦死地"译作"Have found your dreamy end in the tomb of light"，第四段前两句的"晓梦后看明窗净几，待我来把你们吹空"译为"Awoke at dawn and back from all vagaries/ I'll blow off the empty desk your trace of night"等。

卞之琳在将英语诗歌翻译成中文和将自己创作的中文诗歌翻译成英文时采取了两种不同的策略，其中原委固然有对非母语语言和文学的掌握比不上对母语和母语文学的熟练程度，20 世纪中国文学自译者的特点之一就是在习得母语之后后天学习的外语，母语和外语的水平之间存在较大的差异，这和从小就在两种或者两种以上的语言环境中生长的双语或多语者还是有很大不同，卞之琳的诗虽为自译，但在收入《当代中国诗选》中经过了白英的修改润色也说明了这一点。但是，如前面已提到的，卞之琳诗歌翻译中的两种区别对待应该源自他的翻译观。卞之琳对文学翻译发表了许多真知灼见，他的话语对象全部是翻译外国文学，对他看来这才是翻译，而他作为翻译者则要遵循翻译的内在规律和本质，即忠实于原文，他把"信""似""译"的"信"作为总体目标排在了首位，操作和结果层面的活动和状态都要服务于"信"这一目标。而翻译自己的诗歌，卞之琳可能根本就没意识到这也是一种翻译，而视之为一种改写或二度创作。这样的观念对许多文学自译者而言是一种普遍看法。即使在翻译研究界里，将文学自译看作是一种特殊形式的文学翻译也只是近二三十年的事情。传统译学观以忠实于原文为旨归，甚至作为标准，却无视文学翻译实践中，由于语言和文化的差异所导致的形式和意义的变化，将翻译与改写割裂开来，而没有认识到翻译中所包含的改写性质和改写中所蕴含的翻译属性，将所谓的改写排除出翻译研究之外，而翻译实践中又在不断制造出经过改写的译文本，这成为传统翻译观的一个悖论。

卞之琳是 20 世纪早期中国新体诗歌诗人的杰出代表。他的诗歌既有传统格律诗的传承，也有现代自由体诗歌的革新，他在传统与现代、东方与西方之间表达着他对生命的体认和对故国家园的眷念，他的诗歌与他同时代诗人的诗歌一样走向世界，为更多的人所知晓。自阿其顿和陈世骧 1936 年的《现代中国诗选》和 1947 年白英的《当代中国诗选》和《小白马：中国古今诗选》收录卞之琳的诗歌以后，1963 年，美籍华裔学者许芥昱教授编译的《二十世纪中国诗歌选读》（*Twentieth Century Chinese Poetry：An Anthology*）出版，收录有闻一多、徐志摩、卞之琳、戴望舒、艾青等人的诗歌。2006 年，张曼仪（Mary M. Y. Fung）和隆德（David Lunde）在香港翻译研究中心出版了《雕虫》（*The Carving of Insects*），该书为二人翻译的卞之琳绝大部分诗作。2005 年，中国作家协会北塔翻译了《卞之琳诗选（十三首中英对照)》，刊登在中国诗歌网上，这 13 首诗歌包括《投》《墙头草》《距离的组织》《寂寞》《白螺壳》《鱼化石》《妆台》《归》《入梦》《水成岩》《大车》。

关于诗歌的翻译，雪莱在《诗辩》中曾说："译诗是徒劳无功的；要把一个诗人的创作从一种语言译作另一种语言，其为不智，无异于把一朵紫罗兰投入熔炉中，以为就可以发现它的色和香的构造原理。植物必须从它的种子上再度生长，否则它就不会开花——这是巴比伦通天塔遭受天罚的负累。"[1] 弗洛斯特也曾说过脍炙人口的名言，所谓诗就是翻译之后失去的东西[2]。译诗之难，非诗人难为。所以"诗人译诗"乃是诗歌翻译届的普遍认同。这是指诗人译者更能与原诗作者产生共振共情，也更熟悉诗歌的格律韵律。但如果诗人译者翻译的是他自己的诗呢？那译诗则更能传达出原诗的意义和意境，诗歌自译有着他译所不能比拟的优势。卞之琳自译

① 雪莱：《为诗辩护》，缪灵珠译，刘若端编，《十九世纪英国诗人论诗》，北京：人民文学出版社，1984 年，第 124 页。

② Frost, Robert. "Conversations on the Craft of Poetry". In Elaine Barry（Ed.）. *Robert Frost on Writing*. New Brunswick：Rutgers University Press, 1973, p. 159.

过的诗歌，大多没有被其他人再次翻译，只有其中 3 首既有自译，也有他译，分别为《鱼化石》《妆台》和《断章》。前两首诗歌被卞之琳自译过，北塔选译的 13 首诗歌中也包含这两首。具体分析如下：

原文：

鱼化石

我要有你的怀抱的形状，

我往往溶于水的线条。

你真像镜子一样的爱我呢，

你我都远了乃有了鱼化石。

译文：

Fish Fossil：A fish or a girl speaking

I want to possess the form of your embrace,

for I'm often melted in the lines of water.

O you who love me like a mirror glass,

When we are both gone, here is formed the fossil.

（卞之琳　译）

An Ichthyolite

I want to have the shape of your embrace,

I am always dissolved into the lines of water.

Just like a mirror, you truly love me. Both you and I

Has gone into the distance and the ichthyolite emerges.

（北塔　译）

原文：

妆台

世界丰富了我的妆台，

宛然水果店用水果包围我，

纵不废气力而俯拾即是，

可奈我睡起的胃口太弱，

游丝该系上左边的帘子角。

柳絮别掉下我的盆水。

镜子，镜子，你真是可憎，

让我先给你描两笔秀眉。

可是从每一片鸳瓦的欢喜

我了解了屋顶，我也明了

一张张绿叶一大棵碧梧——

看枝头一只弄喙的小鸟~

给那件新袍子一个风姿吧。

"装饰的意义在失却自己，"

谁写给我的话呢，别想了——

讨厌！"我完成我以完成你。"

译文：

The Girl at the Dressing Table

The world enriches my dressing-table, turning it

into a shop of fruits surrounding me with rosy sweets

all keen to be taken, yet how can I help

if my appetite after the morning dream is so weak?

Gossamer, you ought to have tied yourself to the eaves,

Willow-catkins don't fall into the water of my basin.

Mirror, O naughty mirror, you simply annoy me:

let me draw first two curves of saintly brows on you!

Yet from the joy of each pair of mandarin duck tiles,

I realize the perfection of the roof and appeciate

the wut'ung green with distinct leaves of emerald——

Behold the oriole dallying on the twig with her bill!

Shall I not give that new dress a graceful life?

"To adorn means to lose oneself in something else"——

Who wrote these words to me?O, I won't go on recalling——

Odious!"I complete myself to complete you, dear. "

(卞之琳　译)

The Dressing Table

The world enriches my dressing table, just like

The fruits store surrounds me with fruits; I can

Pick them up everywhere without any efforts,

But, hey, my stomach is too weak at the moment of waking!

The hairspring must have been tied to the left angle

Of the curtain. Catkin, please do not fall into

The water of my basin. Mirror, mirror, you are really

hateful. Let me at first draw eyebrows for you with my pencil.

Yet from the joy of every tile of the male mandarin duck

I understand the roof and also perceive

Every green leaf of the big bluish green phoenix tree——

Behold, the little bird on the twig playing with its beak!

Please give that new garment a graceful bearing.

"The meaning of decoration is to lose oneself."

Who gave me these words? I'd better not think them of——

Loathsome!"I accomplish myself to accomplish you."

（北塔　译）

　　对比以上两首诗的自译文与他译文可以发现，两篇译文的正文在表达上大同小异，相差无几。以第一首为例，其主要的区别在于少数几个词的选词上，如翻译"要有"时，卞译用了 possess，北译用了 have；翻译"融"字时，卞译用了 melt，北译用了 dissolve；翻译"你我都远了"，卞译用了 When we are both gone，北译用了 Both you and I/Has gone into the distance. 但在标题的翻译时，两个译文相差较大，卞译使用了 Fish Fossil：A fish or a girl speaking（鱼化石，一条鱼或是一个女孩在诉说），北译则同原标题对应，使用了 *An Ichthyolite*。从原诗可以看出，诗歌的主体"我"是"一条鱼"或"一个女子"，两者在结构上是并列关系，而鱼与水、男与女在中国传统文化中是互指的，用"鱼水之情"暗示"男女爱情"。这些在中文文化里隐喻的东西，在英文中就很难被西方读者理解。为了消除这种理解障碍，卞之琳将原文隐含的元素直截了当地表达了出来。作为自译者，他是有这个特权的，因为从某种意义上讲，卞之琳的英译可以看作是他原诗的译文，也可以看作是他诗作的原文。因为他就是作者本人，作者的意图就是他的意图，普通译者不敢"大动手术"的地方，自译者则可以根据需要进行删减，而反观北塔的标题翻译，Ichthyolite 是个地质学的术语，很专业，估计普通的讲英语的本族人也不一定知道这个专业词汇，但译者还是逐字翻译了出来，这也反映他译者和自译者的区别。

　　另外，特别值得一提的是卞之琳颇具影响力的《断章》，据统计，该诗除了卞之琳自译过，另有 7 个他译版本。

原文：

断章

你站在桥上看风景，

看风景的人在楼上看你。

明月装饰了你的窗子，

装饰了别人的梦。

译文：

Fragment

You take in the view from the bridge,

and the sightseer watches you from the balcony.

The gracious moon adorns your window,

and you adorn another's dream.

（卞之琳 译）

Fragment

When you watch the scenery from the bridge,

The sightseer watches you from the balcony.

The bright moon adorns your window,

While you adorn another's dream.

（杨宪益、戴乃迭 译）

Fragments

You stand on the bridge viewing the sight;

You're beheld by the viewer from height.

The moon bedecks your window agleam,

While you adorn to another's dream.

（许景城 译）

Fragment

You stand upon the bridge to look at the landscape.

A landscape viewer upon the tower looks at you.

The moon decorates your window.

You decorate other people's dreams.

（叶维廉　译）

Fragment

On the bridge you look at the view

That viewer on the tower looks at you

The moon decorates your window with its beam

And you decorate the other's dream　　　　.

（赵彦春　译）

Fragment

You stand on a bridge watching scenery

And the scenery watchers watch you from their balconies

The bright moon adorns your window

And you adorn their dreams.

（唐正秋　译）

Fragment

You stand on the bridge watching the scenery，

The scenery viewer watches you from the balcony.

The glorious moon adorns your window，

You adorn another's dream.

（郭生虎　译）

Part of Article

As you are enjoying the scenery on a bridge

Upstairs on a tower people are watching you

The bright moon adorns your window

But you adorn others' dream

（宛城卧龙　译）

《断章》是卞之琳 1935 年 10 月创作的一首诗。这四行诗原在一首长诗中，但全诗仅有这四行使卞之琳满意，于是他将这四句抽出独立成章，标题也由此而来。根据这个意义，"断章"的英译用 Fragment 比较恰当。以上 8 篇译文中，7 篇译诗的标题都使用了 Fragment 一词，仅有宛城卧龙的译文使用了 Part of Article，与原意相隔较远。卞之琳在谈及这首诗时曾说："这是抒情诗，是以超然而珍惜的感情，写一刹那的意境。我当时爱想世间人物、事物的息息相关，相互依存，相互作用。人（'你'）可以看风景，也可能自觉不自觉点缀了风景；人（'你'）可以见明月装饰了自己的窗子，也可能自觉不自觉地成了别人梦境的装饰。"① 这首诗极可能是卞之琳写给他默默爱恋了一生的女子张充和，所以诗中的"你"更像是张充和。一个看风景的你，却是别人眼中的风景；你的窗户上有明月，但别人的梦中有你。这是一种当之无愧欲说还休的爱情，也像极了卞之琳对张充和的单相思。因此，诗中应该是两个人的场景更符合诗歌的创作背景。在正文中，卞之琳译文与杨宪益夫妇译文相似度最高。两篇译文不仅仅在意义上更贴近原诗，在选词与句式上也更符合英文的表达方式。在韵式方面，包括卞译在内的 6 首译诗均未使用韵译，因为这更能准确地保留原诗的内容与意境。但许景城和赵彦春的两篇译文均采用了韵译的方式，但许译中 viewing the sight、from height、agleam，赵译中的 with its beam 则是为了凑韵而牵强使用的词，有因韵害意之嫌。

---

① 卞之琳：《关于〈鱼目集〉——致刘西渭先生》，《大公报·文艺》1936 年 5 月 10 日。

作为最早走进西方文学界的现代中国诗人的代表人物，卞之琳凭借他自译的诗歌和他译的诗歌，向西方世界展现了一个完全不同于西方世界印象中的诗歌中国，他们从中国传统的诗歌中走出来，浸润在英美诗歌的影响下，形成了具有传统和时代特点的一代中国现代新体诗歌，在国外产生了较大的影响。不少外国人译介卞诗散见各书刊中，例如苏联《外国文学》1974 年 10 月号发表 20 世纪 30 年代中国七诗人的作品，其中有二首卞诗的译文；瑞典汉学家马悦然（Goran Malmgvist）在 1979 年出版的《东方研究》第 33—34 期上发表了所译卞诗七首；加拿大多伦多大学 1980 年春出版的《青鹤》（*Blue Craue*）第 3 卷第 1 期发表了麦度克（Keith Rob-ert Maddock）译介卞诗三首；荷兰 1983 年出版汉乐逸与人合作编译的《交汇中国 1919—1949 年诗五家》收卞诗十二首等等，这其中有些译诗是用非英语语言翻译，但译者极有可能参考了卞之琳在《当代中国诗选》发表的 16 首自译诗。

卞之琳的自译诗歌不多，但意义重大，在他们那一代现代新体诗诗人中，他和穆旦是能将自己的诗歌自译成外语的少数几位诗人。他们的自译诗歌在向英语世界的传播中，并没有像其他诗人的诗歌和他们自己的他译诗歌一样，经历过译者作为他者的阐释加工，而是以作者译者合二为一的身份，通过他语书写，将他们的诗歌直接呈现在外国读者面前。这些诗歌既是翻译的作品，也可以说是创作的作品，表现的是他们彼时当下的意图，是最真实的表达，是西方世界了解中国新体诗歌，了解中国新文学最直接的形式。从这种意义上来讲，卞之琳的诗歌自译对中国现代一代诗人在西方文学世界中的形塑起着重要的作用。

翻译学刊

·2023年第2辑·

论鲁迅的自译及其作品的海外传播

熊　辉①

摘要：鲁迅作品的翻译和海外传播始于他的自译行为。根据考证，鲁迅20世纪20年代自译了两篇小说《孔乙己》与《兔和猫》，均与《北京周报》的约稿有关；鲁迅自译前者的原因是他认为该作是自己最满意的作品，而后者的自译与约稿刊物编辑新年特刊有关，鲁迅选了其时最新的且具有暖色调的作品。鲁迅的自译扩大了作品的传播空间，促进了其作品在海外的传播和接受，开启了鲁迅作品外译的历史，具有重要的学术价值。

关键词：鲁迅；自译；《孔乙己》；《兔和猫》；海外传播

Title：On Lu Xun's Self-Translation and the Overseas Dissemination of His Works

Abstract：The translation and overseas dissemination of Lu Xun's works began with his self-translation. According to my research, Lu Xun translated two novels *Kong Yiji* and *The Rabbit and The Cat* in the 1920s, both of which were relat-

---

① 作者简介：熊辉，文学博士，四川大学外国语学院教授，博士生导师，研究方向：翻译文学研究。
基金项目：本文为国家社科基金重大招标项目"中国现代文学批评域外思想资源整理与研究（1907—1949）"（项目编号：21&ZD258）的阶段性成果。

ed to the inviting contributions from *Beijing Weekly*. The reason why Lu Xun's self-translated the former was because he thinks it is his most satisfactory work, while the latter's self-translation is related to the editor's invitation from New Year Special Issue, Lu Xun chose his latest and the warm works at the time. Lu Xun's self-translation expanded the communication space of his works, promoted the spread and acceptance of his works overseas, and opened the history of overseas translation of Lu Xun's works, which has important academic value.

Key words: Lu Xun; Self-translation; *Kong Yiji*; *The Rabbit and the Cat*; Overseas dissemination

自译（Self-translation）指的是"作者将自己作品译入另一语言的行为或由此行为产生的另一作品"①，亦即自译包含着翻译行为和翻译结果，是人类翻译活动中一直存在的特殊行为。在中国现代文学史和中国现代翻译文学史上，有很多作家都有过自译的经历，比如张爱玲、林语堂、萧乾、卞之琳等，但对鲁迅自译行为的关注甚少。目前仅有戈宝权从史料的角度考证出鲁迅的一篇自译作品，陈漱渝在介绍《北京周报》的史料时提及了鲁迅的自译②，而专门聚焦于鲁迅自译与鲁迅作品海外传播的研究成果，却不多见。实际上，鲁迅作品的翻译和海外传播在今天可谓蔚为大观，但其发轫却与鲁迅本人的自译行为休戚相关，正是鲁迅的自译开启了鲁迅作品翻译和海外传播的历史。

一

随着研究的深入，有关鲁迅的各种史料、轶文、通信和日记均得到了

---

① Grutman, Rainier. "Self-translation." In M. Baker & G. Saldanha (Ed.). *Routledge Encyclopedia of Translation Studies* (*2nd edition*). London: Routledge, 2009. p. 237.
② 目前涉及鲁迅自译的研究文章有如下两篇：戈宝权：《谈鲁迅"以日文译自作小说"的发现》，《读书》1979 年第 7 期；陈漱渝：《关于日文〈北京周报〉》，《中国现代文学研究丛刊》1980 年第 1 期。

较为充分的发掘和利用，从而为当前的鲁迅研究提供了可资参考的丰富资料。大批史料的发掘和整理研究，也为鲁迅自译活动的考证奠定了基础。

如何考据鲁迅是否对外翻译过自己的作品，是什么时候翻译的，他具体翻译了哪些作品？这似乎可以从鲁迅的日记中觅得一丝线索。但实际上从日记中回溯鲁迅的自译是件困难的事情，除非我们相信鲁迅会把他所经历的所有事情详细记录下来，或者鲁迅日记迄今保存完好，没有丝毫修改或遗失。根据人民文学出版社 2005 年版的《鲁迅全集》第 15—17 卷收录的日记内容来看，最早记录与鲁迅作品翻译有关的日记写于 1925 年 5 月 9 日。鲁迅在日记中写道："寄曹靖华信，附致王希礼笺。"① 鲁迅为什么会同时给曹靖华和王希礼写信呢？原来是在曹靖华的引荐下，苏联驻华大使阅读了鲁迅的《呐喊》，并决定翻译其中的《阿 Q 正传》，曹先生希望鲁迅替王希礼的译作作序，并回答译者在阅读和翻译中遇到的问题。很显然，鲁迅欣然接受了王希礼的请求，不仅在 1925 年 5 月 9 日致信王希礼答疑，而且还在 5 月 29 日写好了俄译本的序言。这在鲁迅的日记中也有记载："夜作《阿 Q 传序自传略》讫。"② 但需要注意的是，人民文学出版社 2005 年版的《鲁迅全集》日记有缺失的部分，那就是"一九二二年"的鲁迅日记一篇未留。1941 年 12 月，已沦为"孤岛"的上海依然被日本人搅和得鸡犬不宁，外国租界地也没有逃脱他们的魔爪。作为著名进步人士鲁迅的遗孀，1941 年 12 月 15 日，许广平的寓所遭到宪兵的搜查。日本宪兵小队长搜出了一箱书信和日记，鲁迅记录儿子周海婴成长的日记被带走，至今下落不明，这批日记中也包括鲁迅 1922 年的日记。这给我们今天的鲁迅研究带来了很大的损失，1922 年的鲁迅经历了哪些事情，这些事情对他一生的影响如何，我们不得而知。

如果鲁迅 1922 年的日记没有被日本宪兵夺走，而是得到了完好的保

---

① 鲁迅：《日记十四》，《鲁迅全集》（第十五卷），北京：人民文学出版社，2005 年，第 564 页。

② 鲁迅：《日记十四》，《鲁迅全集》（第十五卷），北京：人民文学出版社，2005 年，第 567 页。

存，那是不是就能从中获得一些鲁迅作品外译甚至是自译的信息呢？许寿裳是鲁迅生前最值得信赖的朋友，从留学日本开始到回国工作，前者给后者均提供了很多难得的谋生机会，并且两人在生活上也是相互照应并惺惺相惜。许寿裳根据本人与鲁迅的交往及回忆，撰写了《鲁迅年谱》，而根据年谱辑成《一九二二年日记断片》，其中果真有关于鲁迅作品翻译的记录。1922 年 12 月 6 日记载："下午收七月分奉泉百四十元。访季市二次，皆不值。……夜以日文译自作小说一篇写讫。"① 意思是说，鲁迅当天夜晚用日语完成了对自己一篇小说的翻译。由此我们可以明确与鲁迅作品外译有关的如下事项：一是在鲁迅作品的外译史上，的确存在着自译的行为；二是鲁迅作品的外译始于中国人的翻译，最早对鲁迅作品进行翻译的正是周氏兄弟自己；在此之前的 1922 年 6 月 4 日，署名"仲密"的译者用日文翻译了鲁迅的《孔乙己》，发表在《北京周报》第十九期上，从此拉开了鲁迅作品外译的序幕。

日文期刊《北京周报》由旅居北京的日本人藤原镰兄主编，1922 年 1 月创刊，1927 年 11 月由燕尘社接办。《北京周报》有一记者兼编辑名叫丸山幸一郎（1895—1924），笔名"丸山昏迷"或"昏迷生"，他与鲁迅交往比较频繁。丸山昏迷与鲁迅的接触应该始于 1922 年，只可惜是年的鲁迅日记不知所踪，目前可查的日记只能是 1923 年之后二人的交往记录。从 1923 年至丸山昏迷去世的 1924 年，加上他中途返回日本居住了一段时间，两人在有限的时间里曾有过多次接触或通信，鲁迅日记中有关丸山昏迷的记载多达 12 次，有的日记则是一天提到两次。1923 年的记录有：1 月 7 日："下午丸山君来，并绍介一记者桔君名朴"②；1 月 20 日："晚爱罗先珂君与二弟招饮今村、井上、清水、丸山四君及我，省三亦来"③；4 月 8

① 鲁迅：《一九二二年日记断片》，《鲁迅全集》（第十五卷），北京：人民文学出版社，2005 年，第 640 页。
② 鲁迅：《日记十二》，《鲁迅全集》（第十五卷），北京：人民文学出版社，2005 年，第 457 页。
③ 鲁迅：《日记十二》，《鲁迅全集》（第十五卷），北京：人民文学出版社，2005 年，第 458 页。

日："上午丸山、细井二君来，摄一景而去"①；4 月 15 日："午丸山招饮，与爱罗及二弟同往中央饭店，同席又有藤冢、竹田、耀辰、凤举，共八人"②；9 月 1 日："下午以《呐喊》各一册寄丸山和胡适之"③；9 月 3 日："午后得丸山信"④；9 月 14 日："寄丸山信。午后往东单牌楼信义洋行买怀炉灰，又买五得一具。访丸山，不直"⑤；11 月 10 日："下午得丸山信"⑥；11 月 12 日："上午得丸山信"⑦；11 月 14 日："丸山来并持交藤冢教授所赠《通俗忠义水浒传》并《拾遗》一部八十本"⑧；12 月 12 日："赠螺舲、维钧、季市、俞棻小姐、丸山以《小说史》各一本。"⑨1924 年的记录有：1 月 20 日："下午丸山来。"⑩ 同时，鲁迅与《北京周报》主编藤原镰兄也过往甚密，该刊发表他的多个作品也就不足为奇了。

另外，我们从鲁迅日记中可以看到，他在 1923 年 12 月 12 日曾赠送给丸山昏迷一本《中国小说史略》，估计这是引发后者翻译这部著作的原因，译文从 1924 年 1 月开始在《北京周报》上连载。

通过阅读 1922 年鲁迅的日记片段及其注释，我们很容易就知道了鲁迅

---

① 鲁迅：《日记十二》，《鲁迅全集》（第十五卷），北京：人民文学出版社，2005 年，第 465 页。
② 鲁迅：《日记十二》，《鲁迅全集》（第十五卷），北京：人民文学出版社，2005 年，第 466 页。
③ 鲁迅：《日记十二》，《鲁迅全集》（第十五卷），北京：人民文学出版社，2005 年，第 480 页。
④ 鲁迅：《日记十二》，《鲁迅全集》（第十五卷），北京：人民文学出版社，2005 年，第 480 页。
⑤ 鲁迅：《日记十二》，《鲁迅全集》（第十五卷），北京：人民文学出版社，2005 年，第 481 页。
⑥ 鲁迅：《日记十二》，《鲁迅全集》（第十五卷），北京：人民文学出版社，2005 年，第 487 页。
⑦ 鲁迅：《日记十二》，《鲁迅全集》（第十五卷），北京：人民文学出版社，2005 年，第 487 页。
⑧ 鲁迅：《日记十二》，《鲁迅全集》（第十五卷），北京：人民文学出版社，2005 年，第 487 页。
⑨ 鲁迅：《日记十二》，《鲁迅全集》（第十五卷），北京：人民文学出版社，2005 年，第 490 页。
⑩ 鲁迅：《日记十二》，《鲁迅全集》（第十五卷），北京：人民文学出版社，2005 年，第 499 页。

的这篇自译小说就是《兔和猫》，而且自译后发表的时间是 1923 年 1 月 1 日，发表的刊物是《北京周报》第四十七期"新年特别号"①。众所周知，收入鲁迅《呐喊》集中的 14 篇小说，全都在国内中文刊物上发表过，因而在国内得到了广泛的传播。以时间顺序排列，依次是《〈呐喊〉自序》于 1923 年 8 月 21 日发表在北京的《晨报·文学旬刊》上，《狂人日记》于 1918 年 5 月发表在《新青年》杂志第四卷第五期上，《孔乙己》于 1919 年 4 月发表在《新青年》杂志第六卷第四期上，《药》于 1919 年 5 月发表在《新青年》杂志第六卷第五期上，《明天》于 1919 年 10 月发表在《新潮》杂志第二卷第一期上，《一件小事》于 1919 年 12 月 1 日发表在《晨报·周年纪念增刊》上，《头发的故事》于 1920 年 10 月 10 日发表在上海《时事新报·学灯》上，《风波》于 1920 年 9 月发表在《新青年》杂志第八卷第一期上，《故乡》于 1921 年 5 月发表在《新青年》杂志第九卷第一期上，《阿 Q 正传》于 1921 年 12 月 4 日至 1922 年 2 月 12 日以连载的方式刊登在北京《晨报副刊》上（每周或隔周刊登一次），《端午节》于 1922 年 9 月刊登在上海《小说月报》杂志第十三卷第九期上，《白光》于 1922 年 7 月 10 日刊登在《东方杂志》第十九卷第十三期上，《鸭的喜剧》于 1922 年 12 月刊登在上海《妇女杂志》第八卷第十二期上，《社戏》于 1922 年 12 月发表在《小说月报》第十三卷第十二期上。而这篇被鲁迅自译的《兔和猫》则是于 1922 年 10 月 10 日发表在北京的《晨报副刊》上，表明在中文期刊上发表了两个月之后，鲁迅就决计将其翻译成日文再度发表。

鲁迅为什么会选择这篇《兔和猫》作为自译的对象呢？他在 20 世纪 20 年代就只自译过一篇小说吗？要回答以上两个问题，我们还需对小说文本的内容做细致的解读，同时结合更多的史料去甄别鲁迅早期的自译作品。

---

① 鲁迅：《一九二二年日记断片》，《鲁迅全集》（第十五卷），北京：人民文学出版社，2005 年，第 641 页。

二

其实在鲁迅作品的外译过程中，除了像《鲁迅全集》《鲁迅小说全集》
这种大而全的文集，以及专门翻译《呐喊》全集的单行本之外，很少有人
翻译这篇《兔和猫》。同时，鲁迅为了应对杂志社的约稿，还积极地将他
认为最佳的作品《孔乙己》自译为日文刊发在《北京周报》上，推动了其
作品在日语界的传播。

仅就英语世界的鲁迅翻译而言，《兔和猫》在 20 世纪上半叶是被忽
视的作品。鲁迅作品被翻译最多的是《阿 Q 正传》，而且除周氏兄弟的
翻译之外，鲁迅作品最早被翻译到国外去的也是《阿 Q 正传》，比如苏
联驻华大使王希礼、美籍华裔梁社乾在 1926 年前后翻译出版的就是这部
作品。至于 1930 年英国译者米尔（E. H. F. Mills）根据中国翻译家敬隐
渔 1929 年的法译本《中国现代短篇小说选集》转译的《阿 Q 的悲剧及
其他现代中国小说》（*The Tragedy of Ah Qui and Other Modern Chinese Sto-
ries*）、艾萨克斯 20 世纪 30 年代中期编译的《草鞋脚：中国短篇小说，
1918—1933》（*Straw Sandals：Chinese Short Stories，1918—1933*）、斯诺
1936 年出版的《活的中国：现代中国短篇小说选》（*Living China：Mod-
ern Chinese Short Stories*），以及王际真 1941 年翻译的专门的鲁迅作品集
《阿 Q 及其他：鲁迅小说选》（*Ah Q and Others：Selected Stories of Lusin*）
中，都没有收录这篇《兔和猫》，以至于它成为 20 世纪上半期英语世界
中"被忽视的作品"①。

为什么《兔和猫》会成为英语世界的"弃儿"呢？就《兔和猫》这
篇小说而言，作品在整体风格上与《鸭的喜剧》属于同种类型的作品，文
体介于儿童文学、童话或者寓言故事之间，也是一种非虚构的纪实性作

---

① Gu Jun"Lu Xun's Fiction in the English World，1926—1954." *International Comparative Litera-
ture*. vol. 4，no. 2，2021，pp. 281–300.

品，小动物成了作者观照的中心，它们的生存方式和生命归宿是作者讨论的主题。仅就文体风格和表现主题而论，这两篇与《呐喊》中的其余 12 篇显得有些格格不入，特别是《兔和猫》这篇作品，文章中出现的人物主要是有闲阶级的"三太太"和一群天真可爱的"孩子们"，这与《呐喊》中的其他作品形成了鲜明的对照，鲁迅这部小说集中的主要是底层人物，比如深受科举制度毒害的"孔乙己"，深受传统中庸之道影响的"阿Q"，深受中国封建伦理纲常约束的"祥林嫂"及麻木的"闰土"等等，全然不是《兔和猫》中的有闲阶级、天真烂漫的孩子或叫人怜爱的小动物。虽然主角可以转移到兔子和黑猫的身上，但同情弱者的行为似乎也违背了自然的生态平衡，"弱肉强食""适者生存"才是"五四"时期流行的进化论的主旨。正因为这两篇与整个《呐喊》所宣扬的启蒙思想和揭示社会矛盾以引起疗救的注意之目的相左，而且采用隐晦的寓言式书写方式，与其他作品直接以社会现实为写作背景的风格也不符合，所以被译者抛弃就再正常不过了①。

《兔和猫》被英语世界忽视虽然是后来的事情，但却反映出该作有潜在的不合时宜的地方。既然如此，鲁迅为什么会率先将这个作品翻译出去呢，而且还是自译行为？《北京周报》上刊登了很多中国现代作家作品的译作，比如鲁迅、叶圣陶、冰心、成仿吾、卢隐、胡适、冯文炳、苏雪林、钱玄同等人的作品都曾被翻译成日语刊登在杂志上，译者主要是署名"仲密"的周作人和"昏迷"的日本记者丸山昏迷。周作人与主编藤原镰兄的关系同样比较亲近，所以《北京周报》上发表了周作人的大量译作，以及他创作的日文诗歌《小孩》《山居杂诗》和其他散文作品。而根据前文所述，鲁迅与主编藤原镰兄、编辑兼记者丸山昏迷以及在北京办学堂的清水安三交往密切，加上鲁迅自己的创作实力比较突出，故此刊物也曾向

---

① 与《兔和猫》完全被忽视不同，《鸭的喜剧》曾被翻译过一次，即由诺克（C. H. Kwock）翻译为 "The Comedy of the Ducks"，1947 年 7 月发表在《东方文学杂志》（*Journal of Oriental Literature*）第 1 期上。

他约稿。既然刊物来约稿，而鲁迅没有创作成篇的日语文学作品，那该怎么办？翻译自己完稿的中文作品便成了鲁迅最好的选择。鲁迅距离1923年1月发稿最近的作品，就是1922年10月10日发表在《晨报副刊》上的《兔和猫》，虽然《社戏》和《鸭的喜剧》是在1922年12月发表的，但鲁迅的稿件是在12月6日翻译完成的，因此往前追溯就应该是《兔和猫》这篇了。从时间的角度来分析，《兔和猫》是鲁迅着手为《北京周报》翻译作品时最晚发表的小说，亦即"鲁迅选译的是他的一篇最新的作品"①，也是鲁迅最熟悉的作品，选择该篇作为翻译对象也算是顺理成章的事。

选择哪一篇作品来翻译，这也许是鲁迅随意而为的决定，并非如后世读者或研究者那样"百般猜疑"，然后赋予这种自译行为以厚重的历史感和文化意味。尽管如此，但有一点我们必须考虑到，那就是《北京周报》是要把鲁迅的译作发表在1923年1月1日出版的"新年特别号"上，作为辞旧迎新的节日特刊，《北京周报》刊登的文章自然应当具有"喜庆"的色彩。在鲁迅1922年之前创作的小说中，除去那些沉重的批判封建礼教和社会现实之小说外，或许《兔和猫》在"表层结构"上所体现出来的情感算是最温暖的，毕竟弱者"兔"受到了院子里所有人的呵护，而强者"猫"则遭到了所有人的棒喝；与此同时，天真的儿童群体的加入使整个故事显得更加和谐且更具感染力，而最后兔子一家在众人的担心中出现在院子里，似乎给故事续上了圆满的结局。因此，鲁迅自译《兔和猫》一篇作为《北京周报》新年特刊的文学类稿件，似乎是他考虑到节日氛围的缘故。在同一期刊物上，鲁迅还发表了《关于猪八戒的谈话》，因为农历的1923年是猪年，所以鲁迅就以中国神话故事中的"猪"形象为切入点，从《搜神记》中的猪变少女的故事，讲到《西游记》中的猪八戒，从历史的角度分析了"猪"在中国神话故事和文学作品中的形象变迁以及性格塑造。鲁迅在文章中"揭示出猪八戒这一神话人物的现实性，认为小说中的

---

① 戈宝权：《谈鲁迅"以日文译自作小说"的发现》，《读书》1979年第7期，第141—147页。

神魔性格是现实生活中人的性格的概括和升华，这对于我们正确认识《西游记》这部神话小说包含的深刻思想内容，无疑具有重要的指导意义"①。如果将鲁迅自译的《兔和猫》与创作的《关于猪八戒的谈话》这两篇文章结合起来，也许我们就更能理解他为什么会自译前者了，其初衷无非是想让人们在新年里读到具有童趣和喜庆色彩的文艺作品。

　　鲁迅自译的小说是否只有一篇《兔和猫》呢？在很多人看来，这确乎只有一个肯定的答案，因为自此以后就没有再发现鲁迅自译的作品了。那在此之前是否还有鲁迅的自译作品呢？要回答这个问题，似乎也并非难事，因为在1923年1月发表《兔和猫》之前，鲁迅作品被翻译成外文的就只有1922年6月4日《北京周报》上刊登的《孔乙己》，而这篇小说明确署名是"仲密译"，而我们都知道"仲密"是周作人的笔名，他曾以此笔名翻译了叶圣陶、冰心、成仿吾等人的作品，同样是发表在《北京周报》上。因而，似乎也不会有人怀疑鲁迅的弟弟周作人用笔名"仲密"翻译了《孔乙己》，这是鲁迅作品的首度外译："鲁迅作品最早的外语译文，应该是日译，即1922年6月4日《北京周报》第19期上刊载的《孔乙己》，译者署名'仲密'。这个仲密，当时大概有二人比较常用，一个是茅盾，一个是周作人。茅盾不识日文，因此，译者当为周作人。"② 不过，根据鲁迅好友孙伏园的回忆，他认为鲁迅本人最喜欢《孔乙己》这篇小说，而且也曾自己翻译过此文："鲁迅先生自己曾将《孔乙己》译成日文，以应日文杂志的索稿者。"③ 孙伏园作为鲁迅文学道路上的知己和伯乐，对他的文学活动了解得比较清楚，因此他说鲁迅把《孔乙己》自己翻译成日文，以应对杂志社的索稿者，几乎也是让人信服的描述。这里所说的日文杂志就是《北京周刊》，表明刊登在此刊物上的《孔乙己》是鲁迅本人翻译的，而非周作人的译作。据旅居北京多年的日本人清水安三所述，《孔

① 陈漱渝：《关于日文〈北京周报〉》，《中国现代文学研究丛刊》1980年第1期。
② 王友贵：《翻译家鲁迅》，天津：南开大学出版社，2005年，第273页。
③ 孙伏园：《鲁迅先生二三事》，长沙：湖南人民出版社，1980年，第16页。

乙己》的日文翻译主要是由他和鲁迅两人共同完成的："当我把《孔乙己》翻译出来，请鲁迅看的时候，鲁迅说：'这里错误很多，我来翻译，你作笔记。'他一边吸着烟，一边用流畅的日语给我翻译起来。此后，每逢日本的杂志社来邀稿子，他都挂电话找我去做笔记，这已经成了习以为常的事了。"① 由清水安三的话可以看出，日文杂志向鲁迅约稿的时候，鲁迅总会找他来一起翻译，鲁迅进行口头翻译，然后清水则按照日文的表达方式记录下来，俨然是中国古代佛经翻译中的"传言"与"渡语"的方式。因此，清水安三实际上是鲁迅日文翻译的合译者，鲁迅在北京时期发表在日文期刊上的文章几乎都有他的参与和帮助。

既然发表在《北京周报》上的鲁迅首篇外译文《孔乙己》是由作者本人和清水安三合译完成的，那为什么最后译者的署名是周作人的笔名"仲密"呢？这是一个很难回答的问题，戈宝权曾说："据我猜想，清水安三在翻译《孔乙己》时，可能也请教过周作人，因周作人曾用'仲密'的名字为《北京周报》翻译过冰心的小说《爱的实现》和成仿吾的小说《一个流浪人的新年》。此外还有一种可能，就是鲁迅在发表时不愿意写是他翻译的，因此用了'仲密译'，亦未可知。"② 关于这个问题的答案，这里的确存在两种可能性：一是清水安三首先翻译了这篇文章，然后去找周作人校对，后者对此译文提出了很多修改意见甚或说改译了一篇，清水最后才去找鲁迅过目，没有想到鲁迅还是不满意经周作人修改后的译文，便又做了一次修改。译文发表的时候，清水觉得自己的翻译质量很差，定稿与他最初的翻译相比已经是面目全非，因此不便署他的名字。如果译者不署清水安三的名字，难道署鲁迅的名字？一篇译作的原作者和译者均属同一个人的名字，这似乎是很奇怪的事情，自译在那时还是很少出现的文学翻译现象，于是乎只有署周作人的名字最合适

---

① 清水安三：《值得爱戴的老人》，《鲁迅研究资料》，杭州：杭州大学中文系编，1977 年，第 32 页。

② 戈宝权：《谈鲁迅"以日文译自作小说"的发现》，《读书》1979 年第 7 期。

了，而后者在《北京周报》上翻译他人作品时常用笔名"仲密"，因此《孔乙己》的译者就写成了"仲密"。第二种情况是周作人并没有参与《孔乙己》的翻译和译文修改工作，只是清水安三作为《北京周报》的记者，而且他的首次翻译几乎被鲁迅完全推翻，《孔乙己》的最终日文译本就是鲁迅口译和清水笔录的结果，清水作为"记录员"自然不是主要的译者，但碍于鲁迅也不便写自己的名字，因而把译者写成"仲密"，署自己弟弟的名字不会招惹麻烦，而且周作人也有翻译的经历，具备翻译《孔乙己》的能力。后一种情况的可能性是最大的，因为清水安三与鲁迅的交谊不浅，他不可能将自己翻译的鲁迅作品首先拿去找周作人修改；同时，《孔乙己》毕竟是鲁迅的作品，译者倘若要请教和商量翻译问题时，肯定会优先请教原作者。因此，陈漱渝在查阅了日本东洋文库近代中国研究室馆藏的《北京周报》完整版之后，结合自己多年来研究鲁迅的经验，认为《孔乙己》"这篇小说其实是鲁迅亲自译成日文的。因为这是鲁迅的自作小说，所以发表译文时借用了周作人的名义"[1]。可见，鲁迅因为《孔乙己》是自己创作的小说，因此在翻译的时候借用了周作人的笔名，以避免产生"自我抬升"之嫌。

在论证清楚了 1922 年 6 月发表在《北京周报》上的《孔乙己》是鲁迅的自译作品后，我们仍然会好奇地问这样的问题：为什么鲁迅要选择《孔乙己》作为自己翻译到日语世界的第一部作品呢？鲁迅之所以自译《兔和猫》是因为该小说是鲁迅最新的作品，而且配合新年特刊的节日氛围，那鲁迅《孔乙己》的翻译又是为何呢？作为一个作家，鲁迅一定希望把他最优秀的一面展示给读者，尤其是当他的作品要面对很多外国读者时，他更希望为自己的创作正名。因此，面对《北京周报》的首度约稿，鲁迅肯定要选择自己最满意的作品，而且要通过自己精心翻译之后再拿去发表。鲁迅 1922 年上半年之前发表的小说作品，收入《呐喊》集中的仅有前 7 篇，那时他最满意的作品就是《孔乙己》。根据好友孙伏园的描述，

---

[1]　陈漱渝：《关于日文〈北京周报〉》，《中国现代文学研究丛刊》1980 年第 1 期。

也可证明鲁迅对这篇小说的青睐："我尝问鲁迅先生,在他所作的短篇小说里,他最喜欢那一篇。他答复我说是《孔乙己》。有将鲁迅先生小说译成别种文字的,如果译者自己对于某一篇特别有兴趣,那当然听凭他的自由,如果这位译者要先问问原作者的意见,准备先译原作者最喜欢的一篇,那么据我所知道,鲁迅先生也一定先荐《孔乙己》。"① 由此观之,鲁迅自译《孔乙己》的理由是比较充分的。

不管是什么原因让鲁迅自译了《孔乙己》与《兔和猫》这两篇作品,客观的事实是它们以译本的形式发表在日文期刊上,扩大了鲁迅作品的传播空间并吸纳了更多鲁迅作品的外国接受者,从而开启了他本人作品在海外的传播。

三

《北京周报》除刊登了鲁迅自译的《孔乙己》《兔和猫》以及其他散文和演讲稿之外,还刊登了丸山昏迷翻译的《中国小说史略》,进一步推动了鲁迅在日语世界的传播和接受。

除以上提及的鲁迅自译作品和创作的散文之外,《北京周报》还刊登了鲁迅的多部作品。1923年6月3日,该刊第六十四期刊登了鲁迅与周作人的谈话录《"面子"和"门前"》;1923年11月18日,该刊第八十九期刊登了鲁迅的《教育部拍卖问题的真相》②。1924年12月21日,该刊第一百四十一期上发表了鲁迅的杂文《说胡须》,译者为东方生;1924年1月至11月,该刊从第九十六期至一百零二期,第一百零四期至一百二十九期,第一百三十一期至一百三十三期及第一百三十七期等,共分37次连续译载了鲁迅的《中国小说史略》的第一部分,即从该书第一篇《史家对于

① 孙伏园:《鲁迅先生二三事》,长沙:湖南人民出版社,1980年,第16页。

② 以上作品信息参见陈漱渝:《关于日文〈北京周报〉》,《中国现代文学研究丛刊》1980年第1期。

小说之著录及论述》到第十五篇《元明传来之讲史》（下），译者为《北京周报》记者丸山昏迷。可以说，鲁迅的小说、学术论著和杂文等都在《北京周报》上获得了发表的空间，从而向日本读者呈现了鲁迅的部分创作成就和文艺思想，是早期鲁迅作品海外传播中不可多得的例证。

　　发表鲁迅创作或翻译的作品当然能够促进鲁迅在日语世界的传播和接受，但一些关于鲁迅的介绍和评论文章，同样能够帮助日语读者去认识和定位鲁迅的文学成就，有利于建构鲁迅在日本的文学形象。1923 年 4 月 1 日，丸山昏迷署名"昏迷生"撰写的《周树人》一文，刊登在第五十九期上；1923 年 9 月 16 日，《鲁迅的创作集呐喊》刊登在第八十期上，作者无从考证；1923 年 12 月 23 日，《鲁迅的中国小说史略》刊登在第九十六期上，作者无从考证。这些文章从各个方面详细介绍了鲁迅的文学成就，比如丸山昏迷在《周树人》一文中写道："在现在的中国，象上海青社的人，写作劝善小说、家庭小说的人很多，但写创作的作品的人却几乎是没有，因此，在现代这样的中国，鲁迅氏的小说，无论就艺术味之丰富这一点，还是就文章的洗炼这一点，他和其他很多的人都是绝然不同的。"① 正是一代代日本学人对鲁迅从未间断地进行翻译和研究，才使他在日本成为最受读者欢迎的中国现代作家，并使日本成为除中国之外在鲁迅研究领域成就最高的国度。

　　自译（Self-translation）是中外文化交流活动中存在的一种特殊现象，译者常常是双语作者，能同时用两种语言进行创作。作家为什么会发生自译的行为，潘尼切利-巴塔拉（Panichelli-Batalla）认为主要有如下四种原因：首先，为了扩大作品的读者群；其次，认为只有自己才能充分理解和再现作品的原貌，其他译者也许会误译自己的作品；第三，借故表达不同的政治或意识形态观点；第四，因为流放、意识形态监督等外部因素所致②。从鲁迅自译《孔乙己》《兔和猫》两部作品来看，他的动因主要体

① ［日］丸山昏迷：《周树人氏》，《北京周报》1923 年 4 月 1 日，转引自戈宝权：《谈鲁迅"以日文译自作小说"的发现》，《读书》1979 年第 7 期。

② Panichelli-Batalla. "Autofiction as Fictional Metaphorical Self-translation：the Case of Reinaldo Arenas'El Color del Verano." *Journal of Romance Studies*, vol. 15, no. 1, 2015, pp. 29-51.

现为前面两种情况，即将自己作品的受众从国内扩大到日本，同时也是基于清水安三翻译《孔乙己》的质量不高，译文存在很多错误，因此才重新翻译了自己的作品。至于表达不同的政治意见或基于意识形态的监察等外部原因，鲁迅是不用考虑的，因为他可以直接在《北京周报》上发表杂文来表达对国民政府当局的不满，无须通过自译的方式来间接发表政见。从翻译的角度来讲，自译是比他译更灵活的翻译活动，因为译者本身就是"原作者"，他对原文拥有完全的解释权和改动权，他可以汲取原文创作中体现出来的不足，从而在自译的过程中对其加以修订。虽然"文学自译和双语写作的界限非常模糊"①，但自译还是不同于双语写作，前者存在明显的原作与译作两个文本，而且这两个文本的基本面貌是一致的；而后者往往是不同语言的不同文本，没有相近和相似的两个文本存在。鲁迅在开始自译活动之前，他的作品还没有在外文期刊上发表，鲁迅作品的翻译和海外传播史是从他本人开始的。在此之前，鲁迅作品的传播仅局限于汉语文学的范围内，受众基本上都是中国人；而自此以后，鲁迅作品的传播开掘出更为广阔的海外空间，其作品的"来世生命"和存在样态愈加丰富，演绎出中国现代作家在海外传播和接受的独特风景。因此，鲁迅的自译对鲁迅乃至中国现代文学的海外传播而言，具有十分重要的开创性价值。

《北京周报》虽然是在中国创办和发行的刊物，但它毕竟是一本日文期刊，其潜在的读者除了少部分懂日语的中国人外，大多数都是居住在中国的日本人以及日本国内的读者，其读者群体还是以日本人为主。既然如此，鲁迅用日文创作或翻译的作品刊登在该刊物上，也就很容易被日本人传阅，自然也就推动了鲁迅作品在日本的传播和接受。正是从这个意义上讲，鲁迅的自译行为在鲁迅作品的外译和传播进程中起到了积极的作用，开启了鲁迅作品在海外传播的历史。

---

① 段峰：《微观史与20世纪中国文学自译》，《翻译史论丛》2020年第1期。

中国文学外译研究

〈翻译学刊〉2023年第2辑

翻译中的服务意识

——以《丰乳肥臀》英译和葡译为例

蒋骁华①

摘要："服务意识"指译者在翻译过程中表现出来的对自己的服务对象、服务方式、服务目的等的明确认知。本文基于第一手材料，从翻译中的"服务意识"角度对比考察了莫言《丰乳肥臀》的葛浩文英译和马丁斯的葡译。本研究发现译者葛浩文和马丁斯都有很好的翻译服务意识；他们的翻译服务意识可以在其译文的结构层、文化层、语言层的删节和改写中找到印证。这些删节和改写提高了译文的可读性，给读者提供了更好的翻译服务。本文还分析了他们翻译服务意识背后的原因。

关键词：服务意识；翻译；《丰乳肥臀》英译；葡译

Title：Service Awareness in Translation：A Case Study of the English and Portuguese Translation of *Fengru feitun*

Abstract："Service awareness"refers to a translator's clear cognition of his or her service object，service method，and service purpose，etc. during the translation process. This paper，based on first-hand materials，examines at structural，cul-

---

① 作者简介：蒋骁华，博士，澳门理工大学教授。研究方向：翻译理论与实践。

tural, and linguistic levels Goldblatt's English translation and Martins' Portuguese translation of Mo Yan's novel *Fengru feitun* from the perspective of translation service awareness. The current study finds that both the English and the Portuguese translator have a good sense of translation service awareness; their translation service awareness is mainly reflected in their deletion, abridgement and rewriting of the original text; the deletions, abridgements and rewritings have improved the readability of the translations, providing target readers with better translation services. This paper also analyzes the reasons behind their translation service awareness.

Key words：Service awareness; translation; *Big Breasts and Wide Hips*; *Peito Grande, Ancas Largas*

绪　论

本文所说的"服务意识"是指译者（主要指笔译者）在翻译中表现出来的服务自觉，即译者在翻译作品中展现出来的对自己的服务对象、服务方式、服务目的等的明确认识。服务对象包括读者、赞助人、出版社、原作者等；服务方式主要包括提供的翻译产品要充分考虑读者的阅读习惯、审美、道德、风俗等需要；服务目的就是要使其服务对象满意。一般而言，"译者的服务意识由对原作者的服务意识、对读者的服务意识和对委托人的服务意识三部分构成"①。

翻译服务意识与 Chesterman 的"服务伦理"（ethics of service）密切相关。Chesterman 认为："（服务伦理）基于'翻译就是为客户提供商业服务'的理念。服务伦理主要源自德国翻译理论家提出的翻译的多功能模

---

① 李奉栖：《翻译硕士（MTI）教学中的译者服务意识培养：依据与内涵》，《成都师范学院学报》2015 年第 10 期。

式，特别是源自 Holz-Mänttäri 于 1984 年提出的翻译功能模式和目的论者（the Skopos theorists）提出的翻译功能模式。"① 需要补充的是，Chesterman 所说的"客户"（client）还需扩大内涵，应该包括雇主（employer）及译者心目中或想象中的服务对象，即潜在客户。遵循服务伦理意味着译者要遵循客户的指示并达到客户设定的目标。也就是说，译者要为客户服务，对他（她）们负责。要想方设法实现译本的现实功能，使他（她）们满意。秉持服务伦理的译者会将"客户满意"视为最高准则。

翻译服务意识是国际翻译研究界的热门话题之一。笔者于 2023 年 6 月 7 日在国际翻译刊物 *Babel*，*Target*，*Meta*，*Translator* 的网页上键入关键词 translation service awareness，依次得到相关论文 82、47、14、64 篇；在 CNKI 上键入关键词"翻译服务意识"，得到相关论文 9 篇。

莫言是 2012 年诺贝尔文学奖得主；《丰乳肥臀》（*Big breasts and wide hips：a novel*）是其最著名的小说之一。莫言获得诺贝尔文学奖，其作品的主要英译者美国著名汉学家葛浩文（Howard Goldblatt）发挥了很大作用。葛浩文英译的最大特点是，他在翻译中有很好的服务意识。葛浩文的翻译服务意识既体现在为雇主（出版社）服务上，更体现在为读者服务上②。本文重点探讨后者。葛浩文为读者服务的意识体现在他的"以读者为中心"或"倾向读者"（reader-oriented）的翻译策略中。

2004 年，美国著名汉学家葛浩文（Howard Goldblatt）英译的《丰乳肥臀》（*Big breasts and wide hips*）在纽约出版。2007 年，乔恩·马丁斯（João Martins）葡译的《丰乳肥臀》（*Peito Grande，Ancas Largas*）在里斯本出版。我们手上的是 2012 年的重印本。马丁斯说，他的葡译是根据葛浩文的英译本（Tradução do inglês）翻译的③。因此，两个译本的翻译服务意

① Chesterman，A. "Proposal for a Hieronymic Oath". *The Return to Ethics*. Manchester：St. Jerome. 2001，pp. 139-154.
② 蒋骁华：《〈红高粱家族〉英译特点研究》，《澳门理工学报（人文社会科学版）》2016 年第 1 期。
③ Martins，João. *Peito Grande，Ancas Largas*. Lisboa：Babel，2012，p. 5.

识表现基本一致，但在一些细节上还是有不少区别。

作为《丰乳肥臀》的翻译主体，两位译者的背景大致如下：葛浩文翻译了莫言的十几部小说，且大部分比较受欢迎①，他是莫言摘取诺贝尔文学奖的最大功臣，是当今最著名的中英翻译家。关于葡语译者马丁斯，我们在网上多方搜索，甚至还向朋友求助，均未找到他的有效信息，仅搜得一点葡译本的出版信息，如，Em Portugal foi publicado em 2007 o livro "Peito grande, ancas largas", traduzido por João Martins e editado pela Ulisseia mas atualmente esgotado（在葡萄牙，《丰乳肥臀》译本于 2007 年出版，由 João Martins 翻译，Ulisseia 出版社编辑出版，但目前已售罄）。2012 年重印时的信息：Já agora a tradução portuguesa é feita do inglês por João Martins（《丰乳肥臀》葡译本是马丁斯从英语译过来的）。下面我们以莫言名著《丰乳肥臀》的葡译和英译为研究对象，探讨译者的翻译服务意识。

一、结构层的服务意识

在结构方面，英译本《丰乳肥臀》对原文做了很多改动，体现了很好的翻译服务意识，葡译本基本和英译本一致，只有少许差别。结构层面的翻译服务意识主要体现为：章节调整、节译和删除。

（一）章节调整

《丰乳肥臀》原作八卷：正文七卷加一个"卷外卷（拾遗补阙）"。具体为卷一（1—9 章）、卷二（10—18 章）、卷三（19—27 章）、卷四（28—37 章）、卷五（38—46 章）、卷六（47—54 章）、卷七（55—63 章）；"卷外卷"由七"补"构成：从"补一"到"补七"（参看 2012 年上海文艺出版社出版的《丰乳肥臀》）。卷七是倒叙，讲述了小说主人公上官鲁氏的家庭背景和她的九个孩子的来历。英译本和葡译本将卷七调至卷

---

① 吕宏敏：《葛浩文小说翻译叙事研究》，北京：中国社会科学出版社，2011 年。

二的位置，提前叙述书中人物的背景和相互之间的关系。这为读者的进一步阅读提供了便利。

（二） 节译

原文卷七的第一部分，即第五十五章，从"大清朝光绪二十六年，是公元一九〇〇年"开始到"又拍打了半天，她才暗哑地哭出了声"共 5 页篇幅，3642 字①，详细地介绍了武林高手"外祖父鲁五乱"一家（包括"我母亲"鲁璇儿，即后来的上官鲁氏）在德国人入侵时死里逃生的情况和外祖父与红枪队队长杜解元带领乡民抗击德寇的情形。

英译将原文节略为三个小段，228 个单词，只传译了故事梗概②。葡译跟英译基本一样，但分为四个小段③。

与原文对比，杜解元的情况及杜解元与"我"外祖父带领乡民抗击德寇的内容，在两个译文中全部没提。这使得情节更加紧凑，故事节奏加快④。

（三） 删除

《丰乳肥臀》的英译本删除了所有与小说故事情节发展无关或不太密切的内容，例如，原作长达 38 页的"卷外卷"，即"拾遗补阙"的七"补"，在结构和情节上相对独立，对前面七卷中的人物和事件有一点补充作用，但对全书的整体作用不大，这七"补"在英译本和葡译本中被全部删除了。

再如，第五卷中的第 39 章详细描述鸟儿韩被日寇抓到日本北海道做苦工，他逃至深山密林苦苦煎熬十三年的传奇经历。这一章像是一个插曲，

---

① 莫言：《丰乳肥臀》，上海：上海文艺出版社，2012 年，第 541—545 页。

② Goldblatt，H. *Big Breasts and Wide Hips：A Novel*. New York：Arcade Publishing，2004，p.47.

③ Martins，João. *Peito Grande，Ancas Largas*. Lisboa：Babel，2012，p.69.

④ 刘聪：《翻译中的文化过滤——以〈丰乳肥臀〉英译为例》，广东外语外贸大学硕士学位论文，2014 年。

与小说前后关系不大，在英译本和葡译本中也均被删除了。

这些删除使小说叙事更加连贯，主要故事情节发展加快，有利于吸引读者阅读。

除了上述大的删除，英译本和葡译本中还有很多小的删除，例如：

原文1：我们交换了照片。在黑白照片上，娜塔莎瞪着有些吃惊的大眼睛、翻卷着茂密的睫毛看着我。上官金童的心脏一阵剧烈地跳动，他感到热血冲上了头颅，拿着照片的手不由地微微颤抖。<u>娜塔莎丰满的嘴唇微嗫起，唇缝里透露出牙齿的银光，温馨的、散发着兰花幽香的气息直扑他的眼睛，一阵甜蜜的感觉使他的鼻子酸溜溜的。</u>①

英译：We exchanged photos. She gazed out at me with a slight look of surprise in her staring eyes, and lush, curling lashes. Shangguan Jintong felt his heart race and the blood rush to his head; the hand holding the photo trembled uncontrollably…②

葡译：Trocámos fotografias. Ela olhou para mim com um ligeiro brilho de surpresa nos seus olhos muito abertos, semeados de exuberantes pestanas curvas.

Shangguan Jintong sentiu o coração disparar e o sangue afluir-lhe à cabeça; a mão que segurava a fotografia tremia descontroladamente. ③

原文的前半部分已经描写了娜塔莎的青春性感神态使得"他感到热血冲上了头颅，拿着照片的手不由地微微颤抖"，紧接着，画线部分又工笔画似的描写娜塔莎的青春性感神态"使他的鼻子酸溜溜的"。画线部分显得有点煽情，甚至多余。英译本和葡译本均删除了这部分。

---

① 莫言：《丰乳肥臀》，上海：上海文艺出版社，2012年，第358页。

② Goldblatt, H. *Big Breasts and Wide Hips: A Novel*. New York: Arcade Publishing, 2004, p. 393.

③ Martins, João. *Peito Grande, Ancas Largas*. Lisboa: Babel, 2012, p. 448.

二、文化层的服务意识

中西文化差异对翻译是一个挑战。译者若对文化因素处理不当，译文会给读者带来阅读障碍，影响他（她）们的阅读兴趣；如果处理得当，译文能给读者带来异域文化的新奇感，激起他（她）们的阅读兴趣，还能丰富目的语的表达方式。在翻译中处理好文化差异，译者既要对文化因素非常敏感，又要有很好地为读者服务的意识。可喜的是，《丰乳肥臀》的英译者和葡译者在这方面均表现甚佳。下面我们从文化简化、文化阐释、文化补充、文化放弃四个方面探究葡译和英译《丰乳肥臀》在文化层面的服务意识。

（一）文化简化

如果原文的某些文化因素直接翻译不好理解，不翻译则感觉损失太大，那么，将这些文化因素简化到译文读者可以理解的程度是个很好的选择。例如：

原文2："留得住。有你这棵灵芝草，我还要到哪里去呢？"①

英译："Why would I go anywhere else, when you, my grass of miracles, are right here?"②

葡译：——Chega——respondeu com emoção o pastor——Para que havia eu de ir para outro lado, quando tu, pastagem dos meus milagres, estás aqui mesmo?③

原文中马洛亚把上官鲁氏比作灵芝草，是赞美上官鲁氏超凡脱俗和表

---

① 莫言：《丰乳肥臀》，上海：上海文艺出版社，2012年，第68页。

② Goldblatt, H. *Big Breasts and Wide Hips: A Novel*. New York: Arcade Publishing, 2004, p. 93.

③ Martins, João. *Peito Grande, Ancas Largas*. Lisboa: Babel, 2012, p. 117.

示对她的依恋。

中国的灵芝文化源远流长，非常丰富。例如，《水经注》和《襄阳耆旧记》都记载：炎帝之女瑶姬"未行而卒"，葬于巫山，其精魂化为灵芝。《九歌·山鬼》《西京赋》《洛神赋》等文学作品对灵芝有美妙的歌颂；《列子》《神农本草经》《本草纲目》等大量古籍对灵芝的习性、特点、功用等有详细的记录。中国人自古将灵芝神化，视其为瑞草、仙草、仙药。灵芝在中国人心目中是极其贵重的。由于"生态文化"（ecological culture）和"社会文化"（social culture）差异，西方人不认为灵芝有什么神奇，更没有源远流长的灵芝文化。如果直译"灵芝"，读者会似懂非懂；若直译加注，则读起来有拖累感。

葛浩文将"灵芝草"译为 grass of miracles（神奇之草），"草"的意象保留了，但原文背后的文化因素大大减少了。在充分传递文化因素和维持较高可读性之间，译者选择了后者。对普通读者而言，这给他（她）们带来了阅读方便。葡译与英译稍有不同，马丁斯将其译为"神奇的（牧）草"（pastagem dos meus milagres），这对葡语读者来说也不难理解。

原文3：乌鸦们又来了。它们像刚刚洗浴过一样，羽毛新鲜，闪烁着瓦蓝的光芒。[1]

英译：Then the crows returned. Their wings were bathed a shiny blue black. [2]

葡译：Então voltaram os corvos. As sua asas tinham um lustro negro-azulado. [3]

"瓦蓝"是一个颇有中国特色的词，类似"蔚蓝"，但不完全相同。陈

---

[1]　莫言：《丰乳肥臀》，上海：上海文艺出版社，2012年，第60页。

[2]　Goldblatt, H. *Big Breasts and Wide Hips：A Novel*. New York：Arcade Publishing, 2004, p. 85.

[3]　Martins, João. *Peito Grande, Ancas Largas*. Lisboa：Babel, 2012, p. 108.

志宏在其散文名篇《江南瓦》中说："比草更能为江南瓦披绿装的是苔藓，特别是背阴的北边瓦，浓抹淡描，深浅不一。长苔的江南瓦，神似一块暗玉，墨绿，深绿，暗绿，远远地看上去，绿意摇曳，这种绿，透着深蓝。于是，人们创造出一个新词：瓦蓝。"①"瓦蓝"这个词大约出现在 20 世纪 60 年代初，如 1962 年峻青的短篇小说《山鹰》中就出现了这个词："我抬头望了望窗外的天空，天空瓦蓝瓦蓝的。"西方没有江南瓦，很难理解"瓦蓝"的真正颜色，葛浩文将其简化为 blue black（蓝黑色），简单明了，但强调的是黑色，与原文含义稍欠契合；葡译是 negro-azulado（黑蓝色），强调的是蓝色，与原文含义更接近一些。

（二） 文化阐释

文化阐释就是以解释的方式翻译原文的文化因素。

原文4："领弟，"母亲说，"咱不能再吃人家的鸟了。"三姐直着眼问："为什么？他打只鸟儿比捉个虱子还容易。"母亲说："再容易也是人家捉的。你难道不知道吃人家嘴软，拿人家手短的道理？"②

英译："Lingdi," she said, "we can't keep eating somebody else's birds." "Why not?" Lingdi asked. "For him, shooting down a bird is easier than catching a flea. "But they're still his birds, no matter how easily he comes by them. Don't you know that people expect favors to be returned?"③

葡译：——Lingdi——disse——, não podemos continuar a comer aves que não são nossas.

——Porque não? ——perguntou Lingdi. ——Para ele, caçar uma ave é mais fácil que apanhar uma pulga.

---

① 陈志宏：《江南瓦》，《散文》2009 年第 2 期。
② 莫言：《丰乳肥臀》，上海：上海文艺出版社，2012 年，第 114 页。
③ Goldblatt, H. *Big Breasts and Wide Hips*: *A Novel*. New York: Arcade Publishing, 2004, p. 145.

——Mesmo assim, continuam a ser as aves dele, por muito pouco que lhe custe apanhá-las. Não sabes que as pessoas esperam sempre a paga dos favores que fazem?[1]

俗语、格言、成语等同时属于奈达（Nida）的"语言文化"（linguistic culture）和"社会文化"范畴。"吃人家嘴软，拿人家手短"是一句常用俗语，用形象的语言表达抽象的意思："付出需要回报。"如果直译，保留原文的语言文化特点，译语读者很可能一头雾水。英译 people expect favors to be returned，舍弃了原文语言的形象性，阐释性地传译了大意。葡译 as pessoas esperam sempre a paga dos favores que fazem（人们总是希望自己的付出能得到回报），与英译一样。

原文5："上官吕氏，上官福禄之妻，上官寿喜之母，因夫死子亡，痛断肠子而死。"[2]

英译："Shangguan nee Lv has died of broken heart."[3]

葡译：—Shangguan, nascida Lü, esposa de Shangguan Fulu, mãe de Shangguan Shouxi, morreu de desgosto pela morte do marido e do filho.[4]

"痛断肠子而死"也是俗语。"痛断肠子"类似文语"肝肠寸断"，是个隐喻（metaphor），形象性地表达"极其悲痛"之意。这句俗语如果直译，葡语读者要么会感到迷惑："痛"怎么会"断肠子"呢？要么会误以为上官吕氏真的是"痛断肠子"而死。英译 died of broken heart（伤心而死）阐释性地传其含义，简明扼要。葡译 morreu de desgosto（悲伤而死）与此大同小异。

---

① Martins, João. *Peito Grande, Ancas Largas*. Lisboa: Babel, 2012, p. 174.

② 莫言：《丰乳肥臀》，上海：上海文艺出版社，2012年，第56页。

③ Goldblatt, H. *Big Breasts and Wide Hips: A Novel*. New York: Arcade Publishing, 2004, p. 80.

④ Martins, João. *Peito Grande, Ancas Largas*. Lisboa: Babel, 2012, p. 103.

（三） 文化补充

"文化补充"就是在译文中给文化因素做一个简单的注释。不过，这个注释不是脚注，不是尾注，而是类似夹注的补充说明。

原文6：上官家的七个女儿——来弟、招弟、领弟、想弟、盼弟、念弟、求弟……①

英译：The seven daughters of the Shangguan family——Laidi （Brother Coming），Zhaodi （Brother Hailed），Lingdi （Brother Ushered），Xiangdi （Brother Desired），Pandi （Brother Anticipated），Niandi （Brother Wanted），and Qiudi （Brother Sought）②

葡译：As sete filhas da família Shangguan—Laidi （Irmão Vindouro），Zhaodi （Irmão Saudado），Lingdi （Irmão Anunciado），Xiangdi （Irmão Desejado），Pandi （Irmão Almejado），Niandi （Irmão Aguardado），e Qiu di （Irmão Procurado） …③

中国自古就有重男轻女的陋习，农村尤其。原文中上官家也是如此。其七个女儿的名字是这种陋习的反映。这七个名字若按常规译法，即音译，既不能反映这种陋习（封建文化的一部分），也不能暗示"我"（上官金童，家里唯一的儿子）的金贵、在家中的地位和日后母亲的溺爱。换言之，这七个名字不仅反映了一种文化，也是一个伏笔。为有效传达这些名字的作用，葛浩文音译后补充解释了每个名字的文化含义。这样的处理为读者进一步阅读提供了便利。葡译的处理也是如此。

---

① 莫言：《丰乳肥臀》，上海：上海文艺出版社，2012年，第19页。

② Goldblatt，H. *Big Breasts and Wide Hips*：*A Novel*. New York：Arcade Publishing，2004，p. 17.

③ Martins，João. *Peito Grande*，*Ancas Largas*. Lisboa：Babel，2012，pp. 35-36.

146

原文7："我家璇儿，非嫁个<u>状元</u>不可的！"大姑父说。①

英译：Our Xuan'er will marry a zhuangyuan, <u>top scholar at the Imperial Examination</u>,"he announced. ②

葡译：——A nossa Xuan'er há-de casar com um zhuangyuan, <u>um grande sábio do Exame Imperial</u>——Proclamava ele. ③

"状元"原指科举考试中"殿试"一甲（第一等、第一名）的人，后用来比喻在某个方面最优秀的人。"状元"这个词不仅隐含着中国一千多年科举考试的历史，还涉及许多有名的故事、传说、文艺作品。其文化含量非常丰富。英语、葡语均没有对应词，译者音译后加了补充性解释，传达了一些原文文化因素，保留了原文的语言特色。

（四）文化替代

"文化替代"就是用目的语的文化因素代替原文的文化因素，属于奈达（Nida）所说的"动态对等"（dynamic equivalence）。

原文8："有钱能使鬼推磨。"④

英译："money can make the devil turn a millstone."⑤

葡译：Até no inferno o dinheiro faz do diabo um moleiro. ⑥

"有钱能使鬼推磨"这句常用俗语被葡译为 Até no inferno o dinheiro faz do diabo um moleiro（即使在地狱里，钱也能让魔鬼成为磨坊主）。中国文化元素被西方文化元素替代了。原文的"鬼"（应该是普通的"中国鬼"）

---

① 莫言：《丰乳肥臀》，上海：上海文艺出版社，2012年，第548页。

② Goldblatt, H. *Big Breasts and Wide Hips: A Novel*. New York：Arcade Publishing, 2004, p. 49.

③ Martins, João. *Peito Grande, Ancas Largas*. Lisboa：Babel, 2012, p. 71.

④ 莫言：《丰乳肥臀》，上海：上海文艺出版社，2012年，第43页。

⑤ Goldblatt, H. *Big Breasts and Wide Hips: A Novel*. New York：Arcade Publishing, 2004, p. 40.

⑥ Martins, João. *Peito Grande, Ancas Largas*. Lisboa：Babel, 2012, p. 61.

变成了西方的"魔鬼"（diabo）。钱锺书在其散文名篇"魔鬼夜访钱锺书先生"中的关于西方魔鬼的十个注释比较清晰地显示西方的魔鬼不同于中国的"鬼"①。这十个注释显示，西方魔鬼不仅见多识广，而且还颇有人文精神。这与中国"鬼"差别很大。根据中国宋代理学家的一些观点，中国的"鬼"是一种"气"。朱子认为："鬼神只是气，屈伸往来者气也"；程子认为："气的聚散则是鬼神之情状"；蓝田吕氏认为："万物之生莫不有气，气也者神之盛也，莫不有魄，魄也者鬼之盛也"②。

另外，葡译增加的 inferno（地狱）是西方的"地狱"，它基于西方神话（主要是希腊神话、罗马神话）和宗教（主要是基督教）；中国的"地狱"文化主要基于中国民间传说和道教、佛教。中西"地狱"文化都很丰富，但差别很大，这从但丁的《神曲》和莫言的《生死疲劳》中关于地狱的细致描写可以一窥端倪。英译 money can make the devil turn a millstone 比葡译少了"地狱"文化。

（五）文化放弃

有时候原文的文化因素很不好翻译，若勉强为之，轻则佶屈聱牙，重则让读者不知所云。这时，放弃文化因素也是一个不错的选择。例如：

原文9：传说孙大姑年轻时能飞檐走壁，是江湖上有名的女响马，只因犯下了大案，才下嫁给孙小炉匠。③

英译：People said that when she was young, she was a renowned bandit who could leap over eaves and walk on walls. But when she fell afoul of the law, she had no choice but to marry a stove repairman named Sun. ④

---

① 钱锺书：《写在人生边上》，沈阳：辽宁人民出版社，2000年，第3页。
② 胡广：《理性大全》，台湾：台湾商务印书馆，1983年，第608—611页；祝海林：《有气无神乎？——龙华民摘译与批判新儒学鬼魂观之考辩》，《澳门理工学报》2021年第1期。
③ 莫言：《丰乳肥臀》，上海：上海文艺出版社，2012年，第16页。
④ Goldblatt, H. *Big Breasts and Wide Hips: A Novel.* New York: Arcade Publishing, 2004, p. 14.

葡译：Dizia-se que, em nova, fora <u>gatuna</u> reputada, capaz de trepar aos muros e se equilibrar nos algerozes. Quando, porém, a lei apertara o cerco, não tivera alternativa senão casar com um reparador de fogões chamado Sun.①

　　"江湖"字面意思很简单，但文化内涵丰富，不容易理解。比较权威的吴光华主编的《汉英大词典》（第3版）的解释是，念 jiāng hú 有两个意思：a. 江和湖（rivers and lakes），b. 旧时泛指四方各地（all corners of the country）；念 jiāng hu 也有两个意思：a. 旧时指各处流浪卖艺、买药等生活的人（itinerant entertainers, quacks, etc.），b. 这种人所从事的行业（trade of such people）。这个解释只给外国读者提供了"江湖"的主要含义，其文化内涵的微妙之处并未详释（或者说，因是语言词典，体例不允许它详释）。一般而言，在中国人心目中，"江湖"是一个既现实又神秘、既讲规则又讲潜规则、既讲道义又讲"盗义"、不确定、不稳定的世界。这是个中国文化色彩很浓的词，英语和葡语没有对应词，很难翻译，葛浩文和马丁斯选择放弃。

　　"响马"是山东古方言词，历史悠久，文化内涵丰富，此词一直沿用至今，一般指"土匪"。传说之一是，古时候山东的土匪将铃铛挂在马脖子上，马跑起来声响较大，因此土匪被称为响马。有时"响马"也指"强盗""英雄好汉"。原文"女响马"兼有"女土匪"和"女英雄好汉"的含义，英语和葡语也没有对应词。因"女响马"孙大姑能"飞檐走壁"，马丁斯将"女响马"比喻性地译为 gatuna（猫），放弃了原文的文化因素。葛浩文将其译为 bandit（土匪），原文的文化因素也没有全部传译。

---

① Martins, João. *Peito Grande, Ancas Largas*. Lisboa：Babel, 2012, p. 33.

原文10：蒋说："马老先生，您熟读经书，深明大义。我们是挥泪斩马童。"①

英译："Old Mr. Ma," Jiang said, "you have read many books and have a firm grasp of right and wrong. We punished Ma Tong with the deepest regret."②

葡译：——Venerável senhor Ma——começou Jiang——, o senhor leu muitos livros e tem uma firme noção do que é certo e do que é errado. Foi com o mais fundo pesar que punimos Ma Tong.③

"挥泪斩马童"是仿拟（parody）修辞，模仿《三国演义》中著名的"挥泪斩马谡"一说。中国读者读到"挥泪斩马童"，自然会想到"挥泪斩马谡"，想到"失街亭"、马谡、诸葛亮、司马懿等，还会自然明白"斩"是迫不得已。原文背后的历史、社会、文学、修辞等文化元素，译文很难处理。如果做注释，它会给一般读者增加阅读负担。葛浩文译其大意，放弃了文化元素。葡译也是如此。

三、语言层的服务意识

《丰乳肥臀》的语言颇具莫言早期文学语言的特色，其中有许多夸张、渲染的成分，还有不少"狂欢化"（carnivalesque）的描写。这种语言风格有人喜欢，有人不喜欢，难以一概而论。我从《丰乳肥臀》中选取20段具有上述语言特色的文字，在修读比较文学课的学生中进行问卷调查，发现15%的学生喜欢这种风格；83%的学生不太喜欢，认为这种语言风格不够简练；2%的学生态度模糊。马丁斯和葛浩文应该属于83%这类读者，

① 莫言：《丰乳肥臀》，上海：上海文艺出版社，2012年，第143页。

② Goldblatt, H. *Big Breasts and Wide Hips: A Novel*. New York: Arcade Publishing, 2004, p. 176.

③ Martins, João. *Peito Grande, Ancas Largas*. Lisboa: Babel, 2012, p. 208.

他们将心目中的译文读者也定位在这个类型。这从他们在译文中对原文进行的大量修改可以看出。

（一） 淡化过分渲染的描写

文学语言需要渲染，但渲染到什么程度，见仁见智。马丁斯和葛浩文觉得《丰乳肥臀》渲染有点过分的地方，均做了淡化处理。例如：

原文11：……他的身后，跟随着一个比鲁胜利还要高大的混血种女人。深深的眼窝血盆大的嘴，那奶子白得如雪，凉得如霜，滑得如绸，一步三哆嗦，奶头却小巧玲珑，像两只尖尖的、咻咻地喘息着的刺猬小尖嘴儿。

两辆特别长大的轿车从新修的墨水河大桥那边咬着尾巴开过来，一辆红的，一辆白的，简直像一公一母。汽车交配，生出一辆小汽车，是什么颜色呢？

鲁胜利不时地对他转过眼去，她那一贯地霸气十足的脸上竟时时露出媚笑。①

英译：…Right behind him came a woman of mixed blood who was both taller and bigger than Lu Shengli. She had deep-set eyes and blood-red lips. Lu Shengli kept glancing at the man, a bewitching smile creasing her customary stern expression. ②

葡译：Logo atrás do indivíduo da gravata larga, desceu uma mulher mestiça, mais alta e encorporada que Lu Shengli. Lu Shengli não parava de lançar olhadelas ao homem, com um sorriso encantador a quebrar a austeridade costumeira da sua expraxssão. ③

---

① 莫言：《丰乳肥臀》，上海：上海文艺出版社，2012 年，第 495 页。

② Goldblatt, H. *Big Breasts and Wide Hips: A Novel*. New York: Arcade Publishing, 2004, p. 509.

③ Martins, João. *Peito Grande, Ancas Largas*. Lisboa: Babel, 2012, p. 577.

原文画线部分是对那个高大的混血女人的身体形态的描写：先是对其眼窝、嘴、奶子、奶头进行了渲染性描写，然后通过对一红一白两个汽车的描写及联想这两个汽车交配会生出什么颜色的汽车来影射这个混血女人的与众不同。这些文字虽很有文学性，但显得过分渲染。英译删除了这些渲染性描写，整个译文读起来淡化了很多，也清爽了许多。葡译跟英译差不多，但英译保留了对眼窝、嘴的描写，而葡译没有保留，显得更加淡化。

> 原文 12："独角兽乳罩大世界"生意兴隆。城市在快速膨胀，又一座大桥飞架在蛟龙河上……只有把乳房伺候舒服了，人类才会舒服……小小乳罩用处大，男人女人都离不开它。要让乳罩满天飞。把大栏市建成爱乳市、美乳市、丰乳市。把六月变成爱乳月，把农历七月七变成乳房节……在大栏市人民公园进行丰乳大赛，乳罩大展销。丰乳大赛分等级，分年龄段……乳房搭台，经济唱戏……什么国际蝎子节、国际蚂蚱节、国际豆腐节、国际啤酒节……都比不上我们的国际乳房节，也可以叫国际奶头节……①

英译：Business was booming at Unicorn：The World in Bras. The city was expanding rapidly…the area was now a celebrated textile district. ②

葡译：Os negócios floresciam na 《Unicórnio：o mundo dos sutiãs》. A cidade expandiu-se rapidamente … Dalan era agora uma conhecida região têxtil. ③

原文对乳房、乳罩进行了"狂欢化"描写。根据笔者在比较文学课上就《丰乳肥臀》中"狂欢化"描写对学生进行的问卷调查，这种描写，83% 的学生觉得是一种过分渲染。译者应有同感。为淡化渲染，加快故事节奏，英

---

① 莫言：《丰乳肥臀》，上海：上海文艺出版社，2012 年，第 508 页。

② Goldblatt, H. *Big Breasts and Wide Hips：A Novel.* New York：Arcade Publishing, 2004, p. 516.

③ Martins, João. *Peito Grande, Ancas Largas.* Lisboa：Babel, 2012, p. 584.

译本和葡译本均将其大幅淡化，只保留了基本信息："独角兽乳罩大世界"生意兴隆。城市迅速扩张，大栏市现在是一个著名的纺织地区。

（二） 缩减过多的心理描写

莫言的文学风格受到过两位文学巨匠、诺贝尔文学奖获得者美国作家福克纳（William Faulkner，1897—1962）和哥伦比亚作家马尔克斯（Gabriel José de la Concordia García Márquez，1927－2014）的影响①。"在莫言的全部小说中，既有福克纳式的内心独白、梦境幻觉，又有马尔克斯式的象征、隐喻。"② "内心独白"（internal monologue）和"梦境幻觉"（hallucination）均属于心理描写。在心理描写（psychological description）方面，莫言受福克纳的影响更为明显。

但是，莫言在心理描写方面的风格与福克纳有些不同，莫言的叙述风格"狂欢化"特点非常突出。这一特点对普通读者而言可能构成两个问题：一是感觉它使故事情节发展节奏变慢，二是觉得它使行文显得有些拖沓甚至啰唆。为加快故事节奏，增强可读性，葛浩文和马丁斯大幅减少了心理描写。例如：

原文13：上官金童站了起来。郭平恩指挥着"红卫兵"棍棒队和锣鼓队，押解着牛鬼蛇神，在集市上重又开始游行……上官金童幻想着：在一个辉煌的日子里，他手持着传说中的龙泉宝剑，把郭平恩、张平团、方耗子、刘狗子、巫云雨、魏羊角、郭秋生……统统地押到那个高高的土台子上，让他们一排排地跪下，然后，他手提着闪烁着蓝色光芒的剑，用剑尖抵着……上官大侠，您老人家大人不记小人的过，宰相肚子里跑轮船，不是一般的船是万吨巨轮，乘长风，破巨

---

① 朱宾福：《跨越时空的对话：福克纳与莫言比较研究》，武汉：武汉大学出版社，2006年，第10—11页。

② 陈春生：《在灼热的高炉里锻造——略论莫言对福克纳和马尔克斯的借鉴吸收》，《外国文学研究》1988 年第 3 期。

流，直驶太平洋，您的胸怀，比太平洋还宽广。如此巧嘴滑舌实在可恶至极……上官求弟珠泪滚滚地说：好兄弟，你根本不懂女人的心……

"回去！"一个"红卫兵"小将对着上官金童的肚子捅了一拳，骂道，

"混蛋，你想逃跑?！"①

英译：Meanwhile, Jintong stood there caught up in a fantasy: A sunlit day. Armed with the legendary Dragon Spring sword, he has Guo Pingen, Zhang Pingtuan, Mouse Fang, Dog Liu, WuYunyu, Wei Yangjiao, and Guo Qiusheng dragged up onto the stage, where he forces them to kneel and face the glinting tip of his sword⋯

"Get back there, you little bastard!" one of the little Red Guard generals growled as he drove his fist into Jintong's belly. "Don't you dare think of running away!"②

葡译：Entretanto, Jintong sonhava acordado: num dia de sol, armado com a lendária espada das Nascentes do Dragão, mandava arrastar para uma plataforma de terra batida Guo Pingen, Zhang Pingtuan, Fang Rtinho, Liu Gao, Wu Yunyu, Wei Yangjiao e Guo Qiusheng; obrigava-os então a ajoelharem-se e a verem de perto a ponta cintilante da sua espada⋯

——Volta já para o teu lugar, canalha! ——rosnou um dos guardas vermelhos enterrando o punho na barriga de Jintong. ——Nem penses em fuga!③

原文画线部分是对上官金童"梦境幻觉"般的心理的描写，具有"狂

---

① 莫言:《丰乳肥臀》，上海：上海文艺出版社，2012 年，第429—430 页。
② Goldblatt, H. *Big Breasts and Wide Hips: A Novel*. New York: Arcade Publishing, 2004, p.452.
③ Martins, João. *Peito Grande, Ancas Largas*. Lisboa: Babel, 2012, pp.513-514.

欢化"的叙述特征，其中"上官大侠，您老人家大人不记小人的过，宰相肚子里跑轮船，不是一般的船是万吨巨轮，乘长风，破巨流，直驶太平洋，您的胸怀，比太平洋还宽广"这一段，"狂欢化"特征非常明显。整个画线部分的心理描写可能导致上文提到的那"两个问题"，因而画线部分在英译和葡译中均被大幅缩减，译文可读性明显增强，故事节奏加快。

原文14：那一夜，我沉浸在乳汁的温暖海洋里，搂抱着巨大的乳房几乎飞进天国。现在，可怕的迷幻又开始了……她的脸一会儿像来弟，一会儿像鸟仙，一会儿像独乳老金，突然又变成了那个美国女人。她柔媚地笑着，眼神是那么娇，那么飘，那么妖，那么媚……礼拜吧，上官家的男孩，这就是你的上帝！上帝原来是两只乳房……那对乳房，我的上帝，有时擦着我的额头，有时划过我的腮，但总也碰不到我的嘴……金童，金童！母亲在呼唤我。母亲把我从幻觉中唤醒。①

英译：That night I'd been immersed in a warm sea of milk，holding on to a full breast with both hands and feeling myself fly up to Paradise…Her face kept changing：first Laidi；then the Bird Fairy；then the single-breasted woman，Old Jin；and then suddenly the American woman…"Jintong！"Mother was calling me. She brought me out of my hallucinations. ②

葡译：Nessa noite，estivera imerso num mar de leite quente，agarrando a uma mama cheia com ambas as mãos e sentindo-me incensado às alturas do Paraíso…O seu rosto não parava de mudar：primeiro era o de Laidi，depois o da Fada dos Pássaros，depois o da Velha Jin de um seio só，e subitamente o da americana do filme…

——Jintong！——chamava-me a Mãe，arrancando-me ao meu delírio. ③

---

① 莫言：《丰乳肥臀》，上海：上海文艺出版社，2012年，第265页。
② Goldblatt，H. *Big Breasts and Wide Hips*：*A Novel*. New York：Arcade Publishing，2004，p. 308.
③ Martins，João. *Peito Grande*，*Ancas Largas*. Lisboa：Babel，2012，pp. 553-554.

此例跟上例有点类似。原文画线部分是上官金童的"迷幻"或"幻觉",也是他的内心独白或心理描写,叙述也有"狂欢化"的特点,其中"她柔媚地笑着,眼神是那么娇,那么飘,那么妖,那么媚……礼拜吧,上官家的男孩,这就是你的上帝!上帝原来是两只乳房……那对乳房,我的上帝,有时擦着我的额头,有时划过我的腮,但总也碰不到我的嘴……"这一段狂欢化叙述特征尤为突出。此段在英译和葡译中均没翻译,因而整个画线部分的心理描写被大幅减少,故事节奏加快了。

(三) 雅化粗俗用语

粗俗语(vulgarism)是不文雅的用语。在文学作品中,为塑造人物的形象或表现人物的个性,作者有时会使用粗俗语。但这些粗俗语在翻译中是否需要再现,译者一般会比较谨慎,主要担心直译粗俗语会影响读者的观感或可能造成语言污染。例如,莎士比亚的名剧《罗密欧与朱丽叶》(Romeo and Juliet)中有一些粗俗语,著名翻译家朱生豪在译文中将它们全部做了雅化处理;文学家兼翻译家梁实秋对其中的大部分进行了雅化处理[1]。莫言的《丰乳肥臀》也有一些粗俗语,葛浩文和马丁斯均对它们做了雅化处理。例如:

> 原文 15:马洛亚说:"他要不是你姑夫,我拔了他的鸡巴!"[2]
>
> 英译: "If he weren't your uncle," Pastor Malory said, "I'd relieve him of his manhood."[3]
>
> 葡译: ——Se não fosse teu tio——tornou o pastor——, aliviava-o da virgidade. [4]

---

① 姚子君:《"罗密欧与朱丽叶"中的粗俗语翻译》,《北方文学》2018 年第 18 期。

② 莫言:《丰乳肥臀》,上海:上海文艺出版社,2012 年,第 67 页。

③ Goldblatt, H. *Big Breasts and Wide Hips : A Novel*. New York : Arcade Publishing, 2004, p. 93.

④ Martins, João. *Peito Grande, Ancas Largas*. Lisboa : Babel, 2012, p. 117.

原文画线的词是典型的粗俗词，直译有碍观感。英译、葡译均做了雅化处理。仔细比较，我们发现英译 relieve him of his manhood（消除他的男性状态）比葡译 aliviava-o da virgidade（解除他的贞洁）更自然一些。

结　语

从以上例句分析可以看出，译者的翻译服务意识能给普通读者消除许多阅读障碍，给他（她）们带来阅读方便，甚至激发他（她）们的阅读兴趣。译者的翻译服务意识主要有以下来源：一部分是译者的自我修炼所得，一部分是市场或社会需要所迫，一部分是出版商或赞助人的明确要求。总的来说，马丁斯的葡译和葛浩文的英译《丰乳肥臀》表现出了很好的译者翻译服务意识。

需要指出的是，当今世界，欧美文学依然是主流文学，"中国作品散落到世界文学的海洋中，不可避免成为'边缘''小众'一类"①。处于"边缘""小众"位置的中国文学要走向属于主流的欧美文学世界，不仅要跨越中西文学之间的语言差异、叙事差异、审美差异、文化差异等，还要跨越中西读者之间巨大的阅读习性差异等②。要做好这些"跨越"，译者的翻译服务意识是不可或缺的。另外，欧美的"商业经济的运作模式无疑会影响到出版社和读者"③。翻译的文学作品，作为一种商品，要赢得顾客，译者的翻译服务意识是必不可少的。

---

① 赋格、张健：《葛浩文：首席且惟一的"接生婆"》，《南方周末》2008 年 3 月 26 日。
② 蒋骁华：《〈红高粱家族〉英译特点研究》，《澳门理工学报（人文社会科学版）》2016 年第 1 期。
③ 吕宏敏：《葛浩文小说翻译叙事研究》，北京：中国社会科学出版社，2011 年，第 235页。

庞德英译《诗经》中表意文字法的政治因素探析
——变异学视角

王　坤①

摘要：表意文字法是庞德翻译中常用的汉字解读方法。有人称赞其诗学创新和跨文化交流之功，有人批评其曲解汉字和文化挪用之弊，但现有研究较少关注其政治维度。《诗经》是庞德晚年翻译的最后一部儒家经典，也是他政治思想的重要体现。对《诗经》译本中表意文字法的系统性考察显示，庞德对许多汉字的表意解读中渗透着他个人的政治信仰，使译文呈现出明显的"精英意识"和"整体意识"。这类表意文字法造成了翻译中文化意象和政治秩序观的变异，凸显了中西文化间文字符号、自然崇拜和政治思想体系的异质性。

关键词：《诗经》；庞德；表意文字法；翻译变异；异质性

Title：Exploring the Political Side of Ezra Pound's Ideogrammic Method in *Shijing* Translation from the Perspective of Variation

① 作者简介：王坤，中国民航大学外国语学院讲师，研究方向：典籍翻译与比较文字。
基金项目：本文为天津市教委科研计划项目"葛浩文英译本的读者接受研究"（项目编号：2020SK056）的阶段性成果。

中国文学外译研究

Abstract：In his translation, Ezra Pound applied an ideogrammic interpretation to many Chinese characters. Some praise it for its poetic creativity or promoting intercultural communication. Some criticize it for misinterpreting Chinese characters or cultural appropriation. Few researches, though, focused on the political side of it. As the last Confucius translation in Pound's late years, *Shijing* is an embodiment of his political beliefs. After an exhaustive survey of ideogrammic interpretations in *Shijing* translation, it is found that many of them, under the influence of Pound's political ideas, convey an extra sense of elitism and totalitarianism. The political side of ideogrammic method causes variation of image and political order in the translation and indicates the heterogeneity of Chinese and Western cultures in terms of writing system, nature worship and political ideology.

Key words：*Shijing*；Ezra Pound；ideogrammic method；translation variation；heterogeneity

引　言

美国诗人艾兹拉·庞德（Ezra Pound）在翻译《诗经》时大量使用了一种特殊的汉字解读方法：表意文字法（ideogrammic method）。这是庞德受汉字表意性启发提出的一套诗学和翻译方法：在诗学方面，强调诗歌创作应像汉字一样直接呈现事物；在翻译方面，表现为以拆解偏旁部首的方式解读和翻译汉字。当前学界对表意文字法的研究聚焦于其诗学、文化和忠实性维度。赵毅衡认为，表意文字法是为了建立一种新的诗学，给美国现代诗运动提供理论辩护①。李勇强调，对汉字的创造性误用是跨文化交

---

① 赵毅衡：《为庞德/费诺罗萨一辩》，《诗探索》1994 年第 3 期。

流中的一种特殊的方式①。杨平认为，庞德望文生义地改造汉诗和拆改汉字，反映出他对中国文化的支配和挪用②。钱锺书认为，庞德是在"解释"汉字，而非"阅读"汉字，对汉字不过一知半解③。然而，庞德不仅是一位诗人，也积极涉足政治经济领域。他发表过一系列政治、经济及文化批评的著述，通过报纸、电台等媒体积极宣传自己的思想，还翻译了儒家经典，希望从东方文明中找到根治西方社会毛病的良药④。《诗经》是庞德在晚年翻译的最后一部儒家经典，他利用表意文字法在译文中融入自己的政治思想，造成了显著的翻译变异。在当前传播中国文化与构建国家形象的时代背景下，表意文字法的政治维度是值得关注的。

一、庞德政治思想概述

对于庞德的政治思想，国内外学者有许多论述。霍农（Alfred Horn-ung）等人把庞德在 20 世纪 30 年代的政治信仰表述为"渴望在一个秩序井然、不受财政束缚的社会推行等级森严的男权制准则"，并认为这是他以孔子为基点，对中华文明和美国建国理念的一种推论⑤。国内学者胡平表达了类似的观点，并且明确提出，庞德将极权主义和儒家思想相结合，发展出一种"极权主义儒家思想"⑥。他把庞德的极权主义思想概括为三个方面：精英意识，即强调少数杰出人士的思想的影响力；整体意识和国家意识，强调公共秩序或社会秩序；强调公平公正。

① 李勇：《西方作家对汉字的创造性误用——以谢阁兰和庞德为例》，《广东社会科学》2020 年第 3 期。
② 杨平：《创造性翻译与文化挪用——庞德的儒经译介评析》，《天津外国语学院学报》2010 年第 1 期。
③ 钱锺书：《钱锺书英文文集》，北京：外语教学与研究出版社，2006 年，第 283 页。
④ 蒋洪新：《庞德研究》，上海：上海外语教育出版社，2014 年，第 302 页。
⑤ ［德］阿尔弗雷德·霍农：《儒家思想：美国文化基石中的中国理念》，郑春光、韦芊宇译，《文史哲》2022 年第 1 期。
⑥ 胡平：《论庞德〈比萨诗章〉中的极权主义儒家思想》，《当代外国文学》2016 年第 3 期。

结合以上研究成果，我们从政治维度对《诗经》译本中的表意文字法做了系统性考察。在我们收集的 109 个以表意文字法解读的汉字中，约有 20 个明显融入了庞德的政治信仰。这些汉字一般包含"日""刀""齐""丝"等特定部首，经表意解读后凸显出两种政治倾向："精英意识"，强调把少数精英的思想化为社会行为的必要性；"整体意识"，强调维护社会秩序、国家利益和等级结构的必要性。

二、《诗经》表意文字法中的精英意识

"精英意识"主要表现为对包含"礻""日"偏旁的汉字的拆解。受新柏拉图主义（Neo-Platonism）影响，庞德把"光"视为神性本质和智慧的载体；把"日"视为罗格斯（logos）之中心，神性本质之来源，语言、理性和秩序之父（Pater Helios）[1]。在《诗经》译本中，庞德多次利用表意文字法在译文中构建"光"和"日"的意象，用以强调精英人物的智慧和地位。

（一） 以 "光" 意象喻指精英人物

庞德在《诗经》译本中多次使用"光"意象喻指君王、大臣、勇士等精英人物。除了把原文中的"明""昭"等词译为"light"外，他还通过拆解汉字在译文中创造"光"的意象。这类汉字有简、显（顯）、昊、祖、祉、视等，都包含"日""礻"两个偏旁，示例如下：

例 1：简兮简兮，方将万舞。（《邶风·简兮》）

庞译：Élite (or ee-light) ready on the dot[2]

---

[1] Casillo, Robert. "Anti-semitism, castration, and usury in Ezra Pound". *Criticism*, vol. 25, no. 3, 1983, pp. 239-265.

[2] Pound, Ezra. *The Confucian Odes: The Classic Anthology Defined by Confucius*. New York: New Directions, 1959, p. 18.

例2：烝衎烈祖，以洽百礼。(《小雅·宾之初筵》)

庞译：HIM，the flame，our light①

例1描述了一个身材高大的"硕人"公庭万舞的景象。诗中"简"(簡)字的解释历来颇有争议。《毛传》认为是"大"的意思，《郑笺》释为"选择"②。程俊英则认为"简"指鼓声，或形容武师勇武之貌③。庞德为此诗添加标题"Guardsman In Ballet"，把诗中跳舞的"硕人"解释为护卫队的勇士，并基于这种理解，把"简"翻译为"精英"(Élite)。他还添加了有双关意味的注释"ee-light"，从而把"精英"和代表智慧的"光"联系起来。

例2这句诗描绘了祭祖的场景，"烈祖"指创立赫赫功业的先祖。庞德将"烈祖"拆开，分别译为"火"和"光"。其中"光"出自"礻(示)"这一部首。庞德曾在《小雅·祈父》的注释中把"礻"字旁明确解释为"垂下的光"(the light descending)④。他对"礻"的这种解读贯穿了整本《诗经》。通过表意解读，庞德把代表智慧的"光"与先祖、君王等精英人物联系起来，展现出他对英明、智慧的精英思想的推崇。

(二) 以 "日" 意象强调精英地位

庞德把"日"视为智慧、语言、理性和秩序之来源。在《诗经》译文中，庞德经常以"sun"喻指主宰者、庇护者和力量之源。当包含"日"偏旁的汉字与君王、先祖一起出现时，庞德会拆解汉字构建"日"意象，以强调精英人物的核心地位。例如：

---

① Pound，Ezra. *The Confucian Odes：The Classic Anthology Defined by Confucius*. New York：New Directions，1959，p. 135.

② 马瑞通：《毛诗传笺通释》，北京：中华书局，1989 年，第 144 页。

③ 程俊英：《诗经译注》，上海：上海古籍出版社，1985 年，第 68 页。

④ Pound，Ezra. *The Confucian Odes：The Classic Anthology Defined by Confucius*. New York：New Directions，1959，p. 99.

例 3：先君之思，以勖寡人。（《邶风·燕燕》）

庞译：sun's aid, in my littleness①

例 4：世之不显，厥犹翼翼。（《大雅·文王》）

庞译：Is he not so the sun above his clan, / and they the radiant wings gleaming to flank?②

例 3 出自《邶风·燕燕》。按《毛诗序》解释，该诗讲的是卫庄公死后，其夫人庄姜为其妾戴妫送别之事③。诗中"先君"指已逝的卫庄公，"寡人"则是庄姜的自称。此处"勖"（勖）字有两种解释，一是勉励的意思；二是"畜"的假借，与孝、好同义④。庞德把"勖"拆解为"日""助"，在译文中构建了"日之助"的意象。经他解读之后，"先君"被赋予了"太阳"的形象，成为一种力量与智慧之源的象征。例 4 所在的《文王》是一首追述周文王事迹的颂诗，"显"（顯）字是称赞文王的臣子世代显贵。庞德把"显"中的"日"单独抽取出来，与后文中的"翼"相联系，从而构成了"部族上的太阳""闪耀的翅膀"两组意象。他以"太阳"指代文王，以"翅膀"指代群臣百官，表现出一种等级分明的精英意识。

三、《诗经》表意文字法中的整体意识

庞德的整体意识表现为对公共秩序和国家利益的重视。这种思想也融入了表意文字法中：通过对"齐""纟""虍""斤"等偏旁的表意解读，庞德在译文中凸显秩序之美，强调整体秩序，并表达出对维持秩序所需的力量的推崇。

---

① Pound, Ezra. *The Confucian Odes: The Classic Anthology Defined by Confucius*. New York: New Directions, 1959, p. 13.

② Pound, Ezra. *The Confucian Odes: The Classic Anthology Defined by Confucius*. New York: New Directions, 1959, p. 235.

③ 周振甫：《诗经译注》，北京：中华书局，2002 年，第 40 页。

④ 马瑞通：《毛诗传笺通释》，北京：中华书局，1989 年，第 114 页。

（一）凸显秩序之美

庞德在《诗经》译文中大量使用"order"一词。除了把原诗中"齐""秩""则"等词翻译为"order"外，还数次对"济"（濟）字使用表意解读，从中抽取偏旁"齐"，译为"order"。借助表意解读，庞德在译文中构建出一种齐整如一、井然有序的美好场景。如以下两例：

例5：济济辟王，左右趣之。（《大雅·棫朴》）

庞译：Order in government/hath power, to left and right, tensile/to zest men's interest. ①

例6：瞻彼旱麓，榛楛济济。（《大雅·旱麓》）

庞译：Hazel and arrow-thorn make an even, orderly wood. ②

例5这句诗有两种解释，一说描绘了周文王携群臣祭祀的场面，"济济"言庄严恭敬貌③。另说是咏歌文王之德，"济济"言容貌之美④。庞德用表意解读把"济济辟王"译为"order in government"，并补充了"hath power"。原诗指文王德盛而人心归附趋之，庞德却凸显了"秩序"和"权力"的作用。例6所在的《旱麓》是歌颂文王祭祖而得福的诗，此句以林木之盛起兴，形容周王福禄之多。"济济"指数量众多，而庞德却用拆字法将其译为"even""orderly"两词，描绘出树木齐整如一的样子，从中可以看到他凸显秩序之美的用意。

---

① Pound, Ezra. *The Confucian Odes : The Classic Anthology Defined by Confucius*. New York : New Directions, 1959, p. 152.

② Pound, Ezra. *The Confucian Odes : The Classic Anthology Defined by Confucius*. New York : New Directions, 1959, p. 153.

③ 程俊英：《诗经译注》，上海：上海古籍出版社，1985年，第503页。

④ 朱熹：《诗集传》，北京：中华书局，2011年，第241页。

（二） 强调整体秩序

庞德在译文中多处表现出对一种广泛、稳定的整体秩序的向往。这一点在他对部分包含"纟"字旁汉字的表意解读中有鲜明的体现。当这类汉字与"四方"共同出现时，庞德就会把其中的"纟"解读为一种如罗网一般泛在的统治秩序的象征。如下所示：

例7：何人不将，经营四方。（《小雅·何草不黄》）

庞译：Who is not alerted? /Web of agenda over the whole four coigns.①

例8：惠此中国，以绥四方。（《大雅·民劳》）

庞译：Kind rule at center hauls on a state.②

例7所在的《何草不黄》是一首征夫苦于行役的怨诗。这句按《毛诗序》解释："言万民无不从役。"③ 其中"经营"指征夫往来奔波。庞德受"经"（經）的字源启发，用表意文学法将其译为"web of agenda"，淡化了征夫奔波之苦，更加侧重于表现统治秩序的细密和强大。相应的，上一句"何人不将"本指"无不从役"，但经庞德改译，增加了对统治威慑力的细节刻画。例8《民劳》是劝告周厉王安民防奸的诗，"以绥四方"是在劝告厉王安抚四方诸侯国④。庞德用表意解读把"绥"（綏）译为"haul"，将手段替换为结果，淡化了安抚的意涵，强调了统治者对整体秩序的维系。他还把表示"王畿"的"中国"译为"at center"，凸显了统治中心对维持整体秩序的重要性。

① Pound, Ezra. *The Confucian Odes：The Classic Anthology Defined by Confucius*. New York：New Directions, 1959, p. 145.

② Pound, Ezra. *The Confucian Odes：The Classic Anthology Defined by Confucius*. New York：New Directions, 1959, p. 171.

③ 马瑞通：《毛诗传笺通释》，北京：中华书局，1989年，第789页。

④ 程俊英：《诗经译注》，上海：上海古籍出版社，1985年，第553页。

（三） 推崇力量

为了实现整体统治秩序，维持秩序的暴力是必不可少的。庞德在译文中多处表现出对力量的推崇。当统治阶级的人物与包含"虍""斤""刀"的汉字一起出现时，庞德会使用表意文字法，在译文中构建"虎""斧""刀"这种有暴力意味的意象，凸显力量之美。且看例示：

> 例9：善戏谑兮，不为虐兮。（《卫风·淇奥》）
>
> 庞译：As he were a tiger/with velvet paws. ①
>
> 例10：祈父，予王之爪牙。（《小雅·祈父》）
>
> 庞译："Lord of the Light's axe," by what cause/should we, the king's teeth and claws. ②

按《毛诗序》解释，例9这首诗旨在赞美卫国国君武公之德③。原诗称赞武公"不为虐"，庞德却从"虐"字中拆解出"虎"，塑造了一种不怒自威的统治者形象。相比原文，虽然没有违背"不暴虐"的本意，仍是增加了力量感与震慑力。例10的《祈父》是一首军士抱怨长官的诗，"祈父"是职掌兵甲的司马④。庞德从"祈"中拆解出"礻"和"斤"两个结构，前者解读为"光"，后者解读为"斧"，创造出"光之斧"的意象。上文提到，"光"在庞德看来是统治者的神格化，"光之斧"也就代表了维护统治秩序的暴力。从这一意象中也可以看出庞德对力量的推崇。

---

① Pound, Ezra. *The Confucian Odes: The Classic Anthology Defined by Confucius*. New York: New Directions, 1959, p. 27.

② Pound, Ezra. *The Confucian Odes: The Classic Anthology Defined by Confucius*. New York: New Directions, 1959, p. 99.

③ 周振甫：《诗经译注》，北京：中华书局，2002年，第80页。

④ 周振甫：《诗经译注》，北京：中华书局，2002年，第280页。

四、《诗经》翻译中的变异现象

曹顺庆指出，文学作品在不同国家穿梭时必然会受本土文化限制，接受方在文化传统的影响下对外来信息进行选择、改造、移植，从而产生文化层面的变异现象①。这种变异在庞德对汉字的政治性表意解读中表现得尤其明显。结合上文中列举的译例，可以发现两种显著的变异。

第一，文化意象的变异。对比《诗经》原文和庞德的译文，"日"的意象发生了显著变异。《诗经》中"日"的用法大致有六种：一是标记时间，如《王风·采葛》"一日不见，如三月兮"。二是指自然存在的日，如《桧风·羔裘》"羔裘如膏，日出有曜"。三是比喻岁月流逝，如《唐风·蟋蟀》"今我不乐，日月其除"。四是作为求告对象，如《邶风·日月》"日居月诸，照临下土"。五是作为宣誓对象，如《王风·大车》"谓予不信，有如皎日"。六是给出预兆，如《小雅·十月之交》"日月告凶，不用其行"。在庞德的译文中，"日"的以上用法都有体现。不同之处在于，庞德为"日"增加了主宰者、庇护者和力量之源的含义，并且把"日"作为先祖、君王等领袖人物的象征，造成了文化意象的变异。

第二，政治秩序观的变异。无论是庞德的政治思想，还是《诗经》中的政治思想，都包含崇尚社会秩序的政治理想。但在维持秩序的方法上，《诗经》更重"德"，而庞德更重"力"。周代政治文化极为重视"德"的作用。"周之制度、典礼皆为道德而设"，周朝统治者奉天为父，以天子自居，而祈天永命，唯在"德""民"二字②。《诗经》中有大量关于"德"的叙述，如"聿修厥德""帝迁明德""世德作求"等。蒋立甫认为，这些诗句揭示了"德"的政治内涵：天子"明德"，对上（天、帝）说是尽

---

① 曹顺庆：《曹顺庆：翻译的变异与世界文学的形成》，《外语与外语教学》2018年第1期。

② 王国维：《殷周制度论》，洪治纲编：《王国维经典文存》，上海：上海大学出版社，2003年，第169—228页。

孝心，而对下（子民）说则是顺民意①。《诗经》中的"德"蕴含了以人为本位和宗法制的思想。

庞德虽然也重视"德"，但更多是从自我主义的视角出发，将其视为完成自我构建的手段②。在庞德《大学》译本的术语表中，"德"被定义为"眼睛直视内心然后采取行动"③。《诗经》译本也多次使用类似解读。正是由于这种自我主义的解读，"德"字呈现出精英主义的色彩。而在维护统治秩序的手段上，庞德淡化了"德"的作用，转而加强了"力量"的重要性。他曾在《急需孔子》（*Immediate need of Confucius*）一文中说："整个的西方理想主义是一片丛林，基督教神学也是一片丛林。要想让思想穿透这片丛林，要想削出一点像样的秩序来，没有比《大学》更好的斧子了。"④ 这句话是对庞德推崇以力量构建秩序的最好注解。

五、文化间的异质性

《诗经》翻译中的上述变异是在庞德个人的政治思想和审美趣味的影响下产生的，而庞德的政治思想和审美趣味又根植于西方文化的土壤。因此，探究上述变异现象的成因，可以追溯到中西文化的异质性。正如曹顺庆所说，"变异凸显了语言形式的表层下的文化间的异质性"⑤。我们认为，《诗经》表意文字法中的文化意象变异和秩序观变异指向了中西文化间的三种异质性：文字符号、自然崇拜和政治思想体系的异质性。

首先，文字符号的异质性是表意文字法产生的基础。索绪尔

---

① 蒋立甫：《〈诗经〉中"天""帝"名义述考》，《安徽师大学报（哲学社会科学版）》1995 年第 4 期。

② 蓝峰：《青年自我主义诗人庞德的儒化历程》，《外国语言文学》2021 年第 3 期。

③ Pound, Ezra. Confucius: *The Great Digest & The Unwobbling Pivot*. London: Peter Owen, 1952, p. 21.

④ Pound, Ezra. "Immediate need of Confucius". In *Selected Prose of Ezra Pound 1909-1965*, New York: New Directions, 1973, pp. 75-80.

⑤ 曹顺庆：《曹顺庆：翻译的变异与世界文学的形成》，《外语与外语教学》2018 年第 1 期。

（Ferdinand de Saussure）把世界文字分为两种体系：表音体系和表意体系。表音体系的文字通过视觉形象唤起音响形象从而记录语言；而表意体系的文字用一个符号表示一个词，这个符号与词的声音无关，通过与整个词发生关系，从而间接与观念发生关系①。汉字是独特的表意体系文字。在庞德看来，"中国的表意文字并不试图描绘声音，或用书写符号唤起声音，而是事物之图画：处于特定位置或关系中的事物之图画，或多个事物之组合的图画"②。相较于索绪尔，庞德更加注重汉字以图表意的能力，并看重汉字中的"事物之组合"。正是基于这种汉字观，庞德才会把"拆字"作为一种翻译方法。

这种"拆字法"在中西文化交往史上绝非个案。在庞德之前，钱德明（Joseph Amiot）等耶稣会士曾拆解"婪"字以附会夏娃偷吃禁果的故事；法国诗人朱迪特·戈蒂耶（Judith Gautier）在《玉书》（*Livre de Jade*）中，也曾把"水晶帘"译为"瀑布下人们看到了太阳"③。和庞德同时代的洛威尔（Amy Lowell）在与艾斯珂（Florence Ayscough）合译的《松花笺》（*Fir-flower Tablets*）中大量使用了拆字法④。在庞德之后，王红公（Kenneth Rexroth）和钟玲合译的《李清照词全集》（*Li Ching Chao：Complete Poems*）中也有"拆字法"的案例，把"碧云笼碾玉成尘"中的"笼"字译为"玉龙"（jade dragons）⑤。以上诸多的"拆字法"案例向我们彰显了文字符号异质性的深远影响。

第二，"日"意象的变异指向中西文化间自然崇拜的异质性。庞德在表意文字法中表现出鲜明的"日"崇拜。这种崇拜的直接来源是新柏拉图

① ［瑞士］索绪尔：《普通语言学教程》，高名凯译，北京：商务印书馆，1980 年，第 50—51 页。

② Pound, Ezra. *ABC of Reading*. Berkshire：Cox & Wyman Ltd, 1991, p. 21.

③ 孟华：《试论汉学建构形象之功能——以 19 世纪法国文学中的"文化中国"形象为例》，《北京大学学报（哲学社会科学版）》2007 年第 4 期。

④ 任增强：《〈松花笺〉"拆字法"的生成与审美诉求——以"三犬之风"为中心》，《中南大学学报（社会科学版）》2015 年第 3 期。

⑤ 卢婕：《刍论文学译介的变异现象》，《外国语言文学》2021 年第 5 期。

主义。早在 1908 年，庞德的第一部诗集《灯火熄灭之时》（*A Lume Spento*）中就体现了新柏拉图主义的影响①。在新柏拉图主义哲学中，"日"和"光"构成重要的隐喻：世界最高、能动的本体是"太一"（the One），太一是完满自足的、充溢的，流溢出来的东西生成其他本体，就如同光不断地从永恒、常在的太阳中发射出来②。可见，这种哲学将太阳视为宇宙中一切活力和力量的来源。新柏拉图主义是在柏拉图学说的基础上融合斯多亚派、新毕达哥拉斯派和早期基督教神学的思想形成的，其太阳崇拜植根于西方的文化传统。高福进考察了世界各地太阳崇拜的历史，认为是早期人类原始信仰的必由阶段，但是在中国，自周代尤其是秦朝统一中国之后就逐渐衰落了；在西方，基督教保留了与太阳崇拜有关的遗迹，融入了对基督的信仰中③。

"天"是中国文化中自然崇拜的重要对象。西周时期，人们开始赋予"天"至上神的含义，并提出了"以德配天"的理念④。这种信仰在西方文化中是缺失的，因此庞德在《诗经》译本中多次以"光""日"替代"天"作为高天之上的主宰者、引导者和监察者。如下所示：

例 11：昊天不惠，降此大戾。（《小雅·节南山》）

庞译：Glare sun's unkindness/sendeth great（moral）blindness⑤

例 12：昊天有成命，二后受之。（《周颂·昊天有成命》）

庞译：Light above heaven focussed the decree. ⑥

① 宋晓春：《新柏拉图之光与庞德的〈中庸〉翻译》，《中国比较文学》2014 年第 2 期。
② 宋晓春：《新柏拉图之光与庞德的〈中庸〉翻译》，《中国比较文学》2014 年第 2 期。
③ 高福进：《太阳崇拜与太阳神话》，《云南社会科学》1993 年第 4 期。
④ 李广伟、岳峰：《阐释学视阈下〈诗经〉中"天"之源流及其翻译影响因素考察》，《中国外语》2020 年第 5 期。
⑤ Pound, Ezra. *The Confucian Odes: The Classic Anthology Defined by Confucius*. New York: New Directions, 1959, p. 104.
⑥ Pound, Ezra. *The Confucian Odes: The Classic Anthology Defined by Confucius*. New York: New Directions, 1959, p. 200.

"昊天"在《诗经》中的含义与"天"相近，凸显天之"元气广大"，反映了周人对"天"的生杀予夺威力的敬畏①。在以上两例中，庞德通过表意文字法，把"昊天"分别解读为"日"和"光"。例 11 中的"日"被寄予了道德审判的职责，例 12 中的"光"则成为王权的授予人和庇护人。原本在《诗经》中由"天"扮演的至上神的角色被庞德以"日""光"取代。

第三，政治秩序观的变异指向中西政治思想体系的异质性。由于地理环境、生产方式、社会结构等方面的差异，中国政治思想侧重于治国之道，而西方政治思想侧重认识国家、组织国家②。西周建立以后，周公"制礼作乐"，建立了完整的德礼之治的模式。《诗经》是周代礼乐制度的产物，是德礼之治的集中体现，包含大量"德""礼"相关诗句。这些诗句背后的政治思想对于西方人是极为陌生的。庞德虽然热衷于政治，却没有充分认识这种异质性，因此对"德"采用自我主义阐释，淡化了其维护社会秩序的作用。庞德的自我主义阐释还有深刻的时代原因。早年庞德关注儒家思想的主要动机，一是为了构建一个与现代派思潮相适应的现代个人主体，二是为了让现代派作家在否定西方传统文化的同时，可以在其他文化传统中找到替代资源③。从 20 世纪初开始，庞德就把孔子思想视为一个关于立足自我的学说，并基于这种观点对儒家经典进行解读。

由于政治思想体系的异质性，后世庞德研究者对儒家政治思想的解读和表述也常有曲解和变形。20 世纪 30 年代，庞德逐渐向意大利法西斯政权靠拢。有英美学者试图在儒家学说中找证据解释庞德这种不当行为。有西方学者认为，庞德摒弃柏拉图主义共和国的理想转向儒学，是投向了一种"维护暴政"（legitimates tyranny）的政治理论④。还有学者称，庞德在

① 蒋立甫：《〈诗经〉中"天""帝"名义述考》，《安徽师大学报（哲学社会科学版）》1995 年第 4 期。

② 徐大同：《中西两种不同的政治思想体系》，《政治学研究》2004 年第 3 期。

③ 蓝峰：《青年自我主义诗人庞德的儒化历程》，《外国语言文学》2021 年第 3 期。

④ Surette, L. *Pound in Purgatory*. Urbana and Chicago: University of Illinois Press, 1999, p. 74.

儒学翻译中描绘的理想统治者是一种"仁慈的独裁者"（benevolent dicta-tor），以其洞察、领导力和对人民的爱护实现公正的统治①。无论是"暴政"还是"仁慈的独裁者"，以此类西方政治话语讨论儒家政治思想，往往会造成信息的失落和变形。这些论述忽略了儒家政治中"德"所包含的"民本位"思想，是对"德礼之治"片面、失真的诠释。

结　语

表意性使汉字具有较大的诠释空间，一方面为诗学创新提供了灵感，另一方面也为翻译变异创造了条件。本文基于对《诗经》英译中表意文字法的系统性考察，论证了庞德把政治思想融入对汉字的表意解读，使译文呈现出"精英意识"和"整体意识"；总结了表意文字法中文化意象和政治秩序观的变异；探讨了中西文化间文字符号、自然崇拜和政治思想体系的异质性。新时代，推动中华文化传播、构建国家形象成了外语界的历史使命，对翻译变异和文化异质性的探究可以为文明互鉴和文化交流提供启发。

---

① Friend,B. "'Why do you want to put your ideas in order?': Re-thinking the politics of Ezra Pound". *Journal of Modern Literature*, vol. 23, no. 3, 2000, pp. 545-563.

中国文学海外传播研究

〈翻译学刊〉 2023年第2辑

抗战时期延安翻译活动对当下中国外译战略的启示

王祥兵　林骊珠　陈涅奥①

摘要：抗战时期延安中共中央非常重视翻译的作用，主导了一系列重要的翻译活动，这些翻译活动为中共的生存和发展、为抗战胜利做出了重大贡献。从布迪厄的资本理论来看，中国当下的外译战略与抗战时期延安翻译活动在资本积累策略上有着共通之处，都是牺牲短期的经济资本，追求长远的象征资本，根本目的都是要打破旧的话语体系、建立新的自主话语体系。在此认知基础上，本文从建立融通中外的话语体系、积累象征资本、提升翻译需求以及增强翻译产品国际传播能力等方面总结了抗战时期延安翻译活动对中国当下外译战略的启示。

关键词：抗战；延安翻译活动；外译战略；布迪厄资本理论；启示

Title：The Enlightening Significance of Yan'an Translation Activities during the War of Resistance against Japanese Aggression for China's Current

① 作者简介：王祥兵，国防科技大学军政基础教育学院教授，博士生导师，研究方向：军事翻译史、翻译与战争、语料库批评译学；林骊珠，国防科技大学军政基础教育学院教授，研究方向：文化翻译；陈涅奥，国防科技大学军政基础教育学院讲师，研究方向：语料库批评译学。
基金项目：本文为国家社科基金重点项目"抗战时期红区报道翻译对红色中国话语体系的建构研究"（项目编号：22AYY003）的阶段性成果。

"Going-out" Translation Strategy

Abstract：During the War of Resistance against Japanese Aggression the CPC Central Committee attached great importance on translation and initiated a series of critical translation activities which made major contributions to the survival and development of the CPC as well as the final victory of the Resistance War. From the perspective of Bourdieu's capital theory, this article argues that there are some commonalities between China's current "going-out" translation strategy and Yan'an translation activities during the Resistance War in terms of strategies of accumulating capital, i. e., sacrificing short-term economic capital and pursuing long-term symbolic capital, with the fundamental purpose of both to break the old discourse system and construct the independent new one. On the basis of this cognition, the article has generalized the enlightening significance of the Yan'an translation activities for China's current "going-out" translation strategy from the aspects of discourse system establishment, symbolic capital accumulation, translation need promotion and translation product dissemination enhancement.

Key words：the War of Resistance against Japanese aggression；Yan'an translation activities；"going-out" translation strategy；Bourdieu's capital theory；enlightenment

一、引言

抗战时期延安的翻译活动主要表现为：一是延安主导的文艺翻译，这包括延安地理空间内所发生的文艺翻译，如《解放日报》文艺副刊中的文艺翻译，还包括在延安地理空间外发生的由中共直接间接领导的文艺翻译，比如上海复社的文学文艺翻译等；二是延安的马列主义作品翻译，这是抗战时期延安最重要、成果最丰富的翻译活动，它的翻译产品为中共政权的法理性提供了理论支撑；三是延安翻译人才培养，为中共抗战培养了一大批战场急需的军事翻译人才；四是中共长江局、南方局的翻译活动，完成了一些重要的抗战资料和文献的翻译，特别是在中共领导人作品的外译方面做出了突出贡献，比如毛泽东《论持久战》的英译；五是延安交际处的翻译活动，突出贡献是为到访延安的中外记者参观团、美军观察组提供了翻译服务，为延安的对外交往做出了重大贡献；六是外国记者报道红区作品翻译潮，当中外国记者报道延安及革命根据地的大量作品及时翻译成了中文，对红色中国话语体系形成及形象建构发挥了巨大的推动作用。这些翻译活动都是在中共政权主导下完成的，由此可以看出，抗战时期中共中央政府非常重视翻译，从最高领导人到政府决策，都为翻译提供支持，把翻译为战争服务的功能发挥到了极致，为中共的生存和发展以及抗战胜利贡献了重要力量。

经过艰苦卓绝的斗争，中共政权在抗日战争以及随后的解放战争中都取得了胜利，于 1949 年建立起了社会主义新中国，开启了中国社会主义建设新时代。在加强经济建设的同时，新中国政府也全力加强文化建设，并急切希望把中国社会主义建设新面貌展现在世界面前，树立其社会主义新中国的正面形象，以期融入世界各民族的发展潮流之中。在这个形象建构的过程当中，翻译被委以了重任，目的是要把代表中国优秀文化和社会主义建设新面貌的作品，通过翻译在国外传播。这种对外翻译传播的需求与中国的发展同频共振，直到进入 21 世纪，随着中国国力日益强盛，在全球治理中发挥着越来越重要的作用，对外翻译传播中国文化，构建以中国自身为主体和特色的国际话语体系，成为保证中国可持续发展和民族复兴的刚需，以翻译为重要手段的中华文化"走出去"顺应成为国家战略层面的发展路径之一。这种服务国家战略的翻译成了一种国家意志和国家行为，形成了以国家机构赞助为主导的文化外译模式。

二、新中国文学文化外译战略回顾

文学是一种基于现实生活又高于现实生活的艺术审美形式。各种文化在对外交流中，都倾向选取能代表自己文化形象和特性的文学作品通过翻译对外传播，以求得自身文化在世界文明中的一席之地。中华人民共和国1949年10月成立后，中央人民政府很快于11月成立了新闻总署国际新闻局，开始以外文出版社的名义着手对外译介中国文学文化作品。"1952年国际新闻局正式改组为外文出版社，1963年又改为'中国外文出版发行事业局'，简称'外文局'，其专门职责就是编译出版外文书刊"①，以加强对外宣传社会主义中国新形象，而文学作品的对外翻译成为国家对外宣传的重要组成部分②。另外，"1951年，英文版《中国文学》（*Chinese Literature*）创刊，1953年并入外文出版社，成为当时中国内地唯一一份刊载中国文学译作的综合性刊物"③。国家政策层面也给予文学翻译很高的政治定位。1954年，新中国中央人民政府第一任文化部部长茅盾在全国文学翻译工作会议上指出："在进一步缓和国际紧张局势以及实现亚洲及世界各国的集体安全、和平共处的伟大事业中，国与国间的文化交流是一个重要的因素，而文学翻译工作，是文化交流中重要的一环。"（茅盾，1954）国务院副总理兼外交部部长陈毅在1962年与北京外国语学院学生进行谈话时，更是明确指出"外语是政治斗争的工具，……掌握了外语，[才能做一个好的翻译人员]，才可以把中国的革命斗争经验介绍出去，扩大我们的革命影响，加强对帝国主义的打击"④。

---

① 倪秀华：《"传统"的发明：建国"十七年"中国古典文学英译研究》，《广州大学学报（社会科学版）》2013年第5期。
② 倪秀华：《建国十七年外文出版社英译中国文学作品考察》，《中国翻译》2012年第5期。
③ 马士奎、倪秀华：《塑造自我文化形象——中国对外文学翻译研究》，北京：中国人民大学出版社，2017年，第137页。
④ 马士奎、倪秀华：《塑造自我文化形象——中国对外文学翻译研究》，北京：中国人民大学出版社，2017年，第141页。

有了这样一种政治定位，文学翻译肩负起了对外宣传新中国，更新世界特别是西方世界对新中国的认知，重塑新中国形象的重任。据统计，在1949—1966年的中华人民共和国首17年间，外文出版社共使用22种外文出版了4108种图书①。在所使用的外文中，英语无疑是最主要也是最重要的译介语言，因此这个时期英译的中国文学作品大致可以代表中国文学对外翻译的整体面貌。

外文出版社有两种途径出版英译中国文学作品：一是通过其英文杂志《中国文学》；二是出版单行本。《中国文学》的办刊宗旨是要对外宣传社会主义中国的新形象，翻译选材以承载新中国形象的革命历史小说和农村题材小说为主，但对于许多被认为反映时代特征的优秀长篇小说的翻译，由于受到期刊的版面限制，只能是节译或选译，如《新儿女英雄传》《平原烈火》《保卫延安》《林海雪原》《红旗谱》《青春之歌》《红岩》《太阳照在桑干河上》《暴风骤雨》《山乡巨变》《创业史》等。而这17年期间外文出版社翻译出版的英文版中国文学作品单行本"有171部之多，……其中古典文学作品17部，现代作品20部，当代文学作品则有134部，占78.36%"②，可见当代小说的英译在数量上占据绝对优势，反映出当时新中国政府热切想要向世界展示中国社会主义建设的新成就新面貌，打破西方帝国主义国家对中国共产党领导的新中国的封锁和孤立，消除敌对情绪，获得新中国政权应有的政治地位。显然，这些对外文学翻译在传播文本本身的文学价值和审美价值的同时，也夹杂着为了实现赞助机构即国家政府对外宣传与建构新中国新形象的政治意图。

1966—1976年"文化大革命"期间，本土文学创作和外国文学翻译陷入低谷甚至一度停顿，但由于国际意识形态斗争的需要，中国对外文学翻译并没有完全中断过，虽然数量有所减少，并且由于国家管控更加严格，

① 马士奎、倪秀华：《塑造自我文化形象——中国对外文学翻译研究》，北京：中国人民大学出版社，2017年，第144—145页。

② 倪秀华：《建国十七年外文出版社英译中国文学作品考察》，《中国翻译》2012年第5期。

使得作品选材更加单一。这个时期，外文出版社和《中国文学》仍然充当着对外译介中国文学的主要窗口，主要的翻译作品是《毛泽东诗词》、几部"样板戏"如《红灯记》《智取威虎山》《沙家浜》《奇袭白虎团》《红色娘子军》《白毛女》等，以及一些当时盛行的"标语口号式"作品。这些翻译行为的主要目的是为了对外输出意识形态和集体主义价值观，构建自我文化形象，彰显独立身份存在以及寻求合法性认同。

1978年12月十一届三中全会开启了中国改革开放的历程，中国进入了高速发展时期，各个领域成就斐然，综合国力大幅提升，2010年成为世界第二大经济体。美国战略家布热津斯基曾言："归根结底，控制人类共同命运的努力成败，取决于具有极端重要意义的哲学和文化层面，正是它形成了指导政治行为的重要观念和思想。"① 中国在拥有比较强大的经济实力后，更加努力向外传播自己的"哲学和文化"，着力构建自己主导的国际话语体系，以打破西方的话语霸权，打造国家软实力，提升国际治理能力。早在2002年7月，文化部部长孙家正就提出了文化"走出去"战略，要求"大力传播当代中国文化，……树立当代中国的崭新形象，把我国建设成为立足亚太、面向全球的国际文化中心"②。2006年9月，文化部出台《文化建设"十一五"规划》，提出"实施文化创新、人才兴文、中华文化'走出去'战略，不断增强中华文化的国际影响力"（文化部，2006）。以此规划为标志，中华文化走出去作为国家发展战略正式形成。

在这个文化"走出去"的战略中，翻译再次被委以重任，国家相关机构以赞助人的身份，出台了一系列大型中华文化外译项目。

三、抗战时期延安翻译活动对当下外译战略的启示意义

中国当下大力施行的外译战略与抗战时期延安的翻译活动尽管在时间

---

① 曲慧敏：《中华文化走出去战略研究》，山东师范大学博士学位论文，2012年，第21—22页。

② 孙家正：《关于战略机遇期的文化建设问题》，《文艺研究》2003年第1期。

上相隔了几十年，但从布迪厄的资本理论来看，两者资本积累的策略有着共通之处，都是牺牲短期的经济资本，着力积累长远的象征资本，其根本目的也是一致的，即助力打破旧的话语体系、建立新的自主话语体系，为构建自身崭新形象提供话语支撑。从这个意义上说，抗战时期延安的翻译活动对于中国当下的外译战略具有启发意义。抗战时期延安政权的资本占有情况已有较充分论述①，这里我们着重看看中国当前在国际场域中所占有的资本总体情况。从经济资本来说，中国在 2010 年已跃升为世界第二大经济体，所以经济资本的占有量还是相当可观的。但是中国在经济上取得的巨大成就尚未从根本上扭转西方国家对中国政体长期以来所构建的负面形象，反而"中国威胁论"甚嚣尘上。这其中当然有政治因素在操弄，"新中国成立以来，我国的社会主义制度始终面临着来自西方资本主义国家的攻击和破坏，以美国为首的西方国家依然以意识形态划线，把坚持社会主义制度的中国看成是他们资本主义制度的主要威胁"②。但从资本的构成来看，经济资本是基础资本，要想从根本上对冲西方构建的"中国威胁论"负面形象，中国还必须大力积累更高阶的象征资本（symbolic capital）③，更通俗地说就是构建软实力。而软实力的建设和积累滞后于经济实力的发展。中国要成为世界级强国，一方面要有强大的主要由经济实力、科技实力和军事实力构成的硬实力，另一方面还必须要有主要由文化、政治制度、国家形象和国际话语权等构成的软实力，缺一不可④。随着中国经济资本在国际场域中的占有量不断增加，并且在可预见的将来，很可能超越当前第一大经济体美国，国际场域中大国之间的博弈会更加激烈，这种博弈的本质是对经济资本、文化资本、社会资本和象征资本等各

① 王祥兵、穆雷：《抗战时期延安翻译活动考察与资本理论的拓展》，《中国翻译》2018 年第 1 期；王祥兵：《抗战时期延安翻译活动与社会资本》，《译苑新谭》2019 年第 12 期；王祥兵、徐芳：《抗战时期延安翻译活动与文化资本》，《翻译史论丛》2021 年第 3 期。
② 李家祥：《论国家制度软实力的主要特征》，《文化软实力》2023 年第 1 期。
③ Bourdieu, Pierre. *Outline of a Theory of Practice*. Richard Nice（Trans.）. Cambridge: Cambridge University Press, 1977, pp. 177-183.
④ 许峰：《如何科学界定当代中国的国际地位》，《国际政治与经济》2015 年第 6 期。

种资本的争夺①。从当前的国际场域来看，中国的资本积累特别是软实力资本积累有限，导致在场域中资本的位置仍处于劣势，具体表现为国际话语力量仍然较弱，国家形象也由于西方话语长期抹黑而在一定程度上被扭曲。

国家形象对于任何一个国家来说，都是一种非常重要的象征资本。中国的国家形象构建与形成经历了曲折的过程。海外的中国形象"在不同阶段有不同的主导塑造者：18世纪是法国，19世纪是英国和德国，20世纪以来主要是美国。20世纪50—60年代美国构建的中国形象主导、影响着西方的中国形象，而这一时期由于美苏冷战和朝鲜战争的爆发，中国被美国视为敌国，负面的中国形象成为抹不去的主色调"②。虽然这种负面形象的主色调在20世纪70年代随着中美建交以及中国采取"资本主义市场经济化"的改革开放政策而有所减淡，但进入到21世纪之后，负面色彩却随着中国不断崛起而有变得愈加浓厚的趋势，因为"大国崛起的速度、方向和意识形态……，会给其他国家带来疑心、戒心、嫉妒和恐惧感，引起反抗和反作用"③。中国作为一个大国，是世界重要一极，其日渐强大和崛起，冲击了当下基于西方中心主义和霸权主义的"世界秩序"，并且"对西方世界而言，中国是意识形态的'他者'，'专制''残暴'的中国形象更符合西方自我形象建构和文化身份认同的需要。"④ 对中国发展的遏制和打压，对中国形象的抹黑，也因此成了西方的"政治正确"。

当代中国与世界研究院（原中国外文局对外传播研究中心）从2011年起，在全球展开对中国国家形象的调查。2018年时调查了全球22个国

---

① Bourdieu, Pierre. The Forms of Capital. Richard Nice (Trans.). In J. E. Richardson (Ed.). *Handbook of Theory of Research for the Sociology of Education*. Westport, Connecticut: Greenwood Press, 1986.

② 姜智芹：《中国当代文学海外传播与中国形象塑造》，姚建彬主编：《中国当代文学海外传播研究》，北京：北京大学出版社，2016年，第82页。

③ 门洪华：《构建中国大战略框架：国家实力、战略观念与国际制度》，北京：北京大学出版社，2005年，第31页。

④ 姜智芹：《中国当代文学海外传播与中国形象塑造》，姚建彬主编：《中国当代文学海外传播研究》，北京：北京大学出版社，2016年，第83页。

家，其中亚洲 7 个、欧洲 7 个、北美洲 3 个、南美洲 3 个、大洋洲 1 个、非洲 1 个，获取样本 11000 个（当代中国与世界研究院，2018）。此次调查发现"2018 年海外受访者对中国的整体印象为 6.2 分（满分 10 分），与 2017 年基本保持一致，但发达国家受访群体给中国形象打的分数从 2016—2017 年的 5.6 分下降为 5.4 分"（同上），从这里我们可以隐约感受到西方发达国家对中国崛起的"恐惧"和遏制。可见，尽管中国经济资本不断强大，而以中国国家形象为代表的象征资本至少在西方国家眼里并没有跟着强大。当然，历史的发展有其周期律和客观性，不会随个人主观意志而转移，中国的崛起顺应历史潮流，同样具有必然性和客观性。但在崛起过程中，必须以举国之力和智慧，才有可能突破当前对中国极不公正、极为不利的基于西方中心主义和霸权主义的国际话语权框架。中国的文化外译战略作为一种发展路径，如何突破西方框架的限制和阻碍，真正有成效地建设中国国家软实力，构建中国良好的国家形象？抗战时期延安翻译活动的成功案例能够提供一些启发与思考。

（一）翻译助力建立一套融通中外的话语体系

抗战时期红色中国的正面形象能够成功建立起来的一个重要因素是，外国记者大量正面报道红色中国的作品在国内外广泛传播，并"在中国国内形成红色中国报道作品翻译潮"[①]，促使了"红色中国"正面话语体系的形成。20 世纪三四十年代，"汇聚延安的域外作家，为中国的国际形象认知拉开了书写'红色圣地'的序幕。国际视野中的延安形象，是在历史与社会所交织的文化语境中，被域外作家、记者的延安文本合力塑造的。"[②]这些域外作家自身的革命意识和较高的艺术创造力，使他们的延安书写具有真实的在场感和感染力。在当时的社会语境中，对"红色中国"的认知

[①] 王祥兵、穆雷：《抗战时期延安翻译活动考察与资本理论的拓展》，《中国翻译》2018 年第 1 期。

[②] 赵学勇、王鑫：《域外作家的延安书写（1934—1949）》，《中国社会科学》2018 年第 4 期。

存在两种互为对立的话语体系，一种是"红色圣地"，一种是"红色威胁"。这两种话语交织反复，交锋碰撞，而最终"红色圣地"话语体系胜出。红区报道作品及其翻译推动形成一套崭新的、融通中外的正面"红色中国"话语体系，这套话语体系极为详尽、系统，涵盖了红色中国的方方面面，取代了国民党政府那套旧的对"红色中国"污名化的话语体系，构建了生动鲜亮的红色中国正面形象，在世界范围内传播。

抗战时期延安的他者书写和他者叙事有特定的历史语境，但本质上仍然是延安本体的运作和发声。当下中国国际影响力和传播力不断提升，向世界传播中国更离不开中国自己的声音，这取决于我们自身学科体系、学术体系和话语体系的构建与发达程度。据笔者不完全统计，2018 年由中国社会科学院主办的《中国社会科学报》有超过 35 篇关于话语体系建构的文章刊出，其中的关键词比如"中国特色哲学社会科学体系""中国特色原创学术话语体系""一带一路话语体系""中国特色大国外交理论体系""中国本土文艺理论话语体系"等等，都彰显了中国在各个学科领域构建打上中国标签的自主话语体系的意图和决心。这种"社会科学中国化"趋势是中国现代化建设实践迅速发展的必然结果，"中国亟须构建一套能够阐释中国道路的理论体系和话语体系，并使这套理论体系和话语体系再普遍化"①。中国自主化的理论体系和话语体系能否真正建立，很大程度上决定了中国能否最终打破西方国家自从殖民时期建立起来的霸权主义话语体系，而创建由中国倡导的"人类命运共同体"和"一带一路"共同发展的话语体系，这对中国的可持续复兴具有重大的战略意义。

中国自主构建的话语体系要影响世界，就必须要经历一个"再普遍化"过程，在世界广泛而深入地传播，融通中外，与世界对话，被世界接受，才能真正成为世界级的话语体系，否则"这种知识会自我屏蔽、自我封闭，这种本土化的知识所承载的故事就无法让世界所理解"，这很大程

---

① 胡键：《社会科学本土化、再普遍化与中国的国际地位》，《苏州大学学报（哲学社会科学版）》2021 年第 5 期。

度上要依靠高质量的翻译对世界讲好中国故事。抗战时期延安在极为艰苦的条件下，大力开展各种翻译活动，推动"红色中国"话语体系建立，而现在中国日益强盛，开展的各项大型外译项目更应该有底气推动国家发展战略的实施，助力构建融通中外的中国自主话语体系，为建设强大的国家形象提供话语支撑。

（二） 政府不计经济成本赞助扶持翻译

抗战时期延安翻译活动生产的资本类型中，经济资本所占比重很低，很多时候甚至可以忽略不计，而把重点放在生产文化资本、社会资本和象征资本①。这样在一定时期内会导致这些翻译活动经济资本的亏空，这种亏空由政府赞助来填补，以保证翻译活动持续进行，特别是在中共急需的马列主义作品翻译方面，资助扶持的力度非常大，1938 年在延安成立了马克思列宁主义学院，下设马克思列宁主义经典著作编译部，翻译出版了大量马克思列宁主义经典著作②。

中国外译战略作为一种国家翻译实践行为，延续了抗战时期延安翻译活动的传统，国家在经济资本方面对外译项目全力赞助，比如"中国图书对外推广计划"（China Book International）赞助国外出版机构，他们出版中国图书时，中国政府资助图书的翻译等相关费用，以鼓励外国出版机构积极翻译出版中国图书；"中国文化著作翻译出版工程"则特别注重与国际出版机构合作出版中国图书，包括文学、文化、科技等方面的书籍都受到青睐，这些书籍出版时除资助翻译费用外，还资助出版及推销费用③。据统计，"中国图书对外推广计划"在"十一五"期间进步显著，"同美国、英国、法国、德国、荷兰、俄罗斯等 54 个国家 322 家出版社签订了资

① 王祥兵、穆雷：《抗战时期延安翻译活动考察与资本理论的拓展》，《中国翻译》2018 年第 1 期。
② 王祥兵、徐芳：《抗战时期延安翻译活动与文化资本》，《翻译史论丛》2021 年第 3 期。
③ 魏清光：《改革开放以来我国翻译活动的社会运行研究》，华东师范大学博士学位论文，2012 年，第 194 页。

助出版协议，涉及 1558 种图书，33 个文版，资助金额超过 8100 万元"①。还有很多外译项目，包括"熊猫丛书"项目、《大中华文库》（汉英对照）工程、"国剧海外传播工程"、"中国文化著作翻译出版工程"、"中国文学海外传播"、《今日中国文学》英译丛书、《今日中国文学》英文学术杂志、《20 世纪中国文学选集》英文版、"当代小说百部精品对外译介"工程、国家社科基金中华学术外译项目等，很大程度上都是在国家不计经济成本的赞助下进行的，主要目的是传播中国文化，构建中国国际话语体系和话语权，积极建设国家形象，同抗战时期延安的翻译活动一样，都是牺牲短期的经济资本，积累长远的象征资本。

（三） 提升翻译需求

抗战时期延安翻译活动在国内外形成了良好的双向互动，输入方和输出方都有强烈的翻译需求。翻译需求是"翻译活动得以开始、延续、完成的一种内在决定力量；它的产生可以启动、推动翻译，它的改变可以改变翻译走向，它的消失可以终止翻译"②。按照翻译需求理论，翻译活动能否持续通常取决于输入国是否有持续需要，这有三种情况："第一种情况，单单输入国有需要，翻译多半会发生；第二种情况，输入国产生了翻译需要，输出国也产生了需要，翻译必定活跃，这是最好的情况；第三种情况，如果输入国没有需要，而输出国单方面有需要，翻译活动要么不发生，要么由输出国强行开展，效果往往不佳。"③ 抗战时期延安的翻译活动对于输入方延安来说，有着强烈的需求驱动，即为延安生产文化资本、社会资本和象征资本，为延安建构"红色圣地"形象，打破封锁，赢得话语

---

① 吴娜：《"中国图书对外推广计划"十一五期间成效显著》，《光明日报》2011 年 4 月 18 日第 7 版。

② 王友贵：《从 1949—1977 年中国译史上的翻译需要审视"中华学术外译"》，《外文研究》2013 年第 1 期。

③ 王友贵：《从 1949—1977 年中国译史上的翻译需要审视"中华学术外译"》，《外文研究》2013 年第 1 期。

权和法理性①。

现今提到的"图书贸易逆差""中国的翻译方向发生逆转""译出工作量大于译入工作量"等说法，都是翻译需求的杠杆在翻译中发挥作用的具体体现。从中国国家版权局 2018 年总体版权输出和输入的数据以及图书版权输出和输入的数据来看（见表 1 和表 2），总体输出版权为 12778 项，引进版权为 16829 项，输出为输入的 75.9%；图书版权输出为 10873 项，输入为 16071 项，输出为输入的 67.7%，所以中国的版权贸易逆差问题仍然比较严重。但是研究表明，"从 2011 年开始，中国的翻译市场发生了一个里程碑式的变化。中国的对外翻译工作量首次超过了外译中。这说明，中国已经从一个输入型翻译市场变成了输出型市场"②。可见尽管中国对外版权贸易存在逆差，但是这些年随着中国文化外译战略大力实施，各种国家级大型外译项目相继展开，翻译工作量很大程度上稀释了版权贸易逆差，使中国"从一个输入型翻译市场变成了输出型市场"，奠定了输出型翻译市场的格局。

中国外译战略的重要目标是对外进行中国文化产品的输出，版权产品翻译的行为可以发生在境内，也可以在境外，普遍认为最好的情况是发生在境外，即由输入国的相关专家、学者、译者真正根据自己的翻译需求，来发生翻译行为。如果翻译行为主要发生在输出国，那么输出国必须考虑自己的翻译产品能否在目标语环境中真正得到传播，被受众接受，也就是必须要考虑目标语环境中输入方的翻译需求。前面说了翻译需求的第三种情况是："如果输入国没有需要，输出国单方面有需要而强行开展外译活动，效果往往不佳。"③

由中国官方赞助的某些外译项目可能一定时期内属于第三种情况，例

① 王祥兵、穆雷：《抗战时期延安翻译活动考察与资本理论的拓展》，《中国翻译》2018 年第 1 期。
② 黄友义：《中国站到了国际舞台中央，我们如何翻译》，《中国翻译》2015 年第 5 期。
③ 王友贵：《从 1949—1977 年中国译史上的翻译需要审视"中华学术外译"》，《外文研究》2013 年第 1 期。

如王友贵考察了"中华学术外译"文化工程得出结论：这项文化工程没有认真考虑输入国的翻译需求，而可能更多是考虑输出国官方之需，所以有可能产生事倍功半的效果①。众所周知，文化产品和学术产品更多的是属于观念层面或精神层面的东西，在资本链中属于高阶资本。中国文化外译战略的重要目的，是要为中国积累象征资本，在国际上构建中国的积极形象和话语权，这确实不是一朝一夕能够实现的目标。但我们不能消极等待，必须主动作为，"中华学术外译"项目便是中国积累象征资本的一种重要努力。当然，由于对话语的理解受制于受众的知识结构和水平，而且话语还有民族差别、语境差别、意识形态差别、宗教信仰差别等，因此用"中国话语"讲述"中国故事"，在对方需求驱动不强的情况下，"很有可能是言者有意，听者无心"②，在一定时期内造成"中国故事"传播效果不佳，有可能"产生事倍功半的效果"。但这都是中国文化、中国学术走向国际的必经之路，是中国积累高阶资本必须付出的代价。由官方机构推动的国家翻译实践强调的是长远的战略性目标，而非短期的功利性效果，在资源配置、组织实施、翻译规模、翻译质量、传播推广、长期坚持等方面具有其特点和优势。实施中华学术外译，推动中国文化"走出去"是一种典型的国家翻译行为，不能用一般的市场规则或效果好坏标准来衡量③。在国家赞助足够经济资本的前提下，吸取几十年来以国家赞助为主的外译机制中的经验教训，不断完善外译的政策和方法，并且"中国是一个具有世界重要影响的大国，中国的实践无论如何都会引起世界的关注，并进一步引发世界的认知"④，了解中国的愿望会越来越迫切，对中国文化产品和

---

① 王友贵：《从 1949—1977 年中国译史上的翻译需要审视"中华学术外译"》，《外文研究》2013 年第 1 期。

② 胡键：《社会科学本土化、再普遍化与中国的国际地位》，《苏州大学学报（哲学社会科学版）》2021 年第 5 期。

③ 覃江华：《自主知识体系建设助推话语传播》，《社会科学报》2022 年 12 月 8 日第 1832 期第 5 版。

④ 胡键：《社会科学本土化、再普遍化与中国的国际地位》，《苏州大学学报（哲学社会科学版）》2021 年第 5 期。

学术产品的翻译需求也会不断提升。

表 1 2018 年全国输出版权汇总表[①]

版权购买者所在国家或地区名称	合计	图书	录音制品	录像制品	电子出版物	软件	电影	电视节目	其他
输出版权总数（项）	12 778	10 873	214		743	19	1	928	
美国	1 228	912			273			43	
英国	533	476			16			41	
德国	507	435	29		2			41	
法国	286	244					1	41	
俄罗斯	477	452	25						
加拿大	226	103						123	
新加坡	430	334			26			70	
日本	424	408	12		4				
韩国	587	512	2		73				
香港地区	805	535	115		45	1		109	
澳门地区	67	25				1		41	
台湾地区	1 552	1 449			59	1		43	
其他	5 656	4 988	31		245	16		376	

表 2 2018 年全国引进版权汇总表[②]

原版权所在国家或地区名称	合计	图书	录音制品	录像制品	电子出版物	软件	电影	电视节目	其他
引进版权总数（项）	16 829	16 071	125	192	214	114	15	98	
美国	5 047	4 833	27	104	42	22	3	16	

---

① 数据来源：中华人民共和国国家版权局：http://www.ncac.gov.cn/chinacopyright/contents/11942/411496.html，检索日期：2020—5—16。

② 数据来源：中华人民共和国国家版权局：http://www.ncac.gov.cn/chinacopyright/contents/11942/411496.html，检索日期：2020—5—16。

原版权所在国家或地区名称	合计	图书	录音制品	录像制品	电子出版物	软件	电影	电视节目	其他
英国	3 496	3 317	26	11	99	11	1	31	
德国	881	844	9	15	2	4	2	5	
法国	1 024	970	5	9	21	7		12	
俄罗斯	83	78	0			3		2	
加拿大	127	117				7		3	
新加坡	228	222	1	2		1		2	
日本	2 075	1 993	13	17	19	19	6	8	
韩国	124	120			1	3			
香港地区	266	236	23	6				1	
澳门地区	1	1							
台湾地区	824	798	12	1	5	6		2	
其他	2 653	2 542	9	27	25	31	3	16	

（四） 增强翻译产品的国际传播能力

国际传播能力是指"国家行为体以自身综合实力为基础，以大众传播为主体，以思想、文化与价值观等为主要内容，通过运用各种传播渠道和平台构建国际文化认同，不断扩大本国文化在国际社会上的影响的能力"①。抗战时期延安翻译活动产出的许多译本得到了很好的传播，文本的内容深入人心，深刻影响了社会认知。"红色中国"话语突破封锁走向世界，成为中国共产党国际传播能力建设的经典案例，其借助他者叙事和翻译来传播延安故事、塑造延安形象，为新中国国际传播事业发展和国际传播能力建设提供了重要的经验参考②。

---

① 王向阳：《文化软实力视角下中国国际传播能力建设研究》，外交学院博士学位论文，2022年，第1页。

② 王向阳：《文化软实力视角下中国国际传播能力建设研究》，外交学院博士学位论文，2022年，第42页。

"我国20世纪80年代初期开始出版的'熊猫丛书',是一大批杰出翻译家辛勤劳动的结晶,许多翻译大家如杨宪益、戴乃迭夫妇、萧乾、杨绛、傅雷、王科一、杨必、任溶溶、草婴、傅东华等都参与了翻译"①,但由于"熊猫丛书"并未真正通过市场化手段进入国际图书流通领域,因而其传播能力有限。当然,不管"熊猫丛书"整体传播效果如何,当中的某些类译本仍然在国外产生了比较好的影响,比如当中出了一本《中国当代七位女作家选》,入选的都是有一定知名度的年轻女作家。这本书翻译出去后"卖得相当好,很受国外读者欢迎,以后再版了三四次"②。国外对中国的女性作家感兴趣也是因为国外对女权运动的重视,于是对中国女作家有兴趣。还有谌容的《人到中年》,在国内的反响很好,经"熊猫丛书"翻译到国外后销路也很好。另外"熊猫丛书"中有些翻译作品"还被英美的很多学校选为教材,比如美国明德学院(Middlebury College)开了一门课叫Chinese Literature in Translation,他们选择鲁迅的《药》《狂人日记》,茅盾的作品以及当代作品如张贤亮的《绿化树》,冯骥才的《高女人和她的矮丈夫》,张洁的《爱是不能忘记的》等作为教材,并在课堂上讨论这些作品"③。所以选择并逐步建设具有世界关怀、能与世界对话的传播内容,通过目标语环境中他者再叙述、意义再建构,能够成为加强中国文化外译产品国际传播能力的有效路径。总结起来看,"熊猫丛书"是几代人通过付出不懈努力而创造的中国文学外译第一"知名品牌",当中出版的某些作品在国际产生了较好的传播力,"它的停办停刊无论从哪个角度来看都是中国外译事业的一大损失"④。

① 魏清光:《改革开放以来我国翻译活动的社会运行研究》,华东师范大学博士学位论文,2012年,第158页。
② 耿强、熊振儒:《机构翻译与中国文学的对外译介——原中国文学出版社英文部主任熊振儒先生访谈录》,《燕山大学学报(哲学社会科学版)》2020年第5期。
③ 耿强、熊振儒:《机构翻译与中国文学的对外译介——原中国文学出版社英文部主任熊振儒先生访谈录》,《燕山大学学报(哲学社会科学版)》2020年第5期。
④ 耿强、熊振儒:《机构翻译与中国文学的对外译介——原中国文学出版社英文部主任熊振儒先生访谈录》,《燕山大学学报(哲学社会科学版)》2020年第5期。

出版机构是图书传播过程中关键的一环，但从目前情况来看，我国大部分出版机构国际化程度还比较低，还无法完全通过市场化手段参与到国际出版界的竞争中去，很多图书的国际出版还需要国家的扶持，而通过这种方式出版的图书难以在世界图书市场得到很大份额，在国际上的传播力会受到限制，比如"熊猫丛书"就是这样。这对于我国在当今异常激烈的国际文化竞争中非常不利。所以，中国文化要真正"走出去"，国家的扶持应该要有期限，赞助的力度也要有变化，除了赞助项目本身，更重要的是要赞助这些项目真正参与到国际文化市场的流通和竞争中去，与其他民族文化交流碰撞。鉴于此，在中国的外译战略中，还必须要有如何提高我国出版企业的国际化水平和国际市场竞争能力的具体措施，拓展国际文化市场，促进中国的文化产品"走出去"，在国际文化语境真正得到传播①。中国图书只有被输入国接受，中国文化才会在域外环境中焕发生命力。有了持续的生命力，才能产生蓄积中国文化象征资本的土壤，为国家形象建构打下基础。

四、结语

抗战时期延安翻译活动给予当下中国外译战略重要启示。中国外译战略的重要目标是通过对外翻译输出中国优秀文化产品，构建中国国际形象和自主话语体系，为中国获得更大国际话语权，重塑全球话语生态。随着中国经济体量不断加大，经济资本实力不断增强，中国象征资本实力相应增强，中国主导国际局势的能力在不断提升，中国自主构建的基于人类命运共同体的国际话语体系框架正在形成。尽管如此，受当前世界格局所限，中国的文化知识体系仍较难深度参与世界知识体系的建构，在日趋激烈的世界文化战争中，因为国际话语权仍比较薄弱，我们还处在比较被动

---

① 魏清光：《改革开放以来我国翻译活动的社会运行研究》，华东师范大学博士学位论文，2012年，第202—203页。

的位置。英国前首相撒切尔夫人曾断言："中国不会成为世界超级大国，因为中国今天出口的是产品，而不是思想观念。……即便中国参与世界经济贸易取得经济上的成功，中国最多也只可能成为一个物质生产大国，而在精神文化生产和创新输出上，仍然是一个无需重视的小国。"① 撒切尔的言论让我们深切体会到中国的文化思想、中国的价值观念、中国的哲学社会科学、中国自主的知识体系和话语体系"走出去"的极端重要意义，也可体会到中华文化外译战略制定者们的良苦用心，"中国必须向世界贡献思想学说和理论，才能体现中国的大国地位"②。不夸张地说，中国仍然在经历着一场艰苦卓绝的抗战，一场事关中华文明兴衰的文化抗战，在这场抗战中，中华文化外译是一种重要武器。

---

① 项久雨：《中国价值观念国际传播的三大目标》，2017 年 7 月 14 日，人民网：http://theory.people.com.cn/n1/2017/0714/c40531—29404414.html，检索时间：2020—5—21.

② 胡键：《社会科学本土化、再普遍化与中国的国际地位》，《苏州大学学报（哲学社会科学版）》2021 年第 5 期。

翻译学刊
·2023年第2辑·

194

《论语》英译海外传播的问题及对策

张兵兵　鹿晓芳①

摘要：推动《论语》英译在海外传播是中国文化"走出去"的重要途径，但目前仍面临着诸多挑战。本文将《论语》英译分为普及型、学术型和文化型，分析这三类译本的特点及其在海外的传播现状，倡导新时代下传播新路径，通过新的传播媒介满足新时代读者的需求。从文化传播的角度重新审视译本、译者、翻译策略和传播方式单一等问题。同时，就如何解决现存的翻译和传播问题，更好推动《论语》走向世界提出思考和建议，包括丰富译本类型、有序传播，译者协同合作、加强队伍建设，异化为主、归化为辅的翻译策略和更新传播媒介。

关键词：《论语》英译；海外传播；问题；对策

Title：Problems and Countermeasures in the Overseas Dissemination of English Translation of *The Analects*

Abstract：Promoting the dissemination of English translation of The Analects overseas is an important way for Chinese culture to "go global", but it still

---

① 作者简介：张兵兵，周口文理职业学院通识教育学院助教，研究方向：典籍翻译、社会语言学；鹿晓芳，东北石油大学外国语学院英语系助教，研究方向：英汉翻译、口译教学。

faces many challenges. This paper divides the English translation of The Analects into popular, academic and cultural types. It analyzes the characteristics of these three types of translations and their dissemination status in overseas. It also advocates a new path of dissemination in the new era to satisfy readers in the new era through new media demand. From the perspective of cultural communication, re-examining the issues of translation, translators, translation strategies and dissemination methods. At the same time, it puts forward several thoughts and suggestions on how to solve the existing translation and dissemination problems and better promote the *The Analects* to the world, including enriching the types of translations, dissemination in a well-organized way, synergistic cooperation between translators, strengthening translator staff, the translation strategy of taking foreignization as a main way and domestication as a supplementary one and updating the media of dissemination.

Key words: English translation of *The Analects*; overseas dissemination; problems; countermeasures

引　言

当今世界，文化软实力已成为衡量一个国家综合国力的重要标准。不同文明之间的相互碰撞，相互对话，促进了世界的繁荣发展。随着国力日益强盛，我国对外交流的需求也越来越强烈，态度越来越积极。《论语》作为中华传统文化经典，蕴含着古人的智慧，具有极高的哲学价值。对《论语》英译的各种译本加以分析，深入研究译本的传播路径以及接受程度，对于增强中国的文化影响力具有重要意义。《论语》在西方的译介、传播与研究可以追溯到 16 世纪。自罗明坚（Michele Ruggleri）、利玛窦（Matteo Ricci）后，西方各界逐渐认识到《论语》的价值，对《论语》产生了浓厚的兴趣，迄今也有两百多年历史。黄国文教授提道："至今《论

语》的英译本已超过 60 种。"① 这些译本，在不同的历史时期，都对我国
文化典籍的海外传播发挥了重要作用。

国内外有学者从不同角度对《论语》诸多英译本做过专门论述：国内
的陈亚君②、李霜③和王东波④等人分别从哲学阐释学、文化差异和翻译目
的角度指出辜鸿铭译本过度归化存在的问题；王辉⑤、陈可培⑥和张雪飞⑦
等人从微观的角度探讨理雅各（James Legge）⑧译本在形式、语义和文化
上的处理方式。国外的 Wing-Tsit Chan⑨ 认为林语堂译本翻译细致、质量较
高，达到了"信""美"的程度；John Makeham 和 Edward Slingerland 对白
氏夫妇的《论语》英译本进行评述，认为该译本从政治角度着手，虽行文
臃肿，但也为海内外文化交流做出了诸多贡献。总体来看，国内外对《论
语》英译的研究重点在于翻译本身，从某种程度上解决了《论语》英译本
翻译策略方面的问题。但这些研究还停留在译文质量或跨学科探究的层
面，对英译本在海外的传播关注较少。翻译《论语》很重要的一个因素是
要让优秀的传统文化走向世界。但就目前而言，大多是西方经典引入中
国，国内的文化经典走出去的不多，而且接受程度不够理想。到目前为
止，现有的儒家经典翻译并不理想，在语言形式、思想内容及文化蕴含诸

---

① 黄国文：《典籍翻译：从语内翻译到语际翻译——以〈论语〉英译为例》，《中国外语》
2012 年第 6 期。

② 陈亚君：《辜鸿铭〈论语〉英译本中的视界融合》，《江汉大学学报（人文科学版）》
2008 年第 3 期。

③ 李霜：《辜鸿铭英译〈论语〉得失评》，《西南民族大学学报（人文社科版）》2008 年第
3 期。

④ 王东波：《辜鸿铭〈论语〉翻译思想探析——文化翻译的范例》，《孔子研究》2011 年第
2 期。

⑤ 王辉：《从〈论语〉三个译本看古籍英译的出版工作——兼与刘重德教授商榷》，《广东
外语外贸大学学报》2003 年第 3 期。

⑥ 陈可培：《偏见与宽容翻译与吸纳》，上海师范大学博士学位论文，2006 年。

⑦ 张雪飞：《语义翻译策略的应用——以理雅各〈论语〉英译本为例》，《洛阳师范学院学
报》2009 年第 6 期。

⑧ Legge，J. （Trans.）. *Confucian Analects，the Great Learning，and the Doctrine of the Mean*（*re-
vised 2nd edn*）. Oxford；Clarendon Press，1893.

⑨ Chan W T. "The Four Books——Confucian Classicsby Chêng Lin". *Philosophy East and West*，
Mar. 1951，pp. 79-80.

方面存在不足或者缺失①。对此王宏印先生指出："毋庸置疑，虽然我们取得的成就很大，但国内的翻译、出版的组织质量良莠不齐，加之推广和运作方面的困难，使得外文形式的中国典籍的出版发行多限于国内，难以进入世界文学的视野和教学研究领域。"② 因此，如何才能让《论语》英译在海外成功传播是亟待解决的问题。

一、现状

第一，目前《论语》经典英译本大致可分为三类：普及型、学术型和文化型。普及型译本的读者定位决定了其译文极高的可读性和可接受性，该类译本在措辞上基本都采用了现代的、日常使用的语言，摈弃了陈旧过时的用语和繁复冗长的表达，以便于一般大众的理解和接受③。就传播而言，普及型译本具有很大的优势。该类译本以海外普通大众为目标，站在西方人的角度去思考，借助西方熟悉的表达方式来翻译孔子与其弟子之间的对话，多用小词，结构简单，能够激发读者兴趣。国内辜鸿铭译本 The Discourse and Sayings of Confucius 于 1898 年由上海 Kelly & Walsh 出版社出版。辜译以读者为中心，采用高度归化的翻译策略。范敏曾借助语料库分别为里雅各、辜鸿铭、刘殿爵等五个译本进行考察，发现辜译在翻译过程中可能有意识地减轻类符数量，降低文本阅读难度④。例如："子曰：伯夷、叔齐不念旧恶，怨是用希。"辜译为 Confucius，remarking of two ancient worthies，famous for the purity and saintliness of their lives and character，said，"They forgave old wrongs；therefore they had little to complain of the world."

---

① 赵彦春、吕丽荣：《国学经典英译的时代要求——基于外文出版社出版的〈英韵：三字经·弟子规·千字文〉》，《外语教学》2016 年第 4 期。

② 王宏印：《中国文化典籍英译》，北京：外语教学与研究出版社，2009 年，第 6 页。

③ 姜倩：《普及型〈论语〉英译应何作为？——基于对八个海外译本的思考》，《上海翻译》2017 年第 3 期。

④ 范敏：《〈论语〉五译本译者风格研究——基于语料库的统计与分析》，《北京航空航天大学学报》2016 年第 6 期。

他将"旧恶"译为"old wrongs","怨"译为"complain",采用通俗易懂的词来传达原意,由此可见一斑。国外森舸斓①的译本 Confucius：Analects, with Selections from Traditional Commentaries 于 2003 年由 Hackett 出版公司出版。该译本也属于普及型,他加了副标题"With Selections from Traditional Commentaries",在译文中,引入了许多古人对《论语》的注疏,还在此基础上添加了自己的一些见解,来帮助读者更好地理解。森译能够引导读者去查阅更多的背景知识,对《论语》乃至中国文化进行思考。相比于其他译文,森译用字也比较多,译文中加入了许多解释性内容,更利于读者的理解。对术语的处理,他采用拼音、汉字与注释相结合,如 concern oneself with（xiang- guan 相关）, irregular excess（xiepi 邪僻）, inborn destiny（xingming 性命）, theoretical teaching（yanjiao 言教："teaching through words"）与 virile/healthy-vital essence（yangqi 阳气）等的翻译。学术型的译本往往偏重于某一个方向,引入许多专业术语,有些阐述过于深奥,读者需具备一定的专业背景知识。刘殿爵译本 Confucius：The Analects 于 1992 年由香港中文大学出版社出版。刘殿爵精研哲学及语言学,对中国古典有独到的见解。在翻译《论语》时,着重解读《论语》中的哲学概念,对一些哲学术语采用加注的方式进行阐释,用词严谨,准确精练。如孔子关于学思的教育理念,他在翻译的过程中,还加入了二者的哲学辩证关系,指出"学"与"思"既有区别又有联系,"学使人与人之间有差异,也使一个人道德上得以成长;学则是学习前人智慧的一个重要途径"。即"Like learning,hsueh makes a difference to a man as a person. Hsueh enables a man to be a better man morally"。还有对"君子"和"小人"的对等关系,"忠"和"礼"等道德关系,"善"与"恶"的辩证关系等哲理性概念加以诠释。另外,安乐哲（Roger T. Ames）也从哲学角度翻译《论语》,他与罗斯文译本 The Analects of Confucius：A Philosophical Translation 于 1998 年由

---

① Slingerland,E. Confucius：Analects,with Selections from Traditional Commentaries. Indianapolis：Hackett Publishing Company Incorporated,2003.

纽约 Ballantine 公司出版。孙际惠指出安译从比较哲学的角度对《论语》等中国哲学著作进行诠释和翻译，试图从本质上了解中国文化。[①] 他在翻译时考虑到中西读者的认知差异，多采用创译的策略，为中西方哲学对话打开了新的渠道。庞德（Ezra Pound）[②] 于 1951 年翻译出版了《孔子：大学、中庸和论语》（Confucius：the Great digest，the Unwobbling pivot，the Analects）。因他本人既是一位翻译家，也是一位诗人，所以他从诗学维度对《论语》进行解读，给读者带来一个全新的视角。庞德在翻译《论语》时并不主张逐字逐句地直译，而是根据自己的想法进行理想化创译。由于其创意翻译法与中国翻译批评所坚持的标准相去甚远，他的译作在中国不仅一直没有被作为翻译佳品而得到充分的肯定，反而被看成劣质译品，成了翻译和文化批判的靶子[③]。但庞德本人对外界的批判不以为然，他坚持翻译即是创作，赋予了《论语》诗学的生命。庞德翻译思想的核心是他忽视原文的现实存在，极端强调译者生命本体与原文生命本体的交流互动，过度拔高译者个体对原文艺术体验的价值[④]。他在翻译的过程中，透过表面文字，重新构造意象，展现出一种异域东方的魅力。如《论语》中最为人熟知的一句话"学而时习之，不亦说乎？"庞译为"Study with the seasons winging part，is not this pleasant？"他将意义看作一个整体，把汉字的外衣揉碎，再根据诗学进行重新编排。从《论语》英译史来看，庞德是一个转折性人物。自庞德开始，《论语》的英译逐渐淡出了西方中心主义的影响，步入了文化多元化主义的新历史文化语境[⑤]。

《论语》包含了大量的中华传统伦理文化，文化型译本旨在将这些优秀的传统文化发扬光大。范敏指出，文化一般可以分为语言文化、宗教文

① 孙际惠、屠国元：《美国汉学家安乐哲〈论语〉英译研究》，《北京行政学院学报》2014 年第 3 期。
② Pound, E. Confucius：The Great Digest，The Unwobbling Pivot，The Analects. New York：New Directions，1951.
③ 王贵明：《论庞德的翻译观及其中国古典诗歌的创意英译》，《中国翻译》2005 年第 6 期。
④ 周建新：《庞德翻译观探析》，《东北师大学报（哲学社会科学版）》2011 年第 4 期。
⑤ 李钢、李金姝：《庞德〈论语〉英译研究》，《湖南社会科学》2013 年第 1 期。

化、物质文化、社会文化、精神文化与生态文化等多个领域。她还将《论语》的文化维度划分为仁爱心、长期导向、和谐性与道德规则①。该类译本最显著的特点就是附加许多背景知识，让读者在了解《论语》的同时，对中华文化也能产生浓厚的兴趣。英国汉学家韦利（Arthur David Waley）翻译的 The Analects of Confucius，以清儒的义理为旨归，目的是传达出《论语》编写者的原意②。韦译内容十分丰富，批注多达一百余条，涉及大量文化信息，具有信息性、知识性和文化性的特点。韦译既没有辜鸿铭那样强烈的解释意愿，也没有理雅各那种明确的宗教目的，他坚信"一个时期一个孔子"的理念。西方学者将韦译本视为西方最具才学的译本，虽然其译文亟许多问题亟待商榷，但其长篇导论以及译文中的批注引人入胜，他征引的《论语》注疏使自己的译本十分厚重，较全面地传递了中国优秀文化的思想内涵。近代英国著名汉学家理雅各的译文 Confucian Analects，始于1841年，完成于1861年并出版。作为传道士，其译本隐含着许多西方的基督教意识形态，"以西释中"和"以耶释儒"是最明显的特征③。他本人非常热爱中国传统文化，热衷于研究中国典籍以及古代圣人的思想，在向中国传教的同时，借助《论语》把中华文化解释给西方的学者和传教士。在译文中，理雅各征引了300多种重要儒家注疏，融入了古往今来的儒家学术传统，水平非常高④。他采用语义翻译策略，译文包含许多中国文化知识，为东西方文化交流做出了巨大贡献。对于外国读者而言，这无疑是一种非常便捷而又可以深入了解中国文化和典籍的方式，对于中国文化走出去的实践具有深远的启示意义。

第二，《论语》英译目前在海外的传播的路径主要分为两种：外部路径和内部路径。这里只重点探讨对《论语》英译在海外传播起直接作用的

---

① 范敏：《〈论语〉的文化维度与翻译策略》，《天津外国语大学学报》2015年第5期。

② 何刚强：《文质颉颃，各领风骚——对〈论语〉两个海外著名英译本的技术评鉴》，《中国翻译》2007年第4期。

③ 谷慧娟：《〈论语〉英译与中国文化"走出去"》，《出版发行研究》2019年第3期。

④ 费乐仁、袁鑫恣：《传教士汉学家的中国经典出版的比较：理雅各、顾赛芬、卫礼贤》，《国际汉学》2013年第1期。

内部传播路径，包括文学、教育和活动三个方面。具体见下图：

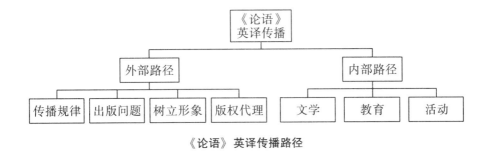

《论语》英译传播路径

　　《论语》作为文学经典，不仅在中国，而且在世界文学史上都占有重要地位。《论语》的传播本身就是一种文学传播，前面提到的从诗学、哲学等角度翻译《论语》就具有很强的文学色彩。就传播而言，分布在国外的孔子学院具有得天独厚的优势。在中国文化"走出去"的文化战略中，想要将代表中国文化的作品译介出去，我们不妨借助汉学家、版权代理和国外权威出版社的力量，同时也要借助华裔。在这一过程中，孔子学院和汉语国际教育无疑就有了用武之地①。国外早已掀起"汉语热"的潮流，要学好汉语，就有必要让他们了解中国文化，了解《论语》。孔子学院开设的《论语》专题课程，既能让国外学生识解《论语》的汉字，又可了解《论语》的文化内涵。另外，国际《论语》英语朗诵、《论语》思想辩论赛、《论语》学术交流会等活动也在不断提高《论语》知名度。增加留学生出国交流学习的机会，利用会议和国际访学等形式向海外汉学家和民族学家推介文学典籍，吸引海外人才的关注，推动合作研究②。

　　第三，新时代对《论语》英译又有了新要求，翻译是活的，跟随时代的步伐才能不断获得新生。范敏从微观视角提出新时代《论语》翻译传播创新路径，通过研究《论语》的海外传播与信息反馈情况，注重儒家哲学

---

① 李伟荣：《中国文化"走出去"的外部路径研究——兼论中国文化国际影响力》，《中国文化研究》2015 年第 3 期。
② 刘雪婷、刘瑾玉：《对话与问题：少数民族文学典籍外译研究与接受现状述评》，《民族翻译》2019 年第 3 期。

的重新诠释，可以有助于提高《论语》在世界文化多元化语境背景下的异域接受，并促进全球文化趋同化与本土化的互动与认同①。如下图：

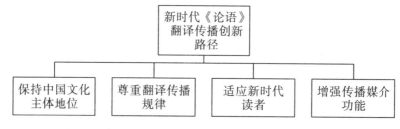

新时代《论语》翻译传播创新路径（引自范敏，2019）

新时代下《论语》英译传播的重点在于通过新的传播媒介满足新时代读者的需求。海外广大读者的接受情况决定了文化传播的成功与否，但译本的接受程度很难进行评估。新互联网信息时代使《论语》英译的传播程度和读者反馈等数据管理成为可能，为满足海外读者需求提供了技术保障。有了可靠的反馈信息做支撑，就能有针对性地推出新译本。

二、《论语》英译海外传播的问题

传统的《论语》英译研究只是关注译者与译者所使用的翻译策略，单纯从质量去批判译本的好坏，但何为好的翻译策略一直都不是一个不变的定数。当然，有人会说，采用恰当的翻译策略，但有的时候，完全传达了本意并不意味着就是好的译作。翻译的目的在于跨越时空传播知识信息、启发民智，或构建译入语文化，或扩大原语文化在海外的影响力。译者的译文信息只有被异域的读者阅读接受，才能达到传播知识的功效，跨文化交际才算成功②。因此，需要在文化传播的视角下，对译本、译者和翻译策略等问题进行重新思考。

---

① 范敏：《新时代〈论语〉翻译策略及其传播路径创新》，《西安外国语大学学报》2019年第3期。

② 张永中：《变译和全译在文化对外传播中的不同效度》，《上海翻译》2018年第4期。

（一） 译本问题

目前，在海外流通的《论语》译本可谓琳琅满目，让读者看得眼花缭乱。上文也已提到，目前《论语》英译译本可分为普及型、学术型和文化型，但这远不能满足海外读者的需求。以普及型为例，有些读者仅仅是想快速了解一下孔子及《论语》，但辜鸿铭和森舸澜二人的普及型译本，都占很大篇幅，对《论语》缺乏概括性总结。另外，大多数译本未明确指出译本的目标读者群，译本的混乱导致读者难以找出符合自己要求的译本。造成译本混乱的原因还包括缺乏政府相关部门的有效管控，各类译本肆意发行，缺乏有效的宣传和引介。如果不能形成一个规范有序的传播模式，只会打消海外读者的积极性。

（二） 译者问题

由谁来译一直是中国典籍英译的热点问题，尤其是在当前实施中国文化"走出去"战略时代，译者对于典籍的海外传播起着至关重要的作用。一直以来，我国文化典籍的传播主要依靠两种译者力量：国内和海外。目前存在的问题是：海外译者的译作主要在海外发行，国内译者的译作则主要在国内发行，彼此缺乏交流①。海外译者汉语水平极其有限，对《论语》意义的解读时常出现偏差。另外，由于文化的差异所造成的误读也比比皆是。辜鸿铭就认为理雅各的译文存在很大问题，有许多错译、改译的现象。庞德从诗学角度诠释《论语》，为了符合诗歌的结构和意象，多处使用"拆字"的翻译策略，完全按照字意翻译，随意更改原义。虽然庞德的译文在海外产生了深远的影响，传播了中国传统文化，但他笔下的孔子与中国的孔子形象并不完全相符。国内译者对《论语》的理解要远远高于海外汉学家，这对于翻译而言是成功的第一步。但目前来看，有些译者虽能理解到位，但英语水平参差不齐，表达存在很大问题，译本又缺少专家审

---

① 王宏印：《中国典籍英译：成绩、问题与对策》，《外语教学理论与实践》2012 年第 3 期。

核，这样的译文在海外流通会影响《论语》在国外的文化形象，反而不利于中国文化"走出去"。另外，《论语》翻译是一种特殊的翻译，对译员的要求很高。译者不仅要有较高的双语水平，还需具备很高的传统文化知识和素养。据统计，中国开设翻译专业的院校共215所①。大多数的翻译专业只是分为口译和笔译两种，对于笔译专业，没有进一步细化，缺少专业型口笔译人才。但从市场来看，紧缺的是文学、科技、医药、化工、汽车、旅游、贸易等翻译人才，普通的笔译或口译学生很难满足这一需求。目前，做典籍翻译的译员多为英语专业的学生或学者，他们缺乏丰富的古典文化知识，这是需要重点加强的地方。此外，无论是典籍翻译的学生还是译者，都只是考虑自身的译文质量，并没有意识到他们还肩负着推介优秀传统文化的使命，缺乏民族自信心。说到底，《论语》英译的传播是要向全世界展现中国文化的魅力，努力实现从文化大国向文化强国的转变。文化的传播如果不以文化自信为中心，传播的成效就会大大折扣。

（三）　翻译策略

纵观不同的国内外《论语》英译，译者所采取的翻译策略也各不相同，但出于传播的目的，具体的翻译细节有必要细细考量。辜鸿铭英译《论语》的过程中采用高度归化的翻译策略，根据需要进行增译、改译和加注的方法，借助西方表达方式，巧妙引进诸多西方事物，迎合了国外读者的口味，对于中华文化在海外的传播起到了一定的积极作用。但过度归化的《论语》不再是原汁原味的传统文化，这种译文里的孔子是西化的孔子，会诱导西方读者，塑造一个不符合实际的孔子形象。相反，异化的翻译策略能够最大限度地保留传统文化的蕴含，呈献给读者最真实的孔子。安乐哲的译本就以异化为主，忠实于原文。但这类译本对于海外读者来说，理解难度较大，会削减他们对中国文化的兴趣，不利于文化的传播。

---

① 张士东、彭爽：《翻译专业学位研究生教育招生院校存在问题与对策》，《上海翻译》2018 年第 2 期。

（四） 传播方式单一

《论语》英译最本质的目的是要宣传中国优秀的传统文化，增强文化影响力，赢得国际话语权。即便筛选出优秀的译作，如果没有有效的推介和宣传方式，也难以为海外读者所知。《论语》英译在海外的推介和宣传力度远远不够，传播方式单一，与时代主流媒介脱轨。向海外推广的《论语》译本多为传统的纸质书本，易丢失、易损坏，读者需到特定书店购买，极为不便。大多海外读者更青睐于电子版文档，可以在电脑网站和Kindle与阅读器上阅读。《论语》英译的宣传方式也比较传统，与主流媒介脱节严重，缺乏新意，难与新时代读者产生共鸣。就连国内最有影响力的辜鸿铭译本，中华书局虽两次再版，但也只是供国内读者参考学习，并没有本着传播优秀文化的目的在海外大力宣传。

三、对策

《论语》在海外的传播已有四百多年历史，虽然取得了一定的成效，但目前来看，依然有许多外国人不知道孔子的存在，不理解中国文化的魅力。我们针对上述提到的问题，找出有效的解决方法，能够正确引导《论语》在海外的传播，加强推进中国文化"走出去"战略，提高中国的文化影响力。

（一） 丰富译本类型， 有序传播

纵观《论语》译本的出版时间，各种类型的译本基本上是同时出现的，这就给想了解中国文化的海外读者造成了困扰。有的读者只是想了解中国的传统文化，读的却是学术型的译本，不但在阅读上有很大困难，积极性也会受挫。因此，首先应该定位在普及型译本，信息性文本当先，先让外国人对中国的文化产生兴趣，了解中国文化。在此基础上，学术型、哲学型译本跟上，以此来满足国外研究学者的需求。还可以将读者群分为不同的层次，推出不同类型普及型和专业型译本：概括型普及译本言简意赅，清晰明了，无须过多的批注或评述，带领读者快速领略中国文化；翔实型普及译本增添许多副文本、内容充实，适合有意深入了解典籍原文及其历史文化内涵的非专业读者；哲学专业型为致力于深入研究《论语》哲思提供便利。另外，考虑到《论语》内容颇多，可按专题分章节依次推广。

（二） 协同合作，加强队伍建设

大家普遍认可，要想将"中国情调"与海外读者的语言习惯更好地融合在一起，应首选母语为外语、又精通汉语和中国文化的译者①。海外译者能够从多个角度来解读《论语》，为《论语》不断注入新鲜血液，有助于《论语》符合时代发展的需要。国内译者对《论语》理解透彻，能较完整地保留孔子的思想。从文化传播的角度来看，《论语》翻译应结合二者的优势，中外译者协同合作，或者一方翻译，一方进行校对也是一个值得考虑的方法。这样能大大减少理解和表达上出现的错误，可以兼顾到国内外的读者。杨宪益、戴乃迭所译《红楼梦》在海内外受到了一致好评，是值得我们借鉴的。建立起中外翻译家、学者合作交流的对话平台，开展《论语》英译讨论专题，共创高质量译本。另外，海外华侨也能担负起这个职责，他们具有单语译者不具备的潜力，能够灵活地在双语之间进行转换，熟知中西方文化差异，在忠实与可接受中间找出恰当的平衡点，译本会取得意想不到的成功。另外，先应从高校入手，培养高素质典籍翻译人才，加强译员队伍建设。高校应注重培养典籍翻译专业人才，MTI 专业的学生专业细化，精益求精。对于典籍翻译学生而言，首先要掌握诸如《论语》在内的国学经典，提高自身的文学素养。在此基础上，重点学习文言文句式的翻译技巧，总结古文的语法规律，形成自己的翻译范式。汉译外

---

① 龙晓翔：《大数据时代的"大翻译"——中国文化经典译介与传播的若干问题思考》，《外国语》2019 年第 2 期。

教师须具备理解文化典籍的能力，特别是中国传统文化典籍，不但要了解典故和技术发明，还要有丰富的百科知识①。他们也应担负起传播《论语》等经典典籍的重任，在深入钻研《论语》的基础上，取其精华，将中国文化传递下去。翻译公司也应培养能力出众的典籍翻译译者和校稿专家，相比高校，他们有丰富的市场和网络资源，借助计算机网络，建立典籍语料库，形成一套独立的典籍翻译运作机制。《论语》英译的传播要以我为中心，帮助译者树立文化自信意识。毕飞宇曾在访谈中提道："我们最好不要急着去送，而是建设自己，壮大自己，让人家自己来拿。"② 国家强大，文化强大，才能在国际上拥有话语权。许渊冲先生在翻译《论语》时不去套用当下时髦的西方语汇，而是从中国文化本身汲取智慧，并努力使理论的表述通俗化、汉语化和民族化③。许渊冲先生真正做到了文化自信，向海外传播了具有中国特色的优秀文化，为典籍英译译者树立了榜样。

（三） 异化为主、 归化为辅

在不同翻译目的和翻译理念的导向下，能动地选择翻译策略，是译者发挥主观能动性的一大体现④。我们应该从实际出发，搞清楚现状，有些中华文化特有的文化负载词，要灵活翻译。如果中国已是文化强国，掌握了话语权，一些术语完全可以使用音译，如道（Dao）。但中国目前尚处于发展阶段，文化影响力还在逐步扩大，盲目归化只会打消一些外国受众的兴趣和积极性，传播的效果就会大打折扣。因此，要从中国文化实力及影响力的实际出发，适当迎合国外读者的口味，必要时可根据时代的需要做适当修整。即整体上以异化为主，保留中国文化的精髓，这是文化传播的

---

① 贾洪伟：《中华文化典籍外译的推进路径研究》，《外语学刊》2017 年第 4 期。
② 高方、毕飞宇：《文学译介、文化交流与中国文化"走出去"——作家毕飞宇访谈录》，《中国翻译》2012 年第 3 期。
③ 张西平：《中国古代文化典籍域外传播研究的门径》，《中国高校社会科学》2015 年第 3 期。
④ 王秀文、阮玉玉：《译者在思想文化传播中的能动性探究——〈华英字典〉中儒家典籍英译研究》，《外语与翻译》2019 年第 3 期。

大前提。一些晦涩的概念可适当归化处理，以降低阅读难度。徐珺通过对比评述《论语》的辜译、韦利的译文及其对中华文化信息的保留或篡改，从译入语读者的接受效果等方面，充分说明了在中华典籍英译中，应采取异化策略为主、归化策略为辅的翻译策略，以最大限度地体现文化和谐观原则①。另外，在异化的过程中，应考虑副文本的作用。在译文中保留中国传统文化负载词，并通过副文本加以解释说明，既能激发读者的阅读兴趣，同时也开阔了文化传播的知识面。尚延延强调，副文本同正文本一样，对《论语》这类典籍的意义表达起着核心作用，而译者采取不同的正副文本处理方式既是特定时期下译者的个体选择，又是译本所展示的译者所处时代的情景与文化语境作用的结果②。桑龙扬曾提到公理化翻译方法，即用一种西方人熟悉的逻辑结构和公理化体系，以"公理化"方式诠释并翻译《论语》，将儒学经典译介给国外读者，从而超越中西方文化和思维模式的差异，可以消除中西方的文化和方法论的壁垒，使孔子思想更为凸显和清晰，达到更好地传播中国文化的目的③。相信只要打好传播的基础，中国文化走出去的道路会越来越通畅。

（四） 更新传播媒介

科技发展日新月异，给《论语》英译的传播带来新的机遇。网络时代使得《论语》英译的传播不必再限制于枯燥的书本，音频、视频和插图等更能吸引海外读者。陶友兰④曾建议《论语》译本可以多模态推广，通过电子版、网络版、视频版和漫画版等多种译本形式广泛传播。官方可以通过审核，筛选符合时代发展，能够展现中国优秀文化的译本，分别制作《论语》英语朗读、《论语》英译插图，《论语》趣味视频等小项目，在诸

---

① 肖家燕、李儒寿：《交流与传承——第二届〈论语〉翻译研讨会综述》，《中国外语》2013 年第 1 期。
② 杨林、闫丽君、王冬梅：《传承、发展与创新——第四届〈论语〉翻译研讨会综述》，《中国外语》2014 年第 6 期。
③ 桑龙扬：《〈论语〉公理化诠释与翻译的理据和实践》，《上海翻译》2018 年第 1 期。
④ 陶友兰：《〈论语〉英译海外传播多元化策略》，《中国社会科学报》2018 年 10 月 19 日。

如 Facebook 和 Instagram 等国际流行的新媒体平台有序发布。国内的抖音、微信和微博在海外也有许多用户，也可以以专题的形式及时推出迷你《论语》英译系列。这些平台也有评论功能，对于海外用户的疑惑，官方还可以进行解答，起到了副文本的效果。这样一来，海内外的用户也能参与其中，在交流中达到传播的目的。近几年，"互联网＋"这种将新信息技术与传统产业相结合的发展模式迅速崛起，各行各业迎来了全新的发展。开发"互联网＋《论语》英译"协同合作翻译模式，既能提高效率，也能保证译文质量，为文化传播开辟新路径。

结　语

随着我国"一带一路"和中国文化"走出去"战略的实施，中国的国际影响力在日趋增长。我们应该秉持高度自觉和高度自信的原则，积极构建中西方交流的文化平台，全面、系统、有计划地译介中国传统典籍，弘扬优秀的传统文化。《论语》在西方的译介、传播、接受与研究的过程，是中国文化在西方译介、传播与接受的一个缩影①。《论语》英译在海外的成功传播，有利于提升中国文化软实力、文化认知度，增强国际社会对中国的认同感，树立文化强国的形象。

---

① 李伟荣、梁慧娜、吴素馨：《〈论语〉在西方的前世今生》，《燕山大学学报》2015 年第 2 期。

翻译符号学探索

《翻译学刊》2023年第2辑

"翻译符号学"的名与实

吕红周　王铭玉①

摘要：随着翻译活动日益复杂，翻译对象已远远超出自然语言的范畴。除了从一种自然语言到另一种自然语言的语际翻译、自然语言内部的语内翻译，还涉及手语、盲文、密码、仪式、旗语、声音、光影、颜色、形状等非语言符号系统或多模态符号系统转换，以自然语言为研究对象的传统翻译理论亟须拓展研究视野。在此背景下，翻译符号学这一新兴跨学科研究领域不断发展。翻译符号学属符号学分支学科，以符号转换为研究对象，持皮尔士"翻译就是符号活动"的广义翻译观，探究符号转换过程中符号载体、符号对象、符号解释项、符号主体为核心的各主客观要素的互动关系。本文首先梳理并分析翻译符号学研究的国内外概况，从认识论角度揭示翻译符号学存在的合法性、理论阐释的有效性以及学科融合发展的必然性，从本体论角度探究翻译符号学的研究对象、核心概念，推动翻

① 作者简介：吕红周，博士，湖州师范学院外国语学院副教授，天津外国语大学语言符号应用传播研究中心研究员，研究方向：翻译符号学、符号学批评等；王铭玉，博士，天津外国语大学二级教授，博士生导师，研究方向：语言学与符号学。

基金项目：本文为教育部人文社会科学研究规划基金项目"翻译符号学研究"（项目编号：23YJA740027），国家社科基金重点项目"中国共产党百年翻译成就研究"（项目编号：22AZD006），北京语言大学语言资源高精尖创新中心项目"中央文献核心语汇多语种词典编纂和数据库开发"（项目编号：KYD19027）的阶段性成果。

译符号学的理论建构。

关键词：符号学；翻译学；翻译符号学

Title：The Name and Nature of Translation Semiotics

Abstract：With the increasing complexity of translation activities, the object of translation has gone far beyond the scope of natural language. In addition to the interlingual translation from one natural language to another and intralingual translation within natural language, it also involves nonlinguistic sign systems or multimodal sign systems conversion such as sign language, braille, cipher, ritual, flag language, sound, light and shadow, color, shape, etc. The traditional translation theory with natural language as its research object needs to expand its research field. In this context, translation semiotics as a new interdisciplinary discipline has begun to emerge. Translation semiotics, a branch of semiotics, takes sign conversion as its research object, holds the generalized view：translation is semiosis, explores the interaction between the subjective and objective elements of sign vehicle, object, interpretant and subject in the process of sign conversion. This paper firstly combs and analyzes the general situation of translation semiotics studies at home and abroad, reveals the legitimacy of the existence of translation semiotics, the effectiveness of theoretical interpretation and the inevitability of disciplinary integration from the perspective of epistemology, explores the research object and core concepts of translation semiotics from the perspective of ontology, and promotes the theoretical construction of translation semiotics.

Key words：semiotics；translation studies；translation semiotics

一、翻译符号学：翻译研究的新范式

20 世纪 50 年代以来，翻译研究经历了多种研究范式，如语言学范式、文化学范式、社会学范式、认知科学范式、技术范式、符号学范式等，其跨学科本质日益凸显。综合考察翻译现象，多维度认识翻译的本质、规律、方法、功能、标准、效果等成为不同学科关注的热点，出现了语料库翻译学、认知翻译学、社会翻译学、生态翻译学、翻译传播学等跨学科研究，语际、语内翻译呈现繁荣景象。但与此同时，手语、盲文、密码、仪式、旗语、人工智能符号、影视和新媒体符号、有形符号与无形符号等广义翻译对象尚未得到有效阐释，翻译理论出现盲点空缺，亟须进一步拓展研究视野。在这一背景下，翻译符号学这一新兴交叉学科应运而生。本文梳理并分析了翻译符号学研究的国内外概况，从学科范式视角辨析符号翻译学与翻译符号学的名与实，从认识论角度揭示翻译符号学存在的合法性、理论阐释的有效性以及学科融合发展的必然性，从本体论角度探究翻译符号学的研究对象、核心概念，推动翻译符号学的理论建构。

二、符号学视角下翻译研究的历史与现状

（一）国外符号学翻译研究的发端、发展与问题

至今翻译符号学还没有获得独立学科的位置，但学者们从不同领域聚焦翻译学与符号学的融合，如哲学和符号学（皮尔士、莫里斯、塔拉斯蒂、格雷、迪利）、语言学（索绪尔、斯捷潘诺夫、赵元任、布勒）、翻译学（巴尔胡达罗夫、卡特福德、奈达）、文化学（洛特曼、特洛普）、结构主义（巴特、德里达、雅可布森）、功能主义（韩礼德、莱思、弗米尔、诺德）、语义学（维尔比、格雷马斯、安娜、李安宅、瑞恰慈）、生物学（乌克斯库尔、库尔、霍夫梅耶）、伦理学（佩特丽莉、庞奇奥）以及全球符号学（西比奥克、达内西）等，学者们的研究一方面拓展了符号学的研究领域，另一方面揭示了翻译学与符号学的研究共性，为翻译符号学向独立学科发展奠定了前期基础。

索绪尔①提出了符号是能指与所指构成的两面心理实体,语言学是符号学的一部分,设计了语言符号学的发展蓝图。皮尔士把符号界定为符号载体、符号对象和符号解释项的三位一体关系;符号活动是意义的生产与理解机制,把符号活动定义为一个翻译过程②。维尔比夫人③从交际和翻译角度提出构建符号表意学,论及不同符号系统间转换以及思维与感官印象转换的广义翻译活动,其思想构成了翻译符号学的雏形之一。莫里斯④把符号学视为元科学,即科学中的科学,提出了符构学、符义学和符效学三分之说,为符号学的学科化发展提供了遵循。雅可布森⑤首次从符号学角度将翻译分为语内翻译、语际翻译和符际翻译,拓宽了翻译学的研究对象、范围和方法,开启了翻译研究的符号学转向。奈达⑥奠定了从社会符号学角度探讨翻译问题的传统。波波维奇提出翻译是一个衍生的二级行为,是与接受者的元交际,翻译过程的符号维度研究那些因不同时间、空间因素导致的翻译差异⑦。图里提出了翻译符号学这一学科名称,批评雅可布森翻译分类的偏见,提出符内翻译(语内翻译、语际翻译)和符际翻译⑧。格雷提出有形符号、无形符号转换的新范畴分类,或许时至今日,最有影响的同时也是最系统的符号学翻译理论是格雷基于皮尔士符号学的

---

① 索绪尔:《普通语言学教程》,北京:商务印书馆,1980年。

② Kull, K. "On semiosis, Umwelt, and semiosphere", *Semiotica*, no. 3/4, 1998, pp. 299-310.

③ Welby, V. *What Is Meaning?*. Amsterdam: John Benjamins, 1903.

④ Morris, C. W. "Foundations of the Theory of Signs", *International Encyclopedia of Unified Science*, no. 2, 1938, pp. 1-59.

⑤ Jakobson, R. "On linguistic aspects of translation". In *On Translation*. Cambridge, Mass: Harvard University Press, 1959, pp. 232-239.

⑥ Nida, E. A. *Toward a Science of Translating: With Special Reference to Principles and Procedures Involved in Bible Translating*. Leiden: E. J. Brill, 1964.

⑦ Popovic, A. *Dictionary for the Analysis of Literary Translation*. Edmonton: The University of Alberta, 1975, p. 16.

⑧ Toury, G. "Translation. A cultural-semiotic perspective". In Thomas A. Sebeok (Ed.). *Encyclopedic Dictionary of Semiotics*, Vol. 2. Berlin, New York and Amsterdam: Mouton de Gruyter, 1986, pp. 1111-1124.

符号翻译学①，引发国际学界对符号学翻译研究的关注。*Sign Systems Studies* 在 2008 年第 2 期、2012 年第 3/4 期、2013 年第 4 期、2015 年第 1 期以及 *Punctum* 在 2015 年第 2 期分别刊登了翻译符号学研究专栏，体现了国际符号学界的持续关注与最新研究成果。海诺宁②总结了符号学翻译研究的新进展，认为所有的翻译都是从一个符号到另一个符号、从一种符号系统到另一种符号系统的符际符号活动，但他同时担心研究领域过于宏大和宽泛，学者们无法胜任这一极具野心的工作。

国外符号学翻译研究起步较早，侧重从微观层面证实符号学对翻译现象的指导作用，处于零散和点状研究；没有系统梳理符号学与翻译学联姻的发生、发展历史及其过程，缺乏学科史研究；缺乏立足翻译符号学学科，对以往研究的不足开展深入和全面的批判性分析；翻译符号学的核心术语尚未统一，翻译符号学的研究领域不明、学科边界模糊，尚未从学科角度建立起系统和完整的翻译符号学本体论、认知论、目的论和方法论。

（二） 国内符号学翻译研究的发端、发展与问题

我国符号学与翻译联姻的研究晚于西方，始于 20 世纪 80 年代末 90 年代初，如借鉴符号学理论探究翻译等值、文化差异与语义非对应关系、文学翻译等，之后兴起了从奈达和韩礼德社会符号学视角探索翻译现象，涉及文学理据、社会符号学的翻译原则等问题。2000 年以来，借用符号学理论研究翻译的内容进一步拓展，如文学翻译、诗歌翻译、小说翻译、文化翻译、成语翻译、典籍翻译、新闻翻译、法律文本翻译、话剧翻译、绘本翻译、电影名称与字幕翻译、符号标出性与翻译伦理问题等。有深入介绍和详细分析国外相关理论的，如雅可布森的三重译域理论、格雷元创作、

---

① Hartama-Heinonen，R. "Herding together：On semiotic-translational branches，fields，and disciplines". *Punctum*，no. 2，2015，pp. 39-52.

② Hartama-Heinonen，R. "Herding together：On semiotic-translational branches，fields，and disciplines". *Punctum*，no. 2，2015，pp. 39-52.

特洛普的文本翻译理论等；有对国外翻译符号学的回顾与评价①；也有对以往研究的批判性分析，指出雅可布森三分法标准混杂，提出若按符号分，有符内翻译和符际翻译，符号若为语言，则可再分为语内翻译和语际翻译②；也有针对雅可布森翻译类型的逻辑错层问题，即语内、语际翻译是基于自然语言的分类，而符际翻译则以符号为标准，它们不在一个逻辑层次上，进而提出了基于洛特曼符号域理论的域内、域际和超域翻译的假设③。

2015年我国学者明确提出了建立翻译符号学这一分支学科的倡议，并开展了关于翻译符号学理论建构的初步探讨，涉及翻译符号学的研究对象、学科性质、研究方法等学理问题，如从符号过程、行为、关系、层级、间性、守恒、功能7个方面切入翻译学研究，探索建构翻译符号学的理论框架④；以翻译概念的演化为切入点，以翻译与符号学联姻之不足为焦点，探讨符号转换概念，区分翻译符号学与符号翻译学，确定翻译符号学作为新兴学科的属性问题，提出建立翻译符号学的四大要务⑤；从学科存在的合法性角度探究翻译符号学的核心概念，如符号共相、代码、符号过程、符号间性等⑥；还有借鉴翻译符号学理论开展应用研究的一些尝试，

---

① 李妮：《国外翻译符号学的回顾、述评与启示》，《商务翻译（大连大学论文专集）》，2020年，第5—12页。

② 黄忠廉：《翻译批评体系符号学考量》，《外语教学》2015年第4期。

③ 贾洪伟：《雅可不森三重译域之翻译符号学剖析》，《解放军外国语学院学报》2016年第5期。

④ 王铭玉：《翻译符号学刍议》，《中国外语》2015年第3期；王铭玉：《翻译符号学的学科内涵》，《解放军外国语学院学报》2016年第5期。

⑤ 贾洪伟：《翻译符号学的概念》，《外语教学》2016年第1期；贾洪伟：《建立翻译符号学的可能性》，《山东外语教学》2016年第3期；贾洪伟：《论翻译符号学的符号分类与转换》，《山东外语教学》2018年第1期。

⑥ 吕红周、单红：《从翻译的重新定位谈翻译符号学》，《外语学刊》2016年第5期。

如外宣翻译①、文本再生②、法律文本翻译③等；另外还有一些研究值得关注，如《哲学实效论与翻译符号学》《符号学与翻译问题研究：以皮尔士符号学为纲》《翻译符号学初探——格雷论文选析》是国内关于皮尔士、格雷翻译符号学思想最系统的译介与评析，对于建构翻译符号学理论框架具有重要的参考作用。

从以上文献梳理可知，我国符号学翻译研究要晚于西方，多用符号学理论和方法研究翻译现象和过程，或补充说明翻译理论，仍处于"脚注式"研究阶段，停留在传统研究视角下以翻译文本、翻译阐释过程的层面；对于符号翻译学和翻译符号学是否为一门独立学科尚未形成统一认识，对于两者的区别与联系缺乏系统讨论；缺乏翻译学与符号学联姻历史的系统梳理与批判分析，对于核心理论来源的内在联系缺乏全面和深入分析；虽然学者提出要建立翻译符号学，但目前仍处于理论探索阶段，尚未形成成熟的理论框架。

三、"翻译符号学"：学科称谓与研究对象

一门独立学科应有自己的主要学科遵循、独立的研究对象、相对清晰的研究领域和学科边界，学者们遵循着相同的研究范式、使用相同或相近的研究方法、统一的学科术语，回答其他学科不能回答的问题，体现出学科聚合性和研究共相特点，总而言之，学科史、本体论、目的论、方法论、认识论是一门独立学科的基础。重新思考和重新定位翻译符号学的研究领域、学科边界、研究对象以及核心概念，进而消除怀疑、厘清概念、统一认识，无疑会帮助我们增强学科意识，推动跨学科研究不断深入。

---

① 吕红周、单红：《从翻译符号学看中央文献术语俄译的策略》，《天津外国语大学学报》2015 年第 5 期。
② 潘琳琳：《翻译符号学视阈下的文本再生》，《解放军外国语学院学报》2016 年第 5 期。
③ Le Cheng & King Kui Sin. "Terminological equivalence in legal translation：A semiotic approach", *Semiotica*, no. 1/4, 2008, pp. 33-45.

（一）"翻译符号学"与"符号翻译学"辨析

翻译本身就是一个跨学科研究领域，其研究对象涉及产品（自然语言、非自然语言）、过程（译前、译中、译后）、主体（赞助者、译者、读者、组织者、审查者）、情境（是否自愿、意识形态、政策）、效果（误读）、功能（表达、信息、美学、交际）、领域（文学翻译、应用翻译）、手段（人工翻译、机器翻译）等，从20世纪50年代开始经历了语言学范式、文化学范式、认知科学范式、社会学范式、技术范式和符号学范式，涉及语言学、交际科学、功能主义、目的论、操纵主义、描写主义、食人主义、后殖民主义、语用学、社会学、文化学、比较文学及符号学等，多模态、语料库、符号学等跨学科方法，为翻译学理论的不断更新和发展提供了力量，也保障了翻译学研究方法的创新、优化甚至是突破。

符号学视角下的翻译研究，同其他交叉学科一样，也面临着相似的学科困境，如存在的合法性、研究对象的独立性、研究方法的有效性、研究边界的清晰性等问题。无论符号翻译学还是翻译符号学，都是翻译学与符号学相互影响、融合发展的产物，体现出跨学科特点和多学科属性。虽然它们之间有很多共性，但从独立学科发展的要求出发，我们应从学理上进一步区分它们的理论视角、研究对象、研究目标和学科归属。

我们在此借鉴社会翻译学与翻译社会学的区分方法，为符号翻译学和翻译符号学的区分寻找可行的依据与参照。霍尔姆斯[①]提出了社会翻译学（socio-translation studies）与翻译社会学（translation sociology）的交叉学科属性，认为二者既是翻译学也是社会学的合法领域。王洪涛[②]参照社会语言学与语言社会学的区分，将社会翻译学界定为从社会学的角度对翻译现象或翻译活动进行研究的学科，其切入角度主要是社会学，研究对象主要

---

① Holmes, J. S. *Translated! Papers on Literary Translation and Translation Studies*. Amsterdam: Rodopi, 1998.

② 王洪涛:《"社会翻译学"研究：考辨与反思》,《中国翻译》2016年第4期。

是翻译现象或翻译活动，研究目的主要是为了更好地认识翻译现象或翻译活动，因而是翻译学的一个分支学科。对照而言，翻译社会学是从翻译学的角度对社会现象或社会活动进行研究的学科，其切入角度主要是翻译学，研究对象主要是社会现象或社会活动，研究目的主要是为了更好地认识社会现象或社会活动，因而是社会学的一个分支学科。

符号翻译学属于翻译学分支学科，与生态翻译学、社会翻译学、民族翻译学等类似，以符号学理论、方法、视角研究翻译形式、过程、结果及相关问题，如格雷①、海诺宁②、吕俊③、蒋骁华④、李明⑤等学者的著述。翻译符号学属符号学分支学科，如语言符号学、电影符号学、文化符号学等，以符号活动为研究对象，持"一切转换都是翻译"的广义翻译观，探究符号转换过程涉及的各种主客观要素，如特洛普、佩特丽莉、王铭玉、贾洪伟、吕红周等学者均持该观点。

（二） "翻译符号学" 的研究对象

翻译符号学以符号活动为研究对象，研究符号载体、符号对象、符号解释项、符号主体四要素的相互关系，探究意义的生成、表征、解读机制，揭示意义的生长与更新源于符号活动的无限性、开放性和动态性。面向符号载体时，翻译是从一种符号系统到另一种符号系统的转换，主要考察符号类别、形式、层级、转换方式，可进一步划分为同质符号系统间转换（如自然语言之间的语际转换）、异质符号系统间转换（如无形符号到有形符号、语言符号/非语言符号、物质符号/精神符号、天然符号/人工

---

① Gorlée，D. L. *Semiotics and the Problem of Translation：With Special Reference to the Semiotics of Charles Sanders Peirce*. Amsterdam：Rodopi，1994.
② Hartama-Heinonen，R. "Herding together：On semiotic-translational branches，fields，and disciplines"，*Punctum*，no. 2，2015，pp. 39-52.
③ 吕俊：《文学翻译的符号学特征》，《英汉语比较与翻译（1）》，上海：上海外语教育出版社，2006年，第398—408页。
④ 蒋骁华：《符号学翻译研究》，北京：外语教学与研究出版社，2003年。
⑤ 李明：《语际翻译的社会符号学理论》，上海外国语大学博士学位论文，2004年。

符号等）；面向符号对象考察的是两个对象（即直接对象和动态对象）三个维度的对等（指称对等、意指对等、质量对等）；面向符号解释项考察的是意义的动态生成与解读机制、新意义是如何产生的、意义的误读等动态问题，解释项进一步下分为直接解释项、动态解释项、终端解释项；面向符号主体时采用"大主体观"，除了传统翻译观下的作者、读者、译者要素外，把主体拓展至使用符号的人、动物、生物以及人工智能等一切存在着符号活动的主体，换言之，面向符号主体主要考察一切符号动物的符号化思维和符号化行为。阐释是符号的生命，最终指向真理。一个符号的意义即解释项总是由前一个符号产生的无限阐释系列，阐释即意义的生成过程，具有动态性、无限性和变化性。符号活动就是符号生长的过程，"把宇宙是由符号构成的观点与符号活动的连续性和无限性联系起来，我们就会得出进化论的泛符号观"①。理论上，通过无限的符号活动和符号生长，整个宇宙将充满符号，符号活动的终极目标必将实现，即达到最后的符号转换境界或真理。

1. 符号活动

皮尔士把符号活动界定为是由符号、对象、解释项三者协作构成的过程或作用，这种三元作用不能消解为二元过程②。符号活动是在符号主体（人、动物、生物、人工智能等）那里产生一个同等的符号或一个更加发达的符号，这样就形成了符号载体、符号对象、符号解释项不可化约的三元关系。每经历一次符号活动，符号能力都会得到增强。一个符号被前一个符号所决定，同时被后一个符号所阐释，这就形成了符号链，随着符号链的扩展和传播，社会共识也不断形成和扩大。在皮尔士那里，符号活动是动态的符号过程与符号阐释，翻译就是一个符号被解释为另一个符号或一个更加发达的符号，因为我们通过符号可以知道符号之外的事情，"符

---

① 瓦尔：《皮尔士》，郝长墀译，北京：中华书局，2003 年，第 101 页。
② Peirce, C. S. *The Essential Peirce Vol. 2*. Bloomington: Indiana University Press, 1998, p. 411.

号是从外部向大脑传递某种东西的工具"①。从这一意义上看，一切皆可译。符号的生命体现为阐释行为，阐释停止意味着符号生命的终结，翻译的目的是符号意义潜势的展开与体现。对等的翻译观视域下追求的是产品，而动态阐释观视域下关注的是过程和行为。卡西尔②把人定义为符号动物，符号活动成为生命的本质特征，人类的文明史就是符号过程的进化史。人不是唯一的符号动物，但只有人能够通过符号化思维和符号化行为不断创造和积累文化财富，这是因为人是唯一意识到自己的符号行为并有意识地遵循伦理道德的动物，符号学不但研究对象的真，还探究符号主体的价值规范，这便是意大利学者佩特丽莉所倡导的伦理符号学。既然符号过程是生命的本质特征，那么，一切生命的出现、存在、发展与终结都需要符号伦理的反思与关照，人类作为唯一能反思符号活动的动物，具有先天的责任与义务，只有关爱生命才有社会和谐发展。

符号活动概念可为翻译符号学这一分支学科和跨域研究提供重要理论支撑。符号载体通过符号活动成为符号，再现它自身以外的他物。符号转换过程是从解码到再编码，才能进入符号阐释者的知识体系，正是遵循着符号载体→对象→解释项的正向符号活动；而编码过程则相反，是一个逆向符号活动，其路径是解释项→对象→符号载体。可见，无论正向还是逆向，符号活动都要以阐释为基础。符号活动广义性的优势在于，它可以将传统翻译中难以统摄的非语言符号纳入符号转换过程，从语言符号和非语言符号的对立进入了无形符号和有形符号构成的三个二元关系：有形符号到有形符号、有形符号到无形符号以及无形符号到有形符号，这无疑扩大了传统翻译研究的视域：可以涉及符号载体属性的多维度（物质的/精神的、有形的/无形的、语言的/非语言的），符号组合的多维度（即我们所熟知的多模态，如解释项通过声、光、电、影、音等组合呈现表意），符

---

① Peirce,C. S. *Collected Papers of Charles Sanders Peirce Vol. 1*. Cambridge：Harvard University Press,1931,p. 339.

② 卡西尔：《人论》，上海：上海译文出版社，2004 年，第 37 页。

号阐释者的解码和再编码依据的多维度（除了视觉、听觉、触觉、味觉、嗅觉外，还有空间感、立体感、平衡感、热觉感受、疼痛感等）。符号活动为翻译研究带来了新的视角，按照皮尔士无限符号活动的观点，即符号载体、对象和解释项的无限往复过程，任何一个特定的解释项都是整个符号活动特定时间、特定空间、特定个人（或群体）在某一特定阶段的理解与认知结果，具有暂时性、动态性、未完成性，涉及符号间性、主体间性、文本间性、文化间性，符号主体的言语和思维习惯除了受源语和目的语影响之外，毫无疑问受到了第三种语言文化的影响，因为翻译产品是一种既不同于源语，又不同于目的语的中间存在形态。

2．符号载体

奥古斯丁较早意识到符号的重要作用并提出符号是各类交际的普遍工具，皮尔士是符号转换这一泛符号观的继承和发展者，人所用的语词或符号是人自身。因为把每一个思想是一个符号的事实与生命是思想列车的事实联系起来，我们可以证明人是一个符号，因此，每一个思想是一个外在的符号，证明人是一个外在的符号……我的语言就是我自己的总和，因为人就是他的思想①，如果宇宙不是完全由符号组成的话，那么，至少可以说整个宇宙充满了符号②，可见，符号不限于人类的语言、文化领域，宇宙中一切都可以是潜在的符号，动物、植物、细菌甚至自然中的一切，只要涉及意义，都具有成为符号的潜能。西比奥克则进一步从学科化视角将植物、动物、生物融入符号学进而提出了全球符号学设想。霍夫梅耶③与皮尔士均持广义的符号观，认为除了人化世界以外，整个宇宙中都充满了符号，是一个潜在的可能的意义世界，霍夫梅耶甚至将符号意义的历史追溯至宇宙大爆炸时期。人生而俱来就有符号意义的自觉，所有符号化过程都始于个人，但均具有社会文化属性。符号是人的根本存在形式，人是符

---

① Peirce,C. S. *The Essential Peirce Vol. 1*. Bloomington：Indiana University Press,1992,p. 54.

② Peirce,C. S. *The Essential Peirce Vol. 2*. Bloomington：Indiana University Press,1998,p. 394.

③ Hoffmeyer,J. *Signs of Meaning in the Universe*. Bloomington：Indiana University Press,1996.

号的动物，人以符号化的思维和符号化的行为创造和积累了人类文化。综上所述，在翻译符号学框架下，符号是可被阐释之物，可按照不同标准分为不同类型，如语言符号/非语言符号、有形符号/无形符号、自然符号/人工符号等等。

3. 符号对象

皮尔士认为，每一个符号都有两个对象：直接对象，即符号所代表的对象或符号表征的对象，它的存在依靠符号的表征；动态对象是通过某些方式决定符号和其表征的现实，独立于任何表征，但它决定着符号，是"真正有效但不直接呈现的对象"①。直接对象被符号表征，而动态对象则生产符号。动态对象因为事物的本质，符号不能表达，只能指示，交由阐释者借助间接经验来认知。海市蜃楼的直接对象是"一片绿洲"，动态对象是"沙漠上活动的热空气"②。每一次认知都包括表征某物，或我们所意识到的东西，以及一些过程或自我的激情成为表征。前者可被称为认知的客观成分，后者是主观成分。认知本身是其客观成分的一种直觉，可被称为直接对象③。皮尔士④举例来解释直接对象和动态对象，The Sun is blue这句话的对象是 the Sun 和 blueness，其中 blueness 是直接对象，是一种感觉质，只能通过感觉来感知。Sun 可能表示各种不同的感知，或表示我们用地点、质量等术语来阐释这些感知，这时它就是动态对象。此外，皮尔士还提出了真实对象⑤，而真实对象与虚构对象相对，如龙、凤凰、麒麟等就是现实世界中不存在的虚构对象。

皮尔士关于符号直接对象和动态对象的划分有助于我们理解翻译过程

---

① Peirce, C. S. *The Essential Peirce Vol. 2*. Bloomington: Indiana University Press, 1998, p. 482.

② ［美］科尼利斯·瓦尔：《皮尔士》，郝长墀译，北京：中华书局，2003年，第109页。

③ Peirce, C. S. *Collected Papers of Charles Sanders Peirce Vol. 5*. Cambridge: Harvard University Press, 1931, p. 238.

④ Peirce, C. S. *Collected Papers of Charles Sanders Peirce Vol. 8*. Cambridge: Harvard University Press, 1931, p. 183.

⑤ Peirce, C. S. *Collected Papers of Charles Sanders Peirce Vol. 8*. Cambridge: Harvard University Press, 1931, p. 314.

的复杂性，直接对象与动态对象可对应直接意义与间接意义或字面意义与隐含意义。符号有自己的存在形式与内容，但常与符号主体的意图并不一致，正是因为意图决定了符号的使用，但却并未直接呈现意图本身，直接对象与动态对象的区分，反映的是字面意义与隐含意义的割裂，需要符号主体付出更多的努力去阐释，于是出现了解释项的三分。

4. 符号解释项

符号解释项是一个符号在阐释者身上所产生的效果，它决定了一种感情、一个行为或一个符号。符号的三位一体关系中，对象决定符号，符号决定意义，对象同时通过符号以间接的方式决定意义：对象 $\xrightarrow{\text{决定}}$ 符号载体 $\xrightarrow{\text{决定}}$ 解释项，这里符号载体和解释项可以是多个。一个符号是与第二个东西，即它的对象，相联系的任何事物，就一个质的方面以这种方式把第三个事物，即它的意义，和同一个对象联系起来①，根据这个理解，一个符号就是将对象和解释项联系起来的中介，但符号影响和决定的不是对象，而是解释项。

皮尔士②根据符号接收者作出反应的类型区分出三类解释项：从感觉得出的直接解释项（immediate interpretant），即符号所指，在有关符号自身的正确理解之中显示出来，通常被称为符号的意义；从行为得出的动态解释项（dynamic interpretant），即在人心里所产生的实际效果或符号造成的实际效力；从思维得出的终端解释项（final or ultimate interpretant），即符号以一种方式将自身与对象建立起联系，是在思想足够发展后，符号在人心里所产生的效果③，这个终端解释项就是皮尔士的真理（truth）或最后的意见（final opinion）。解释项是翻译符号学的重要概念，直接解释项、动态解释项和终端解释项代表着解释的深度和层级。为了更好地理解，我

---

① Peirce, C. S. *Collected Papers of Charles Sanders Peirce Vol. 1*. Cambridge: Harvard University Press, 1931, p. 92.

② Peirce, C. S. *Collected Papers of Charles Sanders Peirce Vol. 8*. Cambridge: Harvard University Press, 1931, p. 314.

③ Peirce, C. S. *The Essential Peirce Vol. 2*. Bloomington: Indiana University Press, 1998, p. 482.

们尝试举例说明。

对解释者而言，直接解释项（一级范畴）是关于一个人、一幅画、空间、交响乐未经分析和反思的印象①，与直觉相关。人类以直接或间接的方式通过身体感知世界，如人的五官反应（触觉、味觉、嗅觉、视觉、听觉等），感觉（feeling）是当我们处于清醒状态下，无关强迫和理由而出现在我们意识中的东西②。根据皮尔士的分类，感觉属于意识和经验的第一个层级，如本能、直觉、模糊的心理或情感状态，更倾向于通过身体符号来表征。习惯则对应着人的心智状态存在：一级范畴的感觉习惯、二级范畴的行为习惯、三级范畴的思维习惯。动态解释项（二级范畴）是单个解释事件中符号引发的解释，比如一个手势被理解为具有特定意义。手势符号在没有升级为习惯、规则、法则之前，具有高度的情境依赖性，主要表达处于二级范畴的指示性关系。动态解释项是每一个解释行为的体验内容，但却不同于任何其他的解释行为③，强调的是动态解释项的情境化，二级范畴的经验经过不断重复或具体化后，可能会转换到三级范畴的习惯，具有明显的文化塑造痕迹。终端解释项（三级范畴）是一个符号对符号解释者施加的规则性、法则性或习惯性影响，逻辑解释项可被视为概念意义、符号意义④，终端解释项是解释习惯或行为习惯⑤。当手势或姿势获得应有特征时，语义结构和语用功能就具有独立的可辨别性。手势和运动轨迹具有对应的语义结构，手势可以在不同程度上将感觉、行为和思维组

① Mittelberg, I. "Peirce's universal categories: On their potential for gesture theory and multimodal analysis" *Semiotica*, no. 228, 2019, pp. 205-206.

② Peirce, C. S. *The Essential Peirce Vol. 2*. Bloomington: Indiana University Press, 1998, p. 4.

③ Oehler, K. "An Outline of Peirce's Semiotics", *Classics of Semiotics*, New York: Springer Science + Business Media, 1987, p. 6.

④ Peirce, C. S. *Collected Papers of Charles Sanders Peirce Vol. 5*. Cambridge: Harvard University Press, 1931, p. 475.

⑤ Peirce, C. S. *Collected Papers of Charles Sanders Peirce Vol. 5*. Cambridge: Harvard University Press, 1931, p. 491.

翻译符号学探索

合起来呈现，即手势可以同时具有三个普遍范畴的属性①。

普遍范畴 universal categories	符号学关系 semiotic relations	符号相关项 correlates of triadic sign relations	根据符号自身属性的符号三分 presentative 表象的、直觉的	根据符号与对象关系的符号三分 representative 再现	根据符号与解释项关系的符号三分 interpretative 解释的
一级范畴 firstness 可能性 possibility 感觉 feeling	相似性 similarity	符号再现体 representamen	质符 qualisign	像似符 icon	呈符 rheme
二级范畴 secondness 现实性 actuality 事实 facts 行事 acting	临近性 contiguity	对象 object	单符 sinsign	指示符 index	述符 dicisign
三级范畴 thirdness 法则 law 规则 regularity 习惯 habit 思维 thinking	规约性 convention-ality	解释项 interpretant	型符 legisign	象征符 symbol	论符 argument

皮尔士普遍范畴、符号相关项、符号分类图式关系

5. 符号主体

在皮尔士符号、对象、解释项三元关系基础上，莫里斯区分出表达形式意义的符号—符号关系、表达现实意义的符号—对象关系、表达语用意义的符号—解释项关系。索绪尔因为把符号视为能指和所指构成的两面心理实体而遭到批评，被指责割裂了符号与客观现实的联结，是一种唯心主义的极端化表现。皮尔士符号三元关系和莫里斯的符构、符义、符效之缺陷和不足就是弱化甚至忽视了主体，导致符号主体的缺失。其实，无论在符号的生成还是在传递的过程中，符号主体都无法被隐匿，因为符号三要素中都需要主体或直接或间接的参与：符号本身是人创造的，对象尽管是

---

① Mittelberg, I. "Peirce's universal categories: On their potential for gesture theory and multimodal analysis". *Semiotica*, no. 228, 2019, pp. 193-222.

客观的，但对其理解是因人而异的，说明人的要素也已经介入，而阐释更是人的阐释。我们在此提出一个修正：把皮尔士的符号—对象—解释项三元关系进一步划分为符号—符号主体—符号、符号—符号主体—对象、符号—符号主体—解释项三个三元关系，由此，我们为符号主体要素找到了位置，翻译符号学的符号活动是符号载体、符号对象、符号解释项和符号主体的四元关系。

符号主体按外延范围不断延伸：人→动物→生物→有机体→符号主体（包括人工智能）。符号主体一方面能通过使用符号作用于他者或建构自己的环境，同时还能识别符号，接受影响从而改变自己的存在样态，这是符号作用或符号与符号主体联结的方式和结果，符号就是要发挥作用和产生影响。符号主体可分为符号发送主体、符号使用主体和符号阐释主体。存在着无发送主体的符号，如自然界的各种现象，雷电、风雨、地震、日月星辰、四季交替等，当人们阐释这些自然现象的时候就出现符号阐释主体；当人们根据季节变化规律调整自己的日常劳作时就出现了符号使用主体。因此，符号皆有主体。需要关注翻译活动中的符号主体要素，这包括符号发送主体、符号使用主体和符号阐释主体，即作者、读者、委托人、赞助人（委托人与赞助人有时合二为一）、译者等。有必要根据人在符号生成和阐释中扮演的角色和发挥的作用，构拟人在符号活动中的角色和作用。要避免将翻译符号主体简约化为发话者和阐释者的二元观，忽视具体翻译类型（如合译）中存在的发出者、解读者、录写者、润色者等角色。翻译符号主体的主观意愿分为主动和被动，如佛经译者出于信仰而自愿翻译，职业译者出于经济利益而付出劳动且受到合同或契约的约束。

解释意义不在场是符号活动的前提[①]，这一解释把符号活动和符号意义二分对立，意义成了一种独立的存在，可以不受控制的离场，如果这一假设成立，那么符号的泛滥只能进一步挤压意义的存在空间，符号主体无暇顾及和思考意义，看到的只是意义不在场的符号能指或符号形式、符号

---

① 赵毅衡：《符号学：原理与推演》，南京：南京大学出版社，2012年，第140页。

载体、符号表征素。我们倾向于把符号活动理解为对意义的选择和明晰，符号活动并非因为意义不在场，与之相反，在无处不在的符号及其携带着的各种意义交织面前，人们失去了选择的能力，在瞻前顾后、顾此失彼、无所适从的情境下，辨别轻重缓急的标准不再是唯一的，急需走出意义的漩涡和选择的困境。

结　语

翻译符号学的提出与探索体现了我国学者不断增强的学科意识和尝试建设新学科的勇气，这是增强我国在国际学界的影响力、话语权的内在要求和必然路径。翻译符号学将汲取翻译学、语言学、符号学、生态学、哲学、心理学、人类学、信息论、控制论等自然科学和人文社会科学的营养，以超学科为自己的发展方向，必将为翻译问题提供有效和科学的方法论指导[1]。在当前以跨学科、新技术、新通才为核心的新文科建设背景下，翻译符号学必将成为翻译研究新的理论增长点。虽任重道远，但未来可期，为建设中国特色、中国风格、中国气派的翻译符号学，接下来我们要全面和深入梳理翻译符号学起源和发展的历史脉络，揭示本源、正本清源，建构涵盖学科史、本体论、方法论、认识论、目的论的完整翻译符号学理论框架。

---

①　寇福明、吕红周：《从符号学看翻译》，《外语教学》2017年第2期。

翻译实践与应用探讨

〈翻译学刊〉 2023年第2辑

科普翻译不能背离"五真"
——从纽马克翻译伦理观评《基因传》中译

金学勤①

摘要：美籍印度裔肿瘤学家悉达多·穆克吉因其《癌症传》获2010年普利策奖。《基因传》是他的第二部科普力作，出版后连续数月位列《纽约时报》畅销书榜首，被《华盛顿邮报》和《西雅图时报》评为2016年年度最佳书籍。但对照《基因传》中译本发现，译者未能兼顾科普作品的科学性和文学性特征，任意背离原书阐述的历史事实和科学事实，且因引文的翻译失真而破坏了原书各部分叙事之间的逻辑关系。本文运用纽马克"再现五真"的翻译伦理观，对该书中译本存在的问题进行分析和展示，指出科普作品翻译应遵循的基本原则，以期对未来的科普翻译提供参考。

关键词：悉达多·穆克吉；《基因传》；科普翻译；纽马克；再现五真

Title：Popular Science Translation Mustn't Deviate from Facts and Truth——A Review of the Chinese Rendering of *The Gene: An Intimate History*

---

① 作者简介：金学勤，文学博士，四川大学外国语学院英文系教授，研究方向：翻译、比较文学、海外汉学研究。

from the Perspective of Peter Newmark's Ethics of Translation

Abstract：Siddartha Mukherjee, an Indian American cancer physician and researcher, is the 2011 Pulitzer Prize-winning author of *The Emperor of All Maladies：A Biography of Cancer*. In 2016, he published *The Gene：An Intimate History*, his second popular science work, which turned out to be *New York Times* Number One Bestseller and A *Washington Post* and *Seattle Times* 2016 Best Book of the Year. However, a comparative study between this book and its Chinese translation reveals that the translator has not only deviated too much from the historical and scientific facts as described in the original work, regardless of the fact that it is a serious work of popular science instead of a literary creation, but has also disrupted the internal logic of the text by, for instance, mishandling the quotations at the beginning of each chapter. This paper exposes some of these problems and points out that translation of popular science works should seek to represent the "Five Medial Truths" as advocated by Peter Newmark in his 1996 paper "The Ethics of Translation."

Key words：Siddartha Mukherjee；*The Gene：An Intimate History*；translation of popular science works；Peter Newmark；representation of five medial truths

引　言

21 世纪，科技发展日新月异，科普知识日渐成为普通人基本素养。科普作品既是科学知识的载体，更是普及科学知识、满足大众知识消费的媒介。在此背景下，一部优秀的科普作品一旦问世，很快就被翻译成各种语言在全球传播。印度裔美国医生、肿瘤专家悉达多·穆克吉（Siddartha Mukherjee）《基因传》（*The Gene：An Intimate History*）就是典型的例子。《基因传》是穆克吉继 2010 年获普利策奖的《众病之王：癌症传》（*The Emperor of All Maladies：A Biography of Cancer*）之后推出的另一部科普力作。《纽约时报》评论说，"作者融科学、历史和家族传记于一体的鸿篇巨制，像《失落园》一样，叙事宏大辽远，语言震撼人心"①。《华盛顿邮报》的书评写道："穆克吉把枯燥的话题写得津津有味，他善于用打动人心的故事来呈现抽象的思想，即使讲述的是令人毛骨悚然的科学假说，他的语言也给人以亲切和温馨的感觉。"② 正因为如此，该书2016年5月出版后，连续数月位居《纽约时报》畅销书榜首，也被《华盛顿邮报》和《西雅图时报》评为年度最佳书籍（Best Book of the Year）。

　　《基因传》有600多页的篇幅，2018年1月中信出版社就推出了马向涛博士的中译本，距原版付梓仅一年半时间。考虑到版权引进、编辑出版等各环节需要的时间，这样的节奏不可谓不快。正是由于原书的盛名，笔者特地买了中译本，盘算着既可以向译者学习，还可以节选材料，用于翻译课堂教学。何曾想到，开卷几页，这一如意算盘便成了泡影。笔者偶然间将译本和原著对照，惊讶地发现中译本不仅有不少背离原文的笔墨，明显的瑕疵甚至错误更是不胜枚举。科普作品具有文学性，但其主要目的是借助文学之外衣向大众普及科学知识、传播科学思想，提升大众的科学意识。基于这一认识，笔者认为，科普作品的翻译应遵循纽马克"再现五真"的翻译伦理观，即翻译应致力于再现原著之事实之真、审美之真、逻辑之真、伦理之真和语言之真。"除非原著行文有悖此'五真'之处，译者并无偏离原文、肆意篡改的理由。"③

①　Zuger, Abigail. "Twin Books on the Genome, Far from Identical. "*The New York* Times（Science Section）, May 19, 2016.

②　Solomon, Andrew. "When We Unlock the Secrets of Our Genes, What do We Do with That Knowledge?"*The Washington Post*（Opinions Section）. May 12, 2016.

③　Newmark, Peter. "The Ethics of Translation: Diverging from the Source Language Text", In Angelika Lauer/Heidrun Gerzymisch-Arbogast/Johann Heller/Erich Steiner（Hg.）, *Übersetzungswissenschaft im Umbruch. Festschrift für Wolfram Wilss zum 70.* Geburstag, Tübingen: Narr, 1996, pp.37-41.

一、科普翻译与翻译伦理

科普作品在中国的译介始于 19 世纪后期的西学东渐，严复的《天演论》就是代表作之一。然而，由于中国社会特殊的历史进程，科普作品既没能被赋予文学、哲学和社会学经典的启蒙和教化功能，也不具备科技文献的实用性，因而科普作品的译介并未受到学界足够重视。

（一） 科普翻译频率加快， 但质量堪忧

改革开放以来，随着国民科学素养的提高和视野的日渐开阔，人们对科普知识的需求越来越大，科普阅读正在成为现代人知识消费的重要部分。这一趋势不仅推动了科普作品的创作，也大大加快了外国优秀科普作品汉译的频率。霍金的《时间简史》（ *A Brief History of Time* ） 是 1988 年出版的一部小书，2006 年才由湖南科学技术出版社推出中译本，间隔了 18 年。而穆克吉的《基因传》是一本 600 多页的大部头作品，2016 年出版，2018 年 1 月中译本就和读者见面，只隔了一年半时间。然而，科普作品译介频率加快和科普阅读群体的扩大似乎主要是市场和商业行为，并未在多大程度上促进科普翻译质量的提高。恰恰相反，违背翻译伦理、罔顾基本事实的低质量、快餐型翻译消费似乎正大行其道。

（二） 翻译伦理研究主要关注文学和文化问题

另一方面，翻译伦理已成为翻译研究的一个热点。自贝尔曼（Antoine Berman）提出"翻译伦理"的概念三十多年来，伦理与翻译研究的结谋，既是翻译作为跨文化交流和知识生产的手段，其规模和节奏在信息时代、电子时代和网络时代迅速扩大和加快的必然产物，也是翻译研究本身需要从更广阔的、跨学科维度向前发展的自然结果。

"翻译伦理"的核心首先是影响和支配翻译活动主体——译者——的行为和决策的一系列道德原则，"是译者在其翻译行为中为实现翻译的价

值所必须考虑和遵守的规范"①。翻译不在真空中进行，语言也不是可以脱离特定社会、文化、政治、意识形态、价值观的纯净之物，"对等"的追求常常是一种理想化的表达。越是体现特定社会、文化、政治、意识形态、价值观的作品，翻译中译者面临的伦理困境也就越多、越复杂。因此，翻译研究者常常从文学、哲学、宗教经典作品的跨文化翻译中追寻和思考翻译伦理。如贝尔曼所言，"尽管同样包含着信息，但文学作品并不传递任何形式的信息，而是向一个世界的经验开放"②。国外学者研究翻译伦理，多以文学作品为典型的案例，如韦努蒂在其《翻译之耻：论存异的伦理》（*The Scandals of Translation*：*Towards an Ethics of Difference*）一书中就以阿根廷作家博尔赫斯（Jorge Luis Borges）和捷克作家米兰·昆德拉（Milan Kundera）的作品为例，批评译者依照本国文化和语言为标准对原著进行大量改写③。国内学界关于翻译伦理的讨论也集中在文学经典的翻译，如讨论《夏洛的网》《水浒传》《儒林外史》《边城》等作品翻译中的伦理问题④。

（三）科普翻译尤其需要伦理关注

是不是科普作品的翻译无关翻译伦理呢？显然不是。首先，科普作品是科学和文学相结合的产物。正如方梦之所言："科普文章是内行写给外行看的（scientist/journalist-to-lay person writing）。科普作品要把道理说清

---

① 刘云虹：《翻译价值与翻译批评伦理途径的建构：贝尔曼、韦努蒂、皮姆翻译伦理思想辨析》，《中国外语》2013 年第 5 期。

② Berman，Antoine. *La Traduction et La Lettre ou L'auberge du Lointain*. Paris：Editions du Seuil，1999，p. 70.

③ Venuti，Lawrence. *The Scandals of Translation*：*Towards an Ethics of Difference*. London：Rout-ledge，1998，pp. 4-6.

④ 如付晓：《从翻译伦理视角看译本〈夏洛的网〉》，《语文建设》2015 年第 18 期；周梁勋、耿智：《〈水浒传〉的英译》，《上海翻译》2017 年第 4 期；向仍东：《〈边城〉英译研究》，《语文学刊》2019 年第 4 期；陶佳琦、龚晓斌：《〈儒林外史〉英译》，《语文学刊》2016 年第 6 期；姚婷婷、张杰：《以汉诗英译为例看译者伦理博弈》，《外语研究》2018 年第 1 期；等。

楚，要极尽其运用修辞手段之能。"① 所以，优秀的科普作品同时具有科学性、文学性、通俗性和趣味性的特点②。但是，狭义的文学指虚构的创作（fiction），科普显然不是虚构，而是借助必要的叙事手段、修辞技巧等讲述真实的科学故事。这一性质决定了科普作品翻译必须遵循讲真实的科学故事、传播正确的科学思想的翻译伦理，而不能随意改写原文，随意创造发挥。

其次，科普作品虽然有别于更为严谨的科学著作和学术论文，但因其面对更广泛的公众，影响范围之大，非专业文献可比。科普作者的专业素养、对科学的态度，以及其对滥用科学的批评，都会起着重要的作用，可以引导大众树立正确的科学伦理观。就此而言，科普作品译者同样要遵守严格的伦理原则，准确再现原作的历史事实、科学知识和科学思想。除非为了改正原作者和原文的错误，译文不应当偏离原文的事实、逻辑和风格。

二、纽马克"再现五真"翻译伦理观与科普翻译

纽马克（Peter Newmark）是语言学派翻译理论家，不以翻译伦理方面的理论著称，其主要的翻译思想是他1981年在《翻译问题探讨》（*Approaches to Translation*）中提出的"交际翻译"和"语义翻译"的概念，以及其对二者之别的阐述。但纽马克一直在语言学范畴内关注翻译伦理，他在1993年出版的《简论翻译》（*Paragraphs on Translation*）一书中就多次论及翻译伦理。该书按时间顺序，以零散笔记的形式讨论与翻译相关的各种话题，其中一个中心的话题就是他始终反对将翻译视为诸多二元对立的存在，认为影响翻译的中间因素（five medial factors），有五种即道德之真（moral truth）、"事实之真"（factual truth）、"语言之真"（linguistic truth）、

---

① 方梦之：《科技翻译：科学与艺术同存》，《上海科技翻译》1999年第4期。
② 郭建忠：《科普翻译的标准和译者的素养》，《中国翻译》2007年第6期。

"逻辑之真"（logical truth）和"审美之真"（aesthetic truth）①。

（一） 系统提出 "再现五真" 概念

1994 年，纽马克以《翻译的伦理》（The Ethics of Translation） 为题的论文收录在 C. Picken 编辑的英国翻译协会论文集 （*Quantity-Assurance*, *Management and Control*, *Proceedings ITI Conference* 7）。两年后，纽马克对该文作了修订，把题目改为《翻译的伦理：背离原文之情形》（The Ethics of Translation：Diverging from the Source Language Text），发表在德国翻译界为纪念威尔斯（Wolfram Wilss）70 岁生日而编撰的论文集《变化中的翻译研究》（*Übersetzungswissenschaft im Umbruch*） 中。纽马克虽然在先前的著作中不时论及翻译伦理，但其专门讨论翻译伦理的文章就此一篇。可以说，该文集中反映了纽马克的翻译伦理观。

在这篇文章里，纽马克首次把"五真"——事实、道德、逻辑、审美和语言之真——系统地整合到"翻译的伦理"这个标题之下，提出翻译要再现"五真"，或曰翻译要不悖"五真"的思想。纽马克在文中说："在需要完整地翻译一个文本时，如果译者面对的原文合乎情理、表意清晰、言辞优美，则没有必要对文本做任何干预和调整，译者的唯一责任就是把原文的信息准确、得体地传递到目的语，这是翻译通常的目的。"②

（二） "再现五真" 之具体内容

纽马克指出，译者只有在五种情形下可以对源语文本作改写，即原文在事实、审美、逻辑、伦理和语言方面有所"失真"时。事实失真，一是语言方面的拼写、印刷错误，二是与客观事实不符，如非文学文本中提及

---

① Newmark，Peter. *Paragraphs on Translation*. Clevedon：Multilingual Matters Ltd. ，1993，pp. 115-159.

② Newmark，Peter. "The Ethics of Translation：Diverging from the Source Language Text"，In *Übersetzungswissenschaft im Umbruch. Festschrift für Wolfram Wilss zum 70. Geburtstag*，Tübngen：iNarr，1996，pp. 37-41.

的历史事件、人或事物的名称、数据、理论等方面的失真。审美方面的改写，实际指是语言风格的问题，比如译者应将源自大众媒体、公关、计算机科学、广告、技术写作等领域的"病态的语言"（diseased language）改写为更好、更恰当的语言。至于逻辑，指的是文理要通顺，利于读者理解。造成行文缺乏逻辑的可能是语言不清或指代不明，"一个瘦子不可能大腹便便""二加二不等于五"，这些问题译者要改正。在伦理或道德问题上，译者要警惕涉及种族、民族、性别、肤色、同性恋、宗教信仰或身体残疾者的歧视性语言，要么拒绝翻译这类文本，要么解释为什么接受这样的翻译，而且应对非故意使用的歧视性语言做修改。最后是语言因素：纽马克引用本雅明《译者的任务》中的话说："有一种真理的语言，能将世上一切思想为之奋斗的终极真理……保藏下来。"这是一种隐藏在一切语言背后的纯语言，当译者将源语中的一个词引入译入语，或生造一个表达，或用字面翻译的方法把源语文本中的成语、谚语或句法结构引入原本没有这些东西的译入语时，他们就是在努力接近这种纯语言。比如，把德语中的"Man lernt nie aus"译入英语，既不是"One goes on learning"，也不是"One never stops learning"，而是"One never learns out"，尽管一开始显得很不自然①。

（三）"再现五真"适用科普作品翻译

正如傅敬民所言："将翻译研究的理论成果应用于翻译实践……，既是翻译研究的应然，也是翻译研究的必然。"② 笔者认为，纽马克的"再现五真"翻译伦理观非常适合用来指导科普作品的翻译。首先，科普作品的性质决定，这类作品的主要功能是普及科学知识、传播科学思想，而科学知识和科学思想一般具有普世性，可以为使用不同语言的人们所共享。其

---

① Newmark, Peter. "The Ethics of Translation: Diverging from the Source Language Text", In *Übersetzungswissenschaft im Umbruch. Festschrift für Wolfram Wilss zum 70. Geburstag*, Tübingen: Narr, 1996, pp. 37–41.

② 傅敬民：《我国应用翻译研究：回顾与反思》，《上海大学学报》2019 年第 5 期。

次，尽管科普作品属于非虚构的、广义的文学作品，但同样追求给读者带来愉快的阅读体验，所以要求文理清晰、逻辑通顺、语言优美。简而言之，与狭义的文学作品相比，科普作品涉及政治、文化和意识形态因素较少，甚至基本没有，这与纽马克在语言和文本的范围内讨论翻译不能背离"五真"的观点非常切合。下文中笔者从纽马克"再现五真"的翻译伦理观出发，重点审视《基因传》中译者在事实之真、逻辑之真两个方面无故背离原作的一些反面案例，期望引起译界同仁对科普作品翻译的理论与实践进行更深入、更有建设性的思考。

三、《基因传》中译本背离"事实之真"

既然科普作品不是虚构之作，而是借助必要的文学手段讲述真实的科学故事，普及科学知识，那么科普作品翻译显然要最大限度地保证"事实"的真实和准确，即纽马克所谓"事实之真"（factual truth）。《基因传》中译者马向涛博士深知这一道理，他在《译者注记》中说，许多人为本书的翻译付出了努力，比如"……在初译稿整理过程中付出的辛勤努力，……对译稿提出了许多真知灼见，……为本书提供了专业指导。除此之外，……也帮助我一起在文字上精雕细琢"①。然而，译本中与原文所展示的历史事实和科学知识不符之处，实在太多。

（一）与历史事实不符

毫不夸张地说，译文背离原著记述的事实随处可见。篇幅所限，在此仅举中译本第 28 页一页之内的几处，请读者评鉴。

---

① 穆吉克：《基因传：众生之源》，马向涛译，北京：中信出版社，2018 年，第 546—547 页。

页码	原文	译文	问题与商榷
例1 原著第38页 译本第28页	In 1844, he distilled the crucial parts of his thesis into a 255-page essay and mailed it to his friends to read privately. But he did not bother committing the essay to print.	1844年，达尔文将论文中的关键部分精练成一篇255页的文章，然后寄给他的朋友供私人阅读。其实他并不在意把文章打印出来供别人参阅。	原文是"他没曾想着要把书稿出版"，而不是"打印出来供别人参阅"。此外，描述1844年的情形，用"打印"也值得商榷。
例2 原著第38页 译本第28页	Unlike Darwin—landed cleric, gentleman biologist, and soon to be England's most lauded natural historian—Wallace had been born into a middle-class family in Monmouthshire.	达尔文是令人尊敬的牧师与"绅士"生物学家，他很快就成为英国最负盛名的博物学家，而华莱士则与之完全不同，他出生于蒙毛斯郡的中产阶级家庭。	"landed"显然不是"lauded"，两个词的拼写差别细微，但表达的意思大相径庭。
例3 原著第39页 译本第28页	In 1854, having lost the little money that he possessed, and all the specimens that he had collected, in a shipping disaster, an even more deeply impoverished Wallace moved from the Amazon basin to another series of scattered volcanic islands—the Malay Archipelago—on the edge of southeastern Asia.	1854年，华莱士经历了一场海难，虽然在经济上损失不大，但是全部标本均无法找回。最后华莱士狼狈不堪地逃离亚马逊盆地辗转来到了另一处火山岛，这里就是位于东南亚边缘的马来群岛。	本句的意思，"原本没几个钱，现在全没了"，这样还是"在经济上损失不大"吗？

如译者所言，本书是一部记述科学史的著作，尤其涉及生物学发展史。表中所举三例，涉及达尔文、华莱士，两人都是著名的进化论学者，原文描述的是与两位学者生平相关的一些事实，表面上看似乎是无关科学数据的细枝末节，实际却是非常重要的"历史事实"。从纽马克翻译要呈现"事实之真"的角度来看，译者面对这样的历史事实，没有任何要干预和变更的理由，应力求把原书陈述的事实展现给读者。事实上，这样的译文已经严重误导了读者。

（二） 背离科学事实之真

更严肃的是，译本对专业知识的呈现也有诸多值得商榷的地方。比如，在谈及美国研究果蝇的遗传学家缪勒（Hermann Muller）因对美国社会感到失望，1932 年离开美国前往柏林，他运走的研究所需物品中包括 several hundred strains of flies[1]，中译本完全不顾 strain 是"品种"的意思，直接把"几百种果蝇"变成"几百只果蝇"[2]。再如，谈及 RNA 作为中介将 DNA 承载的基因转化为蛋白质的过程时，原文如下：

The process was akin to a **library** of rare books that is assessed for translation. The **master copy** of information—**i. e.** , the gene—was stored permanently in a deep repository or **vault**. When a "translation request" was generated by a cell, a photocopy of the original was summoned from the vault of the nucleus. This facsimile of a gene （**i. e.** , RNA） was used as a working source for **translation into a protein**. [3]

中译文如下：

这个过程类似于对珍本**图书馆内**的藏书进行翻译。信息的**原版拷贝**（**例如基因**）被永久尘封在幽深的密室或者**金库**里，让细胞发出"翻译请求"时，RNA 作为 DNA 的拷贝接受指令从细胞核转移到细胞质。基因的副本（**例如** RNA）将被作为**蛋白质翻译**的源代码。[4]

短短几句话，问题可不少。像 library 这个词，在此其实就是 collec-

---

① Mukherjee,Siddhartha. *The Gene:An Intimate History*. Scribner （export edition）,2016,p. 118.
② 穆吉克:《基因传：众生之源》，马向涛译，北京：中信出版社，2018 年，第 120 页。
③ Mukherjee,Siddhartha. *The Gene:An Intimate History*. Scribner （export edition）,2016,p. 166.
④ 穆吉克:《基因传：众生之源》，马向涛译，北京：中信出版社，2018 年，第 175 页。

tion，相当于"一系列""一套"，但被不假思索地译成"图书馆"了；master copy 本是"母本"，却成了"原版拷贝"（究竟是原版？还是拷贝？）；translation into a protein 译作"转化成蛋白质"简洁易懂，或"翻译成蛋白质"也行，却偏偏成了"蛋白质翻译"。更不必说把 i. e. 译作"例如"，把 vault 译成"金库"。"书"放在"金库"里？不免荒唐。

四、中译本破坏了原作"逻辑之真"

除了违背原书叙述的历史和科学事实，译文在处理篇（章）首引文时，未能考虑到引文与正文之间的逻辑关系，擅自改译，破坏了"逻辑之真"。此外，译者对原作书名的处理遮蔽了原作者对家族精神病史的书写和诉说这一重要的线索，值得商榷。

（一） 章前引文翻译中的逻辑失真

穆吉克《基因传》沿用了《众病之王：癌症传》的写作模式，所有篇、章都以引用名人名言或诗句（quotations）开头。据笔者统计，全书篇（章）首引用共计 76 条。作者引用的范围很广，纵向上从古希腊到 21 世纪，横向上涉及学术著作、文学作品（如《哈姆雷特》）、报刊（如《华盛顿邮报》），足见作者知识渊博、视野宽广。从功能上看，这些引文很像中国古代章回小说的回前诗，用简练的言辞为读者预示了篇章的主题。从文体和叙事的角度看，篇（章）首引文是整个作品的有机组成部分，也是该书文学性的重要体现。

纽马克说："译者应假定其面对的文本表达了清楚的意思，除非该文本自身部分或整体表意含混，或含反讽意味。"① 考虑到篇首和章首引文预

---

① Newmark, Peter. "The Ethics of Translation: Diverging from the Source Language Text", In Angelika Lauer/Heidrun Gerzymisch-Arbogast/Johann Heller/Erich Steiner（Hg.），*Übersetzungswissenschaft im Umbruch. Festschrift für Wolfram Wilss zum 70*. Geburstag, Tübingen: Narr, 1996, pp. 37–41.

示着本篇本章的内容，二者间存在很强的逻辑关系，译者没有理由对引文的内容做任何改写，应准确传达引文的内容，再现引文与正文内容之间的逻辑关联。下面仅举一例来看看译者如何翻译引文。

全书第一章"围墙花园"（The Walled Garden）开头的一段引文，引自切斯特顿（G. K. Chesterton）的《优生学与其他罪恶》（*Eugenics and Other Evils*）。穆吉克在第一章中从青年时代的孟德尔（Gregor Johann Mendel）对生物学的兴趣说起，简单勾勒出从古希腊到 19 世纪中期这一漫长时段内学者们对人类遗传问题的思考和探索，以及各个时代提出的今天看来已经十分荒诞的理论。如前所言，章首的这个引文不仅是正文内容的预示，而且与整章内容形成紧密的逻辑关系。为方便读者对照，我们先将引文和中译文列举如下：

原作（第 17 页）	中译本（第 3 页）
The students of heredity, especially, understand all of their subject except their subject. They were, I suppose, bred and born in that brier-patch, and have really explored it without coming to the end of it. That is, they have studied everything but the question of what they are studying. G. K. Chesterton, Eugenics and Other Evils	学生时代固有的缺点在于被动灌输和缺乏主见。我认为应该让他们接受艰苦的训练，并且养成严于律己的习惯。只有这样，他们才能在学习过程中找到努力的方向。 　　吉尔伯特·基思·切斯特顿：《优生学与其他罪恶》

不难看出，译文表达的内容与引文没有丝毫关系。引文的基本意思是，遗传学的学者们（student 在此可不是"学生"）了解与遗传学有关的知识，但是没能抓住遗传学的核心。他们在遗传学这块荆棘丛生的领地（that brier-patch）里探索了所有的东西，唯独没能思考遗传学的本质。回头来看译文："学生时代固有的缺点在于被动灌输和缺乏主见。我认为应该让他们接受艰苦的训练，并且养成严于律己的习惯。只有这样，他们才能在学习过程中找到努力的方向。"整句中有哪一点（被动灌输、缺乏主见、接受艰苦训练、养成严于律己的习惯）是从原文翻译而来的？译者为

什么要把原文本来十分清楚，而且与正文内容直接关联的内容改写成一堆不知所云的文字？这样的表述与第一章的主题有什么逻辑关系？

（二） 书名翻译的问题

笔者认为，《基因传》中译本值得探讨的问题很多，涉及书名、篇名、章名，甚至某些人名、机构名称的翻译。比如中译本第 87 页将 Thomas Hardy 翻译成"托马斯·哈迪"，反复把 Kaiser Wilhelm Institute 译为"凯泽·威廉研究所"（殊不知德语的 Kaiser 即英语的 emperor），等等。这些可以理解为无知和疏忽导致的误译，不是译者故意为之，于全书的影响有限，本文不作深究。限于篇幅，这里只谈谈书名的翻译。《基因传》英文原著叫 The Gene：An Intimate History，直译过来是《基因传：一部夹杂着亲人记忆的历史》，实际上穆吉克自始至终都穿插叙述了他整个家族中代代相传的精神分裂症。如前所述，《基因传》是作者"融科学、历史和家族传记于一体的鸿篇巨制"①。《纽约时报》另一篇评论说："全书在建构基因之历史的过程中，不时穿插着作者对家人的回忆。一个堂兄和两个叔叔都'深受各种心理疾病之害'，已经在家族中遗传下来的，可能会继续遗传下去的精神病的幽灵，困扰着穆吉克的家人，无法从他心中抹去。"②穆吉克自己在《序言》中也说："本书用叙事的手法讲述了基因概念的历史演绎，而我也借此来追忆家族变迁的世事沧桑。遗传病给家人带来的痛苦不堪回首。"③虽然这部分内容占的篇幅小，但于作者而言，显然构成了全书另一条主线，一条不可或缺、不应被遮盖的主线：家族精神病遗传史的记忆。

现在我们看到，该书中译本取名《基因传：众生之源》。笔者认为，

---

① Zuger, Abigail. "Twin Books on the Genome, Far from Identical. " *The New York Times* （Science Section）, May 19, 2016.

② Gleick, James. "Review of 'The Gene' by Siddhartha Mukherjee. " *The New York Times* （Book Review）, May 12, 2016.

③ 穆吉克：《基因传：众生之源》，马向涛译，北京：中信出版社，2018 年，第 xvi 页。

"众生之源"这个表达完全遮蔽了作者追忆家族病史的整个思路。正是这样的遮蔽，让读者无法知道，在基因的大历史之下还有一部小历史，一部作者关于家人精神病、遗传病的诉说和追忆。原著并未在任何地方说基因是"众生之源"，那么，"众生之源"这样的表述从何而来呢？可能的解释是，译者或是出于修辞的缘故，希望承接穆吉克前一部作品的中译名——《众病之王：癌症传》（*The Emperor of All Maladies：A Biography of Cancer*）。但是，为了修辞呼应，译者就可以随意改写全书的标题，抹去至关重要的信息？

结　论

从《基因传》中译本来看，译者在很多地方违背了原文的"事实之真"，将原本清楚，有些甚至成为科学史常识的描述变得模糊不清，甚至完全错误。在多处章前引文的翻译中，译文与原文表述的内容完全不对应，这类违背"逻辑之真"的改写改译破坏了引文预示正文内容的作用，进而使得引文与正文间的逻辑关系荡然无存。最后，书名的翻译也因为片面追求修辞效果而遮蔽了作者诉说家族病史的重要情感主线。

科普作品的性质决定，科普作品的翻译应再现原著的科学事实、历史事实，尽力呈现原著内部的逻辑关系。从这个角度出发，纽马克的"再现五真"翻译伦理非常适用于科普作品的翻译。换言之，科普翻译要传达和再现"五真"——事实之真、审美之真、逻辑之真、伦理之真、语言之真。翻译伦理之本质是译者对作者、原作的态度，也是译者对读者的态度，而翻译伦理的集中体现就是译者最终呈现的译本。倘若《基因传》中译者真正欣赏穆吉克的原著，自然应秉承"再现五真"的翻译伦理，尽力在翻译中再现原著的"事实之真、审美之真、逻辑之真、伦理之真、语言之真"，为中文读者奉献一部完整的、高质量的译本。

翻译学刊

·2023年第2辑·

从对《红字》的缩译改写看周瘦鹃的审美价值观
——《红字》《赤书记》对读

樊宇婷①

摘要：周瘦鹃翻译的《赤书记》是《红字》的最早汉译本。《赤书记》对原著做了大量的删除，包括体现原著者意图和倾向性的引言、叙述者声音、宗教历史背景、神秘色彩等。对原著的保留部分亦有典型的改写之处。通过删除、改写，周瘦鹃所呈现的故事骨干对原作主题思想有所偏移，《赤书记》相较于以宗教反思为核心的《红字》具有通俗化、言情化特征。汉译本这一改写效果与译者的审美价值观、作为赞助者的译入语读者群体的阅读期待密切相关。

关键词：《红字》；《赤书记》；周瘦鹃；改写

Title：Unveiling the aesthetic values of Chou Shouchüan from his abbreviated translating and rewriting of *The Scarlet Letter*——A comparative reading of *The Scarlet Letter* and *Ch'ih-shu chi*

① 作者简介：樊宇婷，文学博士，中国艺术研究院助理研究员，研究方向：中国现当代文学、汉译文学。

基金项目：本文为第66批中国博士后科学基金面上资助项目"五四时期汉译文学'改写'现象研究——以图书为基础"（项目编号：2019M660529）的阶段性成果。

Abstract：Ch'ih-shu chi translated by Chou Shouchüan is the earliest Chinese translation of *The Scarlet Letter*. Compared with the original work, there are a lot of deletions, including *The Custom-House: Introductory to ' The Scarlet Letter '* that reflects the intention and inclination of the original author, the voice of the narrator, the religious and historical background, the mysterious part, etc. There are also typical adaptations in Ch'ih-shu chi. By deleting and rewriting, the backbone of the story presented by Chou has deviated from the theme of the original which is centered on religious reflection, Ch'ih-shu chi shows the characteristics of secularization and romanticizing the consequence of this translation and adaption is closely related to the translator's aesthetic values and the reading expectation of target readers.

Key words：*The Scarlet Letter*；*Ch'ih-shu chi*；Chou Shouchüan；rewrite

一、《红字》汉译本及《赤书记》

《红字》是美国作家霍桑的代表作，出版于 1850 年。自诞生后就被从多方面解读，其多义性、寓言性被不断研讨①。然而，汉译《红字》以最初面貌出现时，因受到翻译者审美价值观和译入语语境接受者的影响，更侧重情节性与言情特征，且对原作的结构艺术、叙述者声音、宗教意涵及心理描写做了删减或淡化的处理。本文重点分析《红字》最早汉译本《赤书记》的改写效果及其成因。

据资料，霍桑小说《红字》最早被介绍到中国见于《小说月报》1913 年第 4 卷第 5 号"说林"栏目长篇连载《欧美小说丛谈续编》一文，该文作者孙毓修认为霍桑之名声显耀，出于欧文（Washington Irving）和考伯尔

---

① 曹亚军：《霍桑及其〈红字〉之一：批评略史》，《深圳大学学报（人文社会科学版）》1999 年第 1 期。

（Copper）之上，是因为其作品符合"通俗喻情"的"小说之正轨"①。文中以"《红书》"称之，并称誉其"惊人之绝作""体大而思精"②。《红字》通过期刊评介、翻译连载、单行本图书的形式进入中国读者视野③。经笔者梳理，目前可认为《赤书记》是《红字》的最早汉译本，但对该译本尚未有人做专门考察，仅有李今在《周瘦鹃对〈简爱〉的言情化改写及其言情观》一文中做过介绍。本文之所以选择《赤书记》做细读式分析，除了上述该译本为最早汉译本却较少受到学界关注之外，还由于周瘦鹃将接近十万英文单词的原著翻译为不足八千汉字，删除规模之大及保留与改写的处理都极具有典型性。具体来看，周译本未译引言《海关》及《尾声》，将原著二十四章④缩译为三章。周译第一章"耻辱"，略过原著第一章"狱门"，直接从第二章"市场"译起，至四章"会面"结束。周译第二章"悔悟"，包含原著五至十二章，其中第七章"总督的大厅"被删除。周译第三章"报偿"包含原著十三至二十三章，其中十五章"海丝特和珠儿"、十六章"林中散步"情节基本被省略，第十九章"溪边的孩子"、

① 孙毓修：《欧美小说丛谈续编》，《小说月报》1913年第4卷第5号。
② 孙毓修：《欧美小说丛谈》，《小说月报》1913年第4卷第5号。
③ 期刊翻译有：（1）聂光地《〈红字〉——作者，小说，及电影》，《中国电影杂志》，1927年第1卷第9期。（2）陈炳洪译述《红字》，《良友画报》1929年第38、39期。（3）古有成译《红字》（未完），《当代文艺》1931年第2卷第3期。（4）德明（陈德明）节译《红字》，《明灯》1931年10月第174期。（5）蔡慕晖撰《猩红字母》，《太白》1935年第1卷第12期，（6）丁朗摘述《红字》，《小说世界（上海）》1946年第1卷第3期。以图书为载体的《红字》汉译本如下：（1）《赤书记》，周瘦鹃缩译，收入周译小说集《心弦》，上海：大东书局，1925年。（2）《红字女》，查士元、查士骥译述，收入查士元、查士骥译述《世界小说名著提要第四集》，新文化学会，1928年。该书系根据日本木村一郎、平林松雄、高木敏雄等人所著《世界名著题解》编译而成。（3）《红字》，德明翻译，收入谢颂羔主编《世界著名小说选第二集》，广学会，1932年，该文初载《明灯》1931年10月第174期。（4）《红字记》，伍光建选译，英汉对照名家小说选，上海：商务印书馆，1934年9月初版。（5）《红字》，张梦麟译，上海：中华书局，1934年。（6）《猩红文》（上、下），傅东华译，万有文库，上海：商务印书馆，1937年。（7）《红字》，杨启瑞译，上海：启明书局，1942年。（8）《红字》，侍桁译，①重庆文风书局，1945年4月初版；②国际文化服务社，1948年3月上海新版。另有资料说梁遇春也译过《红字》，笔者尚未找到译文。
④ 本文以胡允桓全译本（收入《霍桑小说全集2》）与周瘦鹃缩译本对读，并参照企鹅版英文本。

第二十四章"尾声"被删除。本文通过对读，意在窥探文本转化过程中的增删改写对小说主题和重心的偏移及改写背后体现的译者的审美价值观。通过考察，笔者认为译者的重情理念及东方审美价值观决定了小说的精神内核，作为赞助人的读者群也干预了译作的呈现效果。

二、《赤书记》删除部分

（一） 被删的 《海关——〈红字〉之引言》： 叙事技巧的剥离

《海关》作为《红字》的引言，有十分重要的意义。研究者曹亚军认为，《海关》是"霍桑的一份小自传，'海关'与红字的故事相平行"①。《红字》的另一汉译者姚乃强认为引言"对于了解作者的生平经历、思想感情、写作风格和技巧，以及小说的背景等都提供了大量的材料，是研究霍桑与《红字》不可或缺的材料"②。可以说，《海关》隐含了霍桑想通过《红字》告诉读者的内容，也可以认为是理解《红字》和霍桑的一面镜子。

首先，《海关》带有作家自我叙述的成分。霍桑的先祖是北美殖民地早期移民，他的五世祖约翰·霍桑是审判 1692 年塞勒姆驱巫案的三大法官之一。霍桑介绍自己的先祖们"他是一名军人、一位议员、一位法官；他又是教会中的一个首领；他具备清教徒的一切品性，无论正邪。他还是个残忍的迫害狂，教友派教徒将他记入他们的历史，叙述了目睹的他严惩他们教派一位妇女的事件；人们担心，其恶劣的影响会比他善举的记录持续时间要长，尽管他做过许多好事。他的儿子也承袭了这种迫害精神，在牺牲巫师的行径中十分惹人注目，以致人们说巫师的血会公道地在他身上留下污迹"③。作为后辈，霍桑因先祖的苛酷行为而产生的负罪感促使他在姓

① 曹亚军：《霍桑及其〈红字〉之一：批评略史》，《深圳大学学报（人文社会科学版）》1999 年第 1 期。

② 姚乃强：《红字·译者序》，北京：中国友谊出版公司，2012 年，第 12 页。

③ ［美］霍桑：《霍桑小说全集（2）》，胡允桓译，合肥：安徽文艺出版社，2000 年，第 8 页。

氏中加入 w，变为 Hawthorne，这种负罪感也渗透于他的作品之中，使作品有一种"代为受过"的赎罪意味。"我当前身为作家，作为他们的后人，特此代他们蒙受耻辱，并祈求从今以后洗刷掉他们招致的任何诅咒……"①这些文字中隐藏的深刻的悔罪意识弥漫在《红字》的人物命运中，白兰所受的佩戴红字的惩罚源自清教殖民地统治者商议的结果，丁梅斯代尔牧师除了遮掩自己有罪行为的虚伪之外，更受到因对上帝不诚而生的内心折磨，两个人的命运都与清教统治的文化环境密不可分。《红字》呈现的深刻的悔罪心理与宽恕精神很难说与引言中的内省意识无关。

再者，《海关》与小说正文具有某种呼应和同构性。事实上，《海关》的叙述恰为小说正文人物命运和选择的动机做出了暗示。霍桑在《海关》中记述自己对萨莱姆镇的"情感力量"正可以解释白兰回归此地的原因。前者是对家族苛酷行为的承担，后者是对自身惩罚的面对，两种回归都带有一种心灵的净化和精神的升华。"这座萨莱姆旧镇——我的故乡，虽说我在我的少年和成年时代都曾离乡客居在外——使我，或者曾经使我，魂牵梦系，那种情感的力量（the force）是我实际住在这里时从未意识到的。"② 对比原著第五章《海斯特做针线》，海斯特出狱后选择继续居留在清教徒居民区，原著中叙述她本可以逃离此地，回到家乡或欧洲大陆其他地方重新开始，也可以选择清教徒视为异教力量的森林世界，在彼处或可免遭惩罚。但海斯特恰恰选择了此地作为家园，而在这里她必将被视为"耻辱的典型"（type of shame）。霍桑分析了这样抉择的心理原因和必然，"但确实有一种天数（fatality），一种具有冥冥之力（force of doom）的如此不可抗拒和难以避免的感情，迫使人们像幽灵般出没并滞留在发生过为他终生增色添辉、引人瞩目的重大事件的地方，而且那事件的悲伤色调愈浓，人们也就愈难以背离那块地方。她的罪孽，她的耻辱，便是她深扎于

---

① ［美］霍桑：《霍桑小说全集（2）》，胡允桓译，合肥：安徽文艺出版社，2000年，第9页。

② ［美］霍桑：《霍桑小说全集（2）》，胡允桓译，合肥：安徽文艺出版社，2000年，第7页。

此地的根。"①霍桑重点强调了白兰对罪孽与耻辱的"背负"，以及由此获得生命经验的重建和新生，这种停留类似圣徒的苦修与自我克服，而留下她的力量恰是一种宗教式的召唤力量，小说以"天数"和"冥冥之力"的引导来解释，这与引言中霍桑形容马萨诸塞州的"情感力量"令其魂牵梦系的描述具有同构性②。周译《赤书记》对引言的删除取消了叙事的哲理性和小说人物对自身命运选择的思考。

（二） 叙述者声音的舍弃： 小说自我阐释意味的消失

周瘦鹃删去了叙述者的声音，造成小说自我阐释意味的丢失。叙述者声音的重要性，霍桑在《海关》中已现身说法，"事实上——这一真正把自己置于编撰的地位或者充其量在构成作品的故事中屡发议论的愿望——这才是我同公众建立个人关系的舍此无他的真实原因"③。可见，时不时跳出的叙述者的声音正是霍桑意欲传达出来的观点，周瘦鹃对此删除使霍桑借小说传达自己倾向性的渠道于焉不存。

"刑台"作为《红字》的核心意象，是将惩罚公之于众的场所，白兰坦然面对刑台，因身份原因而遮掩自己"羞耻"的牧师最终走向刑台。在涉及"刑台"的情节中，叙述者声音屡次出现。原著第二章《市场》里，叙述者做了一大段关于刑台的解读，不但介绍了刑台"是构成整个惩罚机器的一个组成部分"④，在新殖民地"被视为教化劝善的有效动力"⑤，其

---

① ［美］霍桑：《霍桑小说全集（2）》，胡允桓译，合肥：安徽文艺出版社，2000 年，第 66 页。

② 除了笔者此处分析的引言与正文体现出的作者与小说人物在情感上的同构性之外，引言与正文在结构上的同构关系已有学者撰文研究过。见刘林：《"海关"与〈红字〉的同构关系》，《外国文学研究》2008 年第 1 期。

③ ［美］霍桑：《霍桑小说全集（2）》，胡允桓译，合肥：安徽文艺出版社，2000 年，第 4 页。

④ ［美］霍桑：《霍桑小说全集（2）》，胡允桓译，合肥：安徽文艺出版社，2000 年，第 45 页。

⑤ ［美］霍桑：《霍桑小说全集（2）》，胡允桓译，合肥：安徽文艺出版社，2000 年，第 45 页。

翻译实践与应用探讨

供人围观的功能极尽羞辱之能事。霍桑还介入论述"依我看来，无论犯有何等过失，再没有比这种暴行更违背我们的人性的了，其不准罪人隐藏他那羞惭的面容的险恶用心实在无以复加；而这恰恰是这一刑罚的本意所在"①。可以说，刑台对罪恶的监督和惩罚就像上帝之眼，整个《红字》是隐藏的罪者走向"刑台"的袒露和受罚的历程。在第十二章"牧师的夜游"中，丁梅斯代尔于密室惩罚自己并被"'自责'的冲动"②驱赶到七年前白兰站立的同一个刑台进行赎罪。霍桑此时加入叙述者的旁观视角："可怜的不幸的人啊！像他这样一个柔弱的人如何承受得起罪恶的重负呢？罪恶是那种神经如钢铁的人干的，他们自己可以选择：要么忍受；要么在受压过甚时便运用自己凶猛的蛮力，振臂一甩，以达目的！这个身体羸弱而精神敏感的人两者都不能做到，却又不停地彷徨于二者之间，时而这，时而那，终将滔天之罪的痛苦与徒劳无益的悔恨纠缠在一起，形成死结。"③可以说霍桑对丁梅斯代尔牧师的状态不仅是描述，而且是分析和解读，羸弱而敏感的丁梅斯代尔由原罪而生的痛苦与悔恨愈令人哀戚，他最终向上帝坦诚而获得解脱的救赎就愈加圣洁，正是这两者之间的张力体现了小说的叙事动力。周瘦鹃删除了叙述者的声音，削弱了小说人物处于低谷时所蕴含的能量，使霍桑通过叙事者的声音暗示人物命运导向的伏笔不见踪迹。

实际上，"刑台"的设置与小说的内部主题十分相关。《红字》第2、12、23章三次出现的"刑台"将主人公汇聚一起，并导引了"市场—牧师夜游—红字的显露"④的叙事结构。有研究者认为以刑台为中心建构的

① ［美］霍桑：《霍桑小说全集（2）》，胡允桓译，合肥：安徽文艺出版社，2000年，第45页。
② ［美］霍桑：《霍桑小说全集（2）》，胡允桓译，合肥：安徽文艺出版社，2000年，第124页。
③ ［美］霍桑：《霍桑小说全集（2）》，胡允桓译，合肥：安徽文艺出版社，2000年，第124页。
④ 陈蓓：《〈红字〉中"刑台"的象征寓意与叙事功能》，《湖北经济学院学报（人文社会科学版）》2016年第10期。

叙事格局与《圣经》的U型叙事结构恰好吻合，弗莱用"U型叙事结构"概括《士师记》的叙事模式，即"背叛之后落入灾难与奴役，随之是悔悟，然后通过解救又上升到差不多相当于上一次开始下降的高度"①。丁梅斯代尔"'负罪而隐瞒—知罪而忏悔—获得救赎'的过程正好体现出与《圣经》的U型叙事曲线的结合"②。叙述者声音对"刑台"这一意象的强调恰体现出小说与《圣经》模式的内在呼应性。

（三） 宗教历史背景、 神秘色彩的淡化处理

小说中涉及的贝灵汉总督、西宾斯太太、威尔逊牧师，都是北美殖民地早期的人物，无疑增加了小说的历史感。第七章"总督的大厅"是汉译本完全删去的一章，该章确实没有产生主要人物之间的矛盾，与故事情节关系不大。但对"总督的大厅"陈设的细致描述有意味地展现出一幅英格兰故国的风情画，它向读者透露了这片土地上开创者们的"迁移史"。因而"贝灵汉总督的屋子"是一个值得体味的历史场景。从故土运来的"伊丽莎白时代的全部设备"，显示英格兰好客遗风的大锡镴单柄酒杯，使新大陆依旧留有故国的影子。墙上悬挂的穿着衬有"环状皱领"长袍，"面露威严"的"家族的先祖"的肖像，"以苛刻褊狭的批评目光审视着活人的活动和娱乐"③（gazing with harsh and intolerant criticism at the pursuits and enjoyments of living men. ④），又让人体会到了清教先祖的苛酷。文中多次出现的"伊丽莎白时代""詹姆士时代"⑤，虽未做深入展开，但隐含的英国国教的分裂及清教的崛起、受压迫而最终抵达北美的历史让小说叙述纵深化。

---

① ［加拿大］弗莱：《伟大的代码：圣经与文学》，郝振益等译，北京：北京大学出版社，1998年，第220页。

② 陈蓓：《〈红字〉中"刑台"的象征寓意与叙事功能》，《湖北经济学院学报（人文社会科学版）》2016年第10期。

③ ［美］霍桑：《霍桑小说全集（2）》，胡允桓译，合肥：安徽文艺出版社，2000年，第86页。

④ Hawthorne, Nathaniel. *The Scarlet Letter*, London: Penguin Books Ltd. , 2012, p. 99.

⑤ 如"老总督贝灵汉会歪戴着他那詹姆士王时代的环状皱领，绷紧面孔走出来……"，见《霍桑小说全集（2）》，第126页。

除此，该章多处含有对殖民地社会秩序的书写。譬如贝灵汉总督热心促使将珠儿交给比白兰更高级的监护人，叙述者在这里说"这类事情如果推迟若干年，最多交由市镇行政管理委员会这一级去裁处，而在当时，居然要兴师动众地加以讨论，而且还要有显要人物来参与，……在早年的纯朴时期，哪怕对公众利益来说，比起海斯特和她孩子的安置问题还要次要的事情，都是要由立法者审议并由政府立法。"① 这反映了早期新英格兰的社会管理秩序，及"强调律法主义的加尔文宗清教徒"② 对世俗世界的控制。

《红字》是一部自我诠释的小说，小说阅读中的谜题一定程度上以背景、叙述者声音、人物心理描写做出解释。在写清教社会的勤俭严格时，霍桑对比的是老英国的社会风气。选举日被认为是清教徒最为放松的一天，这一天"他们的神情才不致比大多数别处的居民倒霉时的面容要严峻些"③。清教徒的过度的阴郁和严谨冷峻遗传在他们的后代身上，以至于受其阴影笼罩的子嗣们"只好重新学习这门忘却已久的寻欢作乐的本领"④。这些对最初一代移民历史的叙述是这部小说故事得以发生的重要历史情境，可以说，如果没有加尔文清教的严酷到黯淡的自律精神，不会对通奸有如此的恐惧和严惩，也不会有《红字》。正如研究者已观察到的，清教思想的加入，不但给故事增添了"历史维度"，也"使得'通奸'这种在通俗文学中会被大大渲染的主题具有了道德的深度"⑤，使读者更为深刻地感受到海丝特和牧师的"罪"的严重。

---

① ［美］霍桑：《霍桑小说全集（2）》，胡允桓译，合肥：安徽文艺出版社，2000 年，第 82 页。
② 程巍：《清教徒的想象力与 1692 年塞勒姆巫术恐慌——霍桑的〈小布朗先生〉》，《外国文学》2007 年第 1 期。
③ ［美］霍桑：《霍桑小说全集（2）》，胡允桓译，合肥：安徽文艺出版社，2000 年，第 194 页。
④ ［美］霍桑：《霍桑小说全集（2）》，胡允桓译，合肥：安徽文艺出版社，2000 年，第 195—196 页。
⑤ 金衡山：《〈红字〉的文化和政治批评——兼谈文化批评的模式》，《外国文学评论》2006 年第 2 期。

至于情节较为松散的神秘部分，周瘦鹃往往略去不译。森林里的"黑男人"① 及这个黑男人"向在这林子里遇到的每一个人拿出他的册子和一支铁笔，让他们用自己的血写下他们的名字"② 的情节充满神秘与不可确知性。与这一意象有关的内容均被周瘦鹃删去。关于这一意象，霍桑在第十六章以白兰的心思做了解释："这是当时的一种普遍的迷信。"③ 据资料，"在魔鬼簿上签名"④ 的说法，是殖民地时期驱巫运动时较为常见的说辞。另一背景比较模糊带有神秘意味的人物是小说中的西宾斯老太太，她是殖民地时期驱巫运动的受害者安·西宾斯，因巫术罪于 1656 年 6 月 19 日在波士顿公园被绞死，其兄弟理查德·贝灵翰姆是马萨诸塞湾殖民地的副总督⑤。霍桑在第八章"小鬼和牧师"中对这一关系有暗示，白兰和珠儿在走出贝灵汉总督的宅邸时，有一段记述，"据信有一间小屋的格子窗给打开了，西宾斯太太把头探出来，伸到阳光下，她是贝灵汉总督的姐姐，脾气古怪刻毒，就是她，在若干年之后，作为女巫而被处决了"⑥。

这些带有神秘色彩的人物和事件真实反映了殖民地早期清教徒内心对巫术的信仰和恐惧，霍桑对此予以呈现，体现了对当时清教徒"离开理性的正道，拐进了神秘的巫魔世界"⑦ 的宗教想象力的反思意识。周瘦鹃对这些内容的删除与他将小说认定为三个人物之间的感情纠葛之外（这一认定，也可以解释《赤书记》对珠儿笔墨的大量删减），也与他考虑到国内

① 该意象出现于第四、十六章，见《霍桑小说全集（2）》，胡允桓译，合肥：安徽文艺出版社，2000 年，第 64、154 页。

② ［美］霍桑：《霍桑小说全集（2）》，胡允桓译，合肥：安徽文艺出版社，2000 年，第 154 页。

③ ［美］霍桑：《霍桑小说全集（2）》，胡允桓译，合肥：安徽文艺出版社，2000 年，第 154 页。

④ ［美］约翰·费斯克：《殖民、争霸与现代北美的诞生：新法兰西与新英格兰》，程磊译，北京：华文出版社，2019 年，第 158 页。

⑤ ［美］约翰·费斯克：《殖民、争霸与现代北美的诞生：新法兰西与新英格兰》，程磊译，北京：华文出版社，2019 年，第 137—138 页。

⑥ ［美］霍桑：《霍桑小说全集（2）》，胡允桓译，合肥：安徽文艺出版社，2000 年，第 96 页。

⑦ 程巍：《清教徒的想象力与 1692 年塞勒姆巫术恐慌——霍桑的〈小布朗先生〉》，《外国文学》2007 年第 1 期。

读者对这些神秘意象的陌生有关。

劳伦斯·韦努蒂曾说"翻译以巨大的构建力量再现外国文化"①，"拟译文本的选择和翻译策略的制定可以为外国文学建立独特的本土典律。这些典律由于遵照的是本土美学观，因而揭示了偏离外文语言潮流的诸多排斥和接受现象、中心和边缘状况。本土对拟译本的选择往往使这些文本脱离了赋予其意义的外国文学传统，最终导致外国文学的去历史化"②。周瘦鹃通过翻译再现外国文本过程中删减了宗教历史背景、带有神秘色彩的部分，是翻译过程中有意或无意的归化，他根据自己的审美价值所撷取的重要人物和故事情节呈现了一个淡化悔罪意味，更符合普通读者趣味的世俗故事，达到了对《红字》去历史化的效果。

三、《赤书记》保留与改写部分

对比周瘦鹃删除的部分，他保留的部分多是以主要人物为中心，聚集矛盾冲突的章节，使文本整体效果更接近周瘦鹃擅长的言情小说的风格。

（一） 言情化的认定

《赤书记》收入周译西方爱情小说集《心弦》，1925 年 7 月上海大东书局初版，该书版权页上并未署《心弦》，而是署"我们的情侣（全四册）情词一册　爱丝一册　恋歌一册　心弦一册"。"我们的情侣"的出版"是周瘦鹃大规模策划'言情'系列的产物"③。李今先生通过对《心弦》

---

① ［美］劳伦斯·韦努蒂：《文化身份的塑造》，陈浪译，谢天振主编：《当代国外翻译理论导读》，天津：南开大学出版社，2008 年，第 366 页。

② ［美］劳伦斯·韦努蒂：《文化身份的塑造》，陈浪译，谢天振主编：《当代国外翻译理论导读》，天津：南开大学出版社，2008 年，第 366 页。

③ 李今：《周瘦鹃对〈简爱〉的言情化改及其言情观》，《文学评论》2013 年第 1 期。该文还归纳《情词》主要辑录宋元明清及近代文人的爱情词曲；《恋歌》由傅绍先编辑，辑录了 34 位新文学家描写两性爱的抒情诗及少许译诗；《爱丝》为周瘦鹃从传奇、笔记等杂书中辑录的爱情轶事传说；《心弦》是周瘦鹃缩译的西方爱情小说集，收入十部翻译小说。

所收汉译小说各篇《弁言》的通读，确证了周瘦鹃对这组汉译西方爱情小说"言情"化的定位①。

从译作标题来看，周瘦鹃取法传统小说"记体文"，如《石头记》《西游记》等形式对十篇小说命名，将《红字》译为《赤书记》，与其他九部小说的译名更趋于对故事情节的概括相比（如将《简爱》译为《重光记》），更像是直译。尽管如此，还是丢失了原有标题自身的典故意义和象征意味，剥离了小说带有的文化背景和隐喻性内涵，强化了其作为通俗言情小说被接受的可能性。原作标题 The scarlet Letter（《猩红的字母》）并非一个随意的命名，scarlet 在《圣经》与"罪""亵渎""通奸"同时出现②。因此，标题的翻译可以说是周瘦鹃通俗化改写的体现。这一翻译使得原文作品的宗教意味大为流失，并且在翻译中增加了中国文学的信息，对进入原文本造成又一层的隔膜。

译作序跋类文字是窥视译者翻译思想和策略的重要依据，周瘦鹃在《赤书记·弁言》中对该书做如下介绍："《赤书记》'The Scarlet Letter'一作，直到一千八百五十年间方始告成。美国名小说家亨利詹慕士 Henry James 称为美国理想小说中最好的作品，使英国群众得一种深刻的印象。以后就有人根据著［着］这一个神秘的红字作为妇人羞耻的标识，就做了好多动人的文章，这《赤书记》的情节很警辟，文体很谨严，文坛上都公认为一部永难忘却的杰作。霍氏三十八岁才结婚，卒于一千八百六十四年。"③ 从这简短的介绍中，可以摘取译者对作品评价的唯有十个字"情节很警辟，文体很谨严"，周瘦鹃看中情节和文体显然是以通俗小说重视故事情节和结构紧凑完整作为标准，忽视了人物情感内部的忏悔意识与道德

---

① 《周瘦鹃对〈简爱〉的言情化改写及其言情观》一文中分析了《心弦》所收的《简爱》《克拉瑞萨》《卡门》《爱我少一点，爱我久一点》作品正文前的《弁言》，均出现了"言情小说"的描述，司各特《拉马摩尔的新娘》的《弁言》则有"哀情小说"的定位，因而周瘦鹃对这个集子里小说的归属和倾向有明确的意识。见《文学评论》2013 年第 1 期。

② 见《以赛亚书 1：18》《启示录 17：3》《启示录 17：4》。

③ ［美］霍桑：《赤书记》，周瘦鹃编译：《心弦》，上海：大东书局，1925 年，第 1—2 页。

救赎及原著者在小说技法上的用心。周瘦鹃对《红字》的缩译着眼于情节，重在叙述海斯特与牧师的不伦之爱及悲哀后果，勾销了牧师与医生的心理较量，海斯特与珠儿的隐喻性对话，弱化了牧师忏悔时的情态和心理语言，从而使小说悔罪意味大为消蚀。

（二） 言情化的改译

除了在单行本编辑上的预先设计外，对小说内容的翻译能更细微地体现周瘦鹃的通俗化和言情化处理。在周瘦鹃的笔下，白兰更具有中国审美系统中佳人的形象。霍桑在第二章几乎是用特写的方式描述了白兰走出狱门的场景。外表的"高大，形态优雅"（tall，with a figure of perfect elegance），被译为"长身玉立、体态十分挺秀"，内在的"优雅"被外在的"挺秀"代替。而霍桑着重描写的"贵妇的气质"（lady-like），虽然也被周瘦鹃翻译出来，但仅解释成"温柔"。"瞧伊那种温柔的态度，也很像是个贵妇人。而今天海丝姐浦琳从狱中出来，更做足了贵妇人的模样。"① 遗漏了霍桑对"贵妇"最重要的内涵，即原作中凸显精神高贵的"女性的优雅"（feminine gentility）和"尊贵"（dignity）的强调，凭空增添的"温柔"更是一厢情愿，原作强调的白兰身上的野性（wild）与不顾一切的反抗精神（the desperate recklessness of her mood）恰恰被周瘦鹃用"温柔"一词完全驱逐。白兰走出监狱并未像众人期待看到的黯然失色，反而焕发着美丽，"竟把笼罩着她的不幸和耻辱凝成一轮光环"②。其他如"五官端正，气色饱满"（beautiful from regularity of feature and richness of complexion）较为中性的描述被周瘦鹃翻译成"骨肉停匀，容色丰丽"的更具审美对象化色彩的表述。这类细微的替换使西方文化中的"贵妇"指向转化成中国通俗文学常见的"丽人"书写，更凸显了将女性外表作为审美对象

---

① ［美］霍桑：《赤书记》，周瘦鹃编译：《心弦》，上海：大东书局，1925 年，第 3 页。
② ［美］霍桑：《霍桑小说全集（2）》，胡允桓译，合肥：安徽文艺出版社，2000 年，第 43 页。

的偏好，这无不受制于周瘦鹃的"东方的审美取向"①。

除去人物形象的外在化处理，对白兰性格特征的改写更是呈现了一个世俗故事的主人翁形象。白兰反思自己在新英格兰继续留下来的动机"她对自己说，这里曾是她犯下罪孽的地方，这里也应是她接受人间惩罚的地方；这样，或许她逐日受到的耻辱的折磨最终会荡涤她的灵魂，并产生出比她失去的那个还要神圣的另一个纯洁，因为这是她殉道的结果"②。可见，白兰的"留下"是通过宗教苦修获得灵魂的升华和自我的新生，霍桑更突出了白兰通过承受折磨而获得救赎的意义，这是一个极具主体性和追求道德自我完善的人物。白兰留下的另一个原因是为了与丁梅斯代尔共同承担他们原罪的代价。"虽说不为世人所认可，她却自信他俩已结成一体，并将一同来到末日审判的席前凭栏而立，在那里举行神圣的婚礼，以共同承担未来的永无止期的报应。"③ 纵然有为了两人结合的目的，但最终是为了共同承担罪孽的报应，以真诚迎接末日审判，实现道德的自我完善。

而周译更倾向白兰与其结合对象团圆的世俗功利目的，纵然他并未剔除原文接受最后审判的信息，但最终抵达的是幸福的结合。"伊为什么仍住在这新英伦的镇中，做那羞耻的标识，多分伊心中正怀着一个意念才使伊恋恋不去。因为这所在正有一个人住着，正有一个人的脚踏着这土地，而此人便是伊所认为可以结合的，目前在这世界中虽不为公众所承认，将来却准备受最后的裁判，就把那最后的法庭做伊们结婚的圣坛，从此同心好合幸福无穷了。"④ 周译笔下选择留下的白兰是一个因为所爱之人在此地才恋恋不舍地略带依附性的存在，将白兰作为自由个体选择的主动性和对自身行为的反思与救赎的意义极大地被淡化，白兰通过在自己犯罪之地经

---

① 李今：《周瘦鹃对〈简爱〉的言情化改写及其言情观》，《文学评论》2013年第1期。

② ［美］霍桑：《霍桑小说全集（2）》，胡允桓译，合肥：安徽文艺出版社，2000年，第67页。

③ ［美］霍桑：《霍桑小说全集（2）》，胡允桓译，合肥：安徽文艺出版社，2000年，第66页。"永无止期的报应"原文为"a joint futurity of endless retribution"，参见 Hawthorne, Nathaniel. The Scarlet Letter, London：Penguin Books Ltd. ,2012, p.76.

④ ［美］霍桑：《赤书记》，周瘦鹃编译：《心弦》，上海：大东书局，1925年，第9页。

受惩罚而重生的升华意义荡然无存。与霍桑赋予白兰的留在此地、承受罪孽、生成另一个纯洁而神圣的自我不同，周瘦鹃更强调的是"同心好合幸福无穷了"的世俗追求。

在我看来，霍桑正是通过对白兰勇于承担、敢于在世俗中自我修为的性格的塑造来呈现自己对理想人性的期待。对周瘦鹃而言，他"一生低首紫罗兰"，四十余年的"刻骨倾心"① 只能以私信交通或融入杂志名、居所名，或像密电般通过公开的文字或嵌入作品的方式来表达。对他来讲，相爱的人能够相守或许是爱情的至高圆满，正如他讲"愿世界有情人都成了眷属，永绕情轨，皆大欢喜"②。这种情爱观渗透在他的翻译小说中就体现出对言情的偏重。

（三） 宗教内容的改写与小说重心的扭转

对心理语言和宗教仪式表达的改译是淡化小说宗教意味的又一方式。在原著第十一章"内心"中，丁梅斯代尔遭受肉体疾病和精神折磨，却在圣职上大放异彩，正是由于身负重荷，"他才能够同人类的负罪的兄弟们有如此同气相求的共鸣"③，并将他们心悸的痛楚付诸动人的布道辞令，愈引起听众的敬服与信仰。但听众对他的信仰给他的内心造成了巨大的折磨，他无法接受自己作为负责为信众向上帝传达感情的人，作为信众"敬仰和信赖的牧师，却是一团污浊，一个骗子!"④ 这些长篇自剖性的心理语言均被周瘦鹃删除。

在罪孽与痛苦的折磨下，牧师对自己进行严厉的惩罚。"他内心的烦

---

① 周瘦鹃:《一生低首紫罗兰》，王智毅编:《周瘦鹃研究资料》，天津：天津人民出版社，1993年，第134页。

② 周瘦鹃:《〈爱之花〉弁言》，王智毅编:《周瘦鹃研究资料》，天津：天津人民出版社，1993年，第205页。

③ ［美］霍桑:《霍桑小说全集（2）》，胡允桓译，合肥：安徽文艺出版社，2000年，第118页。

④ ［美］霍桑:《霍桑小说全集（2）》，胡允桓译，合肥：安徽文艺出版社，2000年，第119页。

恼，驱使着他的行动坐卧与古老腐败的罗马天主教的信条暗相啮合，反倒背离了自他生来便哺育他的新教的较好的灵光。在丁梅斯代尔先生深锁的密室中，有一条血淋淋的刑鞭。这位新教和清教的牧师，时常一边对自己苦笑，一边鞭打自己的肩膀，而随着那苦笑，就鞭打得更加无情。"① 新教反抗天主教的严酷为争取更多的信仰自由而产生。牧师的罪感驱使他违背了自己追求的较为宽松的新教教义而返回到苛酷的系统中，采取密室刑鞭，以及斋戒到颤抖、彻夜不眠的祝祷来惩罚自己。周瘦鹃删除了密室鞭刑的自惩方式，仅留下"捱着饿不吃东西""连夜不睡捱受种种的恐怖"②。并且将"斋戒"（fast）译为"捱饿"，将"彻夜不眠地祝祷"（He kept vigils，likewise，night after night）简化为单纯的"连夜不睡"③。原文描述的惩罚方式背后有宗教仪式的依据和成例，通过翻译完全可以与世俗凡人的自惩无差别。牧师在宗教酷刑下产生的眩晕和幻象也完全被删除，这就将牧师作为小说人物应有的分量降低，造成《赤书记》是以白兰为中心的印象。

　　"红字"的重心到底在白兰还是在牧师，历来有不同看法。此处仅以一细节窥视。小说第二十三章"红字的显露"（The Revelation of the Scarlet Letter）中，牧师做完人生最后一次布道后走上刑台坦白自己的罪行，"他告诉你们，她的红字虽然神秘可怕，只不过是他胸前所戴的红字的影像而已，而即使他本人的这个红色耻辱烙印，仍不过是他内心烙印的表象罢了！"④（He tells you，that，with all its mysterious horror，it is but the shadow of what he bears on his own breast，and that even this，his own red stigma，is no

---

① ［美］霍桑：《霍桑小说全集（2）》，胡允桓译，合肥：安徽文艺出版社，2000 年，第120—121 页。
② ［美］霍桑：《赤书记》，周瘦鹃编译：《心弦》，上海：大东书局，1925 年，第 13 页。
③ "这教门中的圣徒在背地里把刑罚加在他自己身上，他的习惯便是捱着饿不吃东西，往往饿的双膝抖颤，就作为他的刑罚，又往往连夜不睡，捱受种种的恐怖。"《赤书记》，见《心弦》，上海：大东书局，1925 年，第 13 页。
④ ［美］霍桑：《霍桑小说全集（2）》，胡允桓译，合肥：安徽文艺出版社，2000 年，第215 页。

more than the type of of what has seared his inmost heart! ） 周瘦鹃译为 "他唤你们再瞧瞧海丝姐的红字，对你们说，这正是一个影儿，常罩在他的胸口——直灼到他深藏在内的心坎中"①。这里有一个微妙的置换。原文海斯特的红字是丁梅斯代尔红字的影像，进一步是他内心红字的影像，很明显，红字的根源在丁梅斯代尔的内心，这也可判断原作的重心在于丁梅斯代尔内心之罪及其公开与解脱。周瘦鹃的译文将红字的根源放在海斯特身上，使其外在于牧师，牧师胸口被海斯特胸口红字的 "影儿" 所笼罩，由此发生了一个 "原罪" 的转移，也使小说重心发生变化。

其实，原著正是通过牧师的悔罪意识来体现一个严格清教徒的 "真诚" 的。"上帝的裁判正落在我身上"，"那力量太强大了，我挣扎不动了！"② 他的悔罪心理与其说是他认识到这是个人的罪恶，不如说是他发现这是作为一个教徒对上帝的欺骗，他说 "上帝已经在我眼前表明了他的意愿，我现在就照着去做"③。这个经过长期自我残害与内心施虐历程的牧师在他终于有勇气向上帝坦白的时刻得到了彻底的放松与自由。他在临终对白兰这样说道，"上帝洞察一切；而且仁慈无边！他已经在我所受的折磨中，最充分地证明了他的仁慈。他让我忍受这胸前灼烧的痛楚！他派遣那边那个阴森可怖的老人来，使那痛楚一直火烧火燎！他把我带到这里，让我在众人面前，死在胜利的耻辱之中！若是这些极度痛苦缺少了一个，我就要永世沉沦了！赞颂他的圣明吧！完成他的旨意吧！别了！"④ 可以说丁梅斯代尔的赎罪之旅就是信徒不断接近上帝的过程，他在无数次的心灵和肉身的折磨中已经完成了对自己罪恶的净化。阴森可怖的齐灵沃斯代表外界对丁梅斯代尔的惩罚，牧师唯一没有完成的是对上帝的交代，这份负罪

---

① ［美］霍桑：《赤书记》，周瘦鹃编译：《心弦》，上海：大东书局，1925 年，第 20 页。
② ［美］霍桑：《霍桑小说全集（2）》，胡允桓译，合肥：安徽文艺出版社，2000 年，第 165 页。
③ ［美］霍桑：《霍桑小说全集（2）》，胡允桓译，合肥：安徽文艺出版社，2000 年，第 214 页。
④ ［美］霍桑：《霍桑小说全集（2）》，胡允桓译，合肥：安徽文艺出版社，2000 年，第 216 页。

感才是他内心的"红字"，消释内心红字的根本办法是对上帝的真诚，这是小说更为震动人心之处。正如亨利·詹姆斯在评论《红字》时说道"海斯特白兰在这个故事中实际上处于次要地位；她在第一幕之后，实际上变成了一个配角；这个故事不是以她为中心。作者把那盏适时移动着的灯笼的冰冷、稀薄的光线最经常地投注在她那负疚的爱人身上……"①在这最后的告别辞中牧师并没有怨恨，反而是赞颂神明的恩典。从这里我们也可以体会出整部小说的重心并不是一个世俗的情爱故事，或一个单纯指斥宗教严厉与禁欲的控诉小说，它更像是一个虔诚的清教徒如何走向上帝坦白自己罪行而最终获得心灵解放的作品。

在《尾声》中，叙述者像在引言中一样发出旁观者的声音"从那可怜的牧师的悲惨经历中，我们可以汲取许多教训，但我们只归结为一句话：'要真诚！要真诚！一定要真诚！即使不把你的最坏之处无所顾忌地显示给世人，至少也要流露某些迹象，让别人借以推断出你的最坏之处！'"②这一全知视角的总结向读者昭示小说的旨归——只有朝向最高裁判的上帝法庭的真诚才可以达到彻底的救赎。因此小说的高峰在于丁梅斯代尔救赎的完成。这一点被文学批评家莱肯论及，他在评述《红字》时指出，海斯特所面临的冲突，在全书发展到一半就已解决，"至此我们才发现《红字》的主角并非海斯特，而是丁梅斯代尔。……整部作品的进展，是为了寻求丁梅斯代尔的得赎。……《红字》，诚如评论家 W·斯特西·约翰逊所言：'是救恩的完整呈现'"③。

周瘦鹃在末尾也点出了"上帝的慈悲"，但《尾声》的删除使霍桑的

① James, Henry. *Literary Criticism*, Vol. I, New York: Penguin Putnam Inc., 1984, p. 403. 转引自代显梅：《超验主义时代的旁观者——霍桑思想研究》，北京：社会科学文献出版社，2013 年，第 89 页。

② ［美］霍桑：《霍桑小说全集（2）》，胡允桓译，合肥：安徽文艺出版社，2000 年，第218 页。

③ Ryken, Leland. *Realms of Gold: The Classics in Christian Perspective*. Illinois: Harold Shaw Publishers, 1991, p. 153. 转引自苏欲晓：《罪恶与救赎：霍桑〈红字〉的基督教伦理解读》，《外国文学研究》2017 年第 4 期。

本意得以裁剪，我认为《尾声》的安排充满了霍桑的主观倾向，除了上文强调的"要真诚！"外，《尾声》在上帝之爱中，实现了书中人物救赎的完成。齐灵渥斯死去，所有财产留给珠儿。海斯特离开多年后重新踏进她当年居住的小屋，红字从未离开过她的胸前。"那红字不再是引起世人嘲笑和毒骂的耻辱烙印，却变成一种引人哀伤，令人望而生畏又起敬的标志。"① 不但海斯特得到上帝之爱，不再畏惧红字，新大陆的人在上帝之爱下也学会了宽宥。这恰践行了基督教的博爱和道德皈依。这一点也被代显梅所论证"小说以基督教的博爱精神和道德皈依收场，也就是让海斯特白兰几乎像耶稣基督那样宽容地对待周围那个敌视她的世界，并最终返回那一片见证过她犯罪、赎罪、成长、成熟的土地，这正说明了霍桑明确的基督教道德指向"②。

结　语

文化学派翻译理论家勒菲弗尔提出"折射""改写"理论，"'折射'，也即文学作品针对不同读者所进行的改编，其意图是对读者阅读这部作品的方式产生影响，它在文学中始终存在的。翻译是明显的折射形式……"③ 他认为翻译研究不是从传统视角及原文本出发指责译本的"错误"，而是将译本作为文学事实加以接受，并强调"意识形态""赞助人""诗学"④ 三因素对翻译的操纵。这一观念凸显了译者在翻译过程中朝向目的语的妥协。周译《赤书记》突出地体现了译者的审美价值观和作为市民读者的

① ［美］霍桑：《霍桑小说全集（2）》，胡允桓译，合肥：安徽文艺出版社，2000年，第221页。

② 代显梅：《霍桑的道德观：〈红字〉》，《超验主义时代的旁观者——霍桑思想研究》，北京：社会科学文献出版社，2013年，第73页。

③ ［美］安德烈·勒菲弗尔：《大胆妈妈的黄瓜：文学理论中的文本、系统和折射》，谢天振主编：《当代国外翻译理论导读》，天津：南开大学出版，2008年，第259页。

④ ［美］安德烈·勒菲弗尔：《大胆妈妈的黄瓜：文学理论中的文本、系统和折射》，谢天振主编：《当代国外翻译理论导读》，天津：南开大学出版社，2008年，第259页。

"赞助人"对翻译的操纵。

首先，周瘦鹃四十年苦恋"紫罗兰"（周吟萍），自己的经历和故事就是一部言情小说。周瘦鹃不仅内心崇尚"情"，也具有这样的才能，他承认，"予生而多感，好为哀情小说，笔到泪随，凄入心脾"①。在他看来，"大千世界一情窟也，芸芸众生皆情人也"②。他在主编《申报·自由谈》时，开设"情书话""名人风流史"等栏目，成为他"情教"理念的阐释场所。在《情书话》中说"世界中弥天际地，不外一情字，非情不能成世界，非情不能造人类。人寿百年，情寿无疆"③。如此以"情"观世，在翻译中对作品言情成分的关注和放大就不奇怪了。

其次，《赤书记》的汉译效果所呈现的相认与团圆更加符合译入语境赞助者（广大市民阶层读者）的期待。勒菲弗尔认为，具体到赞助者，至少包括三个部分："意识形态的（在特定社会中，是不允许文学偏离其他系统太远的）、经济的（赞助人保证作者的生活）及地位的（作者在社会上获得一定地位）。"④ 以卖文为生的周瘦鹃，读者作为他的衣食父母正是他投合和贴近的对象。正如研究者在论及《重光记》（周译《简·爱》）时说道"周瘦鹃所摘取的，全部是若干极度贴近大众读者生活的世俗化言情故事片段"⑤。《赤书记》也是如此，这与周瘦鹃主编刊物的读者多是上海都市市民，为符合其阅读偏好有关。粗略撷取周瘦鹃办报经历，1921 年9 月脱离《礼拜六》独立编《半月》，1922 年 6 月创办《紫兰花片》，1925年底《紫罗兰》问世，"花样翻新，层出不穷，逐渐形成其经营模式，与

① 周瘦鹃：《说觚》，芮和师、范伯群等编：《鸳鸯蝴蝶派文学资料（上）》，北京：知识产权出版社，2010 年，第 57 页。
② 周瘦鹃：《〈爱之花〉弁言》，王智毅编：《周瘦鹃研究资料》，天津：天津人民出版社，1993 年，第 205 页。
③ 周瘦鹃：《情书话》，《紫罗兰》1927 年 7 月 13 日第 2 卷第 13 号，范伯群主编：《周瘦鹃文集（4）》，上海：文汇出版社，2011 年，第 130 页。
④ ［美］安德烈·勒菲弗尔：《大胆妈妈的黄瓜：文学理论中的文本、系统和折射》，谢天振主编：《当代国外翻译理论导读》，天津：南开大学出版社，2008 年，第 261 页。
⑤ 葛文峰、叶小宝：《周瘦鹃的西方"哀情十记"：周氏〈心弦〉编译考论》，《苏州科技学院学报（社会科学版）》2015 年第 1 期。

都市的消费时尚及大众阅读欲望打成一片"①。可见"取悦读者"一直是周瘦鹃办刊的意图之一，直到 1941 年创办《乐观》，《发刊辞》还说到对于刊物"力求其美化，一方面原要取悦于读者，一方面也是聊以自娱"②。翻译作为他文学及谋生活动的重要方面，不可避免地服务于这一意图。

再者，中国人对西方宗教文化的陌生和缺乏兴味决定了译者在文本转换中对此加以删减或剔除。梁漱溟在论中国文化特征时说，自西洋文化之东来，国人欲以西洋军备、西洋政治、西洋经济、西洋教育代替中国军备、中国政治、中国经济、中国教育，"种种运动曾盛起而未有已；独少欲以西洋宗教代替中国宗教的盛大运动。此正为中国人缺乏宗教兴味，且以宗教在西洋亦已过时之故"③。

由此可见，译者的审美价值观和译入语语境的赞助者（市民读者的阅读趣味及文化偏好）影响了译作的文本效果。需要说明的是，尽管由于大刀阔斧缩译，一定程度上丢失了作品的特有魅力和原作者的宗教反思性，但不得不承认，周瘦鹃仍是极大地做到了与原著情节的统一。只是他偏重呈现一个人物典型、情节完整的通俗言情故事，这多多少少也是缩译本身的局限性。缩译作为汉译的重要途径，以对情节的保留为最经济的方式，极可能造成小说的通俗化④。可以说叙述者声音、宗教背景、神秘色彩等内容的删除都为保留以主要人物和情节为中心的故事骨干腾出道路，然而原著者的思想倾向、情感寄托往往隐之于彼。

---

① 陈建华：《民国文人的爱情、文学与商品美学——以周瘦鹃与"紫罗兰"文本建构为中心》，《现代中文学刊》2014 年第 2 期。
② 周瘦鹃：《发刊辞》，《乐观》第 1 期，乐观杂志社，1941 年 5 月 1 日。
③ 梁漱溟：《中国文化要义》，上海：上海人民出版社，2018 年，第 17 页。
④ 关于汉译小说的"通俗化改写"案例，详见李今：《伍光建对〈简爱〉的通俗化改写》，《中国现代文学研究丛刊》2014 年第 2 期。

文化翻译视域下《理查三世》中译本比较研究

——以虞尔昌译本和傅光明译本为例

孙　宇　王佳鑫①

摘要：我国莎士比亚接受史可以追溯至 1839 年，即"莎士比阿"在《四州志》上第一次被提及开始，已有 180 余年。跨越百年时光，海峡两岸译者虞尔昌和傅光明相继投身于莎剧翻译之中。不同时代的诗学观、意识形态和赞助人等文化因素给译本刻下了独特的时代烙印。结合《理查三世》典型译例，将两版译文进行比较研究，不但可以厘清两位译者译文风格的异同，还可以为中文莎剧翻译提供可资借鉴的翻译路径，以期进一步深化海峡两岸中文莎剧翻译研究。

关键词：文化翻译；《理查三世》；虞尔昌；傅光明

Title：A Comparative Study of the Chinese Versions *King Richard The Third* from the Perspective of Cultural Translation——Taking the Translations of Yu Er-

① 作者简介：孙宇，东北林业大学外国语学院副教授，研究方向：莎士比亚研究和比较文学研究；王佳鑫，东北林业大学外国语学院硕士研究生，研究方向：科技伦理研究和比较文学研究。

基金项目：本文为黑龙江省哲学社会科学研究规划项目"海峡两岸莎士比亚戏剧研究"（项目编号：21WWB123），中央高校基金项目"台湾地区比较文学研究中的中华民族文化认同"的阶段性成果。

翻译实践与应用探讨

269

chang and Fu Guangming as Examples

Abstract：The history of Shakespeare's reception in China can be dated back for more than 180 years，since 1839，when Shakespeare was first mentioned in *Sizhou Chronicle*. As the centuries passed，Yu Erchang and Fu Guangming devoted themselves successively to Shakespearean translation. Among them，the poetics，ideologies and patrons of different eras have marked the different versions. By combining the typical translation examples of *King Richard The Third*，we can not only clarify the similarities and differences of the two versions，but also provide reference for the approaches of Chinese Shakespearean translation，with a view to further deepening the study of Chinese Shakespearean translations across the Taiwan Strait.

Key words：culture translation；*King Richard The Third*；Yu Erchang；Fu Guangming

《理查三世》（*Richard* Ⅲ）是莎士比亚早期所写的一部历史剧，写于 1593 年或 1592 至 1593 年之间，主要取材于托马斯·莫尔（Thomas More）的《理查三世的历史》（*History of Richard* Ⅲ，1513）。傅光明在《天地一莎翁：莎士比亚的戏剧世界》中指出："莎士比亚从不原创剧本，而总是取材自古老的故事。"①《理查三世》刻画了英格兰皇权争夺中激烈的冲突。该剧主要叙述了格罗斯特公爵理查，为夺取王位的杀戮之征，最终成为短命国王理查三世的故事。自莎士比亚戏剧进入中国，因其永恒的经典性被不断改编和重译。这也印证了班·琼森（Ben Jonson）对莎翁的评价："他不属于一个时代，而属于所有的世纪！"②

我国莎士比亚的接受史可以追溯至 1839 年，即"莎士比阿"在《四

① 傅光明：《天地一莎翁：莎士比亚的戏剧世界》，天津：天津人民出版社，2017 年，第 11 页。
② ［英］本·琼生：《题威廉·莎士比亚先生的遗著，纪念吾敬爱的作者》，卞之琳译，北京：中国社会科学出版社，1979 年，第 13 页。

州志》上第一次被提及开始，已有 180 余年。其中，改革开放是莎剧研究的转折点。改革开放前，国内各项文艺事业发展滞慢。在此阶段，中国大陆学者仍在艰难推进莎士比亚译介研究，不仅带动了台湾地区的莎剧翻译，更推动了海峡两岸的莎学研究①。改革开放后，莎士比亚译介研究进入了新时期，其历史剧也相继面世。"1916 年林纾和陈家麟用文言文合译了《雷差德记》（《理查二世》）、《亨利第四纪》、《亨利第六遗事》和《亨利第五纪》。"② 同时，与其他剧种相比，莎士比亚历史剧的译介研究极为匮乏。以《理查三世》中译本为例，自其出版至今，至少已出版了 7 个译本③，分别是古典雅韵的虞尔昌译本、以诗体形式呈现的方重译本、简单直白的孙法理译本，"注重语言形式美"④ 的方平诗体译本，以"存真"⑤ 为原则的梁实秋译本，节奏鲜明及对照工整的孟凡君译本，译笔流畅、以现代语言还原"原味儿莎"的傅光明译本。然而，截至 2023 年 8 月 10 日，在中国知网上搜索主题"理查三世翻译"和"理查三世译文"，期刊论文不足 5 篇。众多译者中，虞尔昌是海峡两岸《理查三世》中文翻译的第一人，然而，由于台版译本很难被大陆读者阅读，以至于大陆学界对虞译本的研究极为稀缺⑥。时代更迭，继梁实秋之后，傅光明以一己之力重译《莎士比亚全集》，其中译本《理查三世》是最新面世的译本，满足了 21 世纪读者的阅读期待。本文从文化翻译视域出发，以虞尔昌和傅光

① 1949 年，随着大批内地学者赴台，莎剧翻译与研究相继在台湾地区陆续开展起来。梁实秋和虞尔昌皆是由内地赴台，并在台湾地区高校执教的莎剧翻译家。

② 宁平：《我国近 25 年莎士比亚历史剧研究述评》，《辽宁师范大学学报》2004 年第 6 期。

③ 据笔者统计，《理查三世》完整的中译本至少已有 7 版，按时间出版顺序排列，译者分别为：方重（1959）、虞尔昌（1966）、孙法理（1999）、方平（2000）、梁实秋（2001）、孟凡君（2016）、傅光明（2021）。

④ 曹新宇：《典籍英译研究·傅光明新译莎剧研究》，《南京工程学院学报（社会科学版）》2022 年第 3 期。

⑤ 李媛慧、任秀英：《朱生豪与梁实秋的莎剧翻译对比研究》，《外语与外语教学》2012 年第 6 期。

⑥ 迄今为止，在内地发表的关于虞尔昌的文章只有两篇，分别由中莎会前任会长方平撰写的《虞尔昌与莎剧全集》（《书城》1994 年第 9 期）和虞尔昌表兄朱子南撰写的《续译莎氏剧作的虞尔昌》（《世纪》2000 年第 1 期），均只是简要介绍了虞尔昌的莎剧翻译经历，并没有对其译作进行深入阐释。

明《理查三世》中译本翻译策略的异同为切入点，探讨时代变迁下赞助人、诗学观和意识形态这三种文化因素对两位译者译本的影响，以期丰富莎士比亚历史剧的译介研究。

一、赞助人对《理查三世》英译本的操纵

莎剧经典均以翻译为通道抵达异域，此过程不仅是表层上的语言转换，更是不同文化体系的碰撞。在两种文化体系的碰撞过程中，赞助人、诗学观和意识形态等文化因素操控着译者的翻译策略，继而，决定译作的呈现状态。其中，翻译策略的选择过程即是重构经典的过程，而重构经典的成功与否最主要的因素便是目标读者的接受度。因此，译者在翻译策略的选择方面除了向作者靠拢外，势必少不了观照读者的阅读感受。美籍意大利裔翻译家劳伦斯·韦努蒂（Lawrence Venuti）将文化翻译策略分为归化与异化。归化翻译是指向目的语读者靠拢的翻译策略，即"翻译是用暴力置换外国文本的语言及文化差异，给目的语读者提供一种可读性强的文本"①，而异化翻译则是指向作者靠拢的翻译策略，即"在生成目的语文本时，通过保留原文中某些异国情调的东西，故意打破目的语习惯的语言和文化规范"②。值得注意的是，尽管韦努蒂将异化翻译策略作为弱势文化对抗强势文化的必要手段，但这两种翻译策略并非是二元对立的，它们更多代表的是译者对待翻译的态度。

众所周知，比较文学学者、翻译理论家安德烈·勒费弗尔（Andrew Lefevere）在《翻译、改写与文学名声的操控》（*Translation*，*Rewriting and Manipulation of Literary Fame*）中提出赞助人、诗学观和意识形态这三种文化因素。赞助人（patron）指的是"可以促进或阻止文学的阅读、写作或

---

① Venuti，Lawrence. *The Translator's Invisibility：A History of Translation. London/New York：Routledge*，1995，p. 8.

② 刘平军：《西方翻译理论通史》，武汉：武汉大学出版社，2009 年，第 424—443 页。

重写的某种权利的东西（如一些人或机构）"①。在文本的跨文化旅行中，赞助人在很大程度上操控着译者的翻译策略。虞译本《理查三世》创作于1957年秋季，当时台湾地区正处于百废待兴的文化重建时期。虞尔昌是朱生豪在之江大学的同学，1944年朱生豪因病去世，身为台大教授英文系的虞尔昌，此时仅有微薄薪资，却全身心投入朱生豪未竟的莎剧翻译中，终以十年时光克竣10部莎士比亚历史剧翻译，完成同学遗志。虞尔昌当时的译作环境十分简陋艰苦，可参考的资料也极为有限。因而，虞尔昌同朱生豪一样未能对译文作出注解，则颇为遗憾。若探讨其赞助人，恐怕也只有台北世界书局了。1957年4月，由朱生豪与虞尔昌合译的《莎士比亚全集》五卷本（不含诗歌）在台北世界书局出版②。至此，《莎士比亚全集》中译本才得以问世。至1980年，此全集已经印行三版④，说明其广受台湾地区读者的欢迎。此外，出版社对于虞译本的影响还体现在绪论上。虞尔昌版《莎士比亚全集》将日本籍爱尔兰裔学者小泉八云（Lafcadio Hearn）③的莎评放置在每部剧前作为绪论，可见其译作深受外国学者评论的影响。

　　如上文所述，受限于赞助人，即译作出版社台湾世界书局，虞译本需与朱译本保持格式大体一致，因而未能对译文做出注释。时代更迭，傅光明新译莎剧弥补了这一遗憾，对莎剧译本作出了翔实的注释，以期为读者在进行莎剧研究时提供更为详尽的参考。傅光明"汲取当今国际莎学界多种研究方法之长，以其独特的作家视角和写作功底，不仅为我国莎学研究中对莎剧故事的溯源考证、莎剧版本研究以及莎剧与《圣经》互文性等方面的研究填补了空白，还纠正了许多前人的误译与误释，其译文中丰富的

---

① Andre Lefevere. *Translation, Rewriting and Manipulation of Literary Fame*. New York：Routledge，1992，pp. 12–16.

② 参见方平：《"虞尔昌与莎剧全集"》，《书城》1994年第9期。

③ 小泉八云（Koizumi Yakumo，1850–1904），原名拉夫卡迪奥·赫恩（Lafcadio Hearn）。小泉八云写过很多向西方介绍日本和日本文化的书，是近代史上有名的日本通，现代怪谈文学的鼻祖，其主要作品有《怪谈》《来自东方》等。小泉八云于1890年赴日，先后在东京帝国大学和早稻田大学开办英国文学讲座。1896年加入日本国籍，从妻姓小泉，取名八云，共在日本生活了14年。

注释为中文读者深层次地理解莎剧的内涵与隐喻，提供了极具可信度的参考。"① 同时，傅光明在译作中努力再现伊丽莎白时期的"原味儿莎"，并在《为什么要新译莎士比亚》中对"原味儿莎"进行了阐述，即"简单来说，无论阅读，还是研究莎翁，要想领略'原味儿莎'，便应努力以今天的现代语言呈现伊丽莎白一世的时代语境"②。傅译本的赞助人主要为其挚友韩秀、台湾商务印书馆和天津人民出版社。首先，傅光明译本《罗密欧与朱丽叶》最先面世，由美籍华裔作家韩秀于 2012 年向台湾商务印书馆总编辑方鹏程力荐，得以在台湾出版。同年，台湾商务印书馆邀请傅光明新译《莎士比亚全集》。2014 年，在与台湾商务印书馆的合作结束后，傅光明与天津人民出版社联手，出版《莎士比亚全集》。由天津出版社出版的《莎士比亚全集》的整体风格与台湾商务印书馆出版的截然不同，并没有受到太多外国学者评论的干预，导读也是由译者亲自所写。可见，出版机构在翻译范式与质量审核方面，均发挥了重要作用。正是由于赞助人的支持，读者才得以品读如今的傅译本。

二、诗学观对《理查三世》英译本的操纵

在勒费弗尔看来，诗学观是"文化系统内部'专业人士'主要关注的对象，是某一社会中'有关文学应该是怎样（或者说可以是怎样）'的主导观念"③。诗学由"文学要素"④ 和"功能要素"⑤ 构成。文学要素，即"文学手段、文学样式、主题、原型人物、情节和象征等"⑥。功能要素，

---

① 孙宇：《新世纪海峡两岸莎士比亚戏剧翻译的渊源与发展》，《河南大学学报（社会科学版）》2021 年第 5 期。

② 王岫庐：《从"原味儿莎"看傅光明莎剧翻译的语言风格》，《天津外国语大学学报》2021 年第 2 期。

③ Andre Lefevere. *Translation, Rewriting and Manipulation of Literary Fame*. New York: Routledge, 1992, pp. 12–16.

④ 刘平军：《西方翻译理论通史》，武汉：武汉大学出版社，2009 年，第 424 页。

⑤ 刘平军：《西方翻译理论通史》，武汉：武汉大学出版社，2009 年，第 424 页。

⑥ 刘平军：《西方翻译理论通史》，武汉：武汉大学出版社，2009 年，第 424 页。

即"在社会系统中，文学起到什么样的作用，或应该起到什么作用"①。经典文本重译只有符合特定时期的诗学观，才能有机会得到读者的青睐。若主流诗学发生变化，文学作品的地位也会随之变化，这也是经典作品需要不断重译的原因之一。

首先，从词汇层面来探讨译者的翻译策略，挖掘不同诗学观对译者风格的影响。词汇在语言系统中占据重要的地位，是能够独立运用的最小单位。由于虞译本和傅译本诗学观的不同，其语言运用也明显不同，从而造就了不同的译文风格，以第二幕第一场中格罗斯特与众大臣的对话为例：

例1：

Gloucester：This is the fruit of rashness！Mark'd you not

How that the guilty kindred of the queen

Look'd pale when they did hear of Clarence's death？

they did urge it still unto the king！

God will revenge it. But come，let us in，

To comfort Edward with our company. ②

虞尔昌译文：

葛　这是操切的结果。各位难道不注意到皇后的作恶心虚的亲戚们，当他们听到了克莱伦斯死去的消息，他们的脸色多么地改变着吗？啊！他们不断地向国王进谗：［愿上帝降下惩罚吧！］来，爵爷们，我们应该一块儿进去安慰国王吧！③

①　刘平军：《西方翻译理论通史》，武汉：武汉大学出版社，2009 年，第 424 页。
②　［英］威廉·莎士比亚：《理查三世》，虞尔昌译，台北：世界书局，2017 年，第 88 页。
③　［英］威廉·莎士比亚：《理查三世》，虞尔昌译，台北：世界书局，2017 年，第 88 页。

翻译实践与应用探讨

傅光明译文：

> 格罗斯特这是鲁莽结的果！——你们没留意到，一听克拉伦斯死
> 了，王后那伙有罪的亲戚满脸煞白？啊，他们不断撺掇国王下手！上
> 帝会复仇的。——来，诸位大人，可愿与我一同去抚慰爱德华国王？①

此处的背景是众人来看望病中的爱德华四世，格罗斯特借机传递了克
拉伦斯公爵在监牢中的死讯，并极力将死因归结于伊丽莎白皇后及其亲戚
们。虞译属归化法，其选词古典韵味十足，如"操切""改变着""进
谗"，然而这些词语已经销匿于当今的文章中，不免给读者行文艰涩的感
觉。此外，虞译词语的选用与格罗斯特当下的心境不符，此时格罗斯特想
要拉拢人心，直白、口语化的语言更易获得大臣的信赖。傅译采取异化
法，选取现代词语"鲁莽、满脸煞白、撺掇"，给人以平易近人之感，足
以完成格罗斯特的目的，也可以缩短与读者之间的距离感。除此以外，还
有诸多例子，如 sugar'd words"②，虞译为"口惠"③，傅译为"甜言蜜
语"④；"orators"⑤，虞译为"辩士"⑥，傅译为"演说家"⑦。由此可见，词
语背后所映射的时代变迁是显而易见的。译作是由译者在特定的时代背景
与当下的读者共同参与而成的。因此，一代应有一代的新译。

此外，从句子层面来探讨译者的翻译策略，挖掘不同诗学观对译者译
文风格的影响，也能够清晰地看出时代变迁对译本的影响。

① ［英］威廉·莎士比亚：《理查三世》，傅光明译，天津：天津人民出版社，2021 年，第
72 页。
② ［英］威廉·莎士比亚：《理查三世》，虞尔昌译，台北：世界书局，2017 年，第 111 页。
③ ［英］威廉·莎士比亚：《理查三世》，虞尔昌译，台北：世界书局，2017 年，第 110 页。
④ ［英］威廉·莎士比亚：《理查三世》，傅光明译，天津：天津人民出版社，2021 年，第
94 页。
⑤ ［英］威廉·莎士比亚：《理查三世》，虞尔昌译，台北：世界书局，2017 年，第 177 页。
⑥ ［英］威廉·莎士比亚：《理查三世》，虞尔昌译，台北：世界书局，2017 年，第 176 页。
⑦ ［英］威廉·莎士比亚：《理查三世》，傅光明译，天津：天津人民出版社，2021 年，第
150 页。

例 2：

King Edward Ⅳ：A pleasing cordial, princely Buckingham, is this thy vow unto my sickly heart.

There wanteth now our brother Gloucester here

To make the perfect period of this peace. ①

虞尔昌译文：

　　爱德华四世高贵的白金汉，你的誓言对于我的病是一种令我感到愉快、兴奋的药物。现在只缺少我弟葛罗斯特在此，以使我们的和解工作得到那快乐的结束呢。②

傅光明译文：

　　爱德华四世高贵的白金汉，你这一誓言对我病弱之心，是一服舒心的镇定药。现在这儿只缺我弟格罗斯特，给这一受祝福的和解收尾。③

　　这是发生在第二幕第一场中，爱德华四世与白金汉的对话。爱德华四世濒临死亡之际，召集白金汉等贵族，期望众人可以化干戈为玉帛。虞译和傅译皆采取异化法。虞译对译文"A pleasing cordial, is this thy vow unto my sickly heart"的结构进行了调整，直译为"你的誓言对于我的病是一种令我感到愉快、兴奋的药物"，既传达出了译文原意，又符合汉语表达规

①　［英］威廉·莎士比亚：《理查三世》，虞尔昌译，台北：世界书局，2017 年，第 83 页。
②　［英］威廉·莎士比亚：《理查三世》，虞尔昌译，台北：世界书局，2017 年，第 82 页。
③　［英］威廉·莎士比亚：《理查三世》，傅光明译，天津：天津人民出版社，2021 年，第 67 页。

范。然而，其译文也有局限性，会使读者感到冗长。反观傅译本，将"A pleasing cordial, is this thy vow unto my sickly heart"译为"你这一誓言对我病弱之心，是一服舒心的镇定药"，省略非必要的人称代词"我"，以"镇定药"代替虞译中"兴奋的药物"，语言更为精炼。后一句，虞译"现在只缺少我弟葛罗斯特在此，以使我们的和解工作得到那快乐的结束呢"和傅译"现在这儿只缺我弟格罗斯特，给这一受祝福的和解收尾"相比，读起来较为拗口，不够流畅，如其用"快乐的"修饰"结束"，不免有些牵强。以21世纪的语言规范标准来看，傅译的流畅度强于虞译。可见，傅译莎剧更符合21世纪读者的阅读习惯。

例3：

Gloucester：I do not know that Englishman alive

With whom my soul is any jot at odds

More than the infant that is born to-night

I thank my God for my humility. ①

虞尔昌译文：

葛　　比较对于那个昨夜出生的婴儿，我对他有着更多的仇恨的那活在此世的英国人，我是不认识的；我感谢上帝使我存此谦卑之心。②

傅光明译文：

格罗斯特我不明白，我的灵魂与每一个活在世上的英国人的分

---

① ［英］威廉·莎士比亚：《理查三世》，虞尔昌译，台北：世界书局，2017年，第85页。
② ［英］威廉·莎士比亚：《理查三世》，虞尔昌译，台北：世界书局，2017年，第84页。

歧，会比昨夜新生的婴儿还多一点儿。我因我的谦卑感谢上帝。①

面对爱德华四世的调和，格罗斯特表明自己生性纯良并假意和好。理查言行不一，一边接受爱德华四世的调和，一边斩杀王后亲族、杀害"塔中王子"。傅译属异化法，"还多一点儿"意指其纷争比新生婴儿还少，恰可表明理查精心营造的不爱纷争、爱和平的形象，产生了讽刺的幽默效果，推进了理查"反英雄"形象的塑造。虞译采取异化法，与原文逐字对应。然而其译文的句法结构并不符合汉语结构，从而形成古坳的、别扭的"欧化句式"，不够流畅，如"我对他有着更多的仇恨的那活在此世的英国人"，从而消解了反讽效果。

例4：

Queen Elizabeth：Oh，who shall hinder me to wail and weep，

To chide my fortune，and torment myself?

I'll join with black despair against my soul，

And to myself become an enemy. ②

虞尔昌译文：

后　啊！谁可以阻止我，要我不哭泣，不诅咒我的命运而把我自己虐待？我要跟漆黑的绝望相契合，使我的灵魂受苦，使我自己成为自己的敌人。③

---

①　［英］威廉·莎士比亚：《理查三世》，傅光明译，天津：天津人民出版社，2021年，第68页。

②　［英］威廉·莎士比亚：《理查三世》，虞尔昌译，台北：世界书局，2017年，第92页。

③　［英］威廉·莎士比亚：《理查三世》，虞尔昌译，台北：世界书局，2017年，第92页。

傅光明译文：

> 伊丽莎白啊！不让我哭号、哭泣，不让我痛斥命运、折磨自己，谁拦得住？我要和黢黑的绝望联手，与我的灵魂作对，变成自己的敌人。①

这段话的背景是爱德华四世刚刚去世，伊丽莎白担忧自己及孩子的命运并为此哭泣。在第一句中，傅译句式结构更为工整，以相同词语"不让……，不让……"引导句子，形成了押韵的效果，随后以反问"谁拦得住"结束，强烈的痛苦和决心扑面而来，增强了译文的情感表达效果。与之相比，虞译虽准确传达了原意，但情感的表达稍显逊色。两个译本皆属异化译法。第二句中，傅译"我要和黢黑的绝望联手，与我的灵魂作对，变成自己的敌人"与虞译"我要跟漆黑的绝望相契合，使我的灵魂受苦，使我自己成为自己的敌人"相比，词句更加简短有力，更能表达出伊丽莎白要与自己做斗争的强烈决心。

例5：

> Queen Margaret：Forbear to sleep the nights, and fast the days;
>
> Compare dead happiness with living woe;
>
> Think that thy babes were fairer than they were,
>
> And he that slew them fouler than he is. ②

---

① ［英］威廉·莎士比亚：《理查三世》，傅光明译，天津：天津人民出版社，2021年，第74页。

② ［英］威廉·莎士比亚：《理查三世》，虞尔昌译，台北：世界书局，2017年，第195页。

虞尔昌译文:

> 玛格丽特黑夜无眠，白昼断食；用已逝的欢乐来比你的眼前的痛苦；心中要常想你的可爱的孩子们比他们所应得的份儿更为可爱，而把他们杀害之人则比他的实际更为可恶。①

傅光明译文:

> 玛格丽特夜里熬着不入睡，白天忍住不进食。对照死者的幸福与活人的悲痛，相信你的孩子们比生前更甜美，杀死他们的那个人比本来面目更丑恶。②

上述语句来源于第四幕第四场。在两个王子被理查三世谋杀后，身为母亲的伊丽莎白悲痛欲绝。面对此场景，亨利六世的遗孀玛格丽特摒弃了往常尖酸的话语，劝解伊丽莎白。其中，诗学观对译文的风格起到了决定性作用。虞译属归化法，将 "Forbear to sleep the nights, and fast the days" 译为四次词语 "黑夜无眠，白昼断食"，简洁明了，语言典雅兼具中国气派。整体来看，虞译文准确传达了原意，但虞译文囿于语言表达的时代性而使翻译的流畅性在整体表达效果上有所欠缺。以后半段译文 "用已逝的欢乐来比你的眼前的痛苦；心……" 为例，译文读起来较为别扭，流畅性不足，不免会与读者产生距离感。傅译采取异化法，以现代语言重构莎剧，符合现代汉语表达规范，契合 21 世纪读者的审美期待。其中，傅译文所缺少的高雅之感，正是 "原味儿" 的精髓所在。恰如傅光明所说："高贵文雅的漂亮中文会在国内读者理解莎士比亚作品的定位时产生某种误

---

① ［英］威廉·莎士比亚：《理查三世》，虞尔昌译，台北：世界书局，2017 年，第 194 页。
② ［英］威廉·莎士比亚：《理查三世》，虞尔昌译，台北：世界书局，2017 年，第 168 页。

281

导。"① 莎翁戏剧创作的初衷是为了生存，而受众群体大部分是底层民众，傅译本更为贴合莎翁当时的创作背景，其传达了莎翁原作之神韵。对比虞尔昌译本与傅光明译本，不但可以看出两位莎剧译者不同的诗学观，还可以看出两位译者坚实的英文功底和对中文精准的表达与巧妙的运用。

三、意识形态对《理查三世》英译本的操纵

勒费弗尔开创了全面研究意识形态与翻译之间关联的大门。他借用美国当代文学理论家弗雷德里克·杰姆逊（Fredric Jameson）的观点来阐释意识形态的内涵，即"所谓'意识形态'并不局限于政治领域，相反，意识形态似乎是指由形式、习俗、观念等组成的支配我们行为的网状结构的东西"②。在勒费弗尔看来，意识形态在翻译研究中的重要性位于首位。意识形态随着时代不断革新，不同时期的意识形态也不尽相同。意识形态参与了译本的生成，致使两个译文的呈现大有不同。

毋庸置疑，中西方具有不同的文化体系，而我国大部分民众对西方历史和基督教经典《圣经》所知甚少。译文中相关词汇若不附以注释，则会对目的语读者造成困扰，以第一幕第二场安妮与格罗斯特的对话为例：

例1：

Blush, Blush, thou lump of foul deformity;

For'tis thy presence that exhales this blood

From cold and empty veins, where no blood dwells. ③

---

① 卞若懿：《傅光明：还原一个俗气十足的"原味儿莎"》，《苏州教育学院学报》2019年第3期。

② Andre Lefevere. *Translation, Rewriting and Manipulation of Literary Fame*. New York: Routledge, 1992, pp. 12-16.

③ ［英］威廉·莎士比亚：《理查三世》，虞尔昌译，台北：世界书局，2017年，第23页。

虞尔昌译文：

> 安　可耻啊！可耻啊！你这丑恶的畸形怪物！从那些冰冷而并无
> 血液留存的血管中所流出的血，是你的在场所引起的。①

傅光明译文：

> 安妮　羞愧吧，羞愧吧，你这丑陋畸形的肿块，他空冷的血管已
> 无血可存，你一露面又从里面重新吐血。
>
> （注：据霍林斯赫德《编年史》载，存于圣保罗大教堂的亨利六世的
> 遗体"在众人面前流了血"。当时，人们迷信遇害者的尸体会在凶手面前
> 流血。）②

在图克斯伯里之战，格罗斯特杀死了亨利六世及其子爱德华。安妮为
丈夫亨利六世送葬之时，遇到格罗斯特，从而二人爆发激烈的争吵。从译
文可知，亨利六世的尸体遇到格罗斯特会流血。然而，由于中西方文化的
差异，译文会引起读者的困惑。傅译注明了原因及出处，"人们迷信遇害
者的尸体会在凶手面前流血"，有助于读者了解源语文化。

例 2：

> Clarence：O,do not slander him,for he is kind.
>
> First Murder：Right,As snow in harvest. ③

---

① ［英］威廉·莎士比亚：《理查三世》，虞尔昌译，台北：世界书局，2017 年，第 22 页。
② ［英］威廉·莎士比亚：《理查三世》，傅光明译，天津：天津人民出版社，2021 年，第
　 18 页。
③ ［英］威廉·莎士比亚：《理查三世》，虞尔昌译，台北：世界书局，2017 年，第 77 页。

虞尔昌译文：

　　克啊！不要说他的坏话，他是一个天性仁爱的人。

　　刺客甲对，爱您得像收割中得一场大雪。①

傅光明译文：

　　克拉伦斯啊！不要诬陷他，因为他很仁慈。

　　刺客甲没错，像收割时落雪。

　　（注：此为化用《圣经》之喻，参见《旧约·箴言》26：1："蠢人得荣耀，犹如夏日落雪，收割时下雨，都不相宜。"刺客甲借此指格罗斯特毫无仁慈之心。）②

　　莎剧中有关《圣经》经文的化用屡见不鲜。对于源语读者来说，没有太大影响。然而，对于目的语读者来说，理解上则会有一定的阻碍。两位译者充分发挥了译者主体性，准确传达了莎翁原意。此场景主要叙述了未成为国王前的格罗斯特，即后来的理查三世，派遣刺客刺杀克拉伦斯的事情。面对刺杀，克拉伦斯继续维护伪善的理查，不相信刺客所言。刺客甲援引了《圣经》中"蠢人得荣耀，犹如夏日落雪，收割时下雨，都不相宜"，撕开理查虚假的面具，将理查狠辣的性格暴露在克拉伦斯面前，产生了讽刺效果。傅译本附以注释，还原了"收割时落雪"背后的意蕴，帮助读者理解人物话语的弦外之意，符合读者的阅读期待。然而，虞译本未能对译文辅以注释，其转折会让读者感到突然，原文中的讽刺效果相继也被消解。

---

① ［英］威廉·莎士比亚：《理查三世》，虞尔昌译，台北：世界书局，2017年，第76页。

② ［英］威廉·莎士比亚：《理查三世》，傅光明译，天津：天津人民出版社，2021年，第60页。

纵览西方世界几千年的发展，基督教的地位不可撼动，而《圣经》的地位更是不言而喻。在莎士比亚的作品中，《圣经》无处不在。"事实上，若单从统计数来看，莎士比亚比但丁更'虔诚'，因为在全部莎剧中，源于《圣经》的母题、意象、典故、转义、隐喻、借喻、象征、引申、升华等，多达八千余处。"① 足以窥见，《圣经》对莎士比亚的影响之深。然而，虞尔昌受限于赞助人因素，翻译时条件艰苦，可借鉴材料有限，未能对译本作出注释。身处21世纪的傅光明弥补了这一遗憾，充分洞悉莎剧背后中西方文化的差异，对译文附以注释，实现了对前人的继承与超越。如此一来，我国读者便可以如同西方读者一般，尽情感受原汁原味儿的莎剧。

除此以外，文学翻译受制于时代所推崇的文化伦理道德规范，其转而决定不同译本的生成。一千多年来，儒家思想在中国始终占据统治地位，与中国传统伦理不谋而合，制约了"原味儿莎"在虞译本中的呈现。由于受限于当时的意识形态，译者弱化翻译作品中的粗俗词语也就不足为奇了。21世纪，随着时代的进步，社会风气逐渐开化，译者能够充分发挥其主体性。傅译本还原了莎剧中的粗俗语言，不但为读者展示了原汁原味的莎剧，更把莎剧由高雅的艺术殿堂拉到市井民间，充满人间烟火气息。以第一幕第一场中格罗斯特刚出场时的独白为例：

例3：

Gloucester：

He capers nimbly in a lady's chamber

To the lascivious pleasing of a lute. ②

---

① 傅光明：《莎士比亚与〈圣经〉——傅议莎翁之六》，《书屋》2019年第4期。

② ［英］威廉·莎士比亚：《理查三世》，虞尔昌译，台北：世界书局，2017年，第11页。

虞尔昌译文：

> 格罗斯特而是在淑女名媛的香闺，合着一支弦琴的淫靡的曲调，轻快地踏着他的舞步。①

傅光明译文：

> 他在一位夫人的寝室里，伴着一把琉特琴淫荡诱人的乐音灵巧地雀跃。
>
> （注释：词句或具性意味，暗指他〈爱德华四世〉正在一把琉特琴的伴奏下，与一位夫人在卧房里男欢女爱。"寝室"〈chamber〉即私密房间，在此暗示女性私处。)②

与虞译本相比，傅译本附以导读与大量注释还原了莎剧中的粗俗语言。虞译属归化译法，将"lady""chamber"和"lute"分别译为"淑女名媛""香闺"和"弦琴"，与目标语读者贴近，极具中国特色。然而，纵观整句，似乎只在传递爱德华四世在女士的房间里跳舞的信息，与性完全无关。与之相比，傅译本采取异化法，将"lady""chamber"和"lute"分别译为"夫人""寝室"和"琉特琴"，"琉特琴"发源于欧洲，主要用于指中世纪至巴洛克期间在欧洲所用的一类古乐器的总称。可见，其译法趋向原作者，译文更贴近原文。傅译文隐晦刻画出了情迷意乱的氛围，加之其在注释上注明"寝室"暗示女性私处，清晰明了地点名了文本隐藏的语义。两版译文相比，虞译本弱化处理了具有性暗示色彩的词语，也无相关注释对其补充。傅译本则将相关词语直白地翻译过来，并附以翔实的注

---

① ［英］威廉·莎士比亚：《理查三世》，虞尔昌译，台北：世界书局，2017年，第10页。
② ［英］威廉·莎士比亚：《理查三世》，傅光明译，天津：天津人民出版社，2021年，第6页。

释，使人物形象更加立体化。

　　细读文本，便会发现除了独白外，王室贵族的对话中也充斥着粗俗的语言。这方面主要体现在理查三世与女性人物的对话中，如第一幕第三场，理查三世与玛格丽特的对话：

例4：

　　Margaret：Thou slander of thy mother's heavy womb！

　　Thou loathed issue of thy father's loins！

　　Thou rag of honour！Thou detested——①

虞尔昌译文：

　　玛格丽特你！你是生你的那位母亲的耻辱！你！你是给你以生命的那位父亲的可憎的产品！你！你是荣誉的污点！你这可厌的……②

傅光明译文：

　　玛格丽特你是受孕娘胎的耻辱！是你父亲腰胯憎恶的孽种！你这荣誉的抹布！你这叫人厌恶的——

　　（注释：腰胯〈loins〉：暗指男性生殖器官。）③

　　此处的背景是理查三世杀死了玛格丽特的丈夫亨利六世及其子威尔士亲王爱德华。当二人会面时，玛格丽特向理查宣泄自己的愤怒。原文中，"womb"指"子宫"，"loins"指"腰胯"，其具有强烈的性意味。虞译本

---

① ［英］威廉·莎士比亚：《理查三世》，虞尔昌译，台北：世界书局，2017年，第53页。
② ［英］威廉·莎士比亚：《理查三世》，虞尔昌译，台北：世界书局，2017年，第52页。
③ ［英］威廉·莎士比亚：《理查三世》，傅光明译，天津：天津人民出版社，2021年，第41页。

采取归化法，转换、略去这些不雅之词，以意译法将文中意义婉转地表达出来。傅译属异化法，其将"Thou slander of thy mother's heavy womb！Thou loathed issue of thy father's loins！"译为"你是受孕娘胎的耻辱！是你父亲腰胯憎恶的孽种！"并在注释中指出腰胯暗指男性生殖器官，大胆地还原了语境，让玛格丽特愤怒的形象跃然纸上，突出了对话的戏剧性，将人物的矛盾冲突推向高潮。

粗俗语言在莎翁戏剧中占据着重要位置，不仅是真实生活的一部分，还能够吸引观众的兴趣，如有关性暗示的语言。莎剧中关于性色彩的描绘仅停留在语言层面，并没有对淫秽情节的描绘。至今，有关莎士比亚戏剧中的性用语，西方学者已收集并出版了相关词典，如：埃里克·帕特里奇（Eric Partridge）的《莎士比亚淫秽用语词典》（Shakespeare's Bawdy，1947）。除了粗俗语言外，两个译本中普通词语的翻译也大有不同，如第一幕第三场中，王后前夫之子格雷勋爵与其母亲爱德华四世王后伊丽莎白的对话：

例5：

Queen Elizabeth：If he were dead，what would betide of me？

Rivers：No other harm but loss of such a lord. ①

虞尔昌译文：

伊他要是遭遇不讳，将会有什么事情临到我的头上呢？

格不会有什么事情的，至多不过是国王的驾崩罢了。②

---

① ［英］威廉·莎士比亚：《理查三世》，虞尔昌译，台北：世界书局，2017年，第39页。

② ［英］威廉·莎士比亚：《理查三世》，虞尔昌译，台北：世界书局，2017年，第38页。

傅光明译文：

> 伊丽莎白他要是死了，我该怎么办？
>
> 格雷除了失去这样一位君主，别无伤害。①

　　此处的背景是国王爱德华四世病危，伊丽莎白向儿子格雷吐露心声，担忧自己的未来。两位译者皆精准传达了原意，将伊丽莎白的担忧展现在读者面前。虞译采取归化法，将"dead""loss"译为"不讳"和"驾崩"。这两个词为同义词，都是死的意思，是中国文化的独有词汇。"不讳"是死的婉转说法。《楚辞·卜居》曾说："宁正言不讳以危身乎？将从俗富贵以偷生乎？"②"驾崩"是指中国古代帝王的死亡。可见，虞尔昌深厚的中国古典文化功底。然而，时代更迭，意识形态也随之变化，旧的译本需要根据文化语境及时更新。虞译虽古典高雅，但对于21世纪读者来说，不免拗口。而傅译本，其采取异化法，将"dead""loss"译为"死"和"失去"，译文更为通顺流畅。傅译本的语言更现代化，易被21世纪读者理解，是当之无愧的新译典范。

例6：

Queen Elizabeth：So just is God,to right the innocent. ③

虞尔昌译文：

> 伊上帝是公正的，他必使无罪之人获得伸雪。④

---

①　［英］威廉·莎士比亚：《理查三世》，傅光明译，天津：天津人民出版社，2021年，第29页。

②　《楚辞》，林佳骊译，北京：中华书局，2010年，第182页。

③　［英］威廉·莎士比亚：《理查三世》，虞尔昌译，台北：世界书局，2017年，第49页。

④　［英］威廉·莎士比亚：《理查三世》，虞尔昌译，台北：世界书局，2017年，第48页。

傅光明译文：

> 伊丽莎白 上帝如此公正，必为无辜者伸张正义。①

此处发生在第一幕第三场，玛格丽特来到伦敦的王宫中，围绕其丈夫亨利六世和其子爱德华的死亡，怒骂在场的众人，此句话是伊丽莎白对其斥责的回应。"right"一词含义丰富，作动词时，可指伸张正义。囿于不同的意识形态，译文词语含义的选择和呈现是动态的。虞译是典型的归化译法，将"right"译为"获得伸雪"，指冤情得到洗刷。傅译采取异化法，秉持其原意，将其直译为"伸张正义"。两种译法塑造了不同的人物形象：若读虞译文，伊丽莎白王后给人的感觉似乎是出口成章，腹有诗书；而傅译本则以直白又不粗俗的语言，将伊丽莎白的话语缓缓托出，对她的形象塑造采取中立态度，既不高贵，又不低俗。纵观《理查三世》全文，没有过多的证据表明伊丽莎白的学识程度。由此可见，傅译本的翻译更符合人物形象，更有助于读者了解真实的莎翁戏剧。

随着时代变迁，译者在赞助人、诗学观和意识形态因素的操控下，其翻译策略也相继改变。归化法和异化法在两个译本中皆有出现。总体来说，虞译偏向于归化法，更具中国味道，深谙古典文风；而傅译则偏向于异化法，则更具现代感，与21世纪的时代语境更为契合。然而，翻译策略并不能决定译作的优劣。同时，当今读者若用21世纪的标准评价20世纪的译本，不免有失偏颇。语言随着时代改变，一时代应有一时代的莎翁新译。不同时代的诗学观、意识形态、赞助人等因素塑造了不同的译本。只有运用符合当下时代背景的翻译策略，在兼顾原作含义的基础上，又能传达"原味儿莎"的神韵，才是评判译作优劣的标准。

---

① ［英］威廉·莎士比亚：《理查三世》，傅光明译，天津：天津人民出版社，2021年，第39页。

结　语

　　跨越百年时光，一大批译者陆续投身于莎剧翻译，推动了中国莎学的发展。虞尔昌和傅光明分别是 20 世纪和 21 世纪海峡两岸具有代表性的莎剧译者。囿于不同时代的诗学观、意识形态及赞助人等因素，这两位译者的翻译策略也略有不同。虞译本译于 19 世纪 50—60 年代，此时白色恐怖氛围笼罩着台湾，虞尔昌凭借着非凡与坚韧的毅力完成了莎士比亚全集的续译。纵观虞尔昌译文，其翻译策略深受朱生豪译文风格的影响，采用散文体且颇具古典韵味。时代更迭，读者审美期待也随之变化，莎剧经典无疑也需新译。作为 21 世纪的译者学者傅光明以一人之力重译莎剧全集，实现了对前人译文的超越，其以现代语境还原了伊丽莎白时期的"原味儿莎"。傅译本极具现代感，与 21 世纪读者的阅读审美相契合。虞译本和傅译本皆为时代典范，是中国莎学宝库不可多得的佳译。在历史的错位中，虞尔昌译本与傅光明译本，在 21 世纪被放在一起进行比较分析意义深远，不但可以厘清两位译者译文风格的异同，还可以为中文莎剧翻译提供可资借鉴的翻译路径，推动中国莎学长足的发展。

翻译学刊
·2023年第2辑·

"偏离度"视域下的人工翻译与机器翻译对比研究

冯　勇①

摘要：近二十年来，机器翻译与人工翻译之间的差异分析方兴未艾。主流观点认为，机器翻译在处理与语言风格、情感表达及文化内涵相关的文本时难以从质量和效果等方面"超越"人工翻译，这尤其体现在文学翻译中。本文着力探讨这种差异的成因和影响，以文体学的"突出论""偏离论"为出发点，表明其差异点在于语言"偏离度"的高低。对许渊冲译诗和侦探小说 *Murder by Matchlight* 译本的分析反映了两种翻译方式在处理文学文本时的不同表现及成因：文学语言不同于常规或标准语言，具有较高偏离度，其"突出"和"异化"的特征使文学文本获得自己的独特身份；人工翻译对偏离语言的宽容度更高，翻译效度也更高，而更长于处理标准语言的机器翻译则表现出更低的宽容度和效度。

关键词：文体学；偏离；突出；人工翻译；机器翻译

Title：A Comparison Study between Human Translation and Machine Translation from the Perspective of "deviation degree"

---

① 作者简介：冯勇，清华大学人文学院外文系博士研究生，研究方向：翻译理论与实践、典籍英译、英语教学。

Abstract: In recent years, the difference analysis between machine translation and human translation has been on the rise. The mainstream view is that machine translation is difficult to "surpass" human translation in terms of quality and effect when processing texts related to language style, emotional expression and cultural connotation, especially in literary translation. This paper focuses on the cause and influence of this difference, and points out that the difference lies in the level of language "deviation" basedon the "foregrounding theory" and "deviation theory" of stylistics. The analysis of the translation of Xu Yuanchong's poem and the detective novel *Murder by Matchlight* reflects the different manifestations and causes of the two translation methods in dealing with literary texts: literary language is different from conventional or standard language, with a high degree of deviation, and its characteristics of "foregrounding" and "foreignization" make literary text acquire its own unique identity. Human translation is more tolerant of deviating language and has higher translation validity, while machine translation, which does well in the standard language, shows lower tolerance and validity.

Key words: stylistics; deviation; foregrounding; human translation; machine translation

引　言

20世纪90年代以来，随着互联网的进一步普遍应用，传统的人工翻译方式已远远不能满足迅猛增长的各类翻译需求，人们对机器翻译的需求空前增长，机器翻译迎来了一个历史性的发展阶段。近十年来，在神经机器翻译模型日渐成熟的背景下，"取代人工翻译""人工翻译将逐渐退出历史舞台"等声音不绝于耳，机器翻译大有"全面赶超"人工翻译之势。随着以"神经网络"为代表的AI翻译在机器翻译领域中成为主流，这样的机器翻译方式在越来越多的领域中大显神通，"给各行各业和译员们带来了极大的工作便利"。然而，就文学翻译而言，当前机器翻译的质量和效度仍捉襟见肘，难以达到让人满意的程度，其中一种常见表现就是"译文缺乏灵活性"①。在阅读市场中，纯粹以机器翻译为技术手段的文学翻译作品非常少见。究其原因，与文学语言作为一种与常规或标准语言相异的"偏离"语言有关，而这一点较少被翻译研究者关注。

"偏离"这一说法源于德国文体学家斯皮泽（Spitzer），他提出"个人不同于常规的风格偏离是作家迈出的历史性的一步"，这与"新的语言形式相关"②。而文体层面上的偏离（deviation）概念最早可以追溯到亚里士多德的《诗学》（*Poetics*），而后经由俄国形式主义学派的什克洛夫斯基（Shklovsky）、布拉格学派的穆卡洛夫斯基（Mukarovsky）进一步传承和深化，来自英国的语言学家利奇（Leech）"对偏离现象做了系统的归纳"③。如今，在文学翻译研究中，"偏离"业已成为影响翻译效度的一种重要的文体视角，但关于"偏离"如何影响机器翻译和人工翻译的研究仍有待开展。

简而言之，本文所说的"偏离"是一种文体现象，指那些与人们通常熟悉的"标准"语言有所不同的表达，是相对于"常规"的"非熟悉化"（defamiliarization）和"突出"（foregrounding）④。在"偏离"存在的语境中，标准语言或者常规语言起到了某种背景化的作用，体现了"偏离"语言的特殊之处。正因为具有一定的特殊性，偏离性语言在翻译过程中更不容易被转化，因为这种语言对语境、文化和情感等变动因素的依赖性更大，较难实现准确、忠实而通顺的翻译。

如前文所言，在科技迅猛发展的现代社会，机器的语言处理能力突飞猛进，机器翻译在多个领域大有替代人工翻译之势。然而，技术并非十全

---

① 吴建兰、朱杭慧、黄煜婷：《从文学文本角度看机器翻译与人工翻译的差异》，《品位经典》2018年第2期。

② 胡壮麟：《理论文体学》，北京：外语教学与研究出版社，2000年，第80页。

③ Milic，Louis T. *Stylistics on Style：A Handbook with Selections for Analysis*. New York：Scribner，1969.

④ 胡壮麟：《理论文体学》，北京：外语教学与研究出版社，2000年，第92页。

十美，"与技术相随而生的种种文体也引起了人们的忧虑。"① 目前看来，文学翻译领域仍是人工翻译的主场，而这种趋势似乎还将稳定地持续下去，这是由文学文本自身具有较高偏离度决定的，比如英国侦探类小说中就有大量的偏离语言，体现了不同作者的风格趋向，这表现在对常规名词、形容词、动词、副词和语气词等元素在应用主体和应用范畴中的改变，包括细微改变和重大改变，这些改变可能不够引人注目，但积微成巨，种种些微的偏离构成了与标准语言的差异，形成了作者自己的风格，而具有个性特征的文学风格一向被认为是横亘在顺畅翻译之路上的"顽石"。

一、人工翻译与机器翻译的竞赛

许渊冲先生在《译者要敢为天下先》一文中较为全面系统地总结了"优势竞赛论"，认为文学翻译是"两种语言，甚至两种文化之间的竞赛"。在许先生看来，译者应尽可能地发挥译语优势，要在翻译过程中看哪种文字能更好地表达原文效果。基于文字层面的翻译研究让人们看到，语言和文化之间是存在着某种竞赛的，所以两种文字必然在翻译中存在着优势的一方。由此及彼，不同翻译方式之间也存在着竞赛，尤其是在技术快速更迭的当今社会，由于国际间政治、经济、文化和科技交流十分频繁，人们愈加重视机器翻译的发展和前景，也对人工翻译提出了质疑，"哪种翻译更好"成为翻译领域热度不减的话题，越来越多的人在探究人工翻译和机器翻译哪种更有前景、哪种会成为"竞赛"的赢家。

长期以来，翻译被普遍当作是一种人工行为，即译者通过自己对原文的理解，发挥主观能动性，创造性地将源语言转换为目标语言，从而实现语义或者功能上的"对等"。在奈达看来，翻译应重视语言的自然流畅，

---

① 李晗佶：《人工智能时代翻译技术与译者关系演变与重构》，《西华师范大学学报》2021年第9期。

体现出原文的风格，首先是"语义上的对等，其次是风格上的对等"①。然而，人工翻译始终存在着翻译速度较慢、效率较低、记忆容量小、可译语种较少和翻译类型受限等不足之处。

第三次工业革命成功将人类带入科技时代，科技在各种传统项目中的应用不可阻挡地扩散开来，翻译便是其中的典例。在 20 世纪 30 年代，有人首次提出"机译"设想，到 1949 年，瓦伦·韦弗（Warren Weaver）在《翻译备忘录》中正式提出机器翻译理念②。机器翻译的一次技术升级高潮是在 20 世纪 80 年代，随着"翻译记忆"概念的提出和应用，计算机辅助翻译迎来蓬勃发展。近二十年来，以神经网络翻译为代表的 AI 机器翻译成为主流，其特征是基于深度学习技术，利用神经网络"直接将源语句映射成译语句"，体现了"端到端的计算过程"③。

目前看来，在非文学类文本（如经济、科技、工程和日常对话等）翻译领域，机器翻译有着明显优势，但在文学翻译领域，人工翻译则更符合需求。人们可以从译法、效果和效率等三个方面来一窥人工翻译和机器翻译的"竞赛"。

（一）译法竞赛

机器翻译所采用的方法在一定程度上与人工翻译具有相似性，但又具有突出的自身特点，这是由机器翻译的语言转换机制和遵循的翻译范式决定的，这其中就包括了"语言学范式"和"语料库学范式"④。机器翻译是一种自然语言通过计算机转换为另一种语言的过程，其常见的翻译方法包括三种：直译法、转换法和中间语法。其中直译法涉及语序调整与替换，转换法和内部表达有关，而中间语法则体现了"中间语表达式"的重

① Nida, E. A. *Toward a Science of Translating*. Leiden：Brill. 1964.
② 李晗佶：《人工智能时代翻译技术与译者关系演变与重构》，《西华师范大学学报》2021年第 9 期。
③ 侯强、侯瑞丽：《神经机器翻译研究——洞见与前景》，《外语学刊》2021 年第 5 期。
④ 侯强、侯瑞丽：《神经机器翻译研究——洞见与前景》，《外语学刊》2021 年第 5 期。

要作用。相比之下，人工翻译的方法与策略则要更为复杂，经常会组合使用增译法、省译法、转换法、拆句法、合并法、正译法、反译法、倒置法、包孕法、插入法、重组法和综合法等；其范式也较为多样，包括功能范式、阐释范式、语言学范式、文化范式、结构范式、女性主义范式和后殖民范式等①。文学类文本的语言有着更加明显的情感倾向、文化倾向和语境倾向，常常体现着作者本身的文化心理、感情变化和思想意识，如此使得文字变化更加细腻，这也是形成众多人工翻译范式的重要原因。

（二）效果竞赛

二者表现的语言风格倾向一般而言是趋于一致的，这是由翻译本身的限制因素决定的，因为翻译始终是基于原作的翻译，翻译不可能脱离原作的"影子"。不同之处在于，人工翻译往往更能符合多数人的语言习惯和用语直觉，使读者感觉更加自然，这尤其体现在文学翻译中，正如刘天泽所言，"在适应人类语言逻辑习惯和理解特点的翻译效果上，人工翻译处于领先地位，但在翻译门槛和经济价值上，人工智能翻译的效率则更胜一筹"②。

（三）效率竞赛

正常情况下，机器翻译的效率远高于人工翻译，前者在翻译速度、信息查询及信息整合上有着天然优势。近年来，计算机技术进步斐然，越来越多的机器翻译产品和平台不断出现，比如有道神经网络翻译、百度翻译、搜狗翻译、谷歌翻译、讯飞翻译和必应翻译等翻译平台和工具。这些机器翻译产品的共同点是文字输入与翻译几乎可以做到同时开展，"所输即所得"，这是人工翻译难以做到的。即便是语音翻译方面，机器翻译也要比人工翻译高效很多，据赵丽娜的研究，搜狗语音识别的翻译速度可达

---

① 谢天振：《当代国外翻译理论导读（第二版）》，天津：南开大学出版社，2018 年。
② 刘天泽：《浅谈人工智能翻译和人工翻译的比较与展望》，《海外英语》2019 年第 16 期。

每秒400词，这几乎是人类同声翻译均速的200倍①。

二、文学语言的"偏离"及其翻译

文学何以成为文学？文学作品何以获得文学身份？从文体学角度来看，这与文本中的偏离现象有关，而文学文本与常规文本的差别就体现在语言的使用和组织形式上，常常涉及语言的"陌生化"和"突出"。与之相对的，常规语言或者说标准语言具有相当的稳定性，但标准语言并不是某种特定语言，而是一种"自动化"语言②。

穆卡洛夫斯基认为，与"自动化"的标准语言相比，"非自动化"的语言行为就是"突出"：一种语言行为越是突出，"就越成为有意识的运作"。标准语言的特征就是尽可能地避免突出，与之相对，偏离语言则是以突出为特征的，或者说正是突出的语言本身。具有非文学意义和倾向的文本会尽可能地运用"自动化"语言，比如科学论文，为了对表达方式做确切定义，符合最为大众化的理解需要，其语言必然要避免突出。

诗学语言则不然，在文学作品中，标准语言成为穆卡洛夫斯基所说的"背景"，"突出"的语言在这里成了一种"前景"，仿佛是一个舞台上被打上聚光灯的表演者，此时后面的一切成为陪衬，于是舞台上的表演才能成为引人注目的艺术形式。因此，诗学语言并非指一部文学作品中的全部语言，而是在其中突出的、具有偏离常规倾向的语言，若一部文学作品中全是突出语言，那么突出也就失去了"突出性"，偏离性语言也就在此语境下失去意义——不再具有偏离特质了。一般而言，标准语言的句式结构较为常规和普遍，在语料库范式和语言学范式主导的翻译行为中处于较易翻译的程度，无论是人工翻译还是机器翻译，只要经验或者语料足够，都能比较容易地翻译出来，并且此时的人工翻译和机器翻译在方法和效果上

---

① 赵丽娜：《机器翻译与人工翻译的差异以及未来展望》，《北方文学》2019年第20期。

② 胡壮麟：《理论文体学》，北京：外语教学与研究出版社，2000年，第94页。

能达到较高契合度，比如，"这是一张桌子"这句话无论是通过人工翻译还是机器翻译都可以很快地译为"this is a desk"或"this is a table"，这种情况下从源语转换为目标语的过程几乎就是一种"自动化"行为。因此，机器翻译和人工翻译在文学翻译层面的"竞赛"主要就体现在对"非自动化"语言——"偏离"语言的转换中。

在对"偏离"的种种阐发中，英国语言学家利奇（1969）所做的研究工作是比较详尽的，他区分了"偏离"的种类，包括：词汇偏离、语法偏离、语音偏离、字音偏离、语义偏离、方言偏离、语域偏离、历史时代偏离和外来语掺杂等①。可以看出，"偏离"本身不是一个单一概念，具有相当的复杂性，这些复杂性也为诗学语言的文学身份确立提供了途径。既然偏离是赋予文学身份的重要标志，那么其翻译也就成为做好全部文学文本翻译的重要尺度。在这一方面，人工翻译与机器翻译有各自的优势和不足，这正是"竞赛"的主场。以中国古典诗词英译为例，其"非自动化"特征非常突出，相较于古白话和现代汉语都具有较高偏离度，这体现在其词汇、句式、结构、格律、韵脚、声韵和意象等方面。试看许渊冲先生所译苏轼的《定风波》：

原句：

> 莫听穿林打叶声。
> 何妨吟啸且徐行。

许译：

> Listen not to the rain beating against the trees,
> I had better walk slowly while chanting at ease.

---

① 胡壮麟：《理论文体学》，北京：外语教学与研究出版社，2000年，第95页。

机译（百度翻译）：

Don't listen to the sound of beating leaves through the forest.

Why not sing and walk slowly.

许渊冲先生对这两句的翻译照顾到了原文的对仗和语境，"I had better"所对应的意义在原文中本是没有的，它的加入体现了作者对这首词的情感理解，"徐行"中的"徐"用"at ease"似乎更为恰当地体现出主人翁身处浮萍而内心了然的心境。

相比而言，机器翻译虽然大体译出了原文的含义，但没有注意到原文的对仗形式，对作者通过言语"突出"表达的心绪刻画却不够生动，因为像"Why not sing and walk slowly"是偏常规化和标准化的语言。这个例子表明，人工翻译可以更好地用"偏离"的目标语言来翻译"偏离"的源语言，而机器翻译更倾向于将原文的"偏离"作"自动化"转换。

三、*Murder by Matchlight* 两种翻译方式对比

人们开展人工翻译和机器翻译区别的调查研究并不是盲目的，而是有着积极意义和作用的，如白玉所言："智能自动翻译技术解决了翻译产能低、成本高等现实问题。"① 在文学翻译领域，机器翻译的前景也是人们一直积极探索和研究的，这涉及跨文化传播的未来发展。

一个多世纪以来，英国文学及其汉译一直是中外学者研究与实践的热点，人们既关心莎士比亚戏剧在中国的传播和影响，也关注其他文学形式如诗歌、小说等的译介。其中，侦探小说是近几十年来英汉文学翻译的重

---

① 白玉：《AI时代机器翻译技术对文学翻译的协助介入作用》，《兰州文理学院学报（社会科学版）》2021年第3期。

要部分。作为英国通俗文学的代表，"维多利亚时期的惊悚小说和侦探小说是大众文化的产物"①，以柯南·道尔为代表的福尔摩斯系列侦探小说在中国赢得了不少受众，而除了柯南·道尔，英国还出现诸如伊迪丝·卡罗琳·里韦特（Edith Caroline Rivett，1894-1958）这样的著名侦探小说家，而她所著的小说 *Murder by Matchlight*（中文译名《暗夜凶影》)② 作为"大英图书馆侦探小说黄金时代经典作品集"中的代表性作品具有一定影响力。*Murder by Matchlight* 一书讲述了发生在 20 世纪战争时期英国伦敦的谋杀案：在灯火管制期间，主人公布鲁斯偶然撞见桥上的一个路人在火柴燃烧点亮脸庞的瞬间被突然出现的凶手击头致死，随后警官麦克唐纳对此展开调查，经过一连串诡异离奇的事件后终于找出真凶。

作为一种常见的文学体裁，侦探小说有着独特的语言特征，如大量的隐晦语和暗示语、高度概括的话语、丰富的形容词和语气词，这都构成了侦探小说语言的"突出"性，使其成为偏离语言的集中领域，为翻译工作带来了不小的挑战。此外，因为侦探小说"通常以犯罪案件的调查为母题"③，翻译过程还应特别注意在目的语中"案件氛围"的营造，以此形成侦探小说独特的吸引力，实现更生动的阅读效果和更好的商业效果。

为探究人工翻译与机器翻译在侦探类小说翻译中的差异，笔者以 *Murder by Matchlight* 及其汉译本《暗夜凶影》④ 部分语词作为研究对象，对比两种英译方式的不同表现，对比范畴涵盖书名、叙事语言和诗学语言三个维度。

---

① 胡铁生：《英国通俗小说的历史演进——惊悚小说与侦探小说比较研究》，《广东社会科学》2021 年第 2 期。
② E. C. R. Lorac. *Murder by Matchlight*. Scottsdale：Poisoned Pen Press，2019.
③ 石晓丽：《侦探小说翻译中语言特征的再现》，苏州大学博士学位论文，2013 年。
④ ［英］伊迪丝·卡罗琳·里韦特：《暗夜凶影》，冯勇译，北京：中国青年出版社，2021 年。

（一） 书名英译

从字面上看，小说英语名 *Murder by Matchlight* 意思是"与火柴光有关的/造成的凶杀/谋杀"，但若用这条翻译作为中文版书名显然不合适。书名翻译需遵循一定的原则，很难用字对字的直译方法，因为"书名是一部作品浓缩的精华，它不仅能提起读者对阅读的兴趣，还能烘托作品主旨"[①]，其汉语译名应体现小说的主要内容、中心思想、情感倾向和宗旨主题。对此我们可以对比机器翻译结果：

原文	机翻平台	机翻译文
Murder by Matchlight	有道翻译	谋杀 Matchlight
Murder by Matchlight	百度翻译	火柴杀人
Murder by Matchlight	谷歌翻译	火柴灯谋杀案
Murder by Matchlight	必应翻译	火柴灯谋杀

表1

书名不同于一般文本，具有高度的浓缩性和概括性，而且作为需要发行出版和售卖的小说，必然要考虑到其商业效果，即是否能引起读者的兴趣和购买欲。从这一角度来说，*Murder by Matchlight* 作为原书名具有高偏离度，因为常规语言中极少会将"murder"和"matchlight"联系起来，在自动化语言中，常与"murder"搭配的词一般有"commit""murderer""case"等等；此外，"matchlight"也是不常见的合成词，在各大词典中鲜见身影，即使被翻译出来，也容易分不清究竟是"火柴灯"还是"火柴光"的含义。*Murder by Matchlight* 的组合具有明显的非自动化特征，与标准语言构成的背景形成鲜明对比，涉及利奇所说的"词汇偏离"和"语域偏离"。

---

① 王涵、王佳璐：《浅析余华作品日译书名的翻译方法与翻译技巧》，《青春岁月》2021 年第 18 期。

纵观以上四种机器翻译结果，有道神经网络翻译未能理解"match-light"的含义，百度翻译误解了书名的本义，谷歌翻译似乎是这四者中最接近原著本身的翻译，必应翻译缺乏逻辑且没有表现出侦探小说的"悬疑感"。可以说，这四种机器翻译平台都没有比较充分表现出这本侦探小说的主要内容和宗旨主题，即便是谷歌翻译也只能停留在字面意义的解释上。究其主因，小说题目语言具有程度较高"偏离性"，超出了"自动化"的语言范畴，机器翻译目前无法实现在体会和理解全小说内容主题的前提下通过深思熟虑来确定书名的汉译，而人工翻译书名"暗夜凶影"暗示出当时灯火管制下伦敦的压抑氛围，以及在"火柴光"映照下的恐怖身影，体现出这本侦探小说的恐怖感和悬疑感，并且相对机器翻译结果而言，人工译名在图书市场上显然具有更好的商业效果。

（二）叙事语言英译

《暗夜凶影》的故事线索比较复杂，其叙事方式是以人物活动为中心的多点多面叙事，通过人物对话、景物描写、人物行为等展开情节，语言简单但节奏紧张，为了表现人物的不同性格、推动情节发展，必然会使用一些偏离常规的语言。此外，作为伊迪丝·卡罗琳·里韦特众多同类型小说中的一部，《暗夜凶影》处处体现着作者伊迪斯的个人行文风格和特色，而风格正是文体研究的重要面向，风格是作者所有偏离文字的集合，而这些偏离语言体现了作者自身经验、认知、知识、技巧、人格、爱好和才能等因素，也就是布封所说的"风格即人"（le style c'est l'homme même）①。换句话说，文学语言的偏离度在很大程度上就是作者本人的"风格"，不同作者在上述因素层面上会有不同的表现，那么偏离也会呈现出不同倾向。鉴此，其叙事语言在"风格"影响下必然呈现出偏离，这对机器翻译能力又提出了更大的挑战，试看下例：

---

① 刘世生、朱瑞青：《文体学概论》，北京：北京大学出版社，2006 年。

原文：

Concerning Mr. Ward himself, Mrs. Maloney could -or would——give no information. "'E was a gentleman-which is more'n I'd say of some," she volunteered, "and 'e kep' isself to 'isself and caused no bother."

译文：

翻译方式	译文
必应翻译	关于天德先生本人，马洛尼夫人可以或不愿提供任何信息。"'E是一个绅士，我想说的是一些，"她自愿说，"和'e kep'是自己'是自己，并没有造成麻烦。
人工翻译	至于沃德先生，马洛尼太太讲不出什么来，也不了解情况。"他是一位正人君子啦——我不得不说，"她主动说道，"他一个人独来独往的呀，从不给别人添麻烦。"

表2

前文提到了利奇对"偏离"的区分，其中涉及语音偏离、字音偏离、方言偏离和语义偏离，这段原文正好体现出了这些偏离类型：首先，这段文字大部分是对话，即"马洛尼太太"的言说，而人物讲话往往带有一定的语气和口音倾向，这在此段原文中表现得比较明显，比如用到了包括"h"在内的大量省略，"'E"即是"He"，"more'n"即"more than"，"'e kept'"即"he kept"，"'isself"即是"his（m）self"，可以看出，这些在方言偏离、语音偏离影响下形成的省略对多数机器翻译造成了困难，机器翻译都未能正确识别和理解这里语音省略现象，只能按照常规的自动化译法来进行翻译；另外，对一些语义和语域偏离，机器翻译显得更为僵硬，如有道翻译"马洛尼夫人无法或可能无法提供任何信息"，百度翻译"可以也不会提供任何信息"，谷歌翻译"并没有引起任何麻烦"，必应翻译"可以或不愿提供任何信息"。由此可见，在文学翻译中，机器翻译的流畅度与原语的文学偏离度呈负相关的趋势。

（三）诗学语言英译

文学"偏离"语言的"突出性"集中体现在诗学语言中，因为后者在语用、语义、字音、语音、结构、修辞和语域等方面都极大地与"自动化"的标准语言相异，也是作者风格的主要体现。因此，诗学语言翻译可以较为明显地展现出人工翻译和机器翻译的区别，可谓这两者"竞赛"最激烈之处。《暗夜凶影》的主体是叙事语言，同时也有很多带有强烈诗学特征的语言，如下例所示：

原文：

> To-morrow and to-morrow and to-morrow,
>
> Creeps in this petty pace from day to day,To the last syllable of recorded time;
>
> And all our yesterdays have lighted fools The way to dusty death.

译文：

翻译方式	译文
有道翻译	明天，明天，明天，就这样日复一日地匍匐着， 直到记录时间的最后一个音节： 我们所有的昨天都是点燃的傻瓜， 通往尘土飞扬的死亡之路。
人工翻译	明天，明天，再一个明天， 一天接着一天地蹑步前进，直到最后一秒钟的时间： 我们所有的昨天， 不过替傻子们照亮了， 到死亡的土壤中去的路。

表3

诗学语言通过大量的"突出"和"偏离"元素与常规语言区分，体现作者本人的思想情感和风格。这些偏离语言经常有着明显的修辞色彩，比如原文中的"To-morrow and to-morrow and to-morrow"，这里的意象重复表现了作者的某种心境，如果只译为"明天，明天和明天"之类的文字，则会有掩盖原文修辞的嫌疑，使得"偏离"难以展现。后文使用了比喻的修辞手法，将"our yesterdays"比作某种能发光的事物，"fools"在这里指小说中那些隐藏在黑暗中的犯罪分子，机器翻译无一例外地将"lighted"译为了"点燃"，但在这一语境下，显然不能说"路"是可以被"点燃"的，而是被"照亮"的，再次说明机器翻译的倾向是尽量将语言"自动化"，避免其中的"突出"，在翻译过程中比较容易忽略逻辑和语境问题。"To the last syllable of recorded time"一句具有较高偏离度，因为这是对时间状态的一种隐喻，而"syllable"和"recorded time"本就是少见的组合搭配，体现了利奇所说的词汇偏离和语域偏离，可以看出机器翻译在处理这样的偏离语言时难以摆脱原文意象束缚，因此较难展现原文比喻所涉及的真实含义。

通过分析 *Murder by Matchlight* 及其两种翻译路径可以发现，无论是使用普通叙事语言还是诗学语言，一部文学作品之所以获得文学身份，主要是由于其语言相对于标准语言拥有更多的"偏离"特质，也可以说"突出"的部分占据相当大的比例，这也是目前机器翻译和人工翻译分野较大的地方，随着原文偏离语言增多，机器翻译的"自动化"程度也会加深，离文学翻译需要的"非自动化语言"便会越远，文学翻译需要人工翻译对其中的"突出"和"偏离"进行更全面深刻的识别和整合，从而更好地体现作者风格。

结　语

"偏离"由"突出"和"陌生化"而来，是对标准语言的反抗，主要出现在具有诗学倾向的文学文本中，"突出"越少，则越近于标准语言，

"突出"越多，则越近于"偏离"语言，而后者是影响机器翻译质量和效果的重要因素。从对《暗夜凶影》的语言分析中可以看出，"偏离"体现了原文的主题和作者的风格，与语境、文化、情感等紧密相关，机器翻译较难做到综合分析后得出符合原文偏离度的译文，而这也应是未来机器翻译的一个重要发展方向。

自机器翻译出现以来，人工与机器翻译之争便成为翻译研究领域无法避免的热点话题，尤其是近些年，随着计算机算法的深化发展，机器翻译水平达到了新高度，在诸多领域大有"取代"人工翻译之势。本文从这一宏观视角着眼，将两种翻译方式之"竞赛"聚焦于文学翻译领域，并以许渊冲译《定风波》和侦探小说 *Murder by Matchlight* 为研究对象，从多个维度对比了人工翻译和机器翻译的区别。从对比中，本文发现，"偏离"语言是造成两者区别的直接因素，同时也是使文学作品获得其自身文学身份的关键。

艺术体裁翻译研究

《翻译学刊》2023年第2辑

异域的重生：中国故事《安魂》在日本影视译介的行动网络

卢冬丽　黄紫琴①

摘要： 中日合拍电影《安魂》由周大新同名小说改编，开拓了中国故事媒体跨界融合的多维度传播新路径。针对这一中国故事走向海外的新路径，本文基于行动者网络理论和场域理论，聚焦强制通过点的主导作用，梳理各类行动者在文学翻译场域和影视生产场域中通过资本交换与转化构建的《安魂》发起、改编、生产、发行与批评网络，进而明晰《安魂》走进日本的全过程。追踪行动者网络发现，核心行动者总策划人田原和日本导演日向寺太郎作为强制通过点，依托自身文化资本、社会资本和符号资本，分别主导《安魂》文本、影视双路径译介的发起与生产网络的构建。在发行与批评阶段，二者进一步形成合力达成资本的叠加，并诱发中国故事在日本"质"的深度阐释，促成中国故事《安魂》在日本"异"的新叙和重生。

关键词：《安魂》；日本；影视译介；行动网络；强制通过点

---

① 作者简介：卢冬丽，南京农业大学外国语学院副教授，北陆大学国际交流中心副教授，研究方向：翻译学、教育学；黄紫琴，南京农业大学外国语学院硕士研究生，研究方向：中国当代文学在日本的译介与传播。

Title：The Actor Network of Film Adaptation and Translation of Chinese Story *Requiem* in Japan

Abstract：Adapted from Zhou Daxin's story, The Chinese-Japanese co-production film *Requiem* was released in a cross-media way. Based on actor-network theory and field theory, this paper focuses on how actors complete capital exchange to create initiation, production, distribution and criticism networks of film adaptation and translation. We find that the core actors, chief planner Tian Yuan and Japanese director Hyogaji Taro, who became the obligatory points of passage in actor networks, relying on their own culture, social and symbolic capital, constructed initiation and production networks of the Japanese translation and adaption of *Requiem* respectively. Then the two formed a synergy in the distribution and criticism stages, resulting in the superposition of capital and inducing qualitative improvement, thus contributing to the rebirth of the Chinese story *REQUIEM* in Japan.

Key words：*Requiem*；Japan；Film Adaptation；Actor Network；Obligatory Points of Passage

文学作为故事的最佳载体，中国当代文学在海外的译介与传播成为"最好的文化传播与推广方式之一"[①]。其中，文学与影视的"联姻"由来已久，凭借影响力高、覆盖面广、感染力丰富等优势成为重新发现、认识、阐释并促进中国故事海外传播与接受的新范式，在跨文化、跨媒介场域融合中焕发出全新的生命力。中国故事《安魂》以创新性跨国界合作开启文学影视化译介新生态，对中国当代文学的多元化海外译介与传播有着积极意义。

目前，学界正不断加深对中国当代文学外译和传播全过程的研究。作

---

① 过婧、刘云虹：《中国文学对外译介中的异质性问题》，《小说评论》2015 年第 3 期。

为"翻译学文化转向后的新发展"①，行动者网络理论（Actor-Network The-ory，ANT）与场域理论（Field Theory）等社会学理论在翻译研究中得到广泛应用。本文拟结合 ANT 和场域理论构建分析框架，以周大新《安魂》在日本的影视化译介全过程为研究对象，考察中国文学如何在日本开拓多元化译介路径，各行动者如何形成合力有效助推中国文学影视改编与深度传播，又是如何加深中日人文交流等问题，以期为中国当代文学的多元化路径"走出去"提供参照。

一、《安魂》在日本的影视译介概述

《安魂》是茅盾文学奖得主周大新基于自身失独经历以对话体的形式写就的长篇小说，通过纪实文学与虚幻想象的结合展现出关于生死的透彻思考，是首献给天下所有因疾病、意外而失去至亲的人们的安魂曲，也是一部促进亲子间对话与理解的教科书。该书于 2012 年由作家出版社出版，同年获《人民文学》长篇小说双年奖，已被译为英、德、阿拉伯语等十多种文字。《安魂》是周大新首部被译为日语的长篇小说，也是首部中日合作电影改编且在海外先行上映、影视模态与文本模态同步"出海"的当代文学作品，其影视译介在疫情带来生死离别的时代有着更加独特的意义。

《安魂》在日本的影视译介由旅日中日双语诗人、翻译家田原发起，组织并推动影视改编、文本翻译两大联盟的对话和互动。影视译介方面，资深编剧富川元文、著名导演日向寺太郎、中日投资方、国家一级演员魏子等行动者先后被招募至主创团队。经过近 6 年的精雕细琢，2022 年 1 月《安魂》作为中日建交 50 周年纪念影片在日本先行上映，2022 年 3 月于国内上映。2022 年 10 月，该片获得香港国际青年电影节"长片单元"优秀影片奖。文本译介因日方主导的影视改编需求而面世，由日本汉学家、名

---

① 邵璐：《翻译社会学的迷思——布迪厄场域理论释解》，《暨南学报（哲学社会科学版）》2011 年第 3 期。

古屋经济大学谷川毅教授翻译，2021 年 12 月日本河出书房新社出版，次年入选日本"全国学校图书馆协议会选定图书"①。

二、基于 ANT 与场域理论的分析框架

ANT 主张将社会视为"各色异质要素在相互作用中形成的动态网络联结系统"②，其核心概念包括"行动者"（actor）、"转译"（translation）和"网络"（network）。行动者是产生作用、得到身份界定的实体，包括人类行动者和非人类行动者；转译是行动者构建异质网络的方式，也是网络运作的"催化剂"和"润滑油"。在转译的问题化阶段，行动网络中将出现拥有操控整个网络的主导权的行动者，即强制通过点（Obligatory Points of Passage，OPP）。OPP 能够利用自身优势凝聚各类行动者的共同利益诉求，"其他行为体要与行动者网络中的其余部分建立联系，或是要作用于网络本身甚至其自身，都必须经过该行为体"③。OPP 并非一成不变，当行动者网络权力格局产生变化，OPP 的位置和功能将发生"消解与重构"④。

场域理论认为，实践是行动者在惯习的潜移默化之下，通过运用自身的各类资本在一定场域中实施行动的产物。本文重点关注实践工具"资本"（capital）和实践空间"场域"（field）。"物质性的经济资本（金钱、产权等）、非物质性的文化资本（文化、教育资源等）、社会资本（人际关系资源等）和符号资本（信誉、声望等），可以相互转化"⑤，文化生产场

---

① "全国学校图書館協議会選定図書"，由成立于 1950 年的日本学校图书馆协会评定，在日本极具影响力和号召力。

② Latour，B. *Reassembling the Social：An Introduction to Actor-Network Theory*，Oxford：Oxford University Press，2005，p. 10.

③ 白红义、曹诗语：《重塑新闻理论？——行动者网络与新闻研究的 STS 转向》，《新闻大学》2021 年第 4 期。

④ 赵高辉：《传统媒介组织"强制性通过点"地位的消解与重构——行动者网络理论视域下的媒介融合发展探析》，《现代传播（中国传媒大学学报）》2019 年第 5 期。

⑤ Bourdieu，P. "The Forms of Capital". In A. Halsey et al.（Eds.）. *Education：Culture，Economy，and Society*，Oxford：Oxford University Press，1997，p. 47.

域的运作中，符号资本的积累是关键，"被公认的资历、学术地位和声誉（文化资本）以及与出版社、同行及其他有关机构，建立的良好工作和社会关系（社会资本）能转化成可观的符号资本"①。

两大社会学理论各有侧重，ANT 能够"重构各行动者之间的相互联系与相互影响"②，但易忽略人类行动者的能动性及其行动者间权力的不平衡性。场域理论则适用于解释个体思维逻辑、个体选择等主观人类行为。二者的有机结合有助于深入考察人类行动者与非人类行动者的资本积累过程以及权力关系。基于此，本文从"场域""资本"概念出发，将《安魂》的译介生产与传播置于逐渐重叠交融的文学翻译场域和影视生产场域，重点关注经由 OPP 的资本转化与转译，从项目发起网络、改编生产网络、发行流通网络、批评反馈网络还原各行动者"在社会以及场域中自身的轨迹"③ 以及整体网络的运作机制（如图 1 所示）。

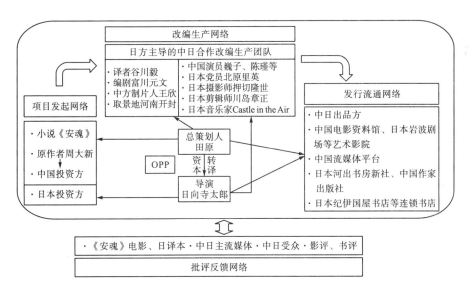

图 1　《安魂》在日本电影改编译介与传播的行动者网络运作机制图

①　汪宝荣：《中国文学译作在西方传播的社会学分析模式》，《天津外国语大学学报》2017年第 4 期。

②　邢杰、黎壹平、张其帆：《拉图尔行动者网络理论对翻译研究的效用》，《中国翻译》2019 年第 5 期。

③　王洪涛：《"社会翻译学"研究：考辨与反思》，《中国翻译》2016 年第 4 期。

三、《安魂》在日本影视译介的行动网络

（一）项目发起网络： 海外华人学者的自觉发起

《安魂》电影项目发起网络包含小说《安魂》、原作者、总策划人、导演和中日投资方等诸多行动者。该阶段，依托真实故事写就的小说《安魂》是第一行动体，率先将拥有众多资本的核心行动者田原和日向寺太郎招募到发起网络中，确保了项目的顺畅推进。

关于《安魂》影视项目的缘起，总策划人田原表示："参加河南籍作家聚会时我遇到周大新先生，获赠一本《安魂》，伴随泪水读完后久久不能平静。回到日本后，在一次交流中我向日向寺导演详细介绍了这本催人泪下的纪实性长篇小说。导演听完发现这是一个很好的电影题材，非常适合改编成电影，当时我们就达成了共识。"① 导演日向寺太郎在接受笔者访谈中也说道："《安魂》项目的成功发起和顺利改编得益于田原先生的推动。他向我提出以中日合拍的方式将《安魂》改编成电影，两周左右便确定好了中方投资人并获得周大新先生的授权。日方投资人方面，我联系了日本 PAL 企划的董事兼制片人 SUZUKI Wataru（铃木ワタル），他对与中国的合作特别感兴趣，很快便答应投资。"② 同时，作者周大新的国际性、开放性视野也功不可没。周大新提到道"最初听说要将《安魂》译成日语并翻拍电影时，我内心曾有过犹豫，不想触动痛苦的记忆。但看到田原先生和日本电影人的诚挚态度，也很感动。把《安魂》拍成电影、译成日文后，会给更多失去儿女的父母带去安慰，遂答应此事并给予了支持。"③

---

① 根据笔者访谈记录整理。访谈对象：田原；访谈时间：2023 年 1 月 10 日；访谈形式：邮件。

② 根据笔者访谈记录整理。访谈对象：日向寺太郎；访谈时间：2023 年 1 月 11 日；访谈形式：邮件。

③ 根据笔者访谈记录整理。访谈对象：周大新；访谈时间：2023 年 1 月 5 日；访谈形式：邮件。

中日双语诗人田原长期活跃在中日文学界的第一现场，被誉为"当代中日诗歌翻译与传播的灵魂人物"①，具备极强的文学鉴赏能力和浓厚的文化底蕴（文化资本），作品曾被译为英、德、法等十多种语言，2010 年获"日本诗坛芥川奖"之称的第 60 届"H 氏诗歌大奖"，是目前唯一获该奖的外国人，2021 年获第六届卡丘·沃伦诗歌奖翻译家奖等。在推动中日交流方面，除了将日本国宝级诗人谷川俊太郎等人的诗歌译介至中国以外，田原也积极推动中国文学进入日本。在其引荐下，当代乡土作家阎连科的《受活》《年月日》等一系列作品在日本翻译出版，引发日本文学界中国当代魔幻现实主义、神实主义的旋风。田原与中日多家出版社、电视台及汉学家谷川毅、编剧富川元文等横跨文学界与影视界的专家、名人都建立起良好社会关系（社会资本），拥有享誉中日乃至世界文学界的名望（符号资本）。上述资本保证了田原能够化身行动网络的 OPP，扮演《安魂》在日本影视化译介的发起者、组织者角色，达成文学界、影视界的跨国无间隙互通。由此，描绘项目发起网络的构建运作模式图 2。

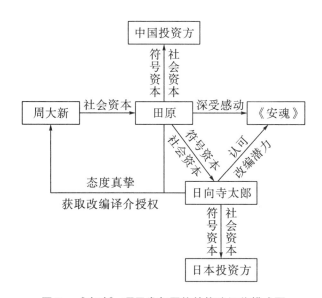

图 2　《安魂》项目发起网络的构建运作模式图

① 卢冬丽、田原：《中日当代诗歌的翻译与传播——中日双语诗人、翻译家田原先生访谈录》，《中国翻译》2022 年第 2 期。

项目发起之初，海外华人学者田原基于自身文学审美敏锐挖掘中国当代文学的优秀题材，融合中外读者的审美感悟，从世界文学的宏大视域体悟当下中外文学的情感共性，获得中外文学界、影视界的其他行动者的高度认可。在此基础上，利用自身的文化资本、社会资本和符号资本沟通中外文学界、影视界资本，将自己建设成能够定义需求、赋予角色、分配任务的转化者OPP，积极发起并组织《安魂》在日本的影视化译介，吸引改编阶段的核心人物日本编剧、生产阶段的枢纽人物日本导演及中日投资方的加盟。这种模式的成功运作主要依赖于符号资本的叠加与转换的达成。文学作品的翻译、改编属于典型的符号资本流通方式，知名译者翻译的作品自然而然会被贴上其"标签"（labeling）①、获得相应口碑和声望的背书，而这种"标签"本质上是从译者转移至作品的符号资本。原作者周大新、总策划人田原、导演日向寺太郎等创作者在文化场域早已积累起巨大的符号资本，他们对《安魂》"新生命"生产过程的参与便伴随着符号资本的投射与转移。参与者的符号资本叠加运作并转化为《安魂》IP的雄厚符号资本，继而将拥有至关重要的经济资本的中日投资方转入生产网络，为后续译者、出版社、演员、影视生产工作人员等重要行动者的征召过程提供最根本的能量。

（二）改编生产网络：中国故事在日本的"异"的新叙

《安魂》改编生产网络中的行动者包括导演日向寺太郎、总策划人田原、原作者周大新、编剧富川元文、翻译家谷川毅、中日演员等人类行动者，也包括日本株式会社PAL企划等组织机构以及译本、剧本等文本资料构成的非人类行动者。

日方导演和投资方的加入促成日方主导的中日合拍改编形式的确立，进而催生了《安魂》的译本、剧本生产，田原利用自身社会资本，先后邀

① Bourdieu, P. "The Social Conditions of The International Circulation of Ideas", In *Bourdieu: A Critical Reader*, R. Shusterman. Oxford & Malden, Mass.: Blackwell Publishers, 1999, p. 224.

请了日本汉学家谷川毅和资深编剧富川元文加入行动网络。在电影加工生产阶段，田原的行动网络主导权逐渐转移至导演日向寺太郎，导演作为新阶段的 OPP 构筑起新的行动者网络权力格局。日向寺太郎毕业于日本顶级艺术学府日本大学电影艺术系，师从日本著名导演松川八洲雄和战争片名匠黑木和雄，在为黑木和雄执导的"战争安魂曲"《雾岛美丽的夏天》担任助理导演期间，充分继承其反战思想，擅长在作品中聚焦社会问题，对"人的故事"有着敏感嗅觉，通过表达"小人物"的"小故事"横截社会众生相以审视人类"大情感"，围绕战争、死亡和人性等主题进行独特深刻的反思和描写，结合极具艺术感的画面，唤起人们的思考。其代表作有第 16 届上海国际电影节金爵奖最佳影片提名影片《萤火虫之墓》，以及《儿童食堂》《长崎的天空下》等。在影视生产场域中，日向寺太郎拥有与《安魂》原作不谋而合的艺术审美、众口交赞的电影拍摄专业素养和丰富的改编创作经验（文化资本），与投资方及摄影师、剪辑师等影视生产团队的信赖关系（社会资本），在中日电影界的高口碑（符号资本），以上资本保障作为导演的日向寺太郎拥有改编生产网络的绝对话语权。由此，描绘电影改编生产网络的构建运作模式图 3。

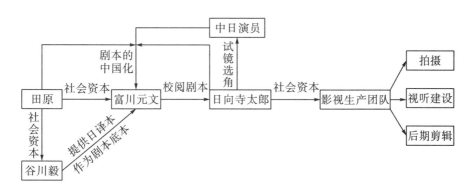

图 3　《安魂》电影改编生产网络的构建运作模式图

　　按照雅各布森的"符际翻译"理论，小说到影视的改编本质上就是表达符号间的翻译转化，表达符号既包括文本信息，也包括物质载体。在多重符号系统中，中国故事《安魂》历经由单模态的小说文字符号、到"文字—视听中间态"的剧本文字符号、再到多模态的视听符号的漫游，途经编剧重构故事、中日团队演绎故事、影视幕后调整故事的三重加工实现了中国故事"异"的新叙。

1. 编剧富川元文重构中国故事的"异"的新叙

文学叙事和电影叙事在"讲好故事"的中心思想上高度统一，但二者又存在介质截然不同的矛盾，改编便是在两种艺术形式的矛盾和统一之间不断游走的过程。在保持小说内核不变的基础上，富川元文在异媒介叙事的矛盾中寻求统一，力求表现出原作的思想特性、文学品性和艺术气氛，基于日本文化场域内专业编剧的日式美学思考，灵活运用"译写、译编、译创"三个层面的符用能力，融入日本场域异质性的新叙事，用日式的美学叙述展开中国故事"异"的新叙，使周大新笔下的"中国故事"华丽转身为受到日式审美观、文化观浸润的中日人物共同发生的"中日故事"。具体而言，体现在以下三个方面：叙事核心的"译写"、叙事人物的"译编"、叙事线路的"译创"。

叙事核心的"译写"方面，富川元文准确提取原作内核，将中国故事《安魂》之"根"深植于剧本中。原作借由想象与对话展开，前半段叙述了一个父亲痛失独子后的忏悔与对儿子生前点点滴滴的回忆，后半段描绘了儿子在天国的奇异见闻。富川元文通读小说后抽丝剥茧，判定"《安魂》的核心在于一个失独父亲的无限悲痛和对儿子无比深情的爱"[①]，决定集中笔力刻画一个哀恸、悔恨、饱含恋恋不舍之情的父亲形象，将诠释《安魂》的最佳关键词——"父子深情"原原本本地"译写"至剧本之中。

叙事人物的"译编"方面，富川元文紧扣原作人物的主要元素，重构鲜明人物形象。来源于文学的银幕艺术以写人、表现人为第一要义，人物形象的塑造承担着制造冲突、推动观众动心动情的重任。但《安魂》对话体的特质使得父子之外的人物形象过于暧昧模糊化，同时也缺乏戏剧性和

---

① 根据笔者访谈记录整理。访谈对象：富川元文；访谈时间：2022 年 12 月 2 日；访谈形式：邮件。

表演性。富川元文选择重新"译编"电影中的人物形象，打造立体生动的人物性格。通过其"译编"，父亲被塑造成一个不懂爱的正确表达方式、控制欲过强的"中国式大家长"，母亲爱子心切但冷静自持，儿子仰望着父亲的成就而陷入自卑。这些人物性格蕴藏推动情节发展、引发观众心灵共振的强大助推力。

叙事线路的"译创"方面，富川元文牢牢把握原作故事的基本形态，在叙事线路的两个最主要的组成部分——情节和人物层面施以大胆的创作，为电影带来不可或缺的激烈矛盾与戏剧性。小说《安魂》的叙事线路以对话体展开，依照电影的标准来看，情节较为平淡，人物也略显单一。为了保证电影的观赏性，富川编剧运用"形散神不散"的新诠释传达原作要义，将原作中父亲反对儿子恋爱、儿子急病去世的情节串联起来，以新颖的笔触引入父亲与自称通灵师的"江湖骗子"相遇这一情节作为核心矛盾和看点，通过刻画父亲由"明知被骗却也不愿面对儿子去世的现实"的执迷不悟、到"坦然接受事实、灵魂获得安宁"的心境变化，将失独父母的悔恨与对孩子的深情展现得淋漓尽致。同时，编剧创造性地加入与故事主角产生众多交集的日本留学生和与儿子长相酷似的通灵师这两大新角色。导演提道："我们想借留学生之口来消除日本观众对中国式父子、家庭伦理的困惑，同时拥有一定知名度和粉丝群的日本演员出演是电影在日本票房的重要保障。"① 象征着中日友谊的日本留学生角色传达哀而不伤的日式温情，拉近与日本受众的审美距离，使得电影更易于融入日本场域，是中国故事《安魂》在日本受容的一大推动者。与儿子长相酷似的通灵师则化身成了父亲与儿子灵魂的对话的复现者，以克制的表达还原了小说的氛围，避免了重点偏离的改编，父亲甘愿受骗和通灵师骗中有情的重重纠葛也成为电影的精彩看点。

不难看出，尽管电影是来自日本编剧的改写，发生了一定审美与文化

---

① 根据笔者访谈记录整理。访谈对象：日向寺太郎；访谈时间：2023 年 1 月 11 日；访谈形式：邮件。

的融合，但其文化根本和审美底色依然脱胎于中国故事。富川编剧秉承着对中国作者周大新和中国故事《安魂》的欣赏与尊重，以不曲解损害《安魂》的故事核心为最大前提，从更适于银幕艺术的叙事角度重构了《安魂》在日本"异"的新叙。

2. 中日团队共同演绎中国故事的"异"的新叙

剧本校阅和拍摄阶段是中日异质文化不断产生碰撞并融合的阶段。一方面，电影的艺术审美、叙事节奏在很大程度上由剧本设计、镜头语言、视听语言、后期剪辑来体现，这些工作均由日方担纲；另一方面，中方策划人的文化艺术素养及演员的表演艺术素养、形象表现和内容诉求又让中方行动者具有审视电影表达手法、情节内容和思想内涵的能动性。中日团队的众多参与者在彼此理解、相互尊重的基础上，坚守"原汁原味传递中国历史文化，兼顾中日观众观影体验"的改编策略和表演理念，各自用自己的语言表达、演绎了中国故事《安魂》的"异"的新叙。

剧本校阅阶段，富川元文剧本改编初稿完成后，总策划人田原、以魏子为首的众多中国演员作为中方受众的代表参与了剧本的校阅。富川元文改编后的中国故事在日本场域"再生"，获得了新的叙事方式，"接地气"地延续并生成了全新的影视形态，具有了新的生命活力；但另一方面，总策划人田原、主演魏子等中方行动者意识到剧本中的家庭模式、人物台词等方面过于日式化，一致认为即便是中日合作的影视，基于日式价值观、生命观讲述中日共同发生的故事，但其根源来自中国，必须突出"中国文学"这一特质，强调中国"异质性"要素在日本文化场域的重生与相互交融。日向寺导演表示："阅读剧本初稿后，中方发现编剧笔下的家庭有些日本化，为还原中国家庭，多次拜托编剧修改剧本。"① 譬如，田原认为剧中人名与地道的中国人名及身份背景特征存在偏离，针对人名进行了修改，"唐大道""英健""张爽"等主要人物的名字均由田原修改而来。演

---

① 根据笔者访谈记录整理。访谈对象：日向寺太郎；访谈时间：2023 年 1 月 11 日；访谈形式：邮件。

员巍子通读剧本后则"发现剧本中一些台词不符合中国人的语言习惯，主动先将通稿改了一遍。到了拍摄现场，发动所有中国演员对戏，把每一句台词都对顺畅了，再请翻译把修改后的台词及原因说给导演听，经过三到五天的磨合，基本上完成了台词的本土化"①。

导演执导的故事演绎方面，导演日向寺太郎和摄影师押切隆世基于日式纪实美学风格，综合运用别具匠心的构图、色彩和光线，以亦诗亦画的表现手法游刃有余地处理影片中的位置空间关系、人与景物的关系以及画面色调的明暗调和，构成电影的内在张力，在光与影中用借由中国故事《安魂》再现日本民族关于生与死、爱与罪等话题的深入理解与思考。在电影的多层级复杂表意系统中，导演利用"黄河的动态水波""祥云""足球"等象征性和隐喻性的视觉艺术符号埋下伏笔、串联首尾，推动情节发展，儿子的彷徨失意、父亲由严格强势到自欺欺人再到放下执念的一系列转变、行诈的青年行走于善恶之间时内心的摇摆挣扎等人物群像被刻画得惟妙惟肖。同时，镜头下的叙事空间位移到"八朝古都"河南开封，充满写意感的空镜巧妙地将日式清新色调和具有地道"中国风味"的开封大相国寺、古城墙、美食、市井民俗等人文景观和文化符号糅合成一体，也借此平衡了电影中的叙事与情感。众多中国文化元素的创造性有机融入诠释了导演自身对中国文化精神内涵的认知，日本影人特有的细腻柔和的笔触与中国河南本土故事的厚重感摩擦出别样的火花，带领观众踏上中国文学在跨国电影改编中的文化溯源和审美迁移之旅，带来巨大的艺术冲击力。

中日演员的故事演绎方面，两国演员自觉化身中国故事海外具象化传播的重要媒介，在故事演绎中发挥最大能动性。日本演员北原里英饰演热心真诚的留学生，原本是陌生人的她，在"缘"的作用下见证了父子间的多个重要时刻，传达出浓浓日式温情，通篇使用中文更是博得广泛中日观众的好感；陈瑾以冷静内敛的表演，呈现出在中日语境中共通的坚强清醒

---

① 根据 CCTV—6 电影频道于 2022 年 3 月 1 日对演员巍子的采访整理。

的母亲形象；一人分饰两角的青年演员强宇演技自然不露痕迹，成功塑造了活在父亲阴影下的儿子和误入歧途的行骗青年这两个风格截然不同的角色。出演父亲"唐大道"的老戏骨巍子用最真诚的态度和精湛演技以身作则，为青年演员提供专业性指导，凭借温暖现实主义的诠释方式，深入贯彻了优秀表演艺术所必需的演员与角色、生活与艺术、心理与形体的高度统一，以求呈现出小说《安魂》中原汁原味的父子亲情与豁达的温暖。巍子提道："在塑造这个角色时为体会人物的压抑、孤独感，我拒绝任何人的邀请，30多天不出门。"① 导演日向寺太郎也高度赞扬巍子的演技和敬业精神："巍子非常尊重导演的意见，每一次拍摄都高度集中，营造了一种积极向上的紧张感，我能深切感受到他那颗真诚的电影心。"②

3. 影视幕后调整中国故事的"异"的新叙

影视幕后阶段，导演日向寺太郎通过社会资本将曾多次合作的日本音乐家组合 Castle in the Air 和剪辑师川岛章正招募至行动网络，通过视听语言建设以及故事线与节奏的把控调整了中国故事《安魂》"异"的新叙。视听语言建设方面，日本著名钢琴家谷川公子和爵士吉他手渡边香津美组成的 Castle in the Air 为影片创作了音色丰富绚丽、具有浓郁抒情性的《時の雫》《安魂》两首主题曲。与同名主题曲《安魂》在影片首尾与黄河的粼粼波光一同流淌，为影片奠定了一种哀而不伤的基调，传达出无比豁达的"将生死视作轮回循环"的日式生死观。除了极具感染力的音乐以外，影片中还使用了鸟鸣、波浪声等声音符号，以拓宽视角、丰富画面表现力，勾起观众对画外世界的联想。故事线与节奏的把控方面，导演坚持"尊重并还原剧本中安排的情感线和结构"③ 的剪辑理念，以情感表达完成度和结构衔接性为首要追求，最大限度上删减了打乱电影节奏的多余场

---

① 根据 CCTV—6 电影频道于 2022 年 3 月 1 日对演员巍子的采访整理。

② 根据笔者访谈记录整理。访谈对象：日向寺太郎；访谈时间：2023 年 1 月 11 日；访谈形式：邮件。

③ 根据笔者访谈记录整理。访谈对象：日向寺太郎；访谈时间：2023 年 1 月 11 日；访谈形式：邮件。

景。值得一提的是，中日上映的版本在结尾处存在差异。日本上映的版本结尾出现一年后父亲、母亲、英健的女友张爽和一些孩子们一同观看足球比赛的一幕，团圆美满的场景昭示着父亲领悟全新的生死观、得以安魂。但是在国内上映的版本中删除了这一段片段。对于此，日向寺太郎说道："通过这一幕，我想表现出唐大道在经历儿子的死亡后的变化，也想给张爽的去向一个交代。同时，我还想表达出之前提到的对生死的思考，即人类生与死的循环往复。而中方主创们认为，观众可能会感到疑惑这到底是谁的孩子，所以中国上映的版本删除了这一段。"① 这样的剪辑处理正折射出中日双方主创基于各自的文化立场，以中日两国不同的生死观和家庭观为出发点，根据本国文化场域土壤的特性因地制宜地选择了中国故事《安魂》更易生根发芽、牢牢扎根的生命形态。

（三） 上映发行网络：多模态多资本的叠加传播

上映发行阶段，中国故事《安魂》以影视模态和文本模态协同合作、深度互动的方式拓展了在日本译介传播的深度和广度，其上映发行策略本质上是一种力求符号资本最大化的策略。翻译与影视改编主创的符号资本及中日投资方的经济资本叠加转化为《安魂》IP 的符号资本，先后招揽河出书房新社、作家出版社、中国电影资料馆、日本岩波剧场等艺术影院、首批精英受众、中国流媒体平台的等行动者，人类行动者和非人类行动者通力合作，影视模态和文本模态的跨场域符号资本互通，名人批评反馈加持，实现符号资本的持续叠加，形成集宣传、发行、批评于一体的有效发行网络。

首先，影片上映发行呈现出影视模态和文本模态平行与交叉关系的叠加效应。河出书房新社和作家出版社推出《安魂》日译本和中文版十周年纪念版，其封面、腰封均采纳了电影海报的设计，低饱和度色调与海报保

---

① 根据笔者访谈记录整理。访谈对象：日向寺太郎；访谈时间：2023 年 1 月 11 日；访谈形式：邮件。

持一致，并加入电影的剧照、介绍词以及承载着重要意义的"足球""祥云"意象，预示着父子灵魂得到涤荡和净化。原作、日译本和影片的诞生顺序虽然存在"主从先后"之分，但在文本生命的延续中又发展出平行与交叉的联动关系。影视模态和文本模态的同步发行与设计联动，最大限度发挥传播力的叠加效应，有效促进《安魂》的读者资本和观众资本的流通转化，加深各自在跨媒介融合场域中的接受。日译者谷川毅也认为："文学作品传播形式的多样化是非常值得肯定的。像《安魂》这样译本和电影的同步面世，可以带来相乘的叠加传播效果和协同效应，是一种行之有效的宣传方式。"①

其次，影片上映发行呈现出日本影院化与中国网络化的发行特征。《安魂》在日本先于国内一步走入大众视野，2021年10月在东京角川试映电影院举行了三次试映。总策划人田原提道："试映期间，许多日本记者、影评家、作家、诗人以及出版社编辑都应邀前来观赏了这部影片，影院座无虚席，结束后影片获得几乎众口一词的赞誉。"② 日本电影导演羽仁进力赞："《安魂》体现出日向寺导演的强大共情力与敏锐感知力，描绘出亲子间关于生命的美好共思。"作家平野启一郎指出："电影用讽刺手法批判通灵术的同时细腻刻画了家人间的真挚感情，是一部给予人感动的佳作。"中国作家阎连科称赞："《安魂》的艺术性与完成度极高，似一首悲伤与温情同在的生命交响曲。"③ 片方将上述影评登载在影片官方网站，《安魂》被贴上众多名人的"标签"，符号资本持续累加，直接提升受众的观影欲望。2022年1月，《安魂》在岩波剧场举行了首映礼。岩波剧场以"文化传播为目的，放映高质量电影"为宗旨，是全日本最负盛名的独立艺术影厅，影院本身也叠加了影片的社会资本。首映后，《安魂》获得日本多家

---

① 根据笔者访谈记录整理。访谈对象：谷川毅；访谈时间：2022年11月26日；访谈形式：邮件。

② 根据笔者访谈记录整理。访谈对象：田原；访谈时间：2023年1月10日；访谈形式：邮件。

③ 《安魂》电影官方网站：著名人からのコメント，https://ankon.pal-ep.com/comment/，2022年12月3日。

艺术影院的垂青，先后在东京 Human Trust Cinema、京都 Cinema 等日本关东、近畿、中部及九州地区的 12 家剧院特约放映。相比之下，《安魂》于 3 月在中国电影资料馆首映后，因疫情仅在北京、上海等地小范围上映，转而依托被誉为"电影行业新主流"的网络流媒体平台传播。整体上，中国故事《安魂》在中日的异质土壤中以各具特色的传播形式"开枝散叶"，蔓延到读者和观众心中。

综上，《安魂》在中日上映发行网络中，影视模态和文本模态跨越文学场域和影视场域，达成符号资本联动的叠加效应。同时，主流媒体和首批精英受众的符号资本不断叠加，进一步开拓了影片的传播范围，《安魂》得以在日本走得更广、更远、更深。中国文学的海外改编电影与文学译本协同互动，有力地双向助推了中日民间文学文化的交往、交流和交融。

（四） 海外批评反馈网络： 中日审美的对话与交流

海外批评可以直观地揭示域外受众对中国文学和中国形象的想象与建构，对提高中国文学文化译介传播质量有着正向意义。海外批评反馈阶段的行动者主要包括《安魂》译本、电影、主流报纸和媒体、大众读者和观众。

首先，海外主流报纸和媒体批评方面，《安魂》因精良的制作、纪念中日建交 50 周年的独特意义以及感人肺腑、发人深省的故事内核获得了日本主流报纸和媒体的广泛认可。例如，2022 年 1 月《安魂》在日本上映当天，NHK 电视台前所未有地在 9—10 点黄金时间段的新闻报道中，日、英双语播放了长达 10 分钟的幕后采访及预告片，并配有画面字"中日建交 50 周年纪念电影"，积极肯定中日影视合作对于促进中日民间交流的重大意义。《东京中日体育》报对《安魂》进行了大版面报道，评价"日向寺太郎作品《安魂》大受欢迎"①。据统计，日本"CineBoze"等十多个网站

---

① 《东京中日体育报》2022 年 1 月 16 日第 14 期。

均登载了"感人的中日建交50周年纪念合拍电影"等主题词的宣传新闻。

海外大众批评方面，不管是精英受众还是普通受众都予以《安魂》如潮的好评。精英受众方面，北海道大学文学教授阿部嘉昭盛赞电影《安魂》为"一部感人至深、改编大胆、制作水平高超、摄人心魄的杰作"。长崎县立大学情报传媒系教授、影视界权威专家香取淳子在个人官方网站上发表万字长评，大赞："影片巧妙地以轻快的笔调阐述沉重的主题，是一部诱人展开关于生死之思索的力作。"① 普通受众方面，在互联网高度发达的今天，大众对书籍、影片的评价也趋于网络化，《安魂》的日本大众批评主要发布于Bookmeter（読書メーター）②、Twitter③、Filmarks④等网络平台。据笔者统计，截至2023年5月，Bookmeter书评网站发布有效书评两条，读者反馈较为冷清；而Twitter、Filmarks网站发布有效影评共计170条，数量远远高于书评量，且收获近乎零差评的佳绩。根据日本影评统计网站COCO的评估，《安魂》网络影评的"积极指数"（评价的正向性程度）为100%。大众批评整体上多为偏中肯的好评，其中也不乏强烈赞赏、推荐的高度肯定，如Twitter网站观众评价"中国式感人故事与日式浪漫的完美结合""充满了无关国界与人种的纯粹的爱"。另外，也有Twitter网站观众表示"小说与电影中异质性的保留给不熟悉中国的读者与观众带来理解的难度"。但是，这种异质性的保留也创造了读者和观众自发了解中国和中国文学的契机，一位Bookmeter网站读者表示，"以《安魂》为契机，开始对作家周大新的作品产生兴趣"。

来自海外主流报纸和媒体、大众读者和观众的关注和批评彰显着海外

---

① 香取淳子个人官方网站：香取淳子公式サイト，2022年1月8日，katori-atsuko.com/? news＝映画『安魂』を観て、遣された者が奏でるレクイエムを聴く，2022年12月30日。

② Bookmeter网站《安魂》日译本书评：安魂，https://bookmeter. com/books/18904105，2022年12月30日。

③ Twitter网站《安魂》影评：COCO. Twitterから映画の評価が分かる＆映画の鑑賞記録が残せる，https://coco.to/movie/90593/review_ good,2022年12月30日。

④ Filmarks网站《安魂》影评：安魂の映画情報・感想・評価，https://filmarks. com/movies/99055，2022年12月30日。

广大受众对中国故事在日本"异"的新叙的肯定，更昭示着影视化改编译介大力助推两国审美的对话与交流，为异域民众了解中国与中国文化提供了更为鲜活灵动、富有情感的视角，是一条促进中外民间积极对话的可行之路。

结　语

中国故事《安魂》直击生与死、得与失等人生普遍疑问，激荡着人类共情共性，吸引了总策划人田原和导演日向寺太郎自发推动中日文学翻译场域和影视生产场域互融，构建并不断完善文学影视改编译介传播网络。两位核心行动者先后在发起、拍摄阶段运用各类资本将自身构筑成 OPP，率领各方行动者统一利益，顺利构建项目发起网络和改编生产网络。上映发行阶段，两大 OPP 形成合力，吸引来自文学界、影视界、媒体界等异场域的行动者加盟宣传与批评网络，达成资本的叠加，进行深度阐释，诱发质的提升，在中日合成的全新土壤中展开审美维度的再创造，探索中日文化交融与碰撞中的全新可能，以影视模态从精神层面、艺术层面、影响层面赋予并不断延续中国故事《安魂》多模态的新生命。《安魂》日译文本模态以影视模态附属品的身份"降生"，在《安魂》IP 符号资本的推动下出版，与电影模态发展出平行与交叉的共建关系，形成模态间的协同互动。虽然文本模态的反响批评不及电影模态，但在上映发行和批评反馈阶段相辅相成，随着符号资本"滚雪球"式的不断累积和运作，产生了相乘的叠加生产与传播效果，共同促进了中国故事《安魂》的"走出去"与"走进去"。

《安魂》的上映成为日本"中日建交 50 周年"的重要系列活动，中国故事"异的新叙"实现了"在保留自身民族性、区域性特色的同时，迎合日本的意识形态和主流诗学"[①]，将跨越国界的纯粹的爱和温暖坚定的力量

---

① 卢冬丽：《中国当代乡土文学在日本的译介与接受》，《南方文坛》2019 年第 6 期。

播撒到读者和观众心中，有血有肉地演绎出中华风采，以润物无声的视觉化手段向世界发出"中国声音"，彰显"中国魅力"。《安魂》借船出海的实例指明，在以融通中外的叙事能力和媒介能力为关键的跨符号、多模态翻译中，跨国深度合作之路颇具成效，期待这一大胆尝试能够为中国文化的多元化走出去提供有益借鉴。

歌曲翻译中的适应性改写

——以《我和我的祖国》为例

孙一赫　王　海①

摘要：覃军在《我和我的祖国》的英翻过程中采用改写的策略，对原文的语言要素进行大规模的修改，包括字词的添加、删减和替换以及语篇上的词句转换、语序调换和整句改写，令译文与原文形成明显差异。究其原因，歌曲的翻译面临文化、情感与音乐性三重维度的要求，需要译者考虑语言改变导致的音乐内部系统的不协调问题，在保证文化转换、情感传达和音乐性表现的前提下进行适应性改写，转变自身形态从而更好地融入文化与音乐语篇，重构新旧之间的平衡，实现音乐的跨文化传播。

关键词：歌曲翻译；适应性改写；《我和我的祖国》

Title：The Adaptive Adjustment in the Translation of Songs——*My Country And I as the Case*

---

① 作者简介：孙一赫，广东外语外贸大学高级翻译学院博士研究生，研究方向：文学翻译与跨文化研究；王海，博士，广东外语外贸大学高级翻译学院教授、博士生导师，研究方向：文学翻译与跨文化研究、汉学翻译。
基金项目：本文为广东外语外贸大学广州城市舆情治理与国际形象传播研究中心研究生创新项目"多模态视阈下广州城市叙事与形象传播研究"（项目编号：2023—YCX—13）的阶段性成果。

Abstract：Tan Jun, in his translation of *My Country and I*, adopted the translation method of adaptive adjustment, in which he adjusted a large amount of linguistic elements in the source text. He showed the addition, deletion and exchange in the lexical level and change from phrase to sentence, change of word order and adjustment of the whole sentence in the text level, which made the target text a totally different one from the source text. To figure it out, the translation of songs has a total of three requirements, reflected on the change of culture, emotions and musical respectively. This requires the translators to consider the imbalance within the songs caused by the change of language, and change some specific factors with the method of adaptive adjustment on the basis of maintaining cultural change, feelings' expression and musical performance, to adapt itself to the cultural and musical discourse with the change of its own form. In this way, the balance between the old and the new will be constructed, which could help the intercultural communication of music.

Key words：Translation of songs；adaptive adjustment；My Country and I

引　言

《我和我的祖国》是我国著名的爱国主义歌曲，由张藜和秦咏诚于1983 年分别作词和谱曲而成，并于 1984 年 1 月在刊物《音乐生活》上发表。《我和我的祖国》发表之初便凭借悦耳的旋律与朴素却充满情感的歌词在我国家喻户晓，曾被多位知名歌手翻唱，时至今日依然是重要的爱国主义教育歌曲。2020 年，即中华人民共和国成立 71 周年之际，湖北民族大学教师覃军将这首歌翻译成英文在互联网上予以发行，在当前国际化与全球化深入人心的中国社会再次引发极大的反响。这并非是《我和我的祖国》的首次英译尝试，但覃军的译文在翻译方法上与前人的翻译有明显差异，创造了独具特色的翻译文本。通过原曲与译本的对比分析可知，覃军的翻译版本并非完全一一对应于原文，而是对原曲歌词进行大篇幅的修改，涉及字词和语句篇章两个层面，甚至将原歌词整句删除重写，是一种翻译改写行为，形成与原歌词的鲜明对比。究其原因，歌曲与普通的文学文本不同，歌曲由曲调和歌词两部分组成，本质上是艺术与文化的融合，这些元素在原有的音乐体系能够形成一种巧妙的平衡，实现音乐的功能和传播。但翻译是以语言文字转换为表现形式的实践活动，语言文字的改变改变了歌词的整体维度，影响了翻译文本的音乐艺术特性，从而动摇歌曲内部形成的艺术与文化的平衡，原有的形式和意义也无法得到维持。因此，需要对原曲进行大规模的改写，重塑音乐内部的稳定与平衡。而覃军正是考虑到这些因素，从文化、情感与音乐性三个维度，对原文本进行相关的适应性改写，让译文能够适应文字转换带来的音乐各维度的改变，从而重塑音乐体系的平衡，实现歌曲的跨文化传播，也正是因为这种尝试，相较前人的译文，覃军版重构音乐和文本的平衡，使译文不仅维持了自身原有的文化和情感表达的功能，更与乐曲相对应，实现了文字美与音乐传唱的双重要求。本文以覃军版《我和我的祖国》为例，探讨歌曲翻译过程中的适应性改写行为，分析其原因并发掘歌曲翻译的基本原则。

一、《我和我的祖国》中的改写现象

改写是对原文本的部分语言要素进行改换的行为。翻译是语言背后"两种文化之间的交流活动"①，同时语言还受到语篇等各种因素的制约，语言文字的更换必然影响整体语篇和文化环境的稳定，此时，如果维持语言层面的一一对应可能造成理解上的阻碍或是整体语境的失调，造成文化封闭和读者的不适，影响文化的输出。因此，译者必须综合语篇、文化、语境等元素因语言变换发生的不平衡，对原语部分要素进行改写，确保文

---

① 刘彦仕：《寻找译者文化身份——以林语堂和辜鸿铭为例》，成都：西南财经大学出版社，2014年，第7页。

化传播的顺畅和读者的接受。覃军版《我和我的祖国》摒弃了以往版本的一一对应的翻译原则，对原歌词的文字元素进行大规模改写，从而打造新语言和原曲调的平衡，协调音乐的文化交际和艺术表达双重功能。覃军对《我和我的祖国》的改写涉及歌词的各个层面，主要涉及字词与语篇两个层面。本章将从字词和语篇两个角度，从语言表达和曲调适配两个视角，列举和分析《我和我的祖国》译本中的改写现象。

（一）字词层面的改写

字词是语言的基础，是语言文字的基本组成部分。代表不同意义的字词通过一定的组合方式组成句子与语篇，发挥自身的功能。歌词作为语篇的一种特殊形式，自然也由字词形成，并通过区别于普通文字语篇的组合方式，发挥自身的独特魅力。字词并不是无故生成的，而是产生于特定的文化环境之中，受到文化的影响，带有鲜明的文化特色。但翻译是文化超越现象，是不同文化相互交流的渠道，相异文化碰撞必定带有文化冲突，阻碍文化的传播；同时，语言的改动导致原有的语言与旋律的平衡关系被打破，音乐内部的稳定也无法维持，一一对应的翻译方法必定难以维持。因此，译者需要对异语文化中不存在或难以被异语文化听众和读者理解的字词以及与曲调不匹配的字词部分进行相应处理，保证文化传播的顺畅。覃军版《我和我的祖国》考虑到文化理解和旋律适配的问题，对原歌词中的字词进行大量改动，确保读者的理解和接受以及音乐的流畅表达，主要表现为字词的增添、删减和替换三种方法。

增添是在译语中添加原文并没有的部分，以弥补异语文化对原文化的某种空白，让语篇更加顺畅，内容更加饱满且清晰。在《我和我的祖国》第一句"我和我的祖国，一刻也不能分割"，覃军将其译为"My motherland and me, no one can break us apart"，原歌词第二句没有主语而是与前一句共同构成一个主句。但是在译本中，覃军在第二句中增添了主语"no one"，让后面完全成为一个单独的整句，并且改变后句的语法关系。与"增添"相反，删减是将原歌词的部分字词删除，让整体形式简洁和流畅，保证表达和理解顺畅。如《我和我的祖国》"我歌唱每一座高山，我歌唱每一条河"一句，覃军将其改为"I'm singing for your high mountains, singing for your land and rocks"，其中就包含两处字词的删减。首先体现为第二句的主语"我"的删减，原版两句歌词都以"我歌唱每一"开头，构成顶针结构。但是在译文中，第二句的主语"我"被删掉，只剩下后面的谓语与宾语的组合。其次覃军还分别删除了两句话中的"量词"，将"每一座"与"每一条"删除，达到意义理解与音乐适配的双重效果。词语替换是保证总体形式上词语数量的对应，但是结合具体的需求，包括文化转换和音乐传递的要求，对特定词语进行替换，使之符合听众语言的表达习惯同时满足音乐输出的要求，实现音乐的跨文化传播。如歌曲中的"我歌唱每一座高山，我歌唱每一条河"一句，覃军的译文"I'm singing for your high mountains, singing for your land and rocks"中就将原文的"河"一词替换为"land and rocks"，二者在文中发挥的功能几乎相似，同时"land and rocks"的翻译更符合曲调的旋律，在新语言环境下能够最大限度地确保音乐的表达与输出。

（二） 语篇层面的改写

字词通过一定的组合方式构成句子进而形成语篇，语篇配合曲调最终组成歌曲。因此，语篇是歌曲组成最为重要的部分，能够直接决定歌曲的整体协调性和传唱性，是歌曲的灵魂。语篇由字词组成，也是语言的表现形式，同样受到文化的影响，传递文化的精神和精髓。但歌曲中的语篇更是作为基础性的部分，服务于曲调，以一定的语言和语言所展现的情感来增强曲调的共情能力并强化音乐传播效果，实现音乐艺术的传播。在翻译的过程中，语言的改变同样影响语篇层面，使语篇的整体结构和表达习惯发生变化，从而与原语篇和原曲调产生冲突，影响音乐的展现和传播。因此，歌曲的翻译也必须考虑文化和音乐的需求，对语篇进行改写，服务于新语言及其影响下组成的新语篇和曲调。从译文来看，覃军版的《我和我的祖国》在语篇上同样展现大规模的改写行为，具体表现为词性句式的转换、语序调整和整句改写三种方法。

词性句式的转换是调整原句的句型与词性，在《我和我的祖国》中突出表现为"词到句"的变换。如"我和我的祖国，一刻也不能分割"一句，其译文"China catches my heart, no one can break us apart"将第一句的名词词组转换为完整的句子。原文采用了"我"和"祖国"两个词语，通过连接词"和"构成一个名词词组，与后句共同构成一个完整的句子。但在译文中，译者完全放弃了原文的句式表达形式，将首句的词组形式转变为"China catches my heart"的完整句，使之形成前后逻辑明确、情感逐步叠加的两个句子。语序调整是保持原句的形式和基本要素，但是根据文化传播和艺术表达的需求对原句的部分元素的顺序进行调整，使之符合译语文化的表达习惯，同时适应情感输出的需求，达到艺术和文化的平衡。如《我和我的祖国》第二段前两句"我的祖国和我，像海和浪花一朵"，其译文"My motherland and I, are the spindrift and the sea"将第二句的"海和浪花"的顺序颠倒改为"spindrift（浪花）与 sea（海）"。整句改写是完全删除原句，根据跨文化传播的需求和音乐表达的需要进行重写配词。如最后一句"永远给我碧浪清波，心中的歌"，译文"You are the mother we all adore, we all adore"中译者将原语的所有语言要素直接删除，选择重新配词，以适应此处的文字表达并配合音乐的旋律。

总之，覃军在《我和我的祖国》英文译本中并未遵循传统的一一对应翻译原则，而是充分考虑歌曲的文化传播和艺术表达功能，结合实际的需求，对原歌词的字词和句篇两个层面各个部分进行全方位的改写，通过词语的添加、删减和替换，句子的词句转换、语序调整和重写，让译文能够跨越翻译过程中必不可少的语言文化差异，同时又能保证原曲的整体意义和氛围并适配原曲的曲调，实现歌曲的跨文化传播。

二、《我和我的祖国》改写的适应性溯源与歌曲翻译原则分析

覃军从字词和语篇两个层面对《我和我的祖国》原歌词进行大规模的改写，从而确保读者在听觉和理解对歌曲和歌词内容及意境情感的接受和

内化。但是这种改写不是随意的，"不能脱离原文"，而是要超出"原文本体含意"①。这就要求译者充分考虑歌曲的各个组成维度，结合语言变换带来的歌曲内部结构的不协调，对原歌词进行必要但克制的改动，保证音乐在文字层面的表达和文化输出与艺术性再现的双重要求。这种改写在事实上就是一种适应性语言使用行为。

适应是重要的语言技巧，也是"语言使用的一个重要特点"②。语言自身具有"适应性"，语言的使用过程就是"从一系列范围不定的可能性中进行可协商的语言选择，以便逼近交际需要达到的满意位点"③，换句话说，"语言的使用就是语言的选择适应过程"④。而翻译是将语言进行替换的过程，语言发生替换需要作为翻译主体的译者在新的语言体系中选择相应可行的语言因素填补空白，传达原文的基本意义和内涵，实现文化的传播，因此，从某种意义上说，翻译行为本质上是"译者适应翻译生态环境选择活动"⑤，是译者基于语言变化导致的语篇等维度的改变作出的适应性选择。而在《我和我的祖国》翻译中，覃军作为译者正是基于歌曲结构中的文化要素、情感表达需求及音乐性传递三个层面，对异语进行相应的适应性改写，从而满足文化输出与艺术表达的双重要求，做到文化适应、情感表达和音乐适配三方面的翻译原则，实现了歌曲的跨文化传播。

（一）音乐适配：音乐性指导下的适应性改写

音乐是听觉艺术，是听觉上的审美感知过程。而曲调作为歌曲结构中与听觉系统直接相关的部分，则是音乐最重要的表现形式和情感抒发渠道。曲调负责向听众传递听觉的美感，让读者直接感受音乐的艺术特性，

---

① 方梦之：《中外翻译策略类聚——直译、意译、另翻译三元策略框架图》，《中国翻译》2018 年第 1 期。

② 杨仕章：《翻译中的文化适应研究》，《中国俄语教育》2014 年第 3 期。

③ 维索尔伦：《语用学阐释》，北京：清华大学出版社，2013 年，第 72 页。

④ 杨仕章：《翻译中的文化适应研究》，《中国俄语教育》2014 年第 3 期。

⑤ Hu G. S. "Translation as Adaptation and Selection", *Perspectives: Studies in Translatology*, vol. 11, no. 4, Apr. 2010, pp. 283-291.

是音乐艺术性的主要来源。而在艺术内部组成上，因为音乐自然的艺术本质，艺术性高于文化特性，因此，在歌曲的内部结构组成中曲调始终占据第一性的重要地位，而歌曲的歌词在一定程度上是曲调操控下的文化产物，受制于曲调，服务于曲调。可以说，歌词自身就是对曲调的适应选择过程。但在翻译的过程中，由于翻译只能改变文字，而"原曲曲调已经定型，译歌的旋律线、节奏类型和节拍式都已由原歌限定，译词只能完全服从原曲调"①，如此，语言的变化导致原曲原有的平衡被打破，一一对应的翻译方法很可能造成异语语言的音节和节奏与原语有极大的差异，难以配合原曲曲调，影响听觉审美和音乐的输出。因此，译者必须考虑原旋律对语言排列和表达的要求，令其"与原曲的节奏、旋律相吻合，即配上（原）曲子可以演唱"②，具体来说就是要让组成语言的单词的音节与原曲完全一致，做到"每一个音节占一个音符"③，保证音乐曲篇的饱满，让语言与音乐达到平衡状态。但由于音乐内部结构中，语言具有一定程度的独立性，具体表现在语言的选择只在宏观的字数层面受到旋律的制约，在满足这一要求的前提下，作者需根据语言表达的基本方式和情感宣泄的目的选择具体字词并组成语篇。在翻译中，音乐适配原则只能限定一句歌词的音节数量，并不能左右译者对具体字词和表达方式的选择，译者同样要结合文化转换和情感表达原则，选择相关的改写方法，维持歌词的美，同时又保证译词与音乐的适配，达成语言意义与音乐的最佳平衡，实现音乐的跨文化传播。

例1：

你用你那母亲的脉搏

和我诉说

---

① 覃军：《歌曲译配：一种特殊形态的翻译——歌曲翻译家薛范先生访谈录》，《中国翻译》2019年第6期。

② 薛范：《歌曲翻译探索与实践》，武汉：湖北教育出版社，2002年，第31页。

③ 覃军：《歌曲译配：一种特殊形态的翻译——歌曲翻译家薛范先生访谈录》，《中国翻译》2019年第6期。

You share with me the stories before

Make me cheerful

例文体现了音乐适配原则下的整句重写方法。原句在这里采用拟人的手法将祖国比喻为"母亲"，同时给祖国加上了人专有的事物和动作，如"脉搏""诉说"，让祖国的形象更加生动。但译文选择将整句完全改写，首先删除了"母亲"的拟人手法，仅仅表达了"share with me"的人类动作，暗示此处的修辞手法，同时，也对原句的"诉说"予以一定程度的保留，令其发挥情感激励的作用，表达"我与祖国亲密无间、共呼吸"之意，而原文后一句更是被直接删除，歌词也被完全重配。究其原因，本句如果采用一一对应的原则便会与曲调出现偏差。词句的音谱如下：

$$\frac{6}{8}\ \underline{5432}\cdot\ |\ \underline{7\dot{6}53}\cdot\ |\ 4\cdot\ 2\ 1\ |\ 1\cdot\ 1\cdot\ :||$$

根据曲谱，第一句的音符数量为 8 个，自然应该对应语言的 8 个音节，汉语乐曲以汉字数量为音节，因此，此处的 8 个汉字正好与曲谱音乐相称，整体音乐显得流畅自然。而英语乐曲以句子的总音节数量为基础，且由于英语语音常常出现吞音、弱化的现象，使语篇表面展现出的音节数量与实际传唱过程中的有效音节有所差异，如果按照一一对应的方式就可能超出或低于 8 个音节的要求，对乐曲的听感造成影响，因此，译者选择重新组合句子，新改写的句子"You share with me the stories before"虽然在书写形式上有 10 个音节，但两个音段中的最后一个音均为两拍，相当于拉长两个音节，而本句还包含"with"和"the"两个虚词，这两个词没有实际意义，只发挥部分语法功能保证语句的完整，在朗读和唱曲时常常弱化或直接并入前后单词之中，在旋律上并未与旋律形成过大反差，因此，本句事实上的音节应为"10"个，因此，译文实际传唱满足了音节的要求。另外，本句是第一段的最后结尾部分，通过曲谱可知，本句的旋律走向已经较为平缓，因此，歌词只要满足抒情的功能即可，无须过于夸张地宣泄情绪，根据这样的韵律要求，译文的表达方式也较为缓和，只选择了陈述句的句型，同时将祖国拟人化，并将我和祖国之间的感情改为"故事的诉说"，传递的情感与模糊含蓄的表达在结尾更能引发读者的想象，增加歌词自身的韵味，达到意、情、乐的最佳配合，在乐曲饱满同时也满足了情感和文化传播的需求。同理，后句也根据音节的要求同时承接前文的感情，从而形成感情递进，并保留前文已经埋下的感情暗示的伏笔，因此改为"make me cheerful"，在满足音节和音符适配的基础上，这种表达让"我与祖国"的关系进一步升华，并与前文形成逻辑递进的关系，同时又给听众意犹未尽的感受。

（二） 文化适应： 文化导向下的适应性改写

歌曲由歌词和旋律构成，二者相互独立但是又相互联系配合，形成歌曲的统一体。歌词以语言为载体传递相关的信息，表达音乐感受，让音乐在满足听觉需求的基础上更具有一定的意义，富有韵味，从这一点上来说，歌词是语言组成的篇章，本质上是语言的表现形式之一，具有语言的基本特色。而语言符号及其文本产生于特定的文化背景，"语言既是文化的一部分，也反映文化并表达文化"[①]。"语言作为一个符号系统，它的各个层面（特别是词汇层面和成语层面）都反映、记录并保持着民族文化信息。"[②] 语言是文化的产物，由文化决定和产生，用特定的符号和表达方式传递民族文化信息，凸显民族文化特色。因此，歌词作为语言的表现，依然具有文化性，反应一定民族的文化状态和审美特征。翻译是语言转换的过程，更是"文化超越活动"[③]，不同文化通过翻译相互交流、相互融合新生。文化的不同必然导致语言的具体表达形式不同，在歌曲翻译中就有可能给读者的理解和接受造成困难，影响听众的音乐的审美感官。因此，译

---

① 杨仕章：《文化翻译学》，北京：商务印书馆，2020 年，第 45 页。

② Catford, J. *A Linguistic Theory of Translation：An Essay in Applied Linguistics*. Oxford：Oxford University Press, 1965, p. 20.

③ 吕俊、侯向群：《英汉翻译教程》，上海：上海外语教育出版社，2001 年，第 58 页。

者在歌词的语言转换过程中必须考虑不同语言及其背后的文化差异，适应语言文字转换后带来的文化改变现状，考虑听众的接受程度，对原语相关的表达和文化语言要素进行修改，确保音乐传递的顺畅。

例2：

> 无论我走到哪里
> 都流出一首赞歌
> No matter where I travel
> You are what I am singing for

例句中展现了译者在表达正确要求下做出的整句改写，具体表现为原语第二句"都流出一首赞歌"直接改为"You are what I am singing for"，译者并未保留原句的基本组合方式，直接将本句进行改写，从而维持原有意义，同时满足文化转换的需求。原语使用的"流"具有多重文学意义。首先在含义上，"流"可以理解为"无论身居何处回想起祖国都能够热泪盈眶"，还意指"情不自禁"，而且"流"本身与后面的宾语"赞歌"并不直接相关，更符合汉语朦胧的诗学美感。同时，在整体语篇中，原语的第二段将我与祖国分别喻为"浪花"与"大海"，"流"这个字在汉语中本身就有"水"的意向，这种表达就能与后面的语篇形成呼应，让后面的比喻更加自然，同时更容易为读者所理解，在语篇上发挥引出下文的功能。但是英语强调逻辑和表达的准确，这一部分的主语是第一句的"我"，而根据歌曲给听众的第一感受，"我"明显是人，与"流"这个谓语动词在语法关系上不存在直接的联系，使用起来会造成读者的困惑。同时，本句与第二段的间隔过大，对缺少汉语语言背景和知识的外国读者来说，他们很难将间隔如此之大的两个部分联系在一起，这样的表达不仅无法发挥原语的功能，反而可能造成意义上的割裂，影响音乐效果和文化的传播。因此，译者选择将后句重写为"You are what I am singing for"，只选择将"赞歌"转为动词的"sing"从而予以隐性的保留，借以维持和传达原曲的"爱国情怀"。

（三）情感表达： 情感驱动下的适应性改写

音乐是人类八大艺术之一，是重要的艺术表达形式，而艺术的本质就是情感的表达。音乐从产生之初便是人们表达情绪，传播情感的工具。《礼记·乐记》记载，"凡音之起，由人心生也。人心之动，物使之然也，感于物而动，故形于声。声相应，故生变，变成方，谓之音"。由此可见，"音乐是情感的寄托，是一种以声音来表达不同情感的艺术"①，是"人们情感的语言"。情感的表达需要特定要素的支持，歌曲由歌词和曲调相互结合而成，虽然曲调也能发挥传递情感的作用，但由于语言表述更加明确清晰，且与民族文化关系更为密切，因此，歌词往往承载着传递主要感情的重要任务。

但歌词是语言的艺术，组成歌词的字词自身在特定的语言文化环境中携带相关的意义，引发人们的想象，从而能够掀起人的情感波动，引发情感共鸣，达到传情的效果。而字词通过一定的手法有机构成篇章，作词者也会根据自身的需要，按照一定的语言规则对字词进行重组，令其呈现与文学文本不同的组合方式，引发读者好奇，并且借助曲调和读者脑海中形成的文化背景产生想象，从而连接听众的情感，达到音乐艺术效果的最优化。但歌词的情感表达能力依赖于共享的语言。对于同一文化的听众来说，相同的语言带来了共同的文化和历史背景，因此，对于歌词传递的感情具有极强的接受能力和消化能力，作词者往往利用这样的民族文化优势，在歌词中仅借助相应的字词使用和语篇组合方式，引发同一语境下听众的审美感受，激荡听众的情感共鸣。而翻译不可避免要进行语言的转换，原有语言体系下带有的历史背景、表达方式和字词的衍生意义难以在译语环境中得到再现和传递。同时，语言转换意味着听众定位的变化，原曲面向的听众所共有的情感基础和历史文化背景在翻译中便会消失。如此一来，相同的歌词表达对情感的激励作用便会受到影响，如果完全维持原

---

① 李秀敏：《小学音乐教学中情感教育的渗透》，《天津教育》2022 年第 24 期。

曲的表达方式就有可能给读者造成困惑甚至误解，影响音乐的跨文化传播。这就要求译者在歌曲翻译的过程中把握歌曲整体的情感走向，结合译语文化同听众、音乐传播的实际需要，对歌词译本进行一定的转换和调整，使之能够在译语语境中发挥类似的情感表达效果。

例3：

> 我和我的祖国
> 一刻也不能分割
> China catches my heart
> No one can break us apart.

例句体现了情感表达导向下的词句转换和字词添加两种方法。原歌词第一句"我和我的祖国"是通过连接词将两个名词连成的名词短语，本质上是词组。"我和我的祖国"本身就是歌名，第一句的安排直接呼应歌名；同时，歌曲的首句往往能够传递最强烈的情感，通过"我的祖国"这样的表达，汉语语境中"爱国"思绪便能立刻展现在字面之上，实现情感的号召，引发听众的共鸣。并且原句并没有阐明"我的祖国"，是一种模糊处理，这是基于听众共同的语言和民族情感，在汉语的环境中没有听众会对"我和祖国"产生疑惑，反而模糊的处理让歌曲更增添意境，并且模糊的文字带来了情感的激荡，让原曲在第一句就能瞬间引发国人的情怀。但译文使用了英语，语境出现极大的变换，英语听众在缺少说明的前提下难以拥有原听众一样的背景知识，缺少语言共识和情感基础。这样一来，"me and my motherland"这样一一对应的表达在译文中完全无法发挥情感呼吁的效果，反而让读者产生"what is the motherland"的疑惑。因此，译者选择直接点名我的祖国的对应词"China"，并将原曲的排列顺序进行调换，将"China"置于首位，为全文奠定情感的基调。

其次，仅仅点名"China"这一情感主体在听众缺乏文化背景的基础上依然无法达到应有的感情宣泄的效果，中国文化固有的"家国观念"和中国听众的爱国情绪令其听到"我和我的祖国"时就已经能够联想到"不可分割的紧密关系",因此,在这里无需过多说明,反而将这样的关系放到第二句,让两句达成诗学效果,同时也符合音乐旋律表达的要求。但对没有这种情感基础的英语听众来说,"I and my China"这样的表达没有传递任何情感,只是两个表达特定指向的词的结合,无法引发听众任何的情感波动。结合文化差异形成的情感传递障碍,译者将原来隐藏的情感直观表现在字面上,将原句改为"China catches my heart",以此突出祖国牵动我的心弦之意。同时,修改后的第一句在情感表达上已经带有"不可分割"的内涵,与第二句有所重合,考虑到歌曲的感情递进关系,译者选择对原语第二句进行修改,推动情感的变化。原句没有主语而是与前一句共同构成一个主句,表达了我和祖国同呼吸共命运永不分离的决心。但是在译本中,覃军在第二句中增添了主语"no one",将原文的第二句直接改为情感表达更加丰富的"No one can break us apart",并且后句的语法关系也发生改变,由自动变为他动,感情更为激烈。如此,两句话便形成有逻辑的情感递进,传递"我生于祖国,时刻心系祖国,不受任何力量的阻碍"的坚定爱国卫国之情。

总之,翻译是语言的适应,随着语言转换,歌曲内部的平衡被打破,在文化传播、情感表达和音乐性表现上呈现不协调的问题。为了保证歌曲的传播和读者的理解,译者需要结合实际,构建歌曲的文化、情感和音乐在异语中的新的平衡,做到文化适应、情感传达和音乐适配。

结　语

覃军在《我和我的祖国》译本中并未遵循一一对应的翻译原则保持原文的意义、美感和音乐审美,而是结合实际情况和音乐表达的需求,对原文进行大量改动,其中包括字词层面和语篇层面。字词的改写表现为自此的增添、删除和替换,语篇改写则包括词句转换、语序颠倒和整句改写,改动规模极大,与原文形成形式上的明显差异。究其原因,翻译本质上是一种适应行为，是译者适应语言转换带来的语境和篇章各个层面的变化，维持平衡做出的语言选择活动。歌曲由歌词和曲调两个部分组成，面对翻译中的语言转换，歌词与曲调及其背后支撑的相关要素均对歌词的表达方式提出相应的要求，首先：歌词作为语言要素受到文化的影响，在翻译中需要进行文化的转向，满足译语文化的需求；歌词自身负有情感表达的重要作用，是歌曲情绪宣泄的重要渠道，语言变化导致了情感宣泄的基础消失，需要在译文中明确情绪关系并直观表达情绪，保证读者理解。译者作为主体，必须充分结合文化、情感与音乐对新语言提出的要求，让新语言适应原曲的语境，重塑音乐内部的平衡，保证音乐文化的传播。

苗族故事《灯花》在日本的译绘与回译研究

刘　岩　周智威①

　　摘要：《灯花》是广泛流传于苗族的民间故事。1967 年君岛久子将《灯花》译介到日本，引起了广泛的关注与影响，2020 年唐亚明将《灯花》日本绘本版翻译回中国。本文从苗族民间故事《灯花》在日本的译介与影响、《灯花》绘本的回译，以及各版本间的文本比较，综合分析故事中的文化事象在译介与回译过程中的变化与改写。综合言之，第一，《灯花》在译介日本后，由于其自身研究价值和教育意义在日本产生了广泛影响；第二，由于中日两国的文化差异，《灯花》在译介过程中所蕴含的民族文化符号发生了变异；第三，《灯花》日语绘本在回译过程中，回译版本与日语绘本、原版文本呈现了差异性，一定程度上还原了其所包含的民族事象与文化符号。通过回顾苗族民间故事《灯花》在日本的译介与日语绘本的回译，可以为我国民族民间文化"走出去"及中华文化符号在海外书写与流变研究提供新的思考维度。

①　作者简介：刘岩，贵州大学外国语学院副教授，贵州大学日本研究所所长，研究方向：典籍外译与传播、中日近代交流史；周智威，贵州大学外国语学院硕士研究生，研究方向：民族文学翻译与传播。
　　基金项目：本文为贵州大学人文社会科学青年课项"日本《朝日新闻》涉黔报道整理与研究"（项目编号：GDQN202211）的阶段性成果。

关键词：苗族民间故事；《灯花》；日语；译介；回译

Title：A Study on the Translation and Back Translation of Miao Story *Denghua* in Japan

Abstract：*Denghua* is a folk story widely spread in the Miao nationality. In 1967, Jundao Jiuzi introduced the translation of *Denghua* to Japan, which attracted wide attention and influence. In 2020, Tang Yaming translated the Japanese picture version of *Denghua* back to China. Based on the translation and influence of the Miao folk story *Denghua* in Japan, the back translation of the picture book *Denghua*, and the text comparison between different versions, this paper comprehensively analyzes the changes and rewriting of cultural events in the story in the process of translation and back translation. In summary, firstly, after the translation and introduction of *Denghua* in Japan, it had a wide impact in Japan due to its own research value and educational significance; secondly, due to the cultural differences between China and Japan, the national cultural symbols contained in the translation process of *Denghua* have changed. Thirdly, in the process of back translation of *Denghua* Japanese picture book, the back translation version presents differences with the Japanese picture book and the original text, which restores the national events and cultural symbols contained in it to a certain extent. By reviewing the translation of Miao folk story *Denghua* in Japan and the back translation of Japanese picture books, we can provide a new thinking dimension for the study of the spreading of Chinese folk culture and the writing and evolution of Chinese cultural symbols overseas.

Key words：Miao folk stories；*Denghua*；japanese；translation；back translation

习近平总书记在党的二十大报告中强调要"增强中华文明传播力影响力"，提出了"深化文明交流互鉴，推动中华文化更好走向世界"的发展

艺术体裁翻译研究

347

战略，对少数民族文化的对外传播有着重要的现实意义。民间文学是我国文学的重要组成部分，是中华传统文化和民族精神的重要载体。民间文学作品凝结了民族思维观念、文化认知和审美情趣，具有鲜明的中国风格。以"民间"故事为媒介可以做好以文传声、以文化人，助力展示真实、立体、全面的中国。就国外来讲，中国民间故事不仅是世界文化的瑰宝，这些具有民族事象的民间故事，也同样是世界了解多元中国的窗口与媒介。

王宏印教授曾提出"回译的核心宗旨在于，如何将外语文本中描写的中国文化形象通过回译，在中国读者心中还原或构建为符合中国历史、社会和文化语境的形象，达到民族文化在译入语和源语语境中的双向呈现"①。苗族民间故事《灯花》作为我国优秀的少数民族文化，其故事内容承载了丰富的民族符号与文化事象。经肖甘牛整理出版后，1967年由君岛久子译介到日本，与赤羽末吉携手创作的《灯花》绘本，在日本产生了广泛的影响。2020年唐亚明将《灯花》日语绘本翻译回国，苗族民间故事《灯花》也以崭新的形象再次出现在中国读者的面前。

基于此，本文以《灯花》原版本、《灯花》日语绘本、《灯花》回译本三者为研究对象，从《灯花》在日本的译介、苗族民间故事《灯花》日语绘本的回译、肖甘牛版《灯花》与回译版《灯花》绘本比较三个方面考察《灯花》在日本的译介与绘本创作，以及回译中的中华民族符号的"复原"与"欠落"，以期为中华民族民间文化与民族文学的海外传播以及经由外国人创作的中国民族文学作品在回译过程中文化的"流动"与"变异"等领域的研究提供新的思路。

---

① 王治国、苏佳慧：《王宏印"创作型回译"理论与实践的新探索——基于〈《阿诗玛》英译与回译〉的学术考察》，《民族翻译》2021年第6期。

一、苗族民间故事《灯花》在日本的译介之旅

（一）君岛久子与《灯花》的译介

君岛久子是苗族民间故事《灯花》的日译者，20 世纪 50 年代就开始广泛涉猎中国民间文学，长期致力于中国文学，特别是对中国民间故事和神话传说的研究，先后翻译了彝族《九兄弟斗土司》、苗族《龙牙颗颗钉满天》以及《白族民间故事传说集》《西游记·中国童话集》《红楼梦》等。

1967 年，君岛久子以肖甘牛整理、收录于《肖甘牛民间故事选集》的苗族民间故事《灯花》为原本，将《灯花》故事译介到日本，收录在日本杂志《母の友》1967 年 8 月刊第 98—101 页。《母の友》是日本家喻户晓的杂志，在日本有着广泛的影响力和传播力。《母の友》1953 年 3 月创刊至今已有 70 年的历史，该刊以"知——让育儿更快乐"为理念，是给予父母"育儿小贴士"和"故事的乐趣"的育儿月刊，面向父母、保育员、教师以及与孩子相关的所有人，每月推送"与孩子快乐生活"的贴士，并由日本福音馆书店出版。

（二）赤羽末吉与《灯花》日语绘本创作

1974 年，已是两个孩子母亲的北岛岁枝被丈夫抛弃，对生活没有希望的她打开《世界民间故事》，打算给孩子讲完这本书就与世长辞，而她看到的正是君岛久子译介到日本的苗族民间故事《灯花》，书中主人公的勤劳也让她重新点燃对生活的希望①。这件事被中国驻日使馆得知后，于 1981 年 10 月 6 日，北岛岁枝母子三人，应中国民间文艺研究会的邀请，随日本《灯花》读者访华团来到《灯花》的故乡。七十七岁的肖甘牛亲自

---

① 张儒：《〈灯花〉续篇——访北岛岁枝》，《中国民族》1981 年第 12 期。

迎候了北岛岁枝母子，北岛岁枝向肖甘牛表达了感谢之情，对此深受感触的肖甘牛仅用一个月的时间就绘制出了《灯花》图画册，该书由肖甘牛主编，王培堃绘制，由广西人民出版社于1981年11月出版。书中以北岛岁枝的悲惨遭遇为叙事主线，以插叙的方式讲述了苗族民间故事《灯花》，并在书中表达出"源远流长的中日人民情谊像漓江水与富士山一样永世长存"的美好祈愿。

1984年，日本组织"日本民间文化代表团"来到中国贵州，君岛久子任代表团团长，赤羽末吉是成员之一。赤羽末吉此次前来的目的是对《灯花》日语绘本的创作进行田野调查，他亲自到访贵州省凯里市的苗族聚居地①，对苗族的生存环境、生活习惯、服装发饰等独特民族符号进行了调查与记录。在绘者赤羽末吉与译者君岛久子的合作下，苗族民间故事《灯花》于1985年1月30日由日本福音馆书店出版，日语绘本直译为《あかりの花》。时至今日，《灯花》日语绘本出版近40年，在日本受到了较为广泛的关注与评价。

《灯花》日语绘本选用25×26cm的版面尺寸，全书共32页。封面中详细提及故事取材于中国苗族民间故事、肖甘牛整理、君岛久子翻译、赤羽末吉绘画等信息，其中值得注意的是日语绘本将《灯花》故事的采集者肖甘牛进行标注，可以看出日语绘本创作者对于故事源头的尊重与重视。在绘本内容方面，赤羽末吉通过丰富的图片内容向日本读者展现了梯田、喀斯特地貌以及众山围绕的地理环境、苗族传统技艺刺绣、苗族神兽锦鸡等苗族独特的文化符号，在传达了这一民间故事内容与主旨的同时，也向读者真实地传递了苗族人民的文化特色。同时，绘本中的日语文本都进行了标音注解，便于儿童进行阅读与欣赏。

（三）《灯花》日语绘本的影响

《灯花》日语绘本凭借自身教育意义与研究价值，被日本各大图书馆

---

① 久保木健夫：《"絵本における'絵の表現'と'言葉の表現'：赤羽末吉における昔話絵本のリアリティ"》，《美術教育学：美術科教育学会誌》2004年第25期。

作为馆藏图书，并被各大网站推荐。同时，《灯花》故事中所传达的"勤劳""知错能改"等价值观也得到了日本教育界的关注，将其收录在日本小学三年级国语教科书中。具体而言：

第一，《灯花》日语绘本被收录于日本各大图书馆。《灯花》绘本在千叶县中央图书馆2010年举办"纪念赤羽末吉诞辰100周年纪念会展"中，作为赤羽末吉的代表作品之一收录于儿童资料室中。日本箕面市立船场图书馆于2022年7月1日至18日，开展了以"阅读海外绘本！"为主题的展示会，展品分别来自包括中国、朝鲜、印度以及非洲地区的多个国家的优秀故事，其中《灯花》绘本作为中国优秀民间故事展品展出。2022年9月11日，东京都立图书馆也将《灯花》《花之书》等十本绘本载入"儿童优秀绘本"馆藏。《灯花》日语绘本馆藏在日本各大图书馆中，且收录在不同主题中，体现了《灯花》绘本蕴含的文化的多元性与丰富性。

第二，《灯花》日语绘本受到日本各大网站推介。2022年9月4日，日本雅虎搜索报告中一则名为"精选15本中国题材绘本及其适龄人群推荐"一文中。《灯花》日语绘本收录在"适合3至4岁儿童阅读"的绘本中，并对其进行了详细的内容介绍。2022年9月11日，名为"花绪会客室"的日本阅读网站也将《灯花》日语绘本列入"七本连接文化与内心的世界绘本"中进行推荐。日本八街市立图书馆官网将《灯花》列入"面向儿童推荐的绘本读物"中，希望家长可以让孩子阅读该绘本。各大网站对于该绘本的推荐也说明了日本大众对于该绘本的认可。

第三，《灯花》日语绘本进入日本小学国语课本与绘本欣赏课。日本教育界将《灯花》日语绘本列入日本小学三年级国语教科书，书中详细记载了绘本名称、取材自苗族民间故事等信息。同时，根据日本雅虎的一则新闻报道称，2020年10月15日，日本某小学以《灯花》绘本作为绘本欣赏公开课内容，孩子们读得非常认真，并认为该绘本十分有趣。《灯花》日语绘本进入日本国语教科书与课堂教学中也充分说明了日本教育界对于该绘本中承载的正向教育意义的肯定，希望通过《灯花》培养儿童树立良好的价值观念。

二、苗族民间故事《灯花》日语绘本的回译

（一）《灯花》日语绘本回译与评价

《灯花》日语绘本在日本产生了广泛影响，2020年唐亚明将《灯花》日语绘本翻译回国，由上海人民出版社出版。唐亚明作为资深绘本编辑、作家、翻译家，1983年应"日本绘本之父"松居直邀请，进入日本著名的少儿出版社福音馆书店，成为日本出版界第一位外籍正式编辑，此后一直活跃在童书编辑的第一线，编辑了大量优秀的绘本，并获得各种奖项。与《灯花》日语绘本一起翻译回国的还有同为君岛久子翻译、赤羽末吉绘制的绘本《猎人海力布》《龙牙颗颗钉满天》《九兄弟斗土司》，它们统称为《中国绘本故事四册》，翻译回国后获得了中国读者的好评。

在学者层面，众多学者对于绘本给予了极高的艺术评价。著名艺术家蔡皋表示："赤羽末吉先生让我敬重。因为他把每一次创作都当成新的修炼，在其中倾注了他对生命的关怀和生命的热情。他的作品总带有温暖事物的力量，充满美感。"宋庆龄儿童发展中心赵小华也表示："赤羽末吉先生的中国民间故事绘本，没有生硬的说教，只有动人的细节。代代相传、生动瑰丽的中华故事既是中华精神与智慧的载体，也是中国孩子美好的人格教育。"

普通读者对于苗族民间故事《灯花》的回译版本，也同样给予了较高的评价。众多读者表示这是"苗族版田螺姑娘"，这一评价也体现了民族民间故事的跨民族传播与融合，反映出中华各民族民间故事共享中华文化符号。同时有读者认为该绘本"绘画风格独具特色，在绘本当中有值得传授给孩子'勤劳'的正向价值观"。有的读者将《灯花》日语绘本和赤羽末吉的其他作品进行了比较，认为"画风比《九兄弟斗土司》易接受，灯花姑娘从灯花中现出、驾金鸡而去等画面绚烂多彩；都林痛改前非之后，日耕夜织，黑发染霜，可见赤羽末吉对其前后精神困顿与变化的关注，延

展了文字的空间"。也有读者将《灯花》的回译版和肖甘牛整理的原版《灯花》进行了比较,认为"对比原来的传说故事,这本讲述得更加简洁明快一些"。由此可见,大部分中国读者都给予了回译版本很高的评价,整理得出《灯花》回译版本相较于原版的传播度和认可度更高。

(二) 中日 《灯花》 绘本文本比较

将《灯花》日语绘本与《灯花》回译版进行文本比较后可以发现,两者虽然在图片和版面设计是相同的,但两版文本存在着差异与改写,共计14处。其中回译版本较日语版进行了故事内容的补充、民族符号阐释的删减,以及叙事视角上的转换。成功的少儿读物翻译即是通过有效的语言组织和媒介手段,对知识的"再语境化"①。整体比较之下可以得出,《灯花》日语绘本的文本更为简洁顺畅,且文本与图片之间能达到相互补充叙事的作用,而绘本的创作目的也趋向于艺术层面的欣赏。回译版的中文文本增加了很多解释与补充的内容,其目的更趋向于苗族文化事象的复原。

第一、回译版为保证故事的完整性与苗族文化的原真性,对其进行了内容补充。

具体如,(1)优秀的少儿科普图画书,是科普知识与图画书的结合体。他以图文并茂的多模态形式向少儿读者普及科学知识,兼顾了少年儿童独特的认知特点,有利于促进其对知识的理解与感受②。回译版本将《灯花》日语绘本中图片所阐释的内容利用文本再次表达出来,日语绘本中用图片表达了"都林"的惊讶后并没有使用文本进行解释,但中文回译版处理成"都林呆呆地望着:'咦? 石头上长百合花,真奇了!'"在此类差异中可以看出,回译版更希望通过文本层面的补充让读者更好地领会文字中所传达的民间故事的"神奇性"与"想象性"。(2)在日语绘本"こ

---

① 李瑞林:《知识翻译学的知识论阐释》,《当代外语研究》2022 年第 1 期。

② 田璐、刘泽权:《少儿科普图画书翻译的知识认同与多模态叙事:以〈神奇校车〉为例》,《当代外语研究》2022 年第 6 期。

の日から、トーリンは山へいくのがたのしみになりました。（从此之后，都林每天上山干活都很快乐。）"这一灯花现身的情节中，中文回译版处理成"从这天起，都林天天上山挖地，百合花天天在石窝上唱歌，都林挖得越起劲，百合唱得越好听"。这样进行补充可以在更接近原文本的同时，为后续情节发展做铺垫，保持阅读的完整性。（3）回译版本运用了很多"咿咿呀呀"来形容灯花的歌声，以此表达贵州方言以及少数民族文化的用语特点。回译版中这种增减虽并不会影响到故事剧情发展的整体框架与走向，但增添这些细节描写与文本解释之后，在促进中国读者理解的同时，也让中国读者更好地了解原版故事的原貌。译者在复原民族文化事象方面的"现身"也体现了中文译者自身的思考与责任感①。

第二、回译版对日译本中的苗族文化做了删减与改写。

翻译所面临的首要挑战便是在中国文学外译中如何选择恰当的翻译方法②。（1）日语绘本的绘者也根据自身对于《灯花》故事文本的理解，进行了主观性的创作。如，在绘画过程中为了展现都林在失去女主人公后的思念与后悔，绘者赤羽末吉在绘画中展现了"都林白头"这一细节。在图文间的符际翻译中，这些添加的背景增补了文字中没有的内容，与语际翻译中的增译手法有异曲同工之妙，使读者通过绘本中的多模态呈现，对绘本中的主人公有更进一步的了解③。这是绘者自身发挥主动性对绘本进行的诠释，但这一细节在回译绘本中并未体现。（2）"刺绣"作为《灯花》故事中一个具有代表性的苗族符号象征，在日语绘本中运用了"ししゅう"这一片假名表记的方式，而回译版直接改写成为"花手帕"。知识翻译学视角下的翻译观，将翻译视为"地方性知识的世界性认同问题"④。日

---

① 花萌、李春芳：《从译者视域看戴乃迭独译的译者现身风格——以英译本〈爱是不能忘记的〉为例》，《江西师范大学学报（哲学社会科学版）》2014年第4期。

② 刘云虹：《翻译家的选择与坚守——杜特莱译介中国当代文学之路》，《中国翻译》2019年第4期。

③ 陈曦：《多模态视角下的儿童绘本翻译研究——以木兰绘本为例》，《功能路径翻译研究》2022年第1期。

④ 杨枫：《知识的地方性与翻译的世界性》，《当代外语研究》2022第3期。

本绘本这样设置的目的是让日本读者更好地了解刺绣这一苗族文化符号，同时利用片假名的表记方式也更好地促进日本读者理解这一意象。这一文化符号对于中国读者来讲较为熟悉，因此使用"花手帕"的表述方式更为符合该故事文本的语言风格。译者的翻译策略直接影响译文的质量与传播效度①。由此可见，少数民族绘本中包含着丰富的中华文化深厚底蕴以及各少数民族独特文化意象，这使得译者需要通过自身的翻译策略以及对于文本的改写与解释，从而才可以实现国外读者在读懂绘本叙事的同时，感受其中蕴含的独特文化意象。

第三、《灯花》日语绘本与回译版本间存在叙事视角的差异。

《灯花》日语绘本中，运用了大量"みちがえるような"（像看错了一样）"ふしぎなこしに"（令人不可思议的是）等情感类词汇，这些词汇在增进故事起承转合凸显情节悬念的同时，将讲述者从故事中抽离出来。以第三人称的客观视角向观众讲述故事，可以有效把控读者自身的阅读节奏，将更多的关注力分配在图文共赏和对图片的阅读上来，从而达到向日本读者传递苗族文化符号的目的。反观回译版文本，则运用了主人公都林的大量对话与内心独白，以第一视角的讲述方式将读者带入到这一人物中以及故事情节中来。这样设置可以让中国读者在阅读过程中更细致真实地感受主人公在故事起承转合中的心理变化，真正融入到故事当中。两版译者在叙事视角上的转换与差异，也体现了译者自身在翻译过程中表述习惯上的差异，以及不同翻译目的指导下不同的翻译策略②。无论是《灯花》日语绘本中第三人称视角对于读者阅读感受的抽离，还是唐亚明回译版本中第一人称视角对于读者阅读感受的引导，不同的翻译策略都是希望读者在阅读过后可以获得文本承载背后的文化及情绪感受。

---

① 陈婷婷、谭贞容：《译者的选创造——雷爱玲的中国古典文学西译之路》，《中国翻译》2022 年第 1 期。

② 耿明瑶：《翻译目的论视域下文化负载词英译研究——以〈许三观卖血记〉安德鲁译本为例》，《英语教师》2022 年第 13 期。

三、肖甘牛版《灯花》与唐亚明回译版《灯花》文本比较

聂家伟将回译称为"文本语言的复归"，狭义回译是"A文本——B文本——A文本"的过程，广义回译是"A文化——B文化——A文化"的过程①。将收录于《肖甘牛民间故事选集》中的肖甘牛版《灯花》文本与回译回国的《灯花》绘本进行比较，可以观察出这一故事在经过译介之后，回译版本对于故事中所包含的民族意象的弱化与复原，从而为今后中国民间文学回译研究提供思路。经比较可以发现，《灯花》回译版极大程度上实现了对于原文本的还原，但依然存在因译介过程而导致最终呈现效果上的弱化，主要体现在人物形象、民族符号以及情节冲突性等方面。

第一、回译版中人物对话的删改弱化了人物形象、人物内心情感。

就绘本翻译的符号构成而言，语言符号、副语言符号和非语言符号之间相互配合，共同构成符号整体完成意义建构与表达②。在故事叙事当中，人物的语言可以在极大程度上反映该人物的心理，从而使人物塑造更为丰满立体。（1）肖甘牛版《灯花》将"姑娘现身"这一情节的处理方式为"突然，灯芯开了一朵大红花，红花里面有个穿白衣服的美丽姑娘在唱歌'百合花开的呀芬芳香，灯花开得呀红堂堂，后生家深夜赶工呀，灯花里来了个白姑娘。'"在这里，姑娘的歌声充满韵律，带有歌谣的中国文化事象以及民族色彩，译者对于对韵律的务实性取舍以及对口语化特色的求真性保留③，很好地保证了绘本故事原有特色的再现，并且通过歌谣的形式侧面展现了西南少数民族少女的身份。同时通过姑娘的话语可以看出，正因为都林的勤劳本质，才使得都林得到了姑娘的倾心，在丰富姑娘这一人

---

① 聂家伟：《回译的类型与意义探究》，《西南石油大学学报（社会科学版）》2019年第5期。

② 王洪林：《视觉翻译的跨模态符际表意行为——以绘本翻译为例》，《翻译界》2023年第1期。

③ 杨国强、吕世生：《华兹生典籍翻译中的译者行为研究》，《翻译界》2023年第1期。

物形象的同时，也为后文姑娘离开做了情节上的铺垫。而在唐亚明回译版本中，仅将这一情节处理为"灯芯开了一朵大红花，红花里坐着个美丽姑娘在唱歌"。虽然回译版以绘本的形式可以让读者更为直观地观察到姑娘的外在形象，但人物语言的缺失使得姑娘的地域身份以及内在心理活动并没有很好地展现出来。（2）在"都林好吃懒做后，姑娘进行劝告"这一情节中，肖甘牛版充分刻画了都林与姑娘间的交流与对话。"姑娘劝说'我们的生活不够好呀！我们还要下干劲啊！'都林翻着一双白眼，鼻子哼一声，衔着烟杆，拿着鸟笼到别个寨子玩去了。"而回译版中仅设置为"姑娘只好一个人上山种地，一个人在灯下绣花"。肖甘牛版设置的这一姑娘与都林冲突，在增加故事情节张力的同时也可以反映出两人富裕后的心理差异性，姑娘的劝说无果也展现了姑娘的心理变化，她并非是直接离开都林，而是在一次次劝说无果后的失望，这里的劝说也给予了读者情绪上的过度与缓冲，而都林做出的反应也更加深化了都林因富裕而好吃懒做、不听劝告的人物形象，人物对话间的冲突使得两人的形象都更加立体，在升华人物心理形象的同时也使得读者的阅读情绪更为完整。相较于肖甘牛版，回译版并没有语言支撑，通过姑娘的行动刻画了一个默默承受，更为隐忍的姑娘，这种人物形象上的差别也与中日社会文化及两国读者的认知有着密切的联系。回译过程中对于原有对话的选择性删减，一定程度上弱化或改写了原文本中的人物形象。

第二、回译版《灯花》对西南少数民族的文化符号进行了弱化与改写。

《灯花》作为苗族民间故事，在故事内容中承载了独特的地域文化符号与民俗事象，回译版本注意到了民族事象的还原。（1）肖甘牛版中的"每逢圩日"这一信息，所谓"圩日"即集市开市的日子，也叫"圩期"，根据西南地区周围约成规定，一般是三日一圩，是西南地区独特的文化。而回译版本中并没有还原"圩日"这一说法，而是根据日语绘本将其改写为"每逢赶集的日子"，这样处理确实可以让更多中国读者理解这一信息，但是也弱化了西南地区独特的文化符号。还有对于工具的描述，肖甘牛版将石臼称为"舂米的石臼","舂米"意为"捣米去糠，使之成为洁净的白米"，这一文化意象是我国西南少数民族独特的文化符号，但回译版本改写为"捣米"，虽然没有改变这一意象的原有意思，但相较于原版缺失了地域文化符号。（2）在肖甘牛版中带走姑娘的神兽是"五彩孔雀"，回译版本根据日语绘本的改写将其设置为"金鸡"。金鸡是苗族人民的文化图腾，回译版的改写，增强了苗族独特的符号与文化特征。

第三、回译版对故事情节的删除与改动使得情节冲突性和故事张力发生改变。

都林"改过自新"后，原版将其设置为"有一天，都林在窗下拾得一根孔雀羽毛，顺手丢在窗下舂米的石臼里，都林望着石臼，想起百合花，想起美丽的姑娘，眼泪又扑嗒扑嗒落在石臼里"。回译版将其改写为"窗下的石臼照应着月光，都林望着石臼，想起百合花，想起美丽的姑娘，眼泪又扑嗒扑嗒落在石臼里"。肖甘牛版的设置增强了情节的连贯性，都林在改过自新后重新看到孔雀羽毛，为后续情节发展设置悬念的同时，也带来了情节上的冲突。经比较可以发现，《灯花》回译版在回译过程中还原与回溯了许多肖甘牛版《灯花》文本的内容，从而极大程度上保证了故事的还原程度，也使中国读者可以感受到故事原貌以及其故事背后承载的文化事象。但由于回译版是根据《灯花》日语绘本翻译而来，正如王宏印提出的文学作品中的回译不可能完全回到原文，也不可能完全体现译文，只能是在中间的一个什么位置上，既像原文，也像译文，也就是说，回译本也是一种复杂的文体①。译者自身不同的翻译目的使得《灯花》回译版在一定程度上复原了日译本的中华民族文化，但同时与原文本比较而言使得苗族文化事象产生了缺失，而且面对的阅读群体和文中所要传递的文化信息也随之发生了改变。

---

① 王宏印：《〈红楼梦〉诗词曲赋英译比较研究》，大连：大连海事大学出版社，2015年。

结 论

　　苗族民间故事《灯花》因其自身承载的民族文化事象以及故事本身的教育意义被译介到日本，绘本中呈现的苗族民族文化符号也让众多日本读者感受与关注到了中国西南地区独特且优秀的苗族文化。《灯花》日语绘本的回译过程，可以看出经国外学者"再包装"后的《灯花》，也反映了他者视域中的中国少数民族形象。文化回译虽仍以语言为本体，但并非只是文化专有项的回译，它涉及来自目标语的文化信息如何通过对源语语言形式的回译、在目标语语境中还原其意义和形象①。对于从文本到文本间的比对，侧面反映的更是文化与文化间的交融与碰撞。对于苗族民间故事《灯花》译介与回译的研究，不仅具有重要的文化价值，亦有独特的翻译学意义。对此展开系统的比对与分析，为今后中国各民族优秀民间故事的译介与回译中，如何树立中国形象，传播中国声音提供了新的思路与可资借鉴的路径。

---

① 李娟娟、任文：《知识翻译学视角下的文化回译与知识反哺——以高居翰中国绘画史著述中 amateur painters 的回译为例》，《当代外语研究》2022 年第 6 期。

翻译名家访谈

中国当代文学在美国译介的个人经历、观念及外在环境
——美国汉学家白睿文教授访谈录

［美］白睿文　李　昕①

摘要：白睿文教授是中国当代文学的重要英译者。本文依据对白睿文教授的采访录音整理而成。访谈主要围绕白睿文的个人翻译经历、翻译观念以及美国的中国文学翻译环境展开。访谈中，白教授谈及个人生命中翻译角色的变化、译本遴选的标准、对翻译标准及归化和异化等翻译策略的看法、美国的中国文学翻译参与者及译介环境、美国的中国文化的学习环境等。希望本采访稿能够为白睿文的中国文学英译研究提供参考。

关键词：白睿文；中国文学外译；翻译观念；翻译外在环境

---

① 作者简介：白睿文（Michael Berry），加州大学洛杉矶分校（UCLA）亚洲语言文化系教授，中国研究中心主任。曾多次担任红楼梦奖（世界华文长篇小说奖）、香港电影金像奖、台湾电影金马奖评委。主要研究领域为华语文学、电影学、流行文化及文学翻译。自世纪之交以来，白睿文教授一直是当代华语文学的主要英译者之一，译有余华的《活着》（2004）、张大春的《我妹妹》与《野孩子》（2000）、叶兆言的《一九三七年的爱情》（2003）、王安忆的《长恨歌》（2007，合译，第一译者）、舞鹤的《余生》（2017）等。其译作多次获得美国现代语言协会（MLA）、美国国家教育协会（NEA）、美国亚洲学会等机构的重要翻译奖项及提名。李昕，文学博士，长春师范大学外国语学院副教授，硕士生导师，研究方向：文学翻译、英语诗歌及诗歌比较研究。

Title: Personal Experience, Views and External Environment of Translating Contemporary Chinese Literature into the United States——Interview with American Sinologist Michael Berry

Abstract: This article is based on a recorded interview with Professor Michael Berry, an important translator of Chinese contemporary fiction. The interview focuses on Professor Berry's translating experience, his views on translation and the cultural milieu into which Chinese contemporary literature is translated. In the interview, Professor Berry talked about the role of translation in different stages of his life, how he selected the source text and his views on translation standards and translation strategies like domestication and foreignization. He also introduced the circle of translators who were active in translating Chinese literature into English in the United States. The translating and publishing environment, as well as the learning environment of Chinese culture in the United States were also touched upon in the interview.

Key words: Michael Berry; Translating Chinese Literature; translation view; External Environment

李昕（以下简称"李"）：白睿文教授您好！非常感谢您在百忙中抽出时间接受我的采访。我想先从您个人的翻译经历谈起。您从 1996 年开始从事翻译工作，到现在已经超过 23 年，与此同时您也从事其他方面的工作。现在回看，您会怎么评价翻译在您工作中的比重，以及在您职业生涯中的意义？

白睿文教授（以下简称"白"）：随着时间的推动，我对于翻译的看法会有所改变。刚刚出道的时候，大概就是 1996 年、1997 年那个阶段，我特别地迷上了翻译，没有太大的兴趣写自己的专著或者做自己的研究，毕业之后就全职在做翻译，而且翻译完成后也会有非常大的成就感，会觉得非常融入在作品之中。我们经常强调文本细读，我觉得没有哪一种文本细读方法会超过翻译本身。因为它不只需要阅读，而且要把文字的内容内在化，消化掉，再重新表现出来。那个时候整个过程我都会觉得非常过瘾：找到一个好的作品，用非常恰当的文字在英文中呈现出来，就会有蛮大的成就感。所以年轻的时候就是特别、特别喜欢。但是在读研究生的过程中，可能会把更多时间放在自己的研究、写作上，时间分配大概是一半一半。这几年我觉得我反而会把更多的时间放在自己的研究、著作上面，翻译就变成了一种爱好。但总的来讲，我会觉得这么多中国当代文学作品没有英文译本是件憾事。如果我要做研究，比如要讨论叶兆言《一九三七年的爱情》，英文读者都没有看过，那讨论它也没有什么用。所以就会有一种非常迫切的感觉，觉得这些原著非常需要翻译，非常需要一个更大的读者群，那时就会觉得有一种义务，于是就跟我的研究平行来做。而且我觉得我们身为研究者，应该有一点责任吧，不能空谈，还是需要有更多的中文文学作品翻译成英文，才会有一个比较全面的对谈空间。

李：就您从事翻译的整个过程而言，比如从最初翻译《活着》，到后来的《野孩子》《一九三七年的爱情》和《长恨歌》，以及近几年的《余生》《侠隐》等等，您是有一个特别的或者长期的规划吗，比如在某个时段着重译介哪一类作家或者作品，以及希望下一步推介哪类作家或者作品？

白：没有一个很明确的规划，我会一个一个地来。有时候我可能野心太大了，一下子答应好几个作家要合作，但参加工作之后和读研究生时候不同，会有各种任务，比如行政的任务，教书的任务，还要辅导学生等等，分配时间就会有一些问题，比如王安忆那本书就用了很长时间才完成。总体来讲我之前翻译的几部长篇小说，都是自己在阅读过程中遇到了，然后特别喜欢，觉得一定要翻译。但是你说到规划，我现在回头看，会觉得每一部作品跟前面的作品相比，好像在无意中还是一直在寻找更大的挑战。比如说《活着》的文字比较清晰，用了比较传统的叙事方式；张大春的作品就比较后现代，要更大胆一点；而《一九三七年的爱情》又是另外一种尝试，是历史小说，有很多历史人物，叙事方式也蛮传统的，但是又带有一些比较实验性的东西；然后又到了《长恨歌》，那应该算是一个非常大的跳跃，因为那本书的挑战蛮大的。没想到《长恨歌》之后又翻译了《余生》，《余生》可能是我到现在为止遇到的实验性最大、最大胆的一部长篇小说。但是现在回头看，我个人会觉得那种实验性的作品我尝试的已经够了，已经到了《余生》那样一个巅峰，我很想倒回去，也就是说，我有时候会有一种冲动，去翻译一些非常清晰的、非常干净的文字，像沈从文啊等等那类。

李：在您选择要翻译的文本的时候，哪些因素会是您考量的主要标准呢？

白：翻译一部作品可不容易，要花很长一段时间。所以最主要的我会考虑它是不是值得我投入这么大的精力、这么多的时间去做。我一直寻找的就是所谓的当代经典，不能是今日非常红，过一两年就不再有人问津的作品。还是要寻找那种能够经得起时间检验的好作品，比如《活着》和《长恨歌》都是很多文学评论家公认的当代经典。

李：所以我可不可以这样理解，就是您在翻译中也希望通过翻译建立一个中国当代文学的经典谱系，或者至少是大家可以去参照的作品体系？

白：我可能没有那么大胆，我不敢说我的译作就是当代中国经典文库之类的。但是从我个人的视角，我会尽量寻找能够达到经典这种分量的作品来翻译。我也是当了将近十年的"红楼梦奖"评委，我评书也是同一个标准，就是想寻找一个当代经典。所以每一次颁奖，我觉得我们都一直在寻找那种不能说是跟《红楼梦》平起平坐，但至少是再过十年、五十年人们还会一直在阅读的作品。

李：我知道您读书是非常丰富的，甚至还曾有过每天读一本书的计划。而作为研究者和文学奖评委，您对中国文学也是非常了解的。我个人比较好奇的是，在您阅读和研究中国文学作品的同时，您怎样阅读或者参照当代的美国文学或者说英语文学，以实现两者之间的相互关照呢？

白：像前面提到的，这几年其实特别忙碌了。所以我阅读的著作好多是和我的工作有直接的关系，比如教书用到，或者某些研究项目需要，做文学奖的评委就更要大量阅读入围作品。除了这些以外，其实没有很多时间读其他书。当年读研究生、读本科，每天可以读一本书，看到什么好书都可以拿来读。那些就算是我的一种营养，又变成了一种财产，或者说是储存的脂肪，对现在依然有用。说到关照，如果阅读中国文学作品，那我可能更多是把它放在中国文学的框架里，跟其他的中国文学作品来相比。当然我过去也阅读过蛮多的英美、欧洲、包括俄罗斯的文学作品，当然也会受到影响，但是每个人都一样，中国国内的作家、评论家也看了大量的西方文学作品，也都会受到影响，但这种影响很难分析，很难有一个具体的考量尺度。我们每个人的阅历不一样，经历又不一样，我们都会带着这种经历以及由此形成的独特视角来面对人生中所遇到的一切，包括文学作品，包括电影，等等。这些经验也都会在无意中影响到我们的美学，影响我们评估文学时的看法。我觉得这是免不了的，但又不好量化。

李：您的工作涉及好几个方面，比如说文化、电影、文学、翻译等等。您怎么看这几种研究之间的关系呢？它们之间又有怎样的互动或者相互作用？

白：我做的研究项目或者课题带动了我的整个研究方向，将这几个方面融合在一起。比如我的第一本书《痛史：现代中国文学与电影的历史创伤》。这个课题需要寻找很多线索和资料。涉及南京大屠杀，我就会去寻找有关南京大屠杀的文学作品、电影、纪录片等等，各个领域。这些领域融为一体，就变成以不同视角来思考那段历史。研究电影的话，某些电影可能改编自某一本小说，或者某位导演受到了某位小说家的影响，那我也会找很多相关资料来阅读。所以会有很多这样的互动，但不是很明确，每个课题也都会不一样。我教书也是一样。比如我现在开设一门叫"中国通俗文化"的课，也是把漫画、电影、文学等不同媒介融在一起。把它们放在一起，它们也会讲出一个故事，如果只有一个媒介，故事就会比较单面。而且把这些不同媒介都拿来，对照阅读，就会有一个更丰富、更全面的视角了解那一段历史，或者那一段文化现象。

李：您的电影和文学的研究工作虽然是两个比较不同的领域，但在美学上不乏共通之处，您评价的时候所遵循的基本的美学理念可能也是一致的。那么不论文学还是电影，您是不是都期望发现某种相似的东西？

白：当然我对美学的一些基本想法是一致的，所以我想无论是文学还是电影可能都会寻找一种比较有探索性的、有深度、有反思、有可挖掘的东西的作品。

李：如果说文学翻译可以粗略地概括成文字、文学和文化三个方面，"文字"主要是指通顺、达意，"文学"是指文学性的呈现，而"文化"则涉及文化背景的传达，那您可能更为注重一些的是哪个方面？您又是如何评价一个译本的质量呢？

白：我觉得这三个领域都很重要，而且要看是什么样的翻译文本。但总的来说，通顺是最基本的。比如说中翻英，在阅读的时候，英文译稿最好不要让人感觉是被翻译的，而是以为它就是用英语写出来的东西。我觉得达到这样一个水准是非常关键的，但也是最基本的，就是不要带有那种被翻译的痕迹。另外在对照原文的时候，它不只是要抓住原文文字上、风格上的要点。每本书都会有一个精神所在，要把这个东西消化掉，然后重新表达出来，我觉得这个非常非常重要。

李：如果说可以把归化和异化当成两种策略的话，大多数翻译家都会既用到归化也用到异化。您觉得在您的翻译当中，有没有某些时候特别侧重某一种策略，比如王安忆《长恨歌》中对上海的描述，可能您会为了更好地保留原作风格而更侧重异化的策略？

白：如果有的话也不是有意的，可能无意中会比较倾向一边或另一边，但是不会很理智地去想这部作品需要怎样一个策略。我就是一边翻译，一边摸索和思考，有时也会把它念出来，靠耳朵来听哪种译法比较通顺、流畅，哪种比较接近原著的味道、意境。但不会非常理智地规划。好多是顺其自然，就是靠平时的感觉，跟着感觉走吧，经常是这样。当然过去也学了一些翻译理论，有时候我在课上也会介绍一些翻译理论，但是在实践中很少会思考这些，我更多的是依靠我的经验，因为毕竟已经翻译了二十多年了，基本上什么问题都已经遇到过了，所以会很快地知道如何解决遇到的一些翻译上的问题。

李：您刚才也提到翻译理论，您在课上也会讲到一些翻译理论，那您感觉哪一种理论对您的影响会比较大一些？

白：其实影响更大的不是翻译理论，而是阅读一些译者的翻译体会，讨论他们的翻译经验，类似于"创作谈"那种。这类文章从实践的角度讲会更有用。很多翻译理论在实践上的影响并不是直接的。我在翻译中一般不太会想这些问题。

李：记得您曾经提到，您在翻译《活着》的时候手边并没有其他翻译理论书籍，只有本雅明的《译者的任务》。在您看来，如果"译者的任务"是一个问题的话，这个任务是什么呢？

白：就是做好你的工作，其实很简单。比如我翻译张大春的小说《我妹妹》，里面就引用了一些《圣经》的典故。为了确定出处，我跑了好多地方，甚至跑到纽约圣公会教堂去请教那里的牧师。我觉得一个好的翻译需要做到这样的极端，去寻找到正确的处理方式。就算是很短的一段、两段话，我觉得还是要做好你的工作。也就是说如果原著作家能够阅读你翻译的那个语言，那你一定要对得起人家啦。经常我翻译的作家没有办法直接阅读我的译作，但假如他的英文很好能够阅读的话，如果他也认为我的译文就是他所要表达的内容，那我觉得我就完成了我的任务。所以我一直在思考，如果那位作家能够用英文直接写作，他会用什么样的方式来表达同样的意思。

李：您最近完成的《余生》受到了广泛的关注。您觉得在这本书的翻译中最构成挑战的部分来自哪里，您又是怎么处理的呢？

白：《余生》的挑战有很多种。一个是它的标点符号跟一般的小说完全不一样，所以有一段时间一直在思考是不是按照那种方式来运用标点符号，因为我担心会不会给读者带来太大的挑战。这本书各方面都走到了最极端。书里的内容已经非常边缘化了，整个结构也非常极端：不分段，都是意识流；而且每一句话也非常极端，整个语法都是歪歪曲曲的，很不典型的汉语语法。所以有时候会有一种冲动，考虑是不是要把它简化，改成英语读者更容易消化、接受的语法。这个琢磨了一段时间，还跟一位做翻译的朋友讨论过，他也建议不要走捷径。所以我全盘接受了原著的那些非常具有挑战性的做法，包括内容、结构、语法等等。但是做到这样一个程度也是需要一些牺牲的，因为很多读者可能不会接受这样的写作方法。它有一些段落其实很难判断是人物的内心思考，还是作者本身采取的实验性风格，做出这种判断本身也会有一些挑战。总之，这本书几乎每页都有蛮多的挑战，会让人觉得把它翻译出来本身就是一个不可能完成的任务。

李：能不能请您描述一下在美国从事中国当代文学译介的学者或者译者的圈子。比如它的规模如何，有什么样的组织，或者有什么样的会议可以彼此交流？

白：有一些大的组织或者会议，但是没有专门针对当代中国文学翻译的。比如有亚洲协会（Asia Society），包含了所有北美做亚洲研究的学者，比如历史、社会学等等。这个组织里有不少做翻译的，有时它的年会上也会有一些座谈会，其中几个做中国文学翻译的可能会碰个面，分享他们经验。另外还有 ALTA，就是美国翻译工作者协会（American Literary Translators Association）。这个组织也蛮大的，但不只是针对中国，它包括每一种语言的翻译。他们的年会里也许也会有一两个座谈是针对中国文学的。我刚出道的时候也组织过一些座谈会，有一次请了 David Roy（芮效卫），Anthony Yu（余国藩），还有 Howard Goldblatt（葛浩文），John Balcom（陶忘机），加上我。我个人会觉得那次是比较难得的经验，因为有两位从事明清小说翻译，又有三位做当代文学翻译的，一起回顾他们的翻译经验。现在 David Roy 和 Anthony Yu 都已经不在世了。所以我一直到现在都非常惋惜，当时竟没有把它录下来，做一个整理，因为它确实是一个比较有历史性的翻译高峰会议，但也只能过去就过去了。

所以偶尔会有这种类型的座谈会，但是没有相对固定的。可能不同组织偶尔会召开一个小的研讨会，但是不多。一般我们都是独行的，独来独往。

李：那您感觉在美国从事中国现当代文学译介的学者或者翻译家在数量上达到了怎样的规模？

白：我刚入行的时候，也就是20年多年前，数量特别特别少，只有那么几个人，而且基本上都是大学教授。有金介甫（Jeffrey C. Kinkley）、葛浩文、杜迈可（Michael S. Duke），安德鲁·琼斯（Andrew Jones）等等。也就几个或者十几个人在做。现在都20多年以后了，我觉得比当年要多很多，现在有很多所谓独立的翻译工作者或者组织，比如"纸托邦"（Paper Republic），它旗下很多人都是全职做翻译的。这是一个比较新的现象，本来要全靠翻译过日子几乎是不可能的。现在中国政府也在推动中国文学走出去，所以建立了一些资助翻译的项目，好多年轻的译者都可以申请这部分资金去做中国文学翻译。此外他们还可以做一些商业翻译项目。这类译者原来并不存在，现在则越来越多。还有比如刘宇昆，他这几年非常多产，是位非常成功的译者，把中国当代一些最重要的科幻小说介绍到了海外。他的译作在整个英语世界卖得非常好。所以我觉得现在比20多年前要热闹得多，参与的译者也多了好几倍。

李：翻译文学的受众在数量上还是比较有限的，在中国文学的译介方面更是如此。不知道您怎么看在美国从事文学翻译的付出和回报的收益比？

白：如果全靠这个东西来谋生就还挺惨的（笑）。但是我还好，因为我有教授的职位。所以其实我主要的回报不是直接拿版税或者翻译费，更重要的是在学校里申请升职之类，因为这个也算整个研究成果的一部分，所以会算进薪水。但是更大的是精神方面的回报。我觉得你要爱上这份工作才能做好，如果是为了某一个目的，比如说升职、名誉、利益或者金钱，就千万不要做翻译。有一次我看了葛浩文的一则访问，他说看了一本书有一种非翻不可的冲动。其实我觉得就是这样子。遇到一本书，觉得特别棒，特别喜欢，而且在阅读的过程中可能已经在想象翻成英文会是怎么样的一个感觉，那我就会觉得我需要做这件事情。

李：您的好多译作都是通过大学出版社出版的。大学出版社和商业出版社在图书推介、宣传方面可能也有很大的差别。对于这种差别您是怎么看的呢？您是怎么权衡并做出选择的？

白：当然，花这么多时间翻译一本书，会需要出版公司给予支持，比如一直做好宣传，使这本书的存在为人所知。相比于知名的商业出版公司，大学出版公司在这些方面的资源没有那么多。但二者各有利弊。比如跟一个大型商业出版公司合作，一开始它可能会付出一些精力来支持这本书，但如果最终没有想象中的收益，他们可能就会放弃，再过一两年这本书就绝版了，永远也找不到了。这会让人觉得特别可惜。大学出版公司可能一开始不会那么积极推介某一本书，但是就算卖得不好，它也不会放弃，十年、二十年之后如果你要看这本书，或者当作教材来定购，还是可以找得到。而且大学出版公司会让译者觉得更被尊重，比如把名字放在封面，或者请你对封面设计提出意见，等等。而商业出版公司则可能对译稿进行大胆的改动，哪怕你并不同意，因为其中编辑的权利更大。

李：以您来看，在美国，中国文学的读者群主要是由哪些人构成的？

白：这个是没法儿知道的，但是我想这之中有很大一部分是大学里的教授、研究生、本科生，可能他们主修中文；还有一些就是很喜欢亚洲、喜欢中国，所以经常阅读一些和中国相关的东西；还有一些是喜欢世界文学，所以就很注意被翻译的文学作品；还有少数可能是依靠类型，比如刘慈欣的很多读者可能本身就比较喜欢科幻小说，而不管是哪个国别的科幻小说；或者喜欢历史，就可能会读一些历史小说。

李：这几年中国国内也在大力提倡中国文学"走出去"，但从接受国的角度来说，一个国家、民族对外来的翻译文学存在着一种内在的需求。所以可以说在中国文学"走出去"的过程中存在着两种力量：一种是以中国为出发点的向外推介的力量，一种是以接受国为立场的引介的力量。您怎么评价这两种力量在中国文学"走出去"的过程中所发挥的作用？

白：我个人认为最重要的可能是比较草根式的、基于民间的推介方式。科幻小说就是一个最好的例子。大概十年前刘宇昆开始翻译《三体》等科幻小说，没想到再过一两年包括奥巴马等好多人开始推荐这本书，而且还获得了"雨果奖"。这是没有人预料得到的。很多人或许也不会想到中国文学会从这样一扇窗户走出去。所以这个就是很民间、很草根的方式。总之，还是需要用比较自然的方式推广中国文学。

李：您怎么评价美国对翻译文学在体量上的需求？在您看来，这种需求与美国在国际文化中的定位是否相关？或者与美国的多族裔文化是否有关？比如以亚洲文学为例，美国国内有很多亚裔作家，他们会有很多对自己族裔的表达。通过这些族裔文学，美国可以吸收到很多不同民族的文学资源，从而形成自我民族文学的生力，所以对其他民族的文学也失去了那份特别强烈的好奇。

白：你也知道有一句老话是说美国人是不看翻译小说的。好多人有这样的一个认同，包括很多出版公司。但我觉得这是一个 chicken&egg 的问题（先有鸡还是先有蛋的问题）。是美国人真的不看翻译小说吗，还是出版公司都认可这么一个现实？他们一旦认可了，就永远都不会支持翻译小说。我会回顾自己年轻的时候，比如大学一年级大量阅读作品的那个阶段，我永远不会注意到一本书原本是用英文写的，还是用法文或是俄罗斯文，或者别的什么语言。我就看它是不是一部好书。我估计现在的年轻人也是一样的。他们其实不太管翻译不翻译，他就是要一个好东西，他们喜欢的东西。但是不知道为什么出版公司这么排斥翻译，其实我觉得很有可能是因为他们自以为是对的，就是认为美国人都是不看翻译作品的，所以他们就不支持。如果他们换一个方式，大力推动翻译，好的翻译还是会有很大影响的。但这个也跟美国的历史，还有他整个文化的位置有关系。有些美国人可能会有这样一种意识，就是：你要了解我，你过来了解吧；你要看我的东西，那你过来看吧。所以我觉得美国整个文化有这么一个可怕的倾向，没有意识到了解外面世界的重要性。比如打开电视新闻，中国的电视台会有一种世界性的视角，既报道国内的新闻，也报道世界新闻，甚至是一些你从没听说过的国家发生的事情。但打开 CNN，看看美国最大的一些电视台，都是国内的新闻，很少会报道外面的新闻。就算有再大的灾难发生，可能也不如某位政客的发言更能引起人们的关注。由此我觉得美国人似乎生活在一个视角相对窄小的媒体空间里。

李：我注意到您课堂上 90% 的学生都是中国学生。对您而言，会不会期待更多美国本土的学生来学习中国文化，以实现对您事业的一种承接？

白：如果几年前你告诉我，我的班级 90% 的学生都是中国来的，或者有中国背景的，我可能不敢相信，但确实是这样。我最初的想法也是推介中国文化，当一个中西文化的桥梁。这几年我反而更多的是跟中国直接对话，我的好多书是直接用中文写的，在中国出版的，我班上的学生很多都有中国背景。这个不是什么对错的问题，只是有时候需要转换我的教学方式。当然也还是有些美国学生来上我的课，我也希望更多的美国人来上这些课，但这是一个自然的现象，我只能说我不会排斥任何人，我不会看他的国籍、肤色，或者所讲的语言，而是看他是不是有独特的思考。所以我尽量避免"预见"判断，而把对方当作独立的人，不管族裔背景，我就是做好我的工作，把书教好。

李：非常感谢您能接受我的采访。

《翻译学刊》投稿须知

《翻译学刊》（*Journal of Translation Studies*）是一本致力于翻译研究的专业性学术集刊，2023 年 1 月正式创刊。每年出版两辑。

本刊将学术质量视为最高标准，严格稿件的评审制度，所刊之论文范围广博，常设栏目有"翻译史研究""翻译文学研究""翻译理论前沿""翻译符号学""中国文学海外翻译与传播""口译研究""笔译研究""艺术体裁翻译研究""翻译名家访谈"等，欢迎学界方家惠赐稿件。为进一步强化学术规范，来稿敬请遵循以下要求：

一、稿件体例规范与要求

1. 论文需为中文学术专论或国外学术专论之中文译文，不接受文学创作类稿件以及与翻译研究无关的其他作品类译文。

2. 论文须为首发，未曾在其他正式刊物或网络媒体上发表，每篇字数为 8000—15000 字左右。

3. 论文需提供中英文标题、摘要与关键词，摘要 300 字以内，关键词 3—5 个为宜。论文各级标题书写样式如下：（一）、2、（3）。

4. 论文排版格式要求：题目居中，用宋体，四号加粗；文中二级标题居中，用黑体，小四号加粗；正文用宋体、五号；成段落的引文用楷体、五号，退两格排版。文中英文均使用 Times New Roman 字体，全文行间距均为1.5倍行距。

5. 论文需提供详细的作者简介，置于文稿标题之前，且应包含如下信息：姓名、性别、出生年月、籍贯、所在单位（具体到院系或研究所）、职务或职称、研究方向、联系电话、电子邮箱、邮寄地址、邮政编码等。

6. 凡属科研项目的文稿，请于文末提供项目相关信息。如：本文为国家社会科学基金重大项目"当代艺术中的重要美学问题研究"（项目编号：20&ZD049）的阶段性成果。

二、注释格式与技术规范

1. 稿件一律采用当页脚注，每页重新编号，注释序号用①②③标注，无须另列参考文献。

2. 中文注释具体格式如下：

例1（专著）：赵毅衡：《符号学：原理与推演》，南京：南京大学出版社，2016年，第168页。

例2（译著）：［法］吉尔·德勒兹：《批评与临床》，刘云虹、曹丹红译，南京：南京大学出版社，2022年，第213页。

例3（期刊论文）：谢天振：《现行翻译定义已落后于时代的发展——对重新定位和定义翻译的几点反思》，《中国翻译》2015年第3期，第14—15页。

例4（报刊论文）：曹顺庆：《变异学确立东西方比较文学合法性》，《中国社会科学报》2011年7月5日。

例5（民国报刊）：沈雁冰：《"直译"与"死译"》，《小说月报》第13卷第8期，1922年8月10日。

例6（论文集）：朱光潜：《谈翻译》，罗新璋编：《翻译论集》，北京：商务印书馆，1984年，第451页。

例7（博士论文）：段峰：《透明的眼睛：文化视野下的文学翻译主体性研究》，四川大学博士学位论文，2007年。

例8（硕士论文）：马维毅：《论英语口语体的特征》，四川大学硕士学位论文，2002年。

3. 外文注释具体格式如下：

例 1（专著）：Petrilli, Susan. *Sign Studies and Semioethics：Communication, Translation and Values*. Boston：De Gruyter Mouton, 2014, pp. 25—26.

例 2（论文集）：Frost, Robert. "Conversations on The Craft of Poetry". In Elaine Barry（Ed.）. *Robert Frost on Writing*. New Brunswick：Rutgers University Press, 1973, p. 159.

例 3（期刊论文）：Hagemann, E. R. "Should Scott Fitzgerald be Absolved for the Sins of 'Absolution'?". *Journal of Modern Literature*, vol. 12, no. 1, 1985, pp. 169—74.

例 4（报纸）：Weisman, J. Deal Reached on Fast-Track Authority for Obama on Trade Accord. *The New York Times*. 16 May, 2015, p. A1.

例 5（译著）：Bourdieu, Pierre. *The Logic of Practice*. Richard Nice（Trans.）. Stanford：Stanford University Press, 1990.

三、本刊仅接受邮箱投稿，投稿邮箱为：scufyxk@163.com。请在邮件主题中注明"《翻译学刊》投稿 + 作者单位 + 姓名 + 文章名"。

四、本刊实行编辑部初审与专家匿名外审相结合的审稿制度，审稿期限为三个月，三个月内未收到刊用通知，稿件可自行处理。稿件一经采用，寄送样刊两册。

五、作者须确保投稿文章内容无任何违法、违纪内容，无知识产权争议。遵守学术规范，引文、注释应核对无误，严禁剽窃与抄袭，切勿一稿多投。

六、本刊已许可中国知网（CNKI）以数字化方式复制、汇编、发行、信息网络传播本刊全文。所有署名作者向本刊提交文章发表之行为视为同意中国知网拥有对该论文的著作使用权。如有异议，请在投稿时说明，本刊将按作者说明处理。

七、本刊不收取任何形式的版面费。

《翻译学刊》编辑部

图书在版编目（CIP）数据

翻译学刊. 第 2 辑 / 王欣，熊辉主编. — 成都：巴蜀书社，2023.11

ISBN 978-7-5531-2107-9

Ⅰ. ①翻… Ⅱ. ①王… ②熊… Ⅲ. ①翻译学－丛刊 Ⅳ. ①H059－55

中国国家版本馆 CIP 数据核字（2023）第 219374 号

翻译学刊（2023 年第 2 辑总第 2 辑）　　　　王 欣 熊 辉 主 编
FANYI XUEKAN

责任编辑	陈亚玲	
出　版	巴蜀书社	
	四川省成都市锦江区三色路 266 号新华之星 A 座 36 楼　邮编 610023	
	总编室电话：(028)86361843	
网　址	www.bsbook.com	
发　行	巴蜀书社	
	发行科电话：(028)86361856	
经　销	新华书店	
照　排	四川胜翔数码印务设计有限公司	
印　刷	成都蜀通印务有限责任公司　　(028)64715762	
版　次	2023 年 12 月第 1 版	
印　次	2023 年 12 月第 1 次印刷	
成品尺寸	170mm×240mm	
印　张	24	
字　数	420 千	
书　号	ISBN 978-7-5531-2107-9	
定　价	78.00 元	